JUAN WESLEY,
SU VIDA Y SU OBRA

...& the Greatest of these is Love

Faith

Hope

JUAN WESLEY
Reproducción de un retrato del artista inglés Romney, hecho en 1788,
cuando Wesley tenía 86 años.

Love

Juan Wesley,
su vida y su obra

Mateo Lelièvre

CNP Editorial

Kansas City, Missouri, E.U.A.

CONTENIDO

Cuarta parte. La tarde de su vida

Prefacio a esta edición

Como en todos los casos de la verdadera grandeza, los años meramente hacen resaltar la figura de Juan Wesley, y su sólida contribución al cristianismo y la humanidad. Su vida y su obra son motivo de estudio cuidadoso, y sobre ellas se siguen publicando obras, grandes y pequeñas, que vienen a aumentar el caudal de libros sobre el hombre de Epworth.

Desgraciadamente las obras sobre Wesley en castellano han sido pocas y limitadas. Por eso es motivo de regocijo para nosotros el poder ofrecer en su segunda edición la enjundiosa obra del doctor Mateo Lelièvre, quien es reconocido como una autoridad en la materia. La traducción es del maestro Andrés Osuna, de grata memoria.

El lector notará la feliz combinación que ofrece el doctor Lelièvre: una *descripción sencilla,* y a veces conmovedora, y una *condensación cuidadosa* de muchas obras, entre las cuales dichosamente se cuentan numerosísimas referencias al diario de Wesley. El conocimiento que este libro ofrece de Inglaterra de Wesley es de inestimable valor.

Por esta razón esta obra llenará un doble hueco: en las alacenas del laico estudioso, y en el escritorio del pastor que quiera documentarse en este capítulo importante de la iglesia cristiana.

Para preservar algo del ambiente en que la acción se desarrolla hemos dejado algunas expresiones en castellano que, si no están muy en boga, son sin embargo lúcidas y frescas. Agradecemos en todo lo que vale el permiso de la Casa Metodista por dejarnos publicar esta obra que ellos dieran a luz en 1911, y que ahora nosotros presentamos en la tradición de obras de peso de la fe cristiana para el mundo de habla castellana.

—Los redactores

8

Prefacio a la edición original

La vida de los grandes hombres ha sido siempre interesante para todos los que aspiran a tomar parte activa en el movimiento ascendente de la humanidad. Si las ideas y los principios son los que determinan la conducta de los individuos y el carácter de las sociedades, la encarnación de ideas y principios en determinadas personas es lo que más facilita su comprensión y lo que mayor influencia ejerce en los seres que más valen en toda colectividad. Se ha dicho con justicia que el hombre es un ser imitativo, especialmente en los primeros años de la vida. ¡Cuánto valor adquirirá esta verdad cuando se considere que muy pocos son los que logran apartarse del cauce común de la humanidad, de las vías por donde han pasado centenares de personas! Para aprovechar debidamente esta inclinación natural, nada será tan apropiado como el estudio cuidadoso de aquellos personajes que más hayan influido en el movimiento evolutivo de la humanidad, de los que con su esfuerzo personal hayan hecho más profunda impresión en su época. El testimonio de los hombres grandes corrobora nuestro aserto. *Las vidas paralelas* de Plutarco han dejado huellas más profundas en el mundo intelectual que ninguna otra obra escrita por un solo hombre. Los personajes bíblicos han sido siempre palanca poderosa para levantar a muchos seres a una altura que jamás hubieran escalado de otro modo. El valor principal de la historia consiste en inspirar a la generación presente en los hechos heroicos de todos los que han contribuido con acierto y eficacia al progreso humano. Juan Wesley no sólo es notable por haber fundado una de las iglesias evangélicas más benéficas y más grandes de los tiempos modernos, sino por presentar un ejemplo hermosísimo de lo que vale una juventud consagrada al estudio y a la verdadera preparación para la vida, lo que vale la cultura, el amor a la investigación y al estudio, lo que

9

significa el método en las diversas actividades humanas y lo mucho que se alcanza con la persistencia, la laboriosidad y la abnegación. Pero hay algo más en la brillante carrera de este hombre; consagró su vida a la redención de los pobres, de los ignorantes y de los que vivían hundidos en el vicio. Incidentalmente alcanzó las clases privilegiadas, las inteligencias cultas y los grupos más sobresalientes de la sociedad. La obra maravillosa que este insigne reformador llevó a cabo será suficiente para inspirar a muchos en el gran ideal de vivir para ser útil a los demás. ¡Cuán extenso campo se presenta en el mundo hispanoamericano! Faltan muchos Wesley que promuevan un despertamiento social y religioso que venga a determinar una época en cada una de las naciones a donde pueda llegar este libro. Estamos seguros de que no habrá quien lea estas páginas sin sentir vivamente el deseo de contribuir, aunque sea en modesta escala, para el mayor bien de sus compatriotas.

Esta obra fue traducida de la tercera edición francesa. El nunca bien lamentado profesor Primitivo A. Rodríguez tradujo hasta la página 99; del resto es responsable el subscrito, que en todo ha procurado continuar la labor tan hábilmente empezada por su ilustre predecesor. En todas las citas hechas de autores ingleses nos hemos ceñido al texto original sin tomar en cuenta la forma francesa.

Sin pretender haber hecho una obra literaria de gran mérito, hemos procurado emplear un lenguaje sencillo y claro que se adapte a toda clase de lectores; si nuestras humildes aptitudes nos hubieren permitido realizar estos propósitos, nos daremos por satisfechos.

—ANDRÉS OSUNA

NASHVILLE, TENNESSEE, 15 de marzo de 1911.

INTRODUCCIÓN

INGLATERRA A PRINCIPIOS DEL SIGLO XVIII

Carácter incompleto de la reforma en Inglaterra—Enrique VIII—María Tudor—Isabel—La supremacía real—El puritanismo—Inglaterra en el siglo XVIII—Corrupción general de las clases elevadas—Las mujeres—El teatro—Venalidad, intemperancia, falta de religión—Los filósofos deístas y los incrédulos—Los apologistas cristianos—Envilecimiento de las clases populares; motines continuos; la embriaguez; supersticiones e ignorancia—Tentativas de reacción—Los tratadistas—Sociedad para la reforma de costumbres—Sociedades religiosas—El clero anglicano; su apatía y sus vicios; incredulidad y frivolidad—Algunos pastores piadosos—La predicación; deístas y ortodoxos—Testimonios de varios eclesiásticos píos—Los disidentes—Opinión de Voltaire—Voltaire y Wesley.

A fin de comprender bien el carácter de la obra que Wesley y sus colaboradores llevaron a cabo en Inglaterra, es necesario darse cuenta del estado moral y religioso que reinaba en aquella nación cuando aparecieron dichos reformadores. Merece este asunto ser tratado con alguna detención.

El defecto original del protestantismo en Inglaterra consistió en la aceptación incompleta de los principios de la Reforma. Esta tuvo la desgracia de ser apadrinada por Enrique VIII, quien no quiso romper con lo pasado, sino solamente sobre la cuestión de la supremacía, que la negó al papa para atribuírsela a sí mismo. Este pretendido reformador quemaba como herejes a los partidarios de las doctrinas de Lutero, y enviaba a la horca como traidores a los católicos que permanecían fieles a la autoridad papal.[1] Favorecía, sin embargo, contra su voluntad, la propaganda evangélica, y las nuevas doctrinas se abrieron camino entre las masas sin que él lo percibiera. El reinado del piadoso Eduardo VI, si bien de corta duración, permitió que la reforma inglesa echara raíces profundas, las cuales el viento de la persecución, desencadenado por María Tudor, no consiguió arrancar.

Durante el reinado de Isabel, la Iglesia Anglicana se fundó definitivamente. Debióse su establecimiento a una transacción entre las pretensiones del Estado a la supremacía y las convicciones religiosas de los reformados. Dicha iglesia conservó una organización jerárquica, y las formas litúrgicas de la iglesia de Roma, mas adoptó la lengua vulgar e invitó a los fieles a unir sus voces con la del ministro. Su confesión de fe en los Treinta y Nueve Artículos es de tal índole que Calvino y Knox habrían podido fácilmente suscribirla, pero su ritual conserva trazas del catolicismo que no podía menos de suscitar muchas protestas.

Las reclamaciones de todos aquellos para quienes la Reforma significaba una vuelta al cristianismo apostólico se dirigieron especialmente contra la pretensión de la familia real a la supremacía en la iglesia. Aunque Isabel, en cuanto a su propia persona, repudió formalmente el carácter sacerdotal que su padre se había arrogado, no por eso dejó de ejercer las funciones de cabeza suprema de la Iglesia Anglicana. Esta iglesia, amamantada y criada entre los brazos del poder real, cuyas caricias por poco la ahogaron, permaneció por tanto siendo una institución política más bien que religiosa.

Sus ministros, encargados de enseñar al pueblo la pura fe evangélica, eran absolutamente incapaces. A fin de conservar sus cargos eclesiásticos, gran número de ellos habían cambiado varias veces sus creencias según las órdenes o los caprichos del soberano. Católicos, pero no romanos, bajo Enrique VIII, protestantes bajo Eduardo VI, reincidentes en el papismo durante el reinado de María, volvieron otra vez al protestantismo en el de Isabel; apenas hubo doscientos entre nueve mil cuatrocientos que antepusieron sus

---

[1]Macaulay: *History of England*, 1849, tomo I, p. 50. Traducción francesa de Montégut, tomo I, p. 56.

convicciones a sus beneficios. La mayor parte eran muy ignorantes. La secularización de los bienes eclesiásticos los había reducido a una condición miserable. Muchos se vieron obligados, según Southey,[2] a trabajar durante la semana como sastres, carpinteros y aun como taberneros. "Ganaban su pan cotidiano, dice Macaulay, cultivando el campo, apacentando puercos, cargando carros de estiércol, y todo este rudo trabajo no les ahorraba siempre el disgusto de ver que sus libros y muebles eran vendidos a pública subasta por orden del juez. Dábanse por muy afortunados el día en que se les permitía entrar en la cocina de una familia acomodada para ser regalados con fiambres y cerveza por los criados."[3]

La reforma inglesa se hubiera visto muy comprometida a no tener otros propagandistas que los individuos de aquel clero oficial que se limitaban a substituir el latín con el inglés en los oficios divinos, y aun esto en virtud de órdenes superiores. Afortunadamente, al lado de la reforma oficial, obra casi exclusiva de la real familia, efectuóse otra, elaborada por el pueblo mismo. Durante un siglo entero el puritanismo fue una gran escuela de piedad y de libertad, y no deben sus exageraciones y estrecheces ocultarnos la importancia de los servicios que prestó al protestantismo. Bajo la forma presbiteriana en Escocia y la independiente en Inglaterra, representó un movimiento religioso de una intensidad extraordinaria y que ha dejado profundísimas huellas en la historia religiosa de aquella gran nación. La guerra encarnizada que le hicieron los reyes obligólo a descender al peligroso terreno de las luchas políticas, donde se afilió al partido de los derechos del pueblo contra el despotismo real. Su efímero triunfo bajo Cromwell, y las virtudes que mostró en presencia de las persecuciones que acompañaron a la Restauración, no lo salvaron de una profunda decadencia religiosa.

Las agitaciones políticas del siglo XVII tuvieron, pues, dos distintos resultados a cual más deplorable. Al mantener a la Iglesia Anglicana en una situación de absoluta dependencia respecto del Estado, le impidieron conquistar la potencia religiosa que desde el principio le faltaba; y al convertir el puritanismo en partido político, por poco secaron en él aquella savia espiritual tan abundante en sus comienzos. ¡Resultado triste de las revoluciones, que parecen no poder fundar la libertad de un pueblo sin corromper al mismo tiempo su fe y sus costumbres!

La revolución de 1688, tan grande en sus resultados políticos,

[2] *Life of Wesley,* edición en 1858, tomo I, p. 195.
[3] *History of England,* tomo I, p. 330.

por mucho tiempo pareció estéril desde el punto de vista de la moral. La reforma moral y religiosa, que la había de completar, no se efectuó sino mucho más tarde, y mientras tanto se produjo un espantoso recrudecimiento de desmoralización. Un escritor moderno dice: "Jamás amaneció en la Inglaterra cristiana un siglo tan falto de fe como el que empezó con el reinado de Ana, y que alcanzó su tenebroso apogeo bajo Jorge II. Los puritanos estaban enterrados, y los metodistas no habían nacido aún. El fastidio y aburrimiento de la sociedad parecíase al que puede verse en un libertino al terminar una noche de orgía. El reinado de la bufonería había pasado, sin que hubiera comenzado el de la fe y del celo."[4]

La alta sociedad inglesa no había salido aún de la prolongada orgía en que Carlos II y sus cortesanos la sumergieron. La real familia daba el ejemplo de la relajación de costumbres, y la nobleza lo seguía. En sus cartas a su hijo, *lord* Chesterfield le instruye en el arte de la seducción como si éste fuera uno de los ramos de la educación de un hombre culto. La aristocracia de Londres estaba tan corrompida como la de Versalles, pero a su disolución añadía la brutalidad, careciendo al mismo tiempo de ese barniz de elegancia que caracterizaba a la sociedad francesa en medio de sus desórdenes. "Era muy ordinario, dice Addison, ver a un hombre que se había embriagado en compañía de sus amigos, o que había pasado la noche en orgías, hacer alarde de sus aventuras al día siguiente en presencia de señoras a quienes profesaba gran respeto".

Estas palabras nos dan una idea de la moral de aquellas mujeres que toleraban y alentaban tales conversaciones. Mas, ¿cómo podían ser mejores que los hombres, no habiendo recibido en sus hogares sino la educación más deplorable? Aquellos hogares no se asemejaban en lo más mínimo a la vida de familia que se conoce hoy día en Inglaterra, pues no había en ellos más religión que un culto sin vida,, ni otros pasatiempos que la lectura de novelas de dudosa moralidad y dramas licenciosos. Si es cierto que la literatura de una época refleja fielmente las costumbres contemporáneas, el teatro de Wycherly, de Congreve, de Dryden mismo, arroja una luz muy triste sobre las generaciones que lo aplaudieron. Dichos escritores presentaron en el escenario costumbres groseras, caracteres viciosos y aun detalles obscenos, y esto sin sentir el menor escrúpulo o vergüenza. Esa modestia que caracteriza hoy al pueblo inglés no había nacido aún.

[4] *North british review,* 1847.

La venalidad de los hombres políticos es una de las fases más escandalosas de la historia de Inglaterra en aquella época. Marlboro, Russell, Bolingbroke, Shrewsbury, Halifax no sintieron escrúpulos en servir a la vez a dos señores: a los Estuardos por una parte, y a la casa de Orange por otra; ni en recibir doble paga. Roberto Walpole, que fue primer ministro durante veinte años, se envanecía de saber el precio a que podía comprarse cada conciencia. Es un hecho que gastó grandes sumas para comprar votos y para lograr tener imponentes mayorías en el Parlamento. La pasión del lucro trastornaba todas las cabezas. Era público y notorio que pares del reino, ministros de estado y aun el Príncipe de Gales se estaban enriqueciendo por medio de especulaciones vergonzosas. Con razón dijo Montesquieu, quien visitó a Inglaterra en aquella época: "Aquí se aprecia mucho el dinero, pero muy poco el honor y la virtud. Los ingleses ya no son dignos de su libertad, puesto que la venden al rey, y si el rey se las devolviera, se la venderían de nuevo."[5]

Al propio tiempo hace constar este escritor la ausencia de religión: "No hay religión en Inglaterra; cuatro o cinco miembros de la Cámara de los Comunes asisten a misa o al culto oficial. Si por ventura alguien habla de religión, todo el mundo se ríe. Habiendo una persona dicho, mientras yo estaba allí, que creía cierta cosa como si fuera artículo de fe, todos los circunstantes prorrumpieron en carcajadas". El estado religioso de Inglaterra le parecía inferior al de Francia, a pesar de hallarse aún ésta bajo la Regencia. "En Francia dicen que tengo poca religión, y en Inglaterra que tengo demasiada."[6]

Por más de un siglo la incredulidad prevaleció en la clase culta, teniendo sus maestros y filósofos, de los cuales unos deseaban suplantar el cristianismo por la religión natural, mientras que otros se inclinaban más o menos hacia el ateísmo. Desde Hobbes, que abogaba por el poder absoluto en la política, y era escéptico en religión, hasta Bolingbroke, jefe de la Iglesia Alta, incrédulo y amigo de Voltaire, hubo en Inglaterra una larga sucesión de escritores de diversos talentos que atacaron sin tregua la revelación cristiana.

El superficial Toland combatió el cristianismo por cuantos medios estaban a su alcance, multiplicando sus libros y sus sofismas, y llevando sus discursos declamatorios tanto a las tabernas como a los salones de tertulia. El elegante conde Shaftesbury dio al traste con la revelación divina, tributándole entretanto un homenaje irónico. Collins, poco escrupuloso y con pretensiones a la imparcialidad, se

[5]Montesquieu: *Notes sur l'Angleterre,* tomo II, p. 472, 473.
[6]*Ibid.,* tomo II, p. 461.

esforzó por destruir las bases de la fe cristiana, y para tal fin usó toda clase de armas, aun las de mala ley. El fanático Woolston, en sus *Discursos sobre los milagros,* de los cuales se dice que se vendieron treinta mil ejemplares, atacó violentamente los relatos de los evangelios, declarando que no constaban sino de mitos y leyendas, y fue el primero que combatió abiertamente el hecho fundamental de la resurrección de Cristo. Por boca de Tindall, Morgan y Chubb, la escuela escéptica en Inglaterra habló en tonos más bajos y disfrazó sus negaciones con el velo de una fingida tolerancia. Por entonces se efectuaba una gran transformación moral y religiosa. Salieron a la defensa del cristianismo sabios apologistas, tales como los obispos Sherlock, Butler, Warburton, Conybeare, y laicos como Gilbert West y *lord* Littleton, todos los cuales refutaban victoriosamente a los escritores incrédulos, mientras que el avivamiento wesleyano les presentaba en el terreno de la práctica un argumento incontrastable. Es digno de notar que, por una especie de compensación, en el momento en que Inglaterra cerraba los oídos a sus filósofos incrédulos, Francia les daba la bienvenida, y Voltaire con los editores de la *Encyclopédie* valíanse de sus escritos para encontrar armas con que combatir la Biblia.[7]

Las clases populares de Inglaterra en el siglo XVIII eran ignorantes, groseras y desordenadas. De las agitaciones políticas del siglo anterior habían heredado una tendencia muy pronunciada a los alborotos. Alternativamente y con igual violencia se ponían un día del lado de los *whigs,* y al siguiente favorecían a los *tories,* pero lo que no cambiaba nunca era su intenso odio, por una parte a los papistas, y por otra a los disidentes. Cuando enjuiciaron al doctor Sacheverell por haber predicado un sermón en contra del gobierno, promovióse un motín formidable, y el populacho manifestó las simpatías que tenía por el doctor, quemando y saqueando varias capillas disidentes. En 1780 hubo otra asonada, en la cual se oía el grito de "¡Abajo los papistas!" Los insurrectos derribaron las cárceles, pusieron en libertad a los criminales, y durante tres días fueron dueños de la capital, quemando a su gusto y entregándose al saqueo y aun al asesinato. Toneles de ginebra desfondados hicieron riachuelos en las calles. Las mujeres y los niños se arrodillaban a

---

[7]Hemos encontrado en el Museo Británico una carta de puño y letra de Voltaire, fechada en Les Délices el 16 de enero de 1760, declarándose discípulo de los filósofos ingleses. Esta carta, dirigida a Jorge Keate, está escrita en inglés. He aquí la traducción de unas cuantas líneas: "No cedo a nadie del mundo en la gran veneración que tengo a vuestros buenos filósofos, y al gran números de vuestros buenos autores, siendo desde hace treinta años del mismo modo de pensar".

beber, y en no pocos casos con tanto exceso que lo pagaron con sus vidas. Algunos de aquellos ebrios se pusieron furiosos, otros cayeron al suelo sin sentido, muriendo abrasados por las llamas o aplastados bajo las paredes de las casas incendiadas.[8] Celebraron la coronación de Jorge I en varias partes de Inglaterra con demostraciones hostiles: aquí brindaban a la salud del Pretendiente; allá quemaban al rey en efigie; en un sitio saqueaban capillas disidentes, y en otro zurraban a los transeúntes que rehusaban dar el grito de "¡Viva el rey Jacobo!" Por su parte los partidarios de la casa de Hannover quemaban en efigie al Papa y al Pretendiente, y se batían con los jacobitas.

El vicio de la embriaguez hacía estragos espantosos entre el pueblo bajo. "Medio siglo después de haberse introducido la ginebra, los ingleses consumían más de trescientos mil hectolitros al año. En los carteles a las puertas de las tabernas se invitaba a la gente a entrar a embriagarse por dos sueldos; a beber hasta caerse por cuatro sueldos, ofreciendo de balde a éstos la paja en que dormir. Los vendedores de ginebra acostumbraban llevar al sótano a los que se caían borrachos en el suelo, para que allí durmiesen la mona. No se podía andar por las calles de Londres sin encontrarse con seres abyectos, inertes y tendidos sin sentido en el suelo, y a quienes sólo la caridad de los transeúntes salvaba de morir ahogados en el fango o aplastados por las ruedas de los carruajes."[9] De cada seis casas en Londres el año 1736, una era taberna. En vano trató el Parlamento de prohibir la venta de ginebra, pues por todas partes de Inglaterra se organizó un comercio clandestino, y la plebe echaba al río a los que se atrevían a denunciar este abuso. Tan amenazadora fue la actitud del pueblo que la Cámara se vio obligada a revocar la ley.

Si bien los campesinos estaban menos desmoralizados, se encontraban en un estado de semi-barbarie. Los habitantes de los distritos carboníferos, tan adelantados hoy día, eran en aquel entonces casi salvajes. Abrumados los mineros bajo el peso de un trabajo durísimo y poco productivo, llevaban una vida miserable, y cuando llegaba el domingo, ni pensaban ellos en ir a la iglesia, ni nadie se tomaba la molestia de invitarlos. Sus diversiones consistían en juegos rudos, riñas y visitas asiduas a la taberna. Por todas partes reinaban la intemperancia y la inmoralidad. Dos siglos después de la Reforma prevalecían aún muchas de las supersticiones del romanismo. Los habitantes de Devonshire hacían recitar a sus hijos ciertas in-

[8]Taine: *Histoire de la littérature anglaise,* tomo III, p. 287.
[9]Taine: *Histoire de la littérature anglaise,* tomo III, p. 256.

vocaciones a los santos. En Gales se conservaban todavía muchas
de las costumbres propias de los druidas. El vulgo continuaba
creyendo que las casas viejas eran frecuentadas por los duendes. Los
brujos, los que decían la buena ventura y charlatanes de todas
clases practicaban abiertamente sus industrias lucrativas. Huelga
decir que contadas personas sabían leer, y en cuanto a saber escribir,
eso se consideraba como lujo de gran señor. En 1715 no había en
todo el reino sino 1.193 escuelas primarias, a las cuales asistían
26.920 alumnos. En obsequio a la verdad, debemos añadir que en
aquel período las poblaciones rurales de toda Europa estaban igualmente atrasadas.

Tal, pues, era el pueblo, degradado hasta el embrutecimiento
en cuanto a las clases bajas, y corrompido hasta el cinismo en
cuanto a las cultas, que el metodismo se propuso reformar. Parecía
que la nación había llegado a ese extremo de depravación que la
pone en alternativa de perecer o de nacer a una vida nueva. El estado
moral que acabamos de describir justifica indudablemente el aserto
de un escritor anglicano, de que Inglaterra había caído en un paga-
nismo completo cuando apareció Wesley.[10]

Y mientras tanto, ¿qué esfuerzos hacía la parte sana de la
nación para remediar tan grandes miserias? La literatura de aquella
época fue generalmente cómplice del desfallecimiento moral. Sin
embargo, debemos hacer constar una reacción interesante en este
campo especial. Algunos escritores distinguidos, tales como Steele,
Addison, Berkeley y Johnson, trataron de poner una barrera al
desbordamiento del vicio. En ciertas publicaciones periódicas, escritas en estilo vivo y satírico, atacaron las extravagancias y vicios de
su época con una franqueza que les honra. Estos folletos tuvieron
gran éxito, y realizaron sin duda una obra excelente, aunque superficial; al ridiculizar el vicio, despertaron la vergüenza en los hombres,
pero sin corregir el mal.

Durante los últimos años del siglo XVIII, unos cuantos miembros influyentes de la Iglesia Anglicana organizaron una *Sociedad
para la reforma de costumbres*. La reina María la patrocinó y dio
orden de que se pusieran en vigor las antiguas leyes para la supresión
de vicios escandalosos. La mencionada sociedad hizo cerrar en
Londres centenares de mancebías, y debido a sus gestiones fueron
multados muchos jugadores, blasfemos, borrachos y libertinos, o

---

[10]Isaac Taylor: *Wesley and methodism*. Citado por Stevens: *History of methodism*, edición
de Nueva York, tomo I, p. 30.

bien condenados al encarcelamiento o a ser azotados. Con todo, no se consiguió castigar sino a los culpables vulgares, dejando por lo general impunes a los criminales de alta categoría; a semejanza, según la comparación de De Foe, de las telas de araña que atrapaban a las moscas pequeñas y dejaban escapar a las grandes. No obstante, esto fue feliz indicio de un despertamiento de la conciencia pública, que protestaba contra la relajación de costumbres introducida a raíz de la restauración de los Estuardos.

Intimamente aliada con esta buena obra, y habiéndola precedido algunos años, fue la organización de pequeñas sociedades religiosas, fundadas por tres piadosos pastores de la Iglesia Anglicana, Horneck, Smithies y Beveridge. Habiéndose convertido bajo su predicación un buen número de jóvenes, les aconsejaron "se reuniesen una vez por semana a conversar sobre asuntos que sirvieran para la mutua edificación". Así lo hicieron, y además recaudaron fondos para llevar a cabo en común obras de misericordia. Visitaban a los enfermos y a los presos, y se dedicaban a la enseñanza de los niños. Refiérese que, debido a sus esfuerzos perseverantes, se establecieron cien escuelas en Londres y sus arrabales. Por algún tiempo estas sociedades fueron centros de una vida religiosa muy activa, si bien su esfera de acción se limitó a confines demasiado estrechos. Si hubieran tenido un carácter muy agresivo, habrían podido adelantar el despertamiento religioso de Inglaterra a lo menos medio siglo. Por desgracia se impusieron la casi total prohibición de emprender la evangelización propiamente dicha, por temor de usurpar los derechos del clero. Wesley las encontró ya casi disueltas, pero se apropió la idea de Horneck y sus amigos, la cual, bajo su dirección, llegó a ser fecunda en extremo.

El clero anglicano hizo muy poco por alentar este movimiento. Su situación social había mejorado mucho, y el incentivo de pingües beneficios atraía al ministerio a los hijos de las mejores familias; pero en general era muy bajo el nivel del estado religioso. El clero había tomado una parte activa en las luchas políticas que siguieron a la revolución, y de las casas rectorales, de donde había derecho a esperar solamente palabras de paz, salieron muchos folletos escritos en estilo mordaz. Entre los escritores de obras ligeras, picarescas y aun obscenas, había gran número de clérigos, destacándose entre éstos por su ilustración Swift y Sterne. Características ordinarias de los ministros eran la mundanalidad y la ligereza, y dábanse por dichosas las parroquias cuyos pastores no eran por añadidura esclavos de la intemperancia y de la lujuria. Voltaire, comparando a los clérigos franceses con los anglicanos, dijo que éstos eran semejantes a Catón. En otra ocasión añadió: "Los ministros ingleses acostumbran ir algunas veces a las tabernas, y nadie lo extraña; se emborrachan, pero con seriedad y sin dar escándalo."[11] Cierto clérigo, a quien su obispo reprochó por darse de cuando en cuando a la bebida, alegó en su propia defensa que no lo hacía nunca en el acto de ir a ejercer su ministerio.[12]

Había indudablemente aquí y allá pastores devotos y piadosos, pero la gran mayoría se contentaba con ejercer sus funciones eclesiásticas de una manera rutinaria. Aun aquellos que lamentaban en silencio los males que afligían a la iglesia eran demasiado tímidos para tomar la iniciativa en una reforma, y muchos de ellos carecieron de valor para asociarse al movimiento religioso empezado por Wesley y sus amigos. No cabe duda de que había hombres de ciencia y de talento entre el clero anglicano del siglo XVIII, puesto que contaba con teólogos como Guillermo Sherlock, Daniel Waterland, el obispo Butler y el deán Prideaux. Lo que le faltaba era el sentido de las necesidades religiosas del pueblo, y sobre todo aquella fe viva que conmueve las almas.

Los sermones de aquellos tiempos no eran generalmente sino meras disertaciones sobre asuntos morales, leídas en tono frío y soporífero. Especialmente en las ciudades, ciertos predicadores procuraban obtener una celebridad efímera adulando a sus auditorios y diluyendo con frases sentimentales los temas fáciles de la religión natural. Otros, como el doctor Samuel Clarke y Guillermo Whiston, predicaban el arrianismo y llegaron a llamar la atención de Voltaire, quien dijo de ellos: "Los partidarios de Arrio han escogido una época muy mala para reaparecer, puesto que todo el mundo está fatigado de disputas y de sectas."[13] Faltaba a la predicación ortodoxa, aun a la de sus mejores representantes, como Burnet, Atterbury, Blackall, Bentley y Waterland, la savia evangélica. Las doctrinas vitales del evangelio no formaban la base de su enseñanza, la cual, por consiguiente, había dejado de ser popular e incisiva.

Hacía ya mucho tiempo que esta decadencia de la iglesia llamaba la atención de las personas reflexivas, causándoles gran solicitud. Decía el piadoso arzobispo Leighton, con la energía que le

---

[11]Voltaire: *Lettres anglaises* (*Oeuvres*, tomo XXIV, p. 25).

[12]Stoughton: *Religion in England under Queen Anne and the Georges*, tomo I, cap. iv. Southey: *Life of Wesley*, tomo I, p. 201.

[13]*Oeuvres de Voltaire*, tomo XXIV, p. 32.

caracterizaba: "La iglesia ya no es sino un esqueleto sin alma." Con frecuencia se ha citado el lamento elocuente del obispo Burnet: "He llegado a la edad de setenta años, y antes de morir deseo hablar con la mayor franqueza. Con angustia indecible vislumbro la ruina inminente que amenaza a la iglesia."[14] Después sigue hablando de la ignorancia del clero, de la ligereza con que prescinde de la Sagrada Escritura y de la tendencia general a mezclarse en asuntos políticos y a desatender el cuidado de las almas.

Los mismos principios de los disidentes y la vigorosa savia de piedad que habían conservado, lograron preservar a éstos de semejante estado ruinoso. Iglesias que contaban en su seno a varones de la talla de Isaac Watts, célebre escritor de himnos, Natanael Lardner, apologista distinguido, Felipe Doddridge, autor de libros piadosos llenos de unción, Mateo Henry, eminente comentador, y a predicadores como Edmundo Calamy, Jacobo Foster y Samuel Chandler no podían por cierto calificarse de muertas. Por desgracia las preocupaciones de la lucha con la iglesia del Estado, que con frecuencia asumían un carácter político, juntamente con las interminables querellas internas, dieron por resultado en dichas iglesias un descuido general de la obra de evangelización. "Un espíritu de indiferencia", dice el doctor Stoughton, "infectó aun a las iglesias más respetables."[15] No pocas veces su ortodoxia dejaba mucho que desear, y el arrianismo tenía sus adeptos aun en los púlpitos que parecían estar bien protegidos en contra de la herejía. La decadencia de la vida religiosa entre los disidentes inspiraba a los jefes de éstos confesiones análogas a las que acabamos de oír de boca de algunos de sus colegas anglicanos.

Se ve claramente que el estado moral y religioso de la Gran Bretaña en aquella época exigía una segunda reforma. Ciertos hombres perspicaces tenían el presentimiento de que ésta se aproximaba. Voltaire era de distinta opinión, la cual expresó con estas palabras: "Tan cansados de la religión están en Inglaterra que, si se presentara una nueva, o una vieja renovada, fracasaría por completo."[16] Los sucesos se aprestaban a darle un solemne mentís, porque, al mismo tiempo que viajaba por Inglaterra anunciando la ruina del cristianismo, y profetizando su completa impotencia, ciertos estudiantes piadosos, entre los cuales se encontraba Wesley, estaban organizando en la Universidad de Oxford una pequeña

[14] *Pastoral care.* Prólogo de la tercera edición, 1713.
[15] *Religion in England,* tomo I, cap. vii.
[16] Voltaire: *Lettres anglaises,* tomo XXIV, p. 32.

sociedad, destinada a ser la cuna, no por cierto de una "religión nueva", pero sí de una "religión renovada".

¡Coincidencia admirable! Los dos hombres que, cual ningún otro, habían de influir en sus contemporáneos pisaban al mismo tiempo el suelo de Inglaterra,[17] y a la vista de esta gran nación carcomida por la incredulidad y el materialismo, formaban resoluciones diametralmente opuestas. El uno, tomando la licencia de los ánimos por una libertad envidiable, proponíase introducir en Francia los principios y los métodos de la incredulidad inglesa; el otro, al contrario, movido profundamente por los males que aquejaban a su patria, se comprometía a trabajar a fin de reformarla con las doctrinas del evangelio. Los que se encontraban en la sociedad inglesa con el joven parisiense desterrado, escuchando su mordaz conversación, y con el joven estudiante de Oxford de carácter serio, no se dieron cuenta de que estaban en presencia de dos hombres que iban a agitar el mundo, aunque en sentido inverso, y cuyos trabajos tan opuestos habían de repercutir universalmente. Por nuestra parte, juzgando sus respectivas obras por los resultados, no vacilamos en decir que preferimos y con mucho la del siervo de Jesús a la del filósofo. Aquel se esforzó para volver a traer las almas a Dios; éste, para alejarlas. El uno trabajó con Dios; el otro, contra El. Y al paso que cada día revela más el carácter funesto de la obra de Voltaire, de igual modo cada día realiza más la excelencia de la de Wesley.

[17]La temporada que Voltaire pasó en Inglaterra principió en 1726 y duró tres años; coincide precisamente con los comienzos del movimiento metodista en Oxford.

PRIMERA PARTE

LA PREPARACIÓN
(1703-1738)

Capítulo Primero

LA RECTORÍA DE EPWORTH
(1703-1714)

La Isla de Axholme—Nacimiento de Juan Wesley—Su bisabuelo Bartolomé Wesley
—Su abuelo Juan Wesley—Su padre Samuel Wesley: carácter, cualidades,
defectos de éste, y sus infortunios e ideas religiosas—Su madre Susana:
natural cultura de esta señora, y manera de formar a sus hijos—Vida de
familia—Educación e instrucción de los niños—Su crecimiento espiritual—
Reuniones presididas por Susana Wesley—Pruebas domésticas—La rectoría
incendiada—Juan Wesley arrebatado providencialmente de la muerte—Su
piedad precoz—Un rasgo característico.

AL noroeste de Lincolnshire existe un pequeño distrito como
de veinte mil hectáreas de superficie, llamado la Isla de Axholme a
causa de hallarse rodeado por una especie de faja que forman las
corrientes de agua. Desecados los pantanos y bien cultivado el
terreno, es hoy éste uno de los más fértiles que Inglaterra posee. Su
división eclesiástica es de siete parroquias, de las cuales la más
importante es Epworth, pueblecito de dos mil habitantes, edificado
sin orden ni simetría, pero cùya situación en la falda de una colina lo
hace muy pintoresco y ameno. Tampoco carece de atractivos el
dilatado panorama que a simple vista se percibe desde la iglesia
parroquial, dedicada a San Andrés.

En la casa rectoral de esta parroquia nació Juan Wesley el 17 de junio de 1703,[1] siendo a la sazón su padre pastor de la iglesia. Allí fue donde pasó los primeros años de su vida, en un ambiente que contribuyó en gran parte a formar su carácter e influir en su futura carrera. Aunque nacido en la Iglesia Anglicana, descendía por línea paterna lo mismo que por la materna de esa noble estirpe de puritanos que, durante el siglo anterior, habían dado a la Gran Bretaña tantos hombres que se distinguieran por su entereza de ánimo.

Su bisabuelo paterno, Bartolomé Wesley,[2] había estudiado teología y medicina en la Universidad de Oxford. Siendo ya ministro de la iglesia del estado, volvióse a unir al partido de Cromwell y de los independientes. Después de la restauración de los Estuardos fue expulsado de su parroquia, llevando la vida agitada de un proscrito, practicando la medicina para ganarse los medios de subsistencia y predicando siempre que se presentaba ocasión oportuna. El hijo de Bartolomé Wesley se llamaba Juan, nombre que su nieto había de hacer tan ilustre. Maestro de Artes de la Universidad de Oxford, ejerció el ministerio evangélico durante el protectorado de Cromwell, pero sin ordenarse; de manera que durante toda su vida fue evangelista, a semejanza de los predicadores laicos a quienes su nieto enviaría años después por toda Inglaterra. Al igual de su padre fue víctima de la reacción religiosa que siguió al advenimiento de Carlos II. Fue expulsado de la iglesia juntamente con los dos mil ministros que el 24 de agosto de 1662 prefirieron renunciar a sus beneficios que subscribir las nuevas ordenanzas eclesiásticas, y también varias veces encarcelado, pero sin dejar de ejercer ocultamente su ministerio. Las privaciones que sufrió y los peligros que hubo de atravesar abreviaron su vida, hasta que falleció en 1678, cuando sólo contaba cuarenta y dos años,[3] dejando varios hijos de corta edad, uno de los cuales fue Samuel, padre del fundador del metodismo.

Abandonado muy joven a sus propios recursos, Samuel Wesley renunció los principios eclesiásticos de sus padres y entró como alumno pobre en la Universidad de Oxford, donde se preparó para el ministerio de la Iglesia Anglicana, sosteniéndose con el producto de sus trabajos literarios y el sueldo que le pagaba un estudiante

---

[1]En vista de que el calendario gregoriano no fue adoptado en Inglaterra antes de 1751, esta fecha corresponde en realidad al 28 de junio.

[2]El apellido se escribía antes Westley.

[3]Calamy, historiador de las iglesias disidentes, dice que murió a la edad de 33 años aproximadamente; pero Stevens, en su obra sobre la familia Wesley, establece la cifra arriba indicada.

rico a quien servía. El patronato de la reina María, a quien había dedicado uno de sus libros, le valió en 1696 el curato de Epworth, donde permaneció hasta su muerte, acaecida en 1735. Desde la soledad de su casa tomó parte activa en las controversias de aquel tiempo. Aferrado a sus propias opiniones, defendiólas con vigor y supo abrirse camino entre los varios partidos políticos y religiosos. Su pluma estaba al servicio de todas las causas que lograban despertar las simpatías de su alma ferviente y generosa. De inteligencia más universal que profunda, dio a la luz una gran variedad de publicaciones literarias, tales como folletos políticos y religiosos, artículos para los periódicos, poemas, comentarios y tratados de teología, de todo lo cual nada íntegro pudo la posteridad disfrutar en herencia. Su nombre sin duda hubiera quedado en olvido si no fuera por los hijos, que son su más brillante título de honor ante el mundo, ya que algunas, a lo menos, de las cualidades que tanto se admiran en éstos las debían a su progenitor.

En Samuel Wesley reconocemos a la vez las virtudes y los defectos de un hombre de carácter noble y elevado, pero dado a la exageración y algo desequilibrado. Su valor degeneraba en imprudencia, su largueza de ánimo en veleidad, su ardor en violencia, su desprendimiento en prodigalidad, su apego a su iglesia en fanatismo. Movido por el deseo de hacer bien, cumplía celosamente sus deberes pastorales; pero la severidad en corregir y su pretensión a restablecer una disciplina caída ya en desuso irritaron a sus parroquianos hasta el extremo de ocasionarle una verdadera persecución. Le hicieron encarcelar con motivo de una pequeña deuda que no pudo satisfacer en el acto; y mientras unos mutilan sus vacas y su perro guardián, otros, como veremos más adelante, llevan su ruindad hasta el extremo de pegar fuego a su casa.

El rector de Epworth dio a sus hijos ejemplo de todas las virtudes, pero no pudo comunicarles sino una vida religiosa muy incompleta. Exhortábalos a la práctica de una vida pura, y no supo indicarles el verdadero manantial de esa vida, que es la fe sincera en Jesucristo. Sin embargo, en los últimos años su alma parece haber recibido mayor luz, y las cartas que escribía a sus hijos, estando éstos en la universidad, indican un notable progreso en su concepto de las cosas espirituales. Tuvo una especie de presentimiento profético de la gran revolución religiosa que se aproximaba y de la cual sus hijos habían de ser los apóstoles. Poco antes de morir dijo a Carlos: "Sé firme. La fe cristiana ha de revivir indudablemente en este reino. Yo no lo veré, pero vosotros sí". Fue uno de aquellos pocos cristianos que aun en el primer período del siglo XVIII ambicionaban para su patria la honra de iniciar grandes empresas misioneras. Por el año de 1705 ofrecióse al gobierno para ir como misionero a la India. No era, sin embargo, el momento oportuno de insistir en semejante idea, cuya realización no había de ser obra de un gobierno político, sino acción divina de la iglesia, una vez despertada de su letargo.

Por grande que haya sido la influencia paterna en la formación del alma y del carácter de Juan Wesley, puede sin duda afirmarse que su crecimiento moral y religioso fue más propiamente labor directa y asidua de su piadosa madre. Con sobrada razón se ha dicho que Susana Wesley fue la madre no sólo de Wesley, sino también del metodismo. Era hija del doctor Annesley, uno de los teólogos más distinguidos entre los puritanos, y perteneciente al número de los que en 1662 renunciaron sus beneficios. Dotada de preclara inteligencia, recibió una educación sólida y completa, que comprendía el conocimiento de idiomas, filosofía, teología y muchas cuestiones eclesiásticas. Trató de formarse un criterio independiente respecto de las controversias entonces en boga. En cuanto a la teología ella atravesó una crisis penosa antes de poder desvanecer sus dudas y asentar su fe sobre bases inmovibles. Después de un serio examen de los principios eclesiásticos de su familia, los renunció para ingresar en la Iglesia Anglicana. En política permaneció jacobita entusiasta, mientras que su marido era partidario de la nueva dinastía. Rivalizando en saber y piedad con las más ilustres mujeres de la Reforma, no pudo mirar con indiferencia ningún ramo de la educación intelectual de sus hijos. Aunábase en ella el espíritu progresivo característico de una inteligencia esclarecida y el firme sentido común de un temperamento bien equilibrado. Al contrario de lo que acontece muchas veces entre las mujeres, el cultivo y perfección del entendimiento no impidió en nada la formación de nobles afectos. Por más que sobresaliera esta notable mujer por sus dotes intelectuales, lo cierto es que se distinguió más todavía en sus relaciones de esposa y madre. Su corazón amante sentía profundamente los contratiempos y tribulaciones de su marido, pero de su voluntad firme sacaba la energía necesaria para arrostrarlos con valor, y para infundir en su consorte la misma fortaleza. Madre de diecinueve hijos, poseyó todas las virtudes propias de la maternidad; y pesaban sobre ella todas las cargas que a ese estado acompañan. El amor a sus hijos en nada se parecía a esa especie de culto egoísta que muchos padres profesan a los suyos; ella los consideraba como plantas tiernas, llenas de esperanza, que había de cultivar con fidelidad y celo. Y cuando en vez de ella venía la muerte a segar en aquel campo de sus cariños, se inclinaba ante la voluntad de Dios, mostrándose todavía más fuerte en sus grandes pesares que en los días de prosperidad.

Bajo el humilde techo de la rectoría de Epworth, la vida de familia tenía un aspecto a la vez encantador y austero. La instrucción primaria y la educación de los niños se hacía bajo la acertada dirección de la madre piadosa de quien acabamos de hablar. Ella fue quien, dominada siempre por la consciencia de su responsabilidad, velaba sobre el crecimiento físico y moral de los doce o trece hijos que sobrevivieron a las enfermedades de la infancia; y ella también fue quien llevaba con mano firme las riendas del gobierno de aquel pequeño reino, atenta siempre a cuanto pasaba en él e imprimiendo en todo el impulso de su carácter metódico. Susana Wesley se guardaba muy bien, en efecto, de dejar al azar la dirección de sus hijos. Después de haber meditado sobre los mejores métodos de enseñanza, se impuso reglas fijas, que observó siempre con la más escrupulosa exactitud. El alma de Juan Wesley fue formada, pues, en este molde de educación verdaderamente cristiana, y en él recibió su mejor preparación. No estará por demás resumir en breves palabras el sistema que seguía aquella madre.

En esta familia ejemplar los niños estaban sujetos desde sus primeros años a una disciplina rigurosa. Las horas de comer y de dormir eran determinadas de un modo invariable, y los recién nacidos tenían que sujetarse al mismo inflexible régimen. Desde una edad muy temprana adquirían esos hábitos de quietud y tranquilidad que son tan raros en las familias numerosas: los gritos estaban terminantemente prohibidos. A medida que la voluntad de cada niño se iba manifestando, era objeto de atención especial. "Si deseáis formar el carácter de vuestros hijos", decía Susana Wesley, "lo primero que se ha de hacer es dominar su voluntad". Pocas madres han tenido tan buen acierto en esta tarea difícil. Sus medios ordinarios eran la dulzura y la persuasión; pero no vacilaba en imponer castigos cuando los juzgaba necesarios. Sabiendo, por otra parte, que "el miedo del castigo es a menudo en los niños causa de la mentira", acostumbraba perdonar sus faltas siempre que las confesaban. Estos fueron los principios que la guiaron para ejercer su autoridad enérgica, pero templada con el amor maternal más intenso.

Para la educación de sus hijos tenía también reglas igualmente inalterables. No permitía, por ejemplo, bajo ningún pretexto, que un niño aprendiese a leer antes de cumplir la edad de cinco años; regla excelente que tenía por objeto evitar el cansancio de una inteligencia todavía en ciernes. Pero el día siguiente al quinto cumpleaños era memorable en la historia de la familia: entonces comenzaban con toda seriedad las lecciones, y el nuevo alumno pasaba seis horas en el cuarto de estudio, al fin de las cuales debía saber con perfección el alfabeto. Este corto tiempo resultaba casi siempre suficiente. En la segunda lección, y con la Biblia abierta, el niño aprendía a deletrear en el sublime capítulo primero del Génesis. La madre afirmaba que al fin de tres meses de este ejercicio sus hijos podían leer tan correctamente como muchas personas que pasaban por buenos lectores. Para obtener estos resultados, no se perdonaba ningún esfuerzo. "Me admiro de tu paciencia", díjole un día su esposo, "has repetido la misma cosa en oídos de este niño nada menos de veinte veces". "Habría perdido el tiempo", respondió ella, "si la hubiese repetido solamente diecinueve veces, puesto que no logré mi objeto antes de la vigésima".

Susana Wesley era cristiana fervorosa, para quien el crecimiento espiritual de sus hijos era todavía más importante que sus adelantos intelectuales. Desde sus primeros años los instruía en las Sagradas Escrituras, y enseñábales oraciones sencillas tan luego como empezaban a balbucear algunas palabras. Se encargó ella misma de su primera instrucción religiosa, y existe una especie de manual que compuso al efecto. Con toda regularidad dedicaba una o dos horas por semana a una conversación particular con cada uno de ellos: la pequeña conferencia tenía un carácter absoluto de intimidad, e inducía a los niños a abrirle sus corazones de manera que la madre podía seguir fácilmente el curso de sus pensamientos. Estas conversaciones ejercieron una influencia muy saludable en su hijo Juan. Veinte años más tarde, en una carta que le dirigió, habla de ellas con sumo agradecimiento, y ruega le dedique la tarde del jueves, como lo hacía en otros tiempos.

En la corta reseña que acabamos de trazar de esta educación de familia, no habrá pasado inadvertido a nuestros lectores ese amor al orden que en tan alto grado caracterizó a Wesley más tarde, y que heredó de su madre. Puede decirse además que adquirió en esta primera escuela doméstica la mayor parte de las grandes cualidades que manifestó en la obra que le había confiado la divina Providencia. Inculcáronsele en su infancia ideas elevadas de la vida y de sus deberes; se habituó a dividir y emplear metódicamente el tiempo, sin desperdiciar de él la más mínima parte en entretenimientos fútiles.

También de su madre aprendió Wesley el deber de dar tregua algunas veces a las formas y costumbres establecidas, cuando así lo requería el bien espiritual de los prójimos.

El celo de Susana Wesley por la evangelización fue despertado por la lectura de una memoria de los trabajos llevados a cabo en Malabar por un misionero dinamarqués. Durante la ausencia de su esposo, entonces de viaje, empezó con denuedo una serie de cultos familiares los domingos por la tarde en su cocina. Su idea primordial era limitarlos a los niños y criados, pero muy pronto los vecinos pidieron permiso para asistir, llegando a doscientas las personas que allí se reunían. Molestado por esta iniciativa que juzgaba contraria a las reglas, el vicario de Samuel Wesley escribió a su superior, pidiéndole que mandara suspender las reuniones; mas el rector, avisado por su esposa del bien que resultaba de ellos, rehusó intervenir, y aquellos cultos continuaron para mayor bien de los parroquianos. El recuerdo de tan sencillas asambleas, presididas por su madre en una cocina, debe de haber acudido más de una vez a la memoria de Juan Wesley, cuando llegó el tiempo en que también él se vio precisado a predicar el evangelio en casas particulares por habérsele prohibido hacerlo en las iglesias.[4]

La infancia de Wesley no estuvo exenta de esas pruebas que en los arcanos de la divina Providencia influyen de una manera muy poderosa en la formación del carácter. Más de una vez vio la pobreza instalada cual huéspeda importuna en el hogar. Su padre murió endeudado, no obstante los prodigios de economía hechos por su digna esposa. La muerte visitó con frecuencia la casa, dejando dolorosos recuerdos. Dos veces fue incendiada la rectoría; la primera, debido a causas fortuitas, pero entonces no se quemó del todo; la segunda, fue pasto de las llamas, consumiéndose totalmente, gracias a la malquerencia de ciertos parroquianos incorregibles que no vacilaron en vengarse de las represiones de su pastor prendiendo fuego a su morada y exponiendo a su familia a una muerte horrorosa.

Sería cerca de la media noche del 9 de febrero de 1709 cuando se declaró el incendio. Una niña de doce años, despertada de su sueño por las chispas que caían sobre sus pies, dio el grito de alarma. Al propio tiempo el clamoreo de los vecinos sembró el pánico entre los demás habitantes de la casa. No había un instante que perder, pues el fuego había tomado gran incremento, obstruyendo

---

[4]Véase sobre Susana Wesley el hermoso libro de Juan Kirk, *The mother of the Wesleys,* Londres, 1864.

casi todas las salidas. Lanzóse el rector hacia el cuarto en que dormían los niños, y con la ayuda de una criada logró pasarlos ya por las ventanas, ya por una puerta que daba al jardín. Su esposa, que perseveraba cuidando de que los más pequeños no pereciesen, tuvo que abrirse camino entre las llamas. Tres veces viose obligada a retroceder ante la violencia del incendio, pero al fin, reuniendo sus desfallecidas fuerzas y poniendo su confianza en Dios, se lanzó a través del fuego y escapó con algunas quemaduras en la cara y las manos.

Faltaba, sin embargo, un niño, al pasar revista. Juanito permanecía dormido en medio de la angustia general, porque nadie había pensado en él. Advertido de su ausencia, el padre trató varias veces de penetrar de nuevo en la casa, pero tuvo que desistir en presencia del voraz elemento. Arrodillándose entonces, encomendó a Dios el alma de su pequeñuelo. Este, mientras tanto, despertó y corrió a la ventana, donde no tardaron en percibirle. Como no había tiempo para buscar una escalera de manos, un hombre se subió sobre los hombros de otro y sacó al niño momentos antes de que el abrasado techo se desplomara con estruendo. Cuando depositaron al pequeño Juan sano y salvo en brazos de su padre, éste exclamó: "Arrodillémonos, vecinos, y rindamos gracias a Dios. El me ha dado a mis ocho hijos. ¡Quémese la casa en hora buena! ya soy bastante rico".

Juan Wesley no se olvidó nunca de esta salvación providencial. Años después, al pie de uno de sus retratos, hizo grabar una casa presa de las llamas, con esta inscripción: "¿No es éste un tizón arrebatado del incendio?"

Desde aquel momento su piadosa madre, según ella misma nos refiere, tomó la resolución "de velar con esmero muy especial por el alma de un niño a quien Dios había protegido con tanta misericordia". Esforzábase porque aquel hijo suyo tuviera muy presente que pertenecía en cuerpo y alma al Dios cuya mano paterna lo había cobijado de manera tan evidente. Sus desvelos fueron recompensados por la piedad precoz de Juan, quien manifestó sentimientos religiosos muy vivos a una edad en que otros no piensan sino en los juegos infantiles. Con tal motivo su padre le admitió a la Santa Cena cuando sólo tenía ocho años.

A los nueve enfermó de viruelas, y sobrellevó los padecimientos con tanta paciencia que la madre, en una carta que escribió a su marido, entonces en Londres, diole el siguiente testimonio: "Juan ha sufrido su enfermedad como un hombre y como cristiano verdadero, sin proferir una sola queja".

Desde la niñez su carácter revelaba ciertos rasgos que volveremos a encontrar en el varón formado. Refiere el doctor Clarke que, habiéndosele preguntado una vez qué deseaba comer, el niño respondió: "Gracias; ya lo pensaré". "Juan", decía su madre, "jamás dará un paso sin reflexionar de antemano".[5]

[5]Everett: *Life of Dr. Clarke,* tomo I, p. 249.

CAPÍTULO II

CHARTERHOUSE Y OXFORD
(1714-1729)

Wesley en la escuela de Charterhouse—En la Universidad de Oxford—Distínguese en los estudios clásicos—Su estado religioso durante los primeros años—Vocación para el ministerio evangélico—Una carta de su madre—Efecto producido por la *Imitación de Cristo* y por las *Reglas* de Jeremías Taylor—Las reservas con que aceptaba las ideas de estos autores—Fundamentos de sus convicciones futuras—Principio de una larga crisis espiritual—Admitido al diaconado—Honrado con una beca en Lincoln College—Ensayos poéticos—Nombrado catedrático—Su método de estudios—Celo cristiano—Una conversión junto al lecho de un muerto—Influencia de las obras de Guillermo Law—Esfuerzos por la santidad—Dos años en Epworth de auxiliar—Vuelta a Oxford—Idilio en la vida del joven ministro.

SUSANA WESLEY había sido la única institutriz de su hijo Juan durante los primeros años de éste, como también de los demás hijos suyos; pero, gracias al patrocinio del duque de Buckingham, a la edad de diez años y medio el niño fue admitido en la renombrada escuela de Charterhouse en Londres. Este establecimiento se distinguía entonces, como se distingue hoy todavía, por sus brillantes resultados académicos, y no fue poco el privilegio para el hijo de un pobre rector de aldea entrar en un colegio reservado para los vástagos de familias ricas. Por cierto que, en cambio de esta ventaja, el hijo del pastor de Epworth tuvo que someterse a toda clase de ligeras vejaciones por parte de sus camaradas de mayor edad o mejor acomodados que él; sin embargo, las sufrió con paciencia, y semejantes persecuciones contribuyeron indudablemente a la formación de su carácter. A la sazón, la piedad del niño en este medio ambiente pareció sufrir un eclipse que le fue poco favorable. Aunque continuó

leyendo la Biblia y haciendo oración por la mañana y por la noche,
relajáronse algún tanto los principios de su conducta. No obstante,
el lustro que pasó en esta escuela dejó una impresión tan agradable
en su ánimo que en años posteriores volvía a visitar con gran
placer el antiguo claustro, habitado en otros tiempos por los cartujos,
cuya memoria se ha perpetuado en el nombre del colegio fundado
en su morada de antaño.

En 1720 Wesley entró en el colegio de Christ Church, uno de
los mejores establecimientos de cultura superior entre cuantos
forman la Universidad de Oxford. Allí permaneció hasta su ordenación en 1725. Su aplicación y sus dotes intelectuales le conquistaron
muy pronto un puesto preeminente entre los demás estudiantes.
Obedeciendo a una inclinación decidida a los estudios literarios, se
dedicó con especialidad a las obras clásicas de la antigüedad, y la
lectura constante de los grandes autores de Grecia y Roma dio por
resultado la adquisición de un gusto literario de rara pureza, una
elevación de ideas notable y un estilo vigoroso a la vez que elegante.

Componía versos con suma facilidad, y se esforzaba por reproducir
en su lengua materna las bellezas agradables de la musa latina o los
acentos severos de la salmodia hebraica.

Durante los primeros cinco años de su permanencia en Oxford,
Wesley no parece haberse distinguido de una manera perceptible
por su piedad entre los muchos estudiantes que asistían a los colegios
de aquel centro de saber. De costumbres irreprochables y dotado de
un carácter amable, contentábase con practicar los deberes religiosos
exigidos por el reglamento de la universidad. Repetía las oraciones
litúrgicas y comulgaba tres veces al año; pero, como él mismo
confiesa, no tenía "la menor idea de una santidad interior, y cometía
habitualmente el pecado y aun frecuentemente con gusto". Sus cartas
de aquella época respiran buen humor y jovialidad; pero no se
encuentra en ellas indicio alguno de luchas de espíritu.

El joven estudiante de Oxford no había escogido aún su carrera.
Hasta principios de 1725, en que lo hizo por una carta dirigida a sus
padres, no había expresado el deseo de consagrarse al ministerio
cristiano. Su padre le contestó que no debía abrazar semejante
carrera "como los hijos de Elí, para tener un pedazo de pan que
comer", sino para glorificar a Dios y ser útil a los hombres. Acon-
sejóle que se diera a la lectura de la Biblia en las lenguas originales.

La carta que, con fecha 23 de febrero de 1725, le escribió su
madre merece ser copiada:

"MI QUERIDO JUANITO: El cambio que se ha producido en tu ánimo me ha dado mucho que pensar. No siendo yo de temperamento desconfiado, quiero creer que este cambio es obra del Espíritu Santo, quien al arrancar de tu corazón todo deseo de placeres sensuales, preparará y dispondrá tu mente para que te apliques de una manera seria y constante a cosas de una naturaleza más sublime y espiritual. En este caso, dichoso serás si mantienes esta disposición y tomas el firme y buen propósito de hacer de la religión el negocio de tu vida, porque al fin y al cabo, si se toma en consideración el objeto de la existencia, resulta que ésta es la única cosa necesaria, y todas las demás son insignificantes en comparación con ella. Ruégote encarecidamente hagas un examen riguroso de tu conciencia a fin de saber si tienes una esperanza bien fundada de la salvación y de descubrir si posees o no la fe y el arrepentimiento, que son, como tú sabes, las condiciones indispensables por nuestra parte para concertar un pacto con Dios. Si te encuentras en este estado, la satisfacción de saberlo te compensará ampliamente tus trabajos; pero si no, tendrás ocasión de derramar lágrimas mucho más amargas que las que te podría arrancar la presencia de una tragedia."[1]

La opinión de su madre, expresada en términos tan claros e inequívocos, influyó eficazmente en el ánimo de Wesley, quien desde aquel momento, mientras se dedicaba con entusiasmo al estudio de la teología, prestó mayor atención al fomento de su vida espiritual. La *Imitación de Cristo* de Tomás de Kempis y las *Reglas para vivir y morir santamente* de Jeremías Taylor[2] fueron desde luego sus libros predilectos de edificación. La *Imitación* le dio a comprender que la verdadera religión tiene su asiento en el corazón, y que la ley de Dios debe regir nuestros pensamientos lo mismo que nuestras palabras y hechos,[3] y él se dedicó a alcanzar esa santidad interior y exterior que cual sutil perfume exhalábase de aquellas páginas escritas en el claustro. Fomentó en sí y regularizó los hábitos de piedad, imponiéndose un retiro de una o dos horas diarias, y comulgaba dos veces a la semana.

No ponía, sin embargo, una confianza ciega en sus autores favoritos, e indicaba con sinceridad a su madre los conceptos de los cuales creía deber suyo el discrepar. Por ejemplo, cierto pasaje en la *Imitación* le desagradó porque parecía afirmar que desde la eternidad Dios ha destinado a la condenación una parte del género humano. Su madre, consultada sobre el asunto, declaró "impío y blasfemo" el dogma de la predestinación absoluta, y con su acostumbrada despreocupación juzgó que Kempis era "un hombre sincero, pero débil,

---

[1] Tyerman: *Life of Wesley,* tomo I, p. 34.

[2] Jeremías Taylor (1613 a 1667) fue capellán del arzobispo Laud y de Carlos I, obispo de Dromore y vicerrector de la Universidad de Dublín. Fue autor de un gran número de obras de devoción que tuvieron gran éxito, y de las cuales varias son tenidas todavía en alta estima.

[3] *Wesley's works,* editadas por Tomás Jackson, tomo I, p. 99.

cuyo celo superaba a sus conocimientos".

Un poco más tarde, encontrando en las *Reglas* de Jeremías Taylor la aserción de que "no podemos saber si Dios nos ha perdonado o no", Wesley escribió a su madre diciendo que no podía persuadirse de que "estas gracias tuvieran tan poca fuerza que fuese imposible determinar si las habíamos o no recibido", y añadía: "Si moramos en Cristo y Cristo mora en nosotros, lo cual es imposible si no hemos sido regenerados, debemos ciertamente tener consciencia de ello. Si jamás pudiéramos tener certeza relativa de nuestro estado de salvación, bien podríamos pasar cada momento, no por cierto en el gozo, sino en temor y temblor, siendo por lo tanto los más miserables de todos los hombres."[4]

¡Cosa admirable! Este joven de 22 años, que al fin empezaba a estudiar seriamente los grandes problemas de la vida interior en la escuela de Tomás de Kempis y de Jeremías Taylor, se separaba desde luego de sus maestros para afirmar dos de las grandes doctrinas que habían de caracterizar su sistema religioso, a saber: el amor de Dios para todos los hombres, y el derecho que tiene el cristiano de vivir en un estado consciente de salvación. Estas divergencias no disminuyeron en nada la estimación y gratitud que Wesley conservó durante toda su vida para esos dos autores, quienes le habían revelado un nuevo mundo, el de la vida escondida en Dios. Más tarde incluyó ambas obras en la *Biblioteca Cristiana* que editó. En cuanto a la *Imitación* dice: "Cuando la leí, el alcance y la naturaleza de la religión del corazón se me aparecieron de manera distinta que antes. Comprendí que de nada me serviría dar mi vida a Dios si no le daba mi corazón." Y respecto de las *Reglas* dice igualmente: "Varias partes de este libro, y con especialidad las que se refieren a la pureza de propósito, hicieron una profunda impresión en mi ánimo, y resolví inmediatamente consagrar a Dios toda mi vida, todos mis pensamientos, palabras y obras." A esto podemos añadir que el seguir un consejo de Taylor fue la causa por la que Wesley dio principio a su diario, el cual continuó hasta su muerte, siendo la fuente de informes más rica y fidedigna que tenemos de su vida y obra.

La crisis espiritual ahora iniciada iba a ser tan larga como dolorosa. Habían de pasar nada menos de trece años sin que poseyera aquella seguridad íntima de la salvación de la cual había, sin embargo, vislumbrado la posibilidad. Ni uno ni otro de sus autores favoritos podía enseñarle el camino, ni aun su propia madre, cuyas

[4] Carta del 18 de junio de 1725. (*Works,* tomo XII, p. 9.)

cartas admirables le fueron tan útiles de este período de su vida, pues sólo poseía ideas vagas e inciertas respecto de la fe por la cual puede ser justificado el pecador.

El 19 de septiembre de 1725 Wesley recibió de manos del obispo Potter la ordenación de diácono, que en la Iglesia Anglicana es la primera de las órdenes sagradas. Predicó su primer sermón en South Leigh, pequeña aldea situada cerca de Witney. Poco después ocupó el púlpito en Epworth, la parroquia de su padre. En marzo de 1726 recibió una beca de gracia en el colegio Lincoln de Oxford, título que, además de su valor honorífico, le daba ciertas ventajas materiales y una posición independiente.

Al pasar de un colegio a otro, Wesley decidió escoger con cuidado sus nuevas amistades, dejándose guiar en semejante elección por el deseo de conservar y fomentar su piedad.

Pasó el verano siguiente en casa de sus padres, ayudando al rector en sus deberes pastorales y dedicándose a sus estudios con la mayor actividad. Por aquella época escribió una bella paráfrasis del Salmo 104, la cual, juntamente con varios himnos que compuso, demuestra un don poético que pudiera haberle conquistado renombre como salmista cristiano si no hubiera preferido dejar ese honor a su hermano Carlos, consagrando él su vida a la actividad misionera, según el consejo de su madre, quien le decía: "Entretente con la poesía, pero no hagas de ella la obra de tu vida."

De vuelta a Oxford en septiembre de 1726, Wesley recibió nuevas distinciones académicas. Se le reconocía como literato de excelente gusto, muy versado en las literaturas antiguas y sumamente hábil en las discusiones filosóficas. En noviembre de ese mismo año sus superiores dieron muestra de su confianza en él llamándole a ocupar la cátedra de literatura griega y a presidir las discusiones públicas de los estudiantes. A la sazón no tenía sino veintitrés años. Tres meses después recibió el grado de Maestro de Artes, después de presentar tres tesis en latín, de las cuales no nos han llegado sino los títulos: *de Anima brutorum, de Julio Coesare y de Amore Dei.*

No por eso abandonó sus estudios, sino que los continuó con el mayor entusiasmo, ciñéndose a seguir un plan metódico en el uso de su tiempo. Dedicaba los lunes y martes a los estudios griegos y latinos, los miércoles a la lógica y la moral, los jueves a las lenguas hebrea y árabe, los viernes a la metafísica y la filosofía natural, los sábados a la retórica y la poesía, y los domingos a la teología. Reservaba también tiempo para el estudio del francés y de las matemáticas. Al comunicar a su madre este plan de estudios, añadió que, después de reflexionar mucho, convenía con ella en que hay verdades que no merecen la molestia que algunos se toman para conocerlas. "Si tuviéramos delante unos cuantos siglos de vida, podríamos muy bien dedicar algún tiempo al estudio de estas bagatelas curiosas; pero, siendo tan efímera esta existencia, sería malgastar el tiempo empleando de él una parte considerable en cosas que no han de traer provecho inmediato y seguro."[5]

Su vida interior no cesó de ser el objeto principal de sus cuidados. Leyó con provecho la obra de Guillermo Law[6] sobre la *Perfección cristiana* y su *Llamamiento serio.* "Si bien", dice, "rechacé ciertas ideas contenidas en ellos, estos libros me mostraron la ley de Dios en toda su altura, extensión y profundidad. La luz que ellos vertieron en mi alma aclaró todas las cosas de una manera nueva. Clamé a Dios implorando su socorro, y resolví, como no había resuelto hasta entonces, no retardar la hora de obedecerle. Me persuadí de que, esforzándome con perseverancia y con mis fuerzas enteras a observar toda su ley, así interior como exterior, sería yo recibido por El, y de que desde aquella hora estaba salvo."

Sus esfuerzos eran sinceros, y si fuera posible al hombre por sí solo cumplir la ley moral, no hay duda de que Wesley lo hubiera conseguido. No sólo practicaba la más rigurosa austeridad, sino que comulgaba frecuentemente y dedicaba algunas horas todos los días a ejercicios piadosos y al estudio de la Sagrada Escritura en las lenguas originales. Con todo esto, quedaba con una idea errónea de la vida cristiana. "Yo ignoraba por completo", dice, "la naturaleza y condiciones de la justificación, confundiéndola a menudo con la santificación. Mis ideas respecto del perdón de los pecados eran muy confusas, y daba por supuesto que la posesión del mismo debía relegarse a la hora de la muerte o al día del juicio. En cuanto a la fe que salva, ignoraba yo igualmente su naturaleza, creyendo que no era otra cosa sino una firme adhesión a todas las verdades contenidas en el Antiguo y el Nuevo Testamento."

En el mes de agosto de 1727 el rector de Epworth agobiado por los achaques de la vejez, llamó a su hijo para trabajar a su lado. Allí permaneció hasta noviembre de 1729, excepción hecha de tres

[5]Carta de enero de 1727. (*Works,* tomo XII, p. 9).

[6]Nació en 1686 y murió en 1761. Tuvo que abandonar la Universidad de Oxford por haber rehusado prestar el juramento cuando ascendió al trono Jorge I. Fue maestro de Eduardo Gibbon, padre del historiador. Es conocido especialmente por sus obras de piedad que han gozado de gran favor en Inglaterra. De libro en libro se va acentuando su tendencia mística, y se convirtió en discípulo fervoroso de Jacobo Bohme.

meses que pasó en la Universidad de Oxford, donde fue ordenado presbítero el 22 de septiembre de 1728. Faltan los pormenores de aquellos dos años de ministerio en una parroquia rural; sólo sabemos que el joven ayudante cumplía sus deberes con una exactitud escrupulosa. En cuanto a los frutos de su ministerio, él mismo declara que fueron nulos.

Su predicación se resentía indudablemente de la vaguedad de sus ideas religiosas, y no se apoyaba aún en aquella experiencia personal de la gracia divina que más tarde le prestara tanta fuerza. A pesar de lo infecundo de sus trabajos, Wesley habría aceptado definitivamente este destino en un rincón apartado de Inglaterra, si la divina Providencia, que tenía otros designios sobre él, no le hubiera llamado otra vez a Oxford, donde, durante su ausencia, habíase iniciado un movimiento religioso de gran trascendencia. Su título de *fellow* (poseedor de una beca de gracia) del colegio Lincoln, y las ventajas añadidas a ella, le obligaban a ponerse a la disposición de la facultad de dicho establecimiento siempre que fuesen reclamados sus servicios. Habiéndole llamado el rector del colegio, ni Juan Wesley ni su padre se atrevieron a oponerse a los deseos de un varón a quien debían tantos favores. "Yo no puedo rehusarle nada", dijo el padre, y Juan regresó a Oxford en noviembre de 1729; allí iba a pasar otros seis años.

Los hechos que acabamos de mencionar y las cartas citadas en este capítulo darían una idea falsa de Wesley, si no añadiéramos que este joven de veinticuatro años, tan seriamente preocupado en los problemas de la vida religiosa, conservaba siempre su amabilidad y viveza de carácter. Escribía a sus padres en términos afectuosos, y no pocas veces con donaire. Sobre todo en su correspondencia con sus hermanas, aparece la nota festiva. Les pide que le escriban, afirmando que, aunque pobre, tiene lo suficiente para pagar de cuando en cuando el porte de las cartas.

Una de ellas, Enriqueta, demostraba gran facilidad para la poesía, y habiendo escrito un poema titulado *El Perro*, Juan le pedía con impaciencia se lo enviara. Emilia, la mayor, le tenía un cariño muy grande, y aunque era de mucho más edad que él, considerábale como "el amigo más íntimo y consejero en sus perplejidades", y aun le decía que su corazón estaba para él siempre abierto. Se ha conservado una de sus cartas, en la cual, a título de hermana mayor, aconseja a Juan ajuste sus gastos a sus rentas, y le recuerda la situación necesitada de la familia. Wesley aprovechó esta amable reprimenda, y no tardó en disponer de tal modo sus asuntos que pudiera en adelante socorrer a sus padres en vez de continuar siéndoles gravoso.

Juan Wesley tenía un hermano trece años mayor que él, llamado Samuel, quien después de ordenarse, se dedicó al magisterio y se distinguió en aquella carrera. También estaba dotado de ingenio poético, al parecer, don inherente en toda la familia. Impulsado por su afición y por sus relaciones, unióse al partido de la Iglesia Alta, y fue para sus hermanos un censor más bien que un aliado. Juan, que le debía sus primeros conocimientos del hebreo, sostuvo con él durante largo tiempo una correspondencia seguida y le consideraba en aquella época como su mentor.

Ciertas cartas publicadas hace pocos años nos dejan entrever un idilio de la juventud de Wesley. En una visita hecha a la familia de un amigo suyo, Roberto Kirkham, cuyo padre era pastor anglicano en Stanton, Gloucestershire, Wesley se encontró con una de las hijas de éste, Isabel, por la cual, según parece, concibió un grande afecto. Este naciente amor no dio por resultado un enlace matrimonial, ya porque los padres de la señorita quizás se opusieran a ellos, ya porque, después de haber tratado ella al joven teólogo con cierta simpatía, recibió después sus atenciones con frialdad.

Desengañado por esta parte, Wesley pudo esperar durante algún tiempo que la divina Providencia le deparara una feliz compensación. Fue presentado por sus amigos Kirkham a la familia Granville, vecinos suyos, y Wesley se prendó de un miembro distinguido de dicha familia, María Granville, joven viuda tan inteligente como hermosa. Esta señora estaba relacionada ya por su posición social con la alta aristocracia, y más tarde, casada en segundas nupcias con el señor Delany, acrecentó con sus singulares prendas el esplendor de la corte de Jorge III. Al joven teólogo le gustó, y siguióse entre ellos una correspondencia sin intermisión. Bajo los seudónimos algo extravagantes de Ciro y Aspasia, cambiaron durante varios años sus impresiones sobre toda clase de cuestiones, comprendiendo la literatura, la teología y aun la casuística, empleando un estilo que, al menos por parte de Wesley, parece a menudo tan altisonante como esmerado. En estas cartas se le ve siempre bajo una nueva luz, con mayor vivacidad y entusiasmo del que se observa en otras suyas de la misma época. En ellas se revela una naturaleza rica y tierna que se abre al calor de un afecto noble y puro. Sin embargo, ni María Granville ni Isabel Kirkham estaban destinadas por la Providencia divina a unirse con este hombre, quien, llamado a hacer una obra análoga a la de San Pablo, al igual que éste no había de conocer los goces de un hogar cristiano, a pesar de ser tan propias para ello sus naturales disposiciones de corazón.

CAPÍTULO III

EL METODISMO EN OXFORD
(1729-1735)

Juventud de Carlos Wesley—Rehúsa un porvenir de riquezas y de nobleza—Entra en la universidad—Primera asociación de jóvenes serios—El nombre de *metodista*—Influencia de Juan Wesley—Tendencias ascéticas y ritualistas de los metodistas de Oxford—Relaciones de Wesley con Guillermo Law—Se inclina hacia el misticismo—Reacción de su actividad práctica en contra de esta tendencia—Es incitado por su padre—Oposición de las autoridades universitarias—Ataques de la prensa—Primeras publicaciones de Carlos Wesley —Decadencia de la sociedad metodista de Oxford—Jorge Whitefield—Juan cree que es su deber permanecer en Oxford—Enfermedad de Juan Wesley— Muerte de su padre—Carácter del metodismo en Oxford.

JUAN WESLEY tenía un hermano menor llamado Carlos, cuya vida, desde el período al que hemos llegado, iba a estar estrechamente asociada con la suya. Carlos nació el 18 de diciembre de 1708, teniendo, por lo tanto, cinco años menos que Juan. En 1716 entró en la escuela de Westminster, donde enseñaba su hermano mayor, Samuel. Estando allí, acaeció un suceso que pudo haber cambiado por completo el curso de su vida. Un caballero irlandés, de nombre Garrett Wesley (o Wellesley), que no tenía herederos, ofreció al pastor de Epworth adoptar a su hijo Carlos, si éste consentía en pasar a Irlanda para vivir en su compañía. El niño rehusó, y su padre no quiso obligarle a aceptar un ofrecimiento que le daría entrada en el seno de una familia noble. Poco tiempo después, el mencionado caballero adoptó a uno de sus parientes llamado Ricardo Colley, quien heredó su nombre y su fortuna. Este afortunado heredero, que llegó a ser en 1747 barón de Mornington, fue abuelo del marqués de Wellesley y del duque de Wellington.

43

El encumbrado puesto de este último, y lo que influyó en los destinos de Europa, se enlazan, pues, de un modo directo, con la decisión del niño Carlos al no aceptar la fortuna y la grandeza ofrecidas.

Al propio tiempo que Juan empezaba sus trabajos pastorales en la parroquia de su padre (1726), Carlos ingresó en la Universidad de Oxford, habiéndosele concedido una beca de gracia en el colegio de Christ Church. A la sazón, ni era muy aplicado ni muy formal. Como su hermano Juan le reprendiese un día con motivo de su ligereza, respondióle: "Y bien, ¿quieres que sea ya un santito?" Sin embargo, no pasó mucho tiempo sin cambiar notablemente su carácter; luego empezó a formar hábitos de piedad y a comulgar semanalmente, rompiendo con sus antiguos camaradas y contrayendo amistad íntima con otros jóvenes más juiciosos.

Cuando Juan volvió a Oxford, unióse con su hermano y sus amigos y, como tenía mayor edad y más experiencia que ellos, fue luego el jefe de aquella pequeña sociedad. Al principio ésta se formaba solamente de los dos hermanos y de los jóvenes Roberto Kirkham y Guillermo Morgan. Uniéronse poco a poco a este primitivo núcleo nuevos miembros, catedráticos los unos y estudiantes otros. Varios de éstos llegaron después a ser hombres distinguidos, como Santiago Hervey, que fue un gran escritor religioso; Benjamín Ingham, el evangelista de Yorkshire; Juan Gambold, el obispo moravo, y sobre todos éstos, Jorge Whitefield, el predicador más elocuente y conmovedor de su siglo, quien, ingresando en la universidad en clase de estudiante pobre, fue el último que se afilió a la modesta asociación. Otros murieron en la juventud, como Morgan, quien a la austeridad de un asceta unía el celo ferviente de un apóstol, y Carlos Kinchin, de índole tan dulce como amable; no faltando algunos que defraudaron las esperanzas de sus consocios. Empezaron bien, pero no continuaron en el camino emprendido.

Estos jóvenes, cuyo número no pasó nunca de quince, formaron entre sí una asociación para el fomento de la piedad y del saber. Reuníanse todas las noches para conversar sobre sus ocupaciones y estudios, empezando la velada con oración y concluyendo con una colación frugal. Estas reuniones de tan juiciosos jóvenes eran una novedad en Oxford, donde, en aquella época, lejos de prevalecer la virtud, reinaban la incredulidad y relajación de costumbres. Por escarnio los estudiantes llamaban a la sociedad "el club de los santos", y los individuos de la misma fueron motejados con el apodo de "metodistas", con motivo del método y de la regularidad con que cumplían sus deberes religiosos. Este nombre, que no era del todo desconocido en el lenguaje religioso, empezó una carrera brillante: sufrido al principio con el correspondiente escozor, y luego aceptado por los mismos a quienes se quería zaherir, corrió igual suerte a la de otros muchos apellidos plebeyos que han conquistado su título de nobleza en el campo de batalla.

Juan Wesley era el alma de aquella asociación fraternal y mereció el título de "procurador del club de los santos", como le designó maliciosamente la juventud universitaria. Su superioridad intelectual, la singular madurez de su espíritu y la aptitud para organizar que poseía ya en alto grado le valieron un notable ascendiente sobre sus amigos. Pero no abusó de este predominio moral, y aunque por lo regular prevalecía su criterio, era siempre después de un atento examen. Debido a su influencia, los jóvenes metodistas de Oxford, con todo y estar todavía en los albores de la piedad verdadera, dedicaban gran parte de su tiempo a la práctica de buenas obras, visitando familias pobres, organizando cultos en las cárceles, patrocinando escuelas primarias y repartiendo en limosnas cuanto podían ahorrar de sus escasos fondos.

Buen ejemplo les daba sobre esto el mismo Wesley. Su caridad no tenía otros límites que los de sus recursos; se abstenía de todo lo superfluo como de un robo hecho a los pobres. Sus gastos personales, ceñidos a lo absolutamente necesario, no pasaban nunca de 700 pesetas al año; y cuando su renta subió sucesivamente de 750 a 1.500 pesetas, luego a 2.250, y por último a tres mil, se impuso por regla no cambiar en nada la sencillez de sus costumbres, y dedicó a los pobres todo lo que le sobraba de las 700 pesetas necesarias para su propio mantenimiento.

Tampoco era menos concienzudo en el empleo de su tiempo que en el uso de su dinero. Habiendo reparado en que no pasaba una noche sin que despertara una vez, dedujo que permanecía en la cama más tiempo del que exigía la naturaleza, y de resultas de una serie de experimentos y observaciones, descubrió que el único medio de dormir sin interrupción era acortar las horas de cama y levantarse a las cuatro de la mañana. Sesenta años después de haber adoptado esta regla, escribía en su diario: "Desde aquella fecha, con la ayuda de Dios me he levantado diariamente a las cuatro de la mañana, y tomando un año con otro puedo decir que en un mes entero no he tenido un cuarto de hora de insomnio."

La primera hora del día era desde entonces consagrada a la oración y a la lectura de la Sagrada Escritura, que era para Wesley el Libro por excelencia. Arreglaba de antemano y con método el trabajo de cada día, y anotaba en su diario el uso que había hecho de cada hora. En agosto de 1731 escribió a uno de sus discípulos lo que sigue: "Como no tenéis la seguridad de un solo día de vida, será poco prudente desperdiciar un momento. Paréceme que el camino más corto para llegar al saber es el siguiente: primero, determinar el fin que os proponéis alcanzar; segundo, no leer ningún libro que no contribuya de un modo u otro a ese fin; tercero, entre los libros escoger los mejores; cuarto, concluir el estudio de una obra antes de emprender el de otra, y quinto, leer de una manera tan ordenada que la lectura de hoy sirva para esclarecer y corroborar la de ayer."

Este empleo escrupuloso del tiempo era uno de los rasgos característicos de la disciplina a que se sometían aquellos jóvenes. No eran menos exactos en el cumplimiento de las prácticas religiosas de la Iglesia Anglicana, y aun resucitaron otras que habían caído en desuso. No contentos con comulgar cada semana, observaban puntualmente los ayunos de precepto, y se abstenían de toda clase de alimentos los miércoles y viernes hasta las tres de la tarde.

Estas tendencias ascéticas y ritualistas se acentuaron naturalmente entre aquellos jóvenes, a quienes faltaba lo mismo un conocimiento profundo de la doctrina evangélica que una dirección acertada y juiciosa. Las cartas que por aquella época escribió Wesley a su madre nos lo muestran sobre esta pendiente. Ora discute con ella el espinoso problema de la real presencia de la eucaristía, que él llama "el sacrificio cristiano", ora le pregunta si le parece que debería abandonar por completo toda clase de estudios que no tendieran directamente al fin que se proponía, como, por ejemplo, el de las lenguas y de la filosofía. Ventilábanse también otras cuestiones en aquella sociedad de jóvenes, sedientos de justicia, pero que la estaban buscando por vías peligrosas. La confesión auricular, la práctica de mezclar agua con el vino en la Santa Cena y otros asuntos por el estilo parecían preocupar sus mentes. Cosa difícil era hacer alto en semejante camino de reglas eclesiásticas, en el cual andaban como en la obscuridad y a tientas. El avivamiento espiritual de Oxford corría el peligro de convertirse en un mero movimiento ritualista, análogo al que hemos presenciado en nuestros días en esa misma universidad.

No eran las prácticas ritualistas el único peligro que amenazaba al metodismo en su cuna: había razón para temer también que naufragara dando contra el escollo del misticismo. Como ya hemos visto, Wesley había leído, no sin provecho, algunas obras de Guillermo Law. Encontrándose de paso en Londres el mes de julio de 1732, y sintiéndose agradecido al teólogo por el bien que le había hecho con sus escritos, fue a visitarle. De aquella visita resultó una amistad de muchos años. En aquel entonces Law estaba estudiando los autores místicos, y aconsejó a Wesley leyera la *Theologia Germanica* y las obras de Tauler. En las varias entrevistas que tuvieron, Law le recomendó "la oración mental y otros ejercicios piadosos como los medios más seguros de purificar el alma y unirla a Dios". En efecto, Wesley se dio a la lectura de los místicos alemanes, y luego agregó a ellos las obras de la escuela francesa, tales como las de madame Guyon y de Antonieta Buyon. Probablemente hubiera ido más allá en compañía de su mentor, quien se engolfó más y más en las neblinas del teosofista Bohme, a no haber estado dotado de un buen fondo de sentido común que le detuvo en la pendiente. "Los escritores místicos", escribió más tarde a su hermano Samuel, "fueron la roca sobre la cual estuve más a punto de naufragar en cuanto a la fe. Con sus bellas descripciones de la unión con Dios y de la religión interior, hicieron aparecer a mi vista despreciable, trivial e insulso todo lo demás, incluso las buenas obras."

Sin embargo, esta parcialidad por el misticismo produjo al menos un buen efecto en Wesley, pues sirvió para neutralizar por algún tiempo su excesivo apego a la tradición, que gradualmente le había inducido a poner ésta al nivel de la Sagrada Escritura y a dar una importancia exagerada a los ritos y formas externas. Circunstancia muy digna de notar es que ni el misticismo ni el ritualismo lograron desviarle de la actividad práctica a que le impulsaba su naturaleza moral. En este respecto el metodismo de Oxford fue fiel preludio del de años posteriores. La actividad de Wesley y de sus compañeros debióse al anhelo noble que sentían de salvar almas. Si su piedad era algún tanto frailesca, su celo era evangélico en el fondo. Consultado el anciano pastor de Epworth por su hijo con respecto a la conveniencia de proseguir los trabajos de evangelización que había emprendido entre los pobres e ignorantes, le dio su entera aprobación. "En cuanto a tus designios y trabajos", le decía, "no tengo sino una palabra que decirte: *Valde probo* (los apruebo decididamente), y tengo muy buenas razones para dar gracias a Dios por haberme dado dos hijos en la Universidad de Oxford, a quienes ha concedido gracia y valor para hacer la guerra al mundo y al diablo."

En efecto, la guerra era lo que esperaba a estos jóvenes cristianos, cuya única falta consistía en el deseo de restablecer la doctrina y disciplina de la Iglesia Anglicana en el puesto de honor que les pertenecía dentro de aquella ciudad universitaria, que debería ser baluarte de esa fe y disciplina, pero donde, al contrario, estaban muy desacreditadas. Desde un principio tuvo que luchar con la frialdad de unos y la burla de otros; pero en 1731 los estudiantes de más antigüedad celebraron una reunión con el fin expreso de detener los adelantos del despertamiento metodista. El año siguiente intervino la prensa, que ya ejercía una influencia poderosa en Inglaterra. Un semanario, el *Fogg's Weekly Journal,* atacó con violencia a Wesley y a sus amigos, comparándolos con los esenios[1] de Judea y con los pietistas de Suiza, y acusándolos de querer convertir la Universidad de Oxford en un monasterio. Estos ataques provocaron una respuesta muy hábil, redactada en forma de carta y dirigida por un caballero de los alrededores de Oxford a un amigo suyo de Londres. Tales fueron las primicias de la larga polémica que el metodismo había de sostener por medio de la prensa.

Wesley mismo no tomó parte en esta discusión, si bien ya había empezado a utilizar la prensa, que iba a serle en años venideros un medio eficacísimo de propaganda. En 1733 publicó, para uso de sus discípulos, una *Colección de formas de oración para todos los días de la semana,* libro que respira una piedad tan práctica como sencilla. Dos años más tarde hizo imprimir un sermón y dos ediciones de la *Imitación de Cristo.*

En dos sermones que predicó en Oxford en 1733, y que publicó más tarde, expuso en términos ya muy claros las doctrinas de la perfección cristiana y de la obra del Espíritu Santo en el corazón humano. Debemos reconocer, sin embargo, que éstos no fueron sino destellos intermitentes en la mente de Wesley; la luz plena no había de iluminar su inteligencia sino después de haber vivificado su corazón. Mientras tanto se esforzaba en ser humilde, santo, devoto; y si no lo consiguió, fue porque no tenía más que nociones confusas y contradictorias respecto de la obra de regeneración efectuada por el Espíritu Santo, y sobre todo porque no la había experimentado aún en sí mismo.

La personalidad de Wesley era el vínculo fuerte que unía a los miembros de la pequeña sociedad religiosa de Oxford, y su celo avivaba el de sus amigos y multiplicaba el número de socios; pero bastaba que se ausentara algunos meses para que aquellos se dispersaran. Durante una de sus visitas a Epworth, el número de los

---

[1] *Esenio.* Dícese del individuo de una secta de los antiguos judíos que practicaba la comunidad de bienes y tenía gran sencillez y humildad en sus costumbres.—*Nota del Traductor.*

jóvenes que comulgaban juntos todas las semanas en la iglesia de Santa María bajó de veintisiete a cinco.

Seis años después de organizada la sociedad, afilióse a ella uno que había de estar en las primeras filas del despertamiento religioso del siglo XVIII, Jorge Whitefield. Había nacido éste en Gloucester de padres muy pobres, el 16 de diciembre de 1714. Su padre, que era posadero, murió cuando el niño estaba todavía en la infancia. Con motivo de su singular afición por los estudios, su madre se decidió a imponerse los mayores sacrificios para abrirle el camino del saber, y luego logró que le admitieran en el colegio Pembroke de Oxford en calidad de estudiante pobre, circunstancia que le obligaba a servir a sus condiscípulos más afortunados que él, a fin de cubrir sus propios gastos. La lectura de la *Imitación* y de otros libros místicos tuvo gran parte en la perfección de su vida espiritual y le preparó para simpatizar con los metodistas. Su corazón volaba hacia ellos, como quien dice, cuando los veía pasar por en medio de una turba de mofadores para ir a comulgar en la iglesia de Santa María. Detúvole, no obstante, su cortedad de ánimo, de manera que hasta tres años después de su llegada a Oxford no se unió a ellos. Empezó por seguirles, adoptando sus reglas, pero llegó a veces a ir más adelante en la observancia y austeridad. Imponíase ayunos tan prolongados y penitencias tan severas que hicieron peligrar su salud. Con todo, él fue quien primero alcanzó la santa libertad de espíritu, la cual no consiguieron los hermanos Wesley hasta pasados tres años.

A Wesley le importaba poco el menosprecio con que le trataban los directores de la universidad, quienes por lo general le consideraban como un visionario. Alentado por su hermano Carlos, hombre de corazón leal e intrépido, y por varios amigos que habían permanecido fieles, estaba decidido a mantenerse firme. Con entera tranquilidad de espíritu, arrostró las mofas de los estudiantes, desconociendo todo temor a los hombres. Su residencia en Oxford no le impedía hacer viajes frecuentes, a pie unas veces y otras a caballo, por diferentes partes de Inglaterra. El año 1734 viajó más de trescientas leguas*, predicando todos los domingos, lo cual era un preludio de la vida apostólica que había de practicar más tarde. Esta actividad de cuerpo y de espíritu, añadida a los ayunos y privaciones que continuó imponiéndose, quebrantó seriamente su salud. Si bien era robusto por naturaleza, cayó en un estado de extrema debilidad física y empezó a expectorar sangre. Una noche sufrió un derrame

---

*Una legua equivale a 5.572 metros.

interno a consecuencia de la rotura de un vaso sanguíneo, y creyendo que había llegado su última hora, exclamó: "Señor, prepárame para tu venida, y luego ven cuando quieras." El vigor de su constitución y los cuidados de un hábil facultativo le ayudaron a recobrar la salud, y volvió a sus trabajos impresionados más que nunca por la brevedad de la vida.

Preguntábase Wesley si no era su especial vocación permanecer en Oxford para consagrar sus esfuerzos al despertamiento de la piedad entre los futuros ministros de la iglesia. Esta persuasión, cada día más arraigada, le indujo a no aceptar la sucesión en el destino de su padre, ya muy debilitado por la edad y los achaques. Rindiéndose al fin a las súplicas de su familia, consintió en presentar su candidatura, pero en vano, porque Roberto Walpole, el primer ministro, de quien dependía el nombramiento, estaba prevenido en contra de Wesley y dio la preferencia a otro candidato.

Mientras se tramitaba la elección definitiva, que fracasó indudablemente por la voluntad de Dios, cuyos designios sobre Wesley eran muy diferentes, falleció el anciano rector de Epworth. El fin de aquel venerable campeón fue tranquilo, y en sus últimos días tuvo el consuelo de ver a su lado a sus dos hijos: Juan y Carlos.

Dirigiendo la palabra al primero, díjole: "El testimonio interior, hijo mío, el testimonio interior, he aquí la prueba más convincente del cristianismo."

"¿Padecéis mucho, padre mío?" le preguntó su hijo.

"Dios me castiga con el dolor", respondió; "pero le doy gracias por todo, le bendigo por todo, le amo por todo."

A su hija Emilia dijo: "No te aflijas por mi muerte; Dios empezará ahora a manifestarse a mi familia".

Poniendo la mano sobre la cabeza de Carlos, le dijo:

"Sé firme. La fe cristiana ha de revivir por cierto en este reino. Yo ya no estaré aquí, pero tú la verás."

Como se acercara el fin, Juan encomendó el espíritu de su padre en manos de Dios. "Habéis hecho por mí cuanto pudisteis", dijo el moribundo, y durmió en el Señor. Era el 25 de abril de 1735.

Hasta aquí hemos visto el metodismo en su cuna. Su infancia fue austera y difícil. La Universidad de Oxford, en vez de serle madre cariñosa, le fue nodriza dura y mercenaria. El metodismo en sus principios fue muy diferente de lo que había de ser después; era místico y a la vez ritualista, con tendencias a crear una hermandad de ascetas más bien que una poderosa sociedad de misioneros. Mas hay una fase común a las dos etapas del movimiento. Hállase el mismo principio moral en aquellos jóvenes, a quienes un sentimiento profundo del pecado impulsa a las mortificaciones corporales, que en los fervorosos evangelistas que más tarde sabrán hablar con tanto poder a las conciencias de los hombres. Mas, a fin de que esta sed de santidad produjese algo mejor que un estéril neo-catolicismo, precisaba que los metodistas de Oxford volvieran a descubrir la gran verdad que dio vida a la Reforma, a saber, la justificación por la fe, que la Iglesia Anglicana había abandonado casi por completo.

MISIÓN A AMÉRICA
(1735—1737)

EL 9 de junio de 1732 el rey Jorge II concedió una carta constitucional para la fundación de una nueva colonia americana que, en su honor, había de llamarse Georgia. Esta colonia, situada entre la Carolina del Sur y la Florida, debió su fundación a un filántropo, Oglethorpe, antiguo ayuda de campo del príncipe Eugenio. Impulsado por la simpatía que le causaban muchos individuos que, como deudores insolventes, llenaban las cárceles del reino, este buen hombre obtuvo permiso del Parlamento para que fuesen a colonizar esta tierra nueva, de la cual él mismo fue nombrado gobernador. El primer convoy de emigrados salió a fines de 1732, bajo el mando del mismo Oglethorpe, llevando de capellán a un ministro anglicano. No tardó mucho la nueva colonia en atraer a otros emigrados. En ella se refugiaron ciertos protestantes alemanes, perseguidos por el arzobispo de Salzburgo; siguió su ejemplo una compañía de moravos, y tras ellos algunos presbiterianos escoceses. Hacían falta en aquella colonia naciente pastores que no sólo

predicasen a los colonos, sino que estuvieran apercibidos para evangelizar a los indios y a los esclavos negros. Tal era el anhelo de
Oglethorpe, quien, habiendo oído predicar a Wesley, rogóle se
encargara de esta misión. Semejante ofrecimiento le pareció providencial, y consintió en aceptarlo, con tal que su madre lo aprobara.
Susana Wesley, siempre a la altura de los mayores sacrificios,
exclamó: "Si veinte hijos tuviera, me regocijaría en consagrarlos
todos a la obra misionera, aunque estuviese segura de no volver
a verlos nunca".

En el momento de embarcarse, Wesley refirió a un amigo suyo
las razones que tenía para irse a Georgia, en los términos siguientes:
"Anímame sobre todo a dar este paso la esperanza de salvar mi alma.
Espero aprender el verdadero significado del evangelio de Cristo
predicándolo a los paganos. Estos no tienen explicaciones arbi-
trarias con que eludir las terminantes declaraciones de las Santas
Escrituras, ni vanas filosofías para corromperlas, ni comentadores
sensuales y ambiciosos que dulcifiquen las verdades amargas. No
tienen partido ni intereses que servir y pueden, por consiguiente,
recibir el evangelio en toda su sencillez. Son humildes como niños y
están deseosos de aprender y hacer la voluntad de Dios.

"Con la gracia de Dios yo espero llevar una vida consecuente
con mis elevadas creencias tan pronto como me vea libre de las
muchas tentaciones que aquí me rodean. Sin temor de ofender a
nadie, podré entonces contentarme con vivir de los frutos de la
tierra y de agua. Una choza india no ofrece la tentación del lujo ni
de la molicie. Desde el momento en que me despida de mi patria como
predicador enviado de Dios, espero no hablar una sola palabra que
no esté de conformidad con ese carácter. Desde mi juventud he sido
gran pecador, y mi corazón está todavía lleno de malos deseos;
pero tengo la seguridad de que, si llego a convertirme de veras,
Dios se servirá de mí para fortalecer a mis hermanos y predicar su
nombre a los gentiles."[1]

Vemos por esta carta que, si Wesley se formaba ilusiones
acerca de los paganos, no se las hacía respecto de sí mismo. Ansiaba
alcanzar una piedad más viva; pero erraba siempre en cuanto a los
medios de conseguirla.

El 14 de octubre de 1735 los dos hermanos Wesley se embarcaron en Gravesend para América, acompañados de dos excelentes
colaboradores. El primero era Benjamín Ingham, de veintitrés años

---

[1]Carta del 10 de octubre de 1735. (*Works,* tomo XII, p. 38.)

de edad, uno de los estudiantes metodistas de Oxford. Juan Wesley, que sabía muy bien cuán devoto era, le escribió: "Ayunad y entregaos a la oración; luego hacedme saber si estáis dispuesto a venir conmigo para trabajar entre los indios." Ingham había seguido el consejo de su amigo, y luego, sin tomarse más tiempo para consultar con su familia, acudió para darse a la vela con él. Este viaje hubo de tener gran influencia, puesto que le puso en relación con los moravos, quienes le emplearon posteriormente como evangelista en Yorkshire, donde su ministerio dio óptimos frutos.

El otro joven compañero de los hermanos Wesley en el viaje a Georgia llamábase Carlos Delamotte, nombre que indica su origen francés: tenía veintiún años y era hijo de un magistrado de Middlesex. Tan grande era el cariño que a Wesley profesaba que expresó el deseo de seguirle, aunque fuera en calidad de sirviente. Asocióse a la obra con gran celo, y cuando volvió a Inglaterra, se unió al igual de Ingham con los hermanos moravos.

De éstos, que habían de ejercer una influencia tan favorable en aquellos jóvenes, había veintiséis a bordo. Iban a Georgia a reunirse con sus hermanos que los habían precedido en busca de una tierra donde pudiesen servir a Dios en entera libertad. Acompañábalos uno de sus obispos, David Nitschmann, anciano de sesenta años, a la vez reservado y amable. Wesley y sus amigos entraron inmediatamente en amistad con aquellos excelentes cristianos, que les presentaban un tipo de cristianismo superior a lo que hasta entonces habían conocido.

Apenas se vieron instalados en el buque, cuando decidieron hacer una rigurosa distribución de su tiempo. "Convencidos", escribió Wesley en su diario, "de que con la bendición de Dios puede sernos útil la renuncia de sí mismo practicada en las cosas más pequeñas, hemos decidido abstenernos por completo de la carne y del vino y contentarnos con alimentos vegetales, como arroz y galletas."[2] Algunos días después se impusieron la supresión total de la cena. Viéndose Wesley precisado una noche a dormir en el suelo de resultas de una tempestad que le había empapado su cama, convencióse de que semejante régimen no era insufrible para un hombre de buena salud como él, y determinó de allí en adelante dormir en las tablas.

Aquellos jóvenes se levantaban a las cuatro de la mañana y consagraban una hora a ejercicios piadosos en privado; de las cinco a las siete se reunían para escudriñar la Sagrada Escritura y

[2] *Works,* tomo I, p. 17.

compararla cuidadosamente con los escritos de los Santos Padres. A las ocho, después de un desayuno frugal, dirigían el culto público, al cual invitaban a todos los pasajeros. De las nueve al mediodía, Wesley estudiaba alemán, su hermano escribía sermones, Delamotte estudiaba griego e Ingham enseñaba a los niños. A las doce se reunían a conversar íntimamente sobre sus experiencias y trabajos. Dedicaban la tarde a modestas tentativas de evangelización entre los pasajeros hablando con ellos o leyéndoles libros piadosos. A las cuatro tenían el culto vespertino, después del cual se ocupaban otra vez durante algunas horas en leer o conversar, y cuando al fin se entregaban a un resposo bien merecido después de un día tan completo, "ni el bramido de las olas", decía Wesley, "ni el vaivén del buque conseguían privarnos del sueño reparador que Dios nos mandaba".

Larga y penosa fue la travesía; varias veces la tempestad amenazó engolfar el buque. En las horas de peligro la angustia era general, y Wesley no se hallaba exento de ella, antes se sentía espantado sobre la presencia de la muerte, y se avergonzaba de su temor. La actitud tranquila y serena de los moravos formaba un contraste notable con la de otros pasajeros y causaba su admiración. Desde la hora en que se embarcaron, Wesley reconoció en ellos una piedad profunda; los vio siempre abnegados, dispuestos a rendir a los demás pasajeros los servicios más humildes y prontos a sufrir con paciencia toda clase de injurias. Mas sobre todo le sorprendió su actitud en presencia de la muerte. Un día, mientras celebraban el culto, desatóse la tempestad con violencia; precipitándose las olas sobre el buque, barrían la cubierta e hicieron trizas la vela mayor. Un grito de angustia resonó por todas partes. Sólo los moravos permanecieron tranquilos, sin interrumpir siquiera el canto del salmo que habían empezado. Wesley preguntó luego a uno de ellos: "¿No estabais espantados?" El moravo respondió: "Gracias a Dios que no". "Mas vuestras mujeres y vuestros niños, ¿no tenían miedo?" "No, señor", respondió él sencillamente, "nuestras mujeres y nuestros niños no temen la muerte".[3] Wesley comprendía que aún no tenía fe tan grande como la de ellos.

El 6 de febrero de 1736, como a las ocho de la mañana, ancló el buque en la costa americana. Semejante a Cristóbal Colón, al pisar el suelo del nuevo mundo Wesley cayó de rodillas. Y así como aquel explorador del siglo XV ignoraba la importancia de su des-

[3] *Works,* tomo I, p. 22.

cubrimiento, así el gran misionero del siglo XVIII no se dio cuenta de lo trascendental de la obra que sus discípulos habían de llevar a cabo en aquella tierra donde acababa de desembarcar.

Savannah, la capital de la nueva colonia, no contaba a la sazón más de unas cuarenta casas, construidas todas poco más o menos por el mismo estilo. En toda la colonia no existían sino otras seis poblaciones en vías de formación. Además de los terrenos cultivados alrededor de estas localidades, el resto del país se componía de bosques y praderas habitados por los indios. En esta colonia fue donde vivió Wesley desde el 6 de febrero de 1736 al 2 de diciembre de 1737.

Al día siguiente de su llegada fue a visitar al pastor moravo, Spangenberg. Teniendo plena confianza en todo lo que llevaba el sello de aquella comunidad que había aprendido a venerar, le pidió sus consejos respecto a la obra misionera que iba a emprender.

"Hermano mío", contestóle el moravo, "ante todo debo haceros una o dos preguntas. ¿Tenéis en vos mismo el testimonio de Dios? ¿Da el Espíritu de Dios testimonio a vuestro espíritu de que sois hijo de Dios?"

Más acostumbrado a enseñar que a recibir instrucción, Wesley se sorprendió al escuchar estas preguntas tan directas. Percibiendo su perplejidad, su nuevo amigo prosiguió:

"¿Conocéis a Jesús?"

"Yo sé", respondió Wesley, "que es el Salvador del mundo."

"Muy cierto, pero ¿sabéis que os ha salvado?"

"Creo que murió por salvarme."

Spangenberg añadió una pregunta más:

"¿Os conocéis a vos mismo?"

Wesley contestó que sí, pero de una manera tímida, y luego escribió en su diario: "Temo mucho que aquellas palabras fueron vanas." El pastor moravo le refirió entonces su vida y conversión, y este relato no sólo impresionó a Wesley, sino que le hizo ver claramente que le faltaba algo todavía.[4]

Fortalecieron estas impresiones las relaciones amistosas que Wesley continuó cultivando con estos buenos moravos. Hospedóse juntamente con Delamotte bajo su techo por algún tiempo, y tuvo la oportunidad de ver y admirar la pureza de sus costumbres. "Estaban siempre ocupados", dice, "siempre gozosos y de buen humor en sus tratos unos con otros: no se dejaban dominar nunca por la

[4] *Works,* tomo I, p. 23.

cólera; evitaban todo motivo de querella, toda clase de acritud y las malas palabras; dondequiera que se encontrasen, andaban siempre de una manera digna de la vocación a que habían sido llamados, y honraban con su comportamiento el evangelio de nuestro Señor".[5]

Sus prejuicios eclesiásticos, tan profundamente arraigados, cedieron insensiblemente, debido al contacto con la sencillez enteramente evangélica de aquellos cristianos. Un día asistió a una de sus reuniones en la que, después de pasar varias horas en oración y conferencia, procedieron a la elección y consagración de un obispo. El catedrático de Oxford quedó muy impresionado con la solemne sencillez de aquel culto, que contrastaba tanto con el ceremonial de la Iglesia Anglicana en ocasión parecida. "La gran sencillez y solemnidad de aquella escena", refiere después, "me remontaron diecisiete siglos atrás a una de aquellas asambleas presididas por Pablo, el fabricante de tiendas de campaña, o por Pedro el pescador, sin aparato alguno, mas con la demostración del Espíritu y de poder."[6]

Wesley quería dedicarse de una manera asidua a la evangelización de los indios, e hizo cuanto estuvo a su alcance por entrar en amistad con ellos; pero un sinnúmero de dificultades trastornaron sus planes. Aprendió por experiencia que la proximidad de una colonia civilizada es un obstáculo formidable para la conversión de los paganos. Además, no era dueño de sí mismo, puesto que el gobernador se oponía siempre a que se ausentara de la colonia para ir tras los pieles rojas hasta sus estancias. No obstante, se esforzaba por hacerles todo el bien que podía, y acariciaba la esperanza de que las circunstancias le habían de permitir algún día consagrarse por completo a esta obra. Por de pronto los colonos exigían sin cesar sus cuidados pastorales, y los misioneros debieron sobre todo velar por ellos.

El diario de Wesley nos muestra el fervor con que se entregó a esta obra. En Savannah, lo mismo que en Oxford, desplegó su mayor actividad en bien de "los pequeñitos"; los pobres, los enfermos y los niños eran objeto de su cuidado especial. Interesóse también vivamente por los esclavos negros que en aquella época ya eran muy numerosos en América, y se esforzaba por mejorar su condición. La aptitud especial que había tenido siempre para aprender lenguas le fue útil en medio de aquella muchedumbre de emigrados procedentes de todas partes del globo. Sus recientes estu-

[5] *Idem*, tomo I, p. 26.
[6] *Works*, tomo I, p. 26.

dios del alemán le permitieron dirigir pláticas familiares en esa lengua a ciertos emigrados que carecían de todo culto religioso. Accediendo a la petición urgente de algunos franceses de Savannah, celebró también para ellos cultos en su propio idioma. Varios piamonteses le rogaron les hiciera un culto en italiano, en lo cual asimismo consintió. Dio por último otra prueba de su habilidad políglota y de su celo misionero dedicándose al estudio de la lengua española con el fin de conversar con los judíos de España, "algunos de los cuales", decía, "parecen más cercanos al espíritu que hubo en Cristo que muchos de aquellos que le llaman Señor".

Wesley procuró agrupar las almas piadosas que encontraba, como lo hacía en Oxford, en pequeñas sociedades, que debían reunirse una o dos veces a la semana con el fin de examinarse, instruirse y exhortarse mutuamente. Estas reuniones, que más tarde representaron un papel tan importante en la organización que fundó, nacieron de las necesidades de su obra misionera.

Además de la influencia que ejercía sobre el pequeño círculo que de esta manera se formaba en torno suyo, dejaba sentir otra más extensa, si bien menos profunda, sobre gran parte de la colonia. Su carácter le valió aun más que su talento para ganarse la confianza y admiración del público. Grandes multitudes acudían a oír su predicación, la que producía un efecto poderoso en sus oyentes. Quejóse una vez desde el púlpito de la inconsecuencia de ciertas personas que asistían a los cultos vestidas con tanto lujo como si fueran a una función mundana; desde aquel día sus oyentes no le dieron más motivos de queja y se vistieron de una manera más modesta. En cierta ocasión una de las principales familias de la localidad tuvo la ocurrencia de dar un baile a la misma hora que Wesley celebraba su culto; todos esperaban el resultado con alguna ansiedad, mas el influjo del pastor triunfó sobre los atractivos del baile, que resultó desierto, mientras que la iglesia estaba llena.

Multiplicáronse los servicios religiosos. Los domingos había uno a las cinco de la mañana, otro al mediodía y un tercero a las tres de la tarde, y por último reunía Wesley en su casa por la noche a cuantos deseaban terminar el día con ejercicios piadosos. Los miércoles por la noche celebraba un culto completo, y todas las demás noches otro más corto. Este número exagerado de cultos fue pronto motivo de queja por parte de los colonos en contra de su ministro.

Los jóvenes misioneros prestaban particular atención a la

enseñanza de los niños. En Savannah, Delamotte dirigía una escuela que tenía de treinta a cuarenta discípulos, a los que dos veces por semana Wesley daba clase de religión. Como muchos de estos alumnos mostraran buenas inclinaciones, pudieron ser admitidos a la Santa Cena. Además de la instrucción oral, Wesley no tenía reparo en darles, cuando lo juzgaba oportuno, otras lecciones, que asumían algunas veces un carácter excéntrico. Por ejemplo, habiéndose enterado de que ciertos alumnos, que llevaban zapatos, despreciaban a otros que carecían de ellos, fue un día a la escuela descalzo, lo que naturalmente sorprendió mucho a los niños, pero sirvió para reprender eficazmente su torpe orgullo. Tal acto, que desde el punto de vista de la higiene no tendría consecuencias desagradables en un clima como el de Georgia, debió de parecer impropio a los feligreses de Wesley; pero semejantes apreciaciones de su conducta le importaban poco.

Mucho más graves que estas exuberancias de celo, que provocaban a veces la opinión pública, eran los extremos de su ritualismo y severidad. So pretexto de poner en vigor otra vez las antiguas reglas disciplinarias, bautizaba solamente por inmersión, y se negaba a reconocer la validez del bautismo administrado por un pastor que no hubiese sido ordenado por un obispo. Por la misma razón llegó al extremo de negar la Santa Cena a personas cuyo bautismo no creía válido.[7] Predicaba el deber de confesarse y de hacer penitencia y conforme a la antigua costumbre, mezclaba agua con el vino en la Santa Cena. En una palabra, trató en aquel tiempo, un siglo antes de Pusey, de hacer de la Iglesia Anglicana lo que están haciendo los ritualistas de nuestros días.

Estas innovaciones causaron escándalo en la colonia, donde había presbiterianos y otros no conformistas, quienes naturalmente no deseaban someterse a un sistema que sus antecesores habían combatido en Inglaterra. Los anglicanos mismos, por lo general, no favorecían esta reacción retrógrada. El resultado fue que, pocos meses después, la popularidad de que al principio gozaban los jóvenes misioneros trocóse en la oposición más decidida. Algunos pretendían ver en ellos a católicos disfrazados. Ciertas palabras

---

[7]Puede citarse especialmente el caso de Bolzio, pastor de la comunidad de los saltzbourgenses, establecidos en la colonia. Wesley negó la comunión a este buen cristiano porque, según su parecer, no había recibido el bautismo canónico. Más tarde juzgó este acto suyo con gran severidad y exclamó: "¿Puede llevarse a mayor extremo el fanatismo eclesiástico? ¡Cuántas veces desde entonces", añade, "se me ha tratado de igual manera!"

imprudentes y la intransigencia en sus relaciones con los colonos empeoraron la situación. Carlos Wesley, que se había establecido como pastor en Federica, fue el primero en perder el ánimo y en darse a la vela para Inglaterra. Viendo la imposibilidad de emprender la evangelización de los indios, Benjamín Ingham partió también. En cuanto a Juan Wesley, después de haber aguantado por más tiempo la furia de la tempestad tuvo a su vez que salir de la colonia, debido a un suceso que vamos a narrar con brevedad.

Una joven, la señorita Hopkey, sobrina del primer magistrado de Savannah, habiendo por sus cualidades personales llamado la atención de Wesley, éste determinó pedir su mano. Al parecer, faltaba poco para que todo estuviese convenido, cuando súbitamente se desvaneció toda esperanza. ¿Cómo sucedió esto? ¿Hemos de creer, como afirma uno de sus biógrafos, que Wesley por consejo de los moravos se persuadió de que no le convenía para esposa aquella joven? ¿Será verdad, según dicen otros, que la joven rehusó voluntariamente unir su vida con la de un hombre conocido por su austeridad? No lo sabemos a punto fijo, pero lo más probable es que aquel rompimiento fue obra de ambas partes, y cierto que la señorita Hopkey se consoló pocos días después casándose con un señor Williamson, al paso que Wesley conservó por mucho tiempo el triste recuerdo de aquel amor fracasado.

Este incidente, en el cual se portó Wesley como hombre honradísimo, aunque quizás no con toda la prudencia que era de desear, le causó gran número de molestias. Le valió la enemistad de dos individuos que estaban en posición de dañarle, siendo uno el magistrado Causton, tío de la joven, y el otro Williamson, el pretendiente aceptado por ella. Uniéronse a éstos, ambos por cierto poco dignos de respeto o estimación, todos aquellos a quienes Wesley había ofendido con motivo de su rigorismo eclesiástico y celo ferviente.

En vista de la sobreexcitación de los ánimos, Wesley tuvo la sagacidad de comprender que su obra ya no podía tener buen éxito en Georgia, y que le convenía regresar a Inglaterra. Se vio, pues, precisado a salir casi como fugitivo del país donde menos de dos años antes le habían dispensado una acogida entusiasta. De este modo concluyó en fracaso humillante la campaña misionera empezada bajo tan buenos auspicios. Después de descubrir en su propia experiencia la imposibilidad de obtener la paz del alma por medio de ritos y sacramentos, vio claramente, durante su permanencia entre los colonos de Georgia, la esterilidad del ritualismo en el ministerio evangélico. Estas pruebas fueron necesarias para derrumbar el laboriosamente construido edificio de su religión formalista.

Mas sobre estas ruinas iba a levantarse pronto otro edificio, ideado según plan diferente, con mejores materiales y capaz de resistir a las tormentas.

CAPÍTULO V

CONVERSIÓN DE WESLEY
(1738)

Dolorosas experiencias de Wesley—Necesidad de la conversión—Carácter de esta crisis espiritual—Sus relaciones con Boehler—Sus grandes adelantos—Busca con afán la salvación—Circunstancias en que la encuentra—Desarrollo de la vida espiritual de Wesley—Fases de esta crisis—Wesley y Lutero—Conversión de Carlos Wesley y de Whitefield—Wesley visita los establecimientos moravos de Alemania—Sus relaciones con Zinzendorf—Sus impresiones de Herrnhut—Cristián David—El metodismo y los moravos.

LAS largas semanas que Wesley pasó a bordo del navío en que regresó a Inglaterra fueron para él de mucho provecho. Al paso que cuidaba de los intereses espirituales de los pasajeros, como lo había hecho en su anterior viaje, preocupábale sobre todo su propio estado. Su diario nos ha conservado las confesiones tristes de aquella alma falta todavía de la paz que resulta de la fe sencilla. "Fui a América", dice, "a convertir a los indios, mas ¿quién me convertirá a mí? ¿Quién me librará de este corazón perverso e incrédulo? Tengo una hermosa religión de verano; puedo hablar de ella, puedo aun creer en ella mientras está lejos el peligro; pero, luego que la muerte me mira a la cara, mi espíritu se amilana. Yo no puedo exclamar: 'Para mí el morir es ganancia'. ¡Oh! ¿quién me librará de este temor de la muerte? ¿qué haré? ¿A dónde iré para escapar de ella?"[1]

Cinco días después escribía: "Hace ya cerca de dos años y cuatro meses que salí de mi patria a enseñar a los indios de Georgia la religión cristiana, pero, mientras tanto, ¿qué he aprendido yo mis-

[1] *Works,* tomo I, p. 74.

mo? He descubierto lo que menos sospechaba, que, a pesar de mis esfuerzos por convertir a otros, yo no estoy convertido todavía. He aprendido que me hallo 'destituido de la gloria de Dios', que mi corazón está enteramente 'corrompido y lleno de abominación', lo mismo que mi vida entera, puesto que 'el árbol maleado no puede llevar buen fruto'. He aprendido que, estando 'ajeno de la vida de Dios', soy 'hijo de ira' y heredero del infierno; que mis obras; mis sufrimientos, mi justicia, lejos de reconciliarme con un Dios ofendido, y de servir para expiar el más insignificante de mis pecados (que son más numerosos que los cabellos de mi cabeza), no pueden sufrir la mirada escrutadora de la justicia divina sin ser antes purificados. He aprendido que, llevando escrita en mi corazón la sentencia de muerte, y no teniendo excusa alguna que alegar, no me queda ninguna esperanza sino la de ser justificado gratuitamente por la redención que es en Jesús; ninguna esperanza, si no busco a Jesús y le hallo, y sea 'hallado en él, no teniendo mi justicia, que es por la ley, sino la que es por la fe de Cristo, la justicia que es de Dios por la fe'."[2]

Como se ve por estos extractos, Wesley volvió de América agobiado y abatido; por fin había aprendido a conocerse a sí mismo, y describe en su diario con amarga elocuencia esta fase de su vida espiritual. De estas líneas melancólicas fácilmente se colige la dolorosa intensidad de sus luchas interiores. Sin embargo, puede preguntarse hasta qué punto se dejó llevar Wesley en esta nueva etapa de su experiencia por esa inclinación natural que suele hacer al hombre menospreciar los dones espirituales recibidos. Respecto de este asunto tenemos su propio testimonio, consignado mucho tiempo después, cuando ya había alcanzado la madurez cristiana. Al estar revisando estos fragmentos de su diario con el objeto de publicarlos, se creyó precisado a añadir algunas notas aclaratorias. A la afirmación de que no estaba convertido cuando fue a América puso como nota: "No estoy seguro de ello"; y corrigió el aserto de que era entonces "hijo de ira y heredero del infierno", diciendo: "No lo creo; yo tenía entonces la fe de un sirviente, mas no la de un hijo."[3]

Aunque Wesley con el tiempo juzgó deber suyo el corregir los términos tan absolutos de esta confesión, escrita por él a su regreso de América, sin embargo, no la retractó nunca, y queda la declaración cual piedra conmemorativa de esta trascendental crisis. Lo

[2] *Works,* tomo I, p. 75.

[3] *Works,* tomo I, p. 76. Sobre esta distinción entre la fe de un siervo y la de un hijo conviene consultar el sermón de Wesley sobre la fe. [3] *Works,* tomo VII, p. 199).

que ella anuncia y prepara no es la conversión, si por ésta se entiende el primer paso del alma que se vuelve hacia Dios; y sin embargo, lo es, en el sentido evangélico de la palabra. En efecto jamás hubo un cambio de dirección más decisivo que el que resulta cuando se compara esta efusión de un corazón contrito y despojado de toda pretensión con su anterior actitud cuando, adicto primero al misticismo y luego al ritualismo, distaba tanto del espíritu evangélico.

Inmediatamente después de desembarcar en Deal, el primero de febrero de 1738, Juan Wesley se dirigió a Londres, donde había de dar con los cristianos sinceros y fervorosos que le introducirían en el nuevo camino que estaba resuelto a seguir. Los moravos ya le habían hecho mucho bien; sus prejuicios de partidario de la Iglesia Alta se iban debilitando poco a poco conforme conocía más de cerca a esta comunidad cuyas formas eclesiásticas eran tan primitivas; sobre todo, habíanse modificado considerablemente sus ideas religiosas bajo el influjo de este cristianismo tan sencillamente evangélico. Y por fin, un moravo iba a ser el Ananías de este nuevo Pablo.

Una vez en Londres, Wesley entró inmediatamente en relaciones con la comunidad morava, a la cual se sentía irresistiblemente atraído. Un ministro, Pedro Boehler, acababa de llegar a Inglaterra, donde pasó algún tiempo antes de continuar su viaje a América. Debido a su piedad profunda y práctica y a sus conocimientos de la Sagrada Escritura, este varón era idóneo para la misión que Dios le confió respecto de Wesley. Entablaron relaciones el uno con el otro el 7 de febrero de 1738, "día memorable para mí", como dijo posteriormente Wesley. Desde esta fecha, tuvo con este cristiano distinguido numerosas entrevistas, durante las cuales mostrábase discípulo diligente con la humildad de un niño. El teólogo de Oxford sometía sus dudas al nuevo amigo, quien le contestaba en latín (lengua en que conversaban): *Mi frater, mi frater, excoquenda est ista tu philosophia* ("Hermano mío, hermano mío, debes desechar esta filosofía tuya"). La desechó, pues, y de una manera tan completa que pronto reconoció que hasta entonces se había equivocado sobre la naturaleza de la verdadera fe, suponiendo que ésta consistía en un mero asentimiento intelectual a las verdades reveladas. Mostróle su amigo que la fe viva, dondequiera que existe, produce la paz del alma y la santidad, y que esta fe no es otra cosa sino "la confianza firme que el alma tiene en Dios, la cual le infunde la certidumbre de que sus pecados le han sido perdonados por los méritos de Cristo y de que está reconciliado con Dios". Estas ideas, que eran nuevas para Wesley, suscitaron ciertas objeciones en su mente; mas Boehler, que no deseaba le creyera bajo su palabra, le aconsejó las estudiara a la luz de la Sagrada Escritura. En efecto, Wesley se puso a leer con mayor atención su Nuevo Testamento griego, que había descuidado por estudiar las obras de los místicos, y encontró luego la corroboración de lo que su amigo enseñaba. Desvaneciéronse una tras otra sus objeciones meditando en los textos siguientes: "El mismo Espíritu da testimonio a nuestro espíritu de que somos hijos de Dios." "El que cree en el Hijo de Dios tiene el testimonio en sí mismo." "Cualquiera que es nacido de Dios no hace pecado". Sin embargo en admitir que la fe puede ser una acción súbita de la gracia divina sobre la voluntad del hombre, y que la conversión se realice instantáneamente; pero estas dudas desaparecieron por el estudio concienzudo de la Sagrada Escritura, y por las conversaciones con los cristianos moravos, que le refirieron cómo en pocos instantes la paz había sucedido en sus almas a la certidumbre pavorosa de la condenación.

Hasta entonces, y como él mismo lo confesó después, Wesley había poseído sólo la fe del siervo; faltábale aquella que es propia de un hijo. Agobiado bajo el peso de esta convicción, quiso dejar de predicar, mas Boehler le disuadió con energía, diciéndole: "Predicad la fe hasta tenerla, y entonces predicaréis porque la tenéis." Y así lo hizo desde aquel día con gran fidelidad, no solamente desde el púlpito, sino en las relaciones ordinarias de su vida, en visitas, en viajes, en hospedajes y doquiera que se le ofrecía oportunidad. A medida que sus necesidades espirituales se hacían más claras y positivas, viose precisado a dejar las oraciones litúrgicas que acostumbraba usar en sus devociones privadas, improvisando las fervorosas súplicas que brotaban de su corazón. Percibiendo al mismo tiempo las muchas ventajas que resultan de la comunión de los hermanos, asocióse estrechamente con la pequeña sociedad de Fetter Lane, que se organizó en Londres el primero de mayo de 1738, según las reglas de los moravos y bajo la dirección de Boehler. Los miembros habían de congregarse una vez por semana "para confesar sus faltas los unos a los otros, conforme al mandamiento de Dios dado por Santiago, y para orar los unos por los otros".

Wesley comenzó entonces a buscar con afán esa libertad de espíritu, cuya gran importancia comprendía perfectamente. He aquí lo que a la sazón escribió en su diario: "Oigo una voz (¿no será la voz de Dios?) que me dice:—Cree, y serás salvo: el que cree pasó de muerte a vida.—Salvador de los hombres, líbranos de confiar en ningún otro sino en ti. Llévanos tras ti. Despójanos de nosotros mismos y llénanos de paz y de gozo, creyendo, y no permitas que nada nos separe de tu amor en esta vida ni en la eternidad."[4] "Me decidí", añade, "a buscar sin descanso esta gracia, renunciando por completo a toda confianza, total o parcial, en mis obras o en mi propia justicia, ¡ay! único fundamento hasta entonces de mis esperanzas, y a dedicarme a pedir con oraciones incesantes la fe que justifica; ese abandono completo de mí mismo en la virtud expiatoria de la sangre de Cristo derramada por mí; esa confianza en El como en *mi* Cristo, *mi* justificación, *mi* santificación, *mi* redención."[5]

Llegó por fin el día de salvación: dejemos que Wesley mismo nos lo describa:

Como a las cinco de la mañana del miércoles, 24 de mayo de 1738, abrí mi Nuevo Testamento y encontré estas palabras: "Nos son dadas preciosas y grandísimas promesas, para que por ellas fueseis hechos participantes de la naturaleza divina" (2 Pedro 1:4). Al salir de mi cuarto me fijé en lo siguiente: "No estás lejos del reino de Dios". Aquella tarde me invitaron a ir a la catedral de San Pablo. La antífona era: "De los profundos, oh Jehová, a ti clamo. Señor, oye mi voz; estén atentos tus oídos a la voz de mi súplica. Jehová, si mirares a los pecados, ¿quién, oh Señor, podrá mantenerse? Empero hay perdón cerca de ti, para que seas temido. Esperé yo a Jehová, esperó mi alma, en su palabra he esperado. Mi alma espera a Jehová más que los centinelas a la mañana; más que los vigilantes a que la mañana vengan. Espere Israel a Jehová, porque en Jehová hay misericordia, y abundante redención con él: y él redimirá a Israel de todos sus pecados."

Por la noche fui, casi a pesar mío, a una pequeña reunión en la calle de Aldersgate, donde oí la lectura del Prólogo de Lutero a la Epístola de San Pablo a los Romanos. Como a las nueve menos cuarto, mientras escuchaba la descripción que hace del cambio que Dios obra en el corazón por la fe en Cristo, sentí arder mi corazón de una manera extraña. Sentí que confiaba en Cristo, y en Cristo solamente, para mi salvación; recibí la seguridad de que Dios había borrado *mis* pecados y que me salvaba a *mí* de la ley del pecado y de la muerte.

Púseme entonces a orar con todas mis fuerzas por aquellos

[4] *Works,* tomo I, p. 97.
[5] *Idem,* tomo I, p. 102.

que más me habían perseguido y ultrajado. Después di testimonio público ante todos los asistentes de lo que sentía por primera vez en mi corazón. El enemigo me sugirió inmediatamente este pensamiento: "Esta no puede ser la fe, pues ¿dónde está el gozo?" Pero yo aprendí muy pronto que, si bien la paz y la victoria sobre el pecado están íntimamente ligadas con la fe en el Autor de nuestra salvación, no sucede lo mismo con los arrobamientos de gozo que la acompañan por lo general, sobre todo en aquellos que han pasado por una agonía profunda; sino que Dios se reserva dispensarlos o rehusarlos según le place.[6]

Es digno de notar que la lectura de una página de Lutero, comentando un texto de San Pablo, fue causa de que resplandeciese la luz en el alma de Wesley. Esta circunstancia puede muy bien señalarse como el vínculo que une el despertamiento espiritual del siglo XVIII con la Reforma y con los tiempos apostólicos. Este movimiento religioso había de hacer revivir aquellas dos grandes épocas, no sólo por cuanto afirmaba la doctrina de la justificación por la fe, sino también porque la experiencia personal de esta gracia divina se manifestaba eficazmente en los que habían de anunciarla a sus semejantes. Wesley como Lutero, y Lutero como San Pablo, podían decir: "Creí, por lo cual también hablé."

La juventud de Wesley había sido pura; no había abandonado nunca los hábitos religiosos formados en su niñez. En 1725 le vemos en la Universidad de Oxford dominado por un remordimiento profundo de sus pecados y suspirando por una consagración absoluta de su ser a Dios. Este anhelo de santidad, despertado en él por las cartas de su madre y por la lectura de la *Imitación* y de las *Reglas* de Jeremías Taylor, le lleva pronto por las sendas descarriadas del ritualismo y del misticismo. Estas dos tendencias, al parecer opuestas lógicamente una a otra, se disputaron el alma de Wesley durante los largos años de dolorosa preparación. Como dice acertadamente el doctor Rigg: "El elemento místico representaba en esta alma recta y fervorosa la reacción de la vida interior en contra de una religión de mera exterioridad. Durante toda su vida Wesley iba a unir enérgicamente las formas exteriores de la religión con las realidades espirituales de la vida interior. Pero durante este período preparatorio no había encontrado aún en la justicia que es por la fe, el lazo y la armonía entre estas dos necesidades al parecer opuestas. De aquí es que existieran en él, en aquella época, una mezcla de ritualismo y

[6] *Works,* tomo I, p. 103.

misticismo, con frecuentes oscilaciones del uno al otro. Sin dejar de ser exteriormente partidario estricto y ascético de la Iglesia Alta, con motivo de sus simpatías y tendencias interiores, Wesley se sentía fuertemente atraído por esa mezcla de contemplación y de pasión que caracteriza a los mejores tratados místicos de devoción, y él mismo era a menudo místico de corazón."[7]

Si hubo alguna crisis del alma que haya efectuado un cambio radical en la vida de un hombre, fue sin duda la que llegó a su punto culminante en la vida de Wesley el 24 de mayo de 1738. Sin esa crisis habría sido toda su vida, como Pablo lo fue antes de su conversión, un fariseo consumado, o como Lutero, antes de la suya, un ritualista fanático. Gracias a ella, se convirtió en apóstol como aquel y en reformador como éste.

Carlos Wesley ya había llegado a la misma meta que su hermano por un camino semejante. Al pie de la cruz logró tres días antes la seguridad de que sus pecados eran perdonados. Jorge Whitefield, su antiguo amigo de Oxford, habíalos precedido en este camino; mientras ellos estaban en Georgia, ocupados en buscar la salvación por medio de sus propias obras, él se había convertido en hombre nuevo. De esta manera fueron preparados providencialmente para su santa obra los tres principales autores del despertamiento que iba pronto a conmover a Inglaterra.

Wesley contrajo una deuda inmensa con los moravos cuando éstos le introdujeron a un cristianismo muy superior en eficacia y vida al que hasta entonces había conocido. Parecíale que esta iglesia había comprendido mejor que ninguna otra el carácter de vitalidad y práctico de la doctrina cristiana, y la amaba con afecto de hijo. En esta época decisiva de su vida espiritual, creyó haber llegado el momento de llevar a cabo un proyecto formado ya en Georgia, el de visitar el centro de esta comunidad cristiana a fin de conocerla mejor. Emprendió, pues, en compañía de varios amigos, este viaje que para él era en realidad una peregrinación religiosa y un acto de piedad filial.

En Ysselstein, cerca de Rotterdam, encontró ya una pequeña colonia de moravos, establecida en las tierras de la viuda del príncipe de Orange, y pasó algunas horas muy agradables en casa del piadoso barón de Watteville. En Marienborn, cerca de Francfort, se encontró con Zinzendorf, a quien hacía mucho tiempo deseaba conocer. Sus conversaciones con este cristiano eminente le fueron sumamente

[7]James H. Rigg: *The living Wesley*, p. 110.

útiles y placenteras. "He encontrado lo que buscaba", escribió, "pruebas vivas del poder de la fe, individuos librados del pecado interior y exterior por el amor de Dios derramado en sus corazones, y libres de dudas y temores por el testimonio interior del Espíritu Santo."[8]

Después de haber pasado unos diez días en la pequeña colonia de Marienborn, Wesley se puso de nuevo en camino para Herrnhut, centro de la comunidad principal de los moravos. Habiendo atravesado a pie una gran parte de Alemania, llegó al fin el primero de agosto de 1738 a esta célebre aldea, situada en las fronteras de la Bohemia y que ocupa un lugar más importante en la historia de la iglesia que muchas ciudades famosas. Allí vio en plena actividad un cristianismo muy diferente del tipo anglicano que, hasta entonces, era el único que había conocido de cerca. Ligado ya por una filiación espiritual a la iglesia morava, la estudió íntimamente con viva simpatía. "Dios me ha concedido al fin el deseo de mi corazón", escribió a su hermano Samuel. "Me encuentro en el seno de una iglesia cuya ciudadanía está en el cielo, que posee el espíritu que estaba en Cristo y que anda como El anduvo. Todos sus miembros tienen un mismo Señor y una misma fe, y por lo tanto, todos participan del mismo espíritu, el espíritu de mansedumbre y amor que anima uniforme y continuamente toda su conducta. ¡Cuán sublime y santo es el cristianismo, y cuán diferente de aquel que de ordinario usurpa su nombre, con notoria injusticia, puesto que no purifica el corazón ni renueva a imagen de nuestro bendito Redentor."[9]

El trato con los moravos le sirvió a Wesley para robustecer la doctrina de la fe justificante que había aprendido de Boehler. Pocos hombres le fueron más útiles en este respecto que el piadoso Cristián David, a la vez artesano y pastor evangélico, quien con sus propias manos había construido las primeras casas de Herrnhut, y cuya predicación y ejemplo habían contribuido en gran manera a la edificación espiritual de la naciente colonia. Sus conversaciones y discursos acabaron de llevar la luz al alma de Wesley. Las relaciones que sostuvo con semejantes cristianos influyeron poderosa y felizmente en su crecimiento religioso y en su ministerio. Aprendió de ellos lo que puede la fe viva, y cómo produce ésta en el alma un amor intenso para el Salvador y para los hermanos, a la vez que una renuncia completa del mundo y de sí mismo.

---

[8] *Works,* tomo I, p. 110.
[9] *Works,* tomo XIII, p. 31.

Lo que más le impresionó en Herrnhut fue la existencia de una sociedad enteramente penetrada del espíritu cristiano. "Bien hubiera querido pasar aquí toda mi vida", dijo, "pero el Maestro me llamaba a otras partes de su viña, y tuve que abandonar este lugar dichoso." Salió, pues, con la intención de establecer en Inglaterra, si fuera posible, una ciudad de Dios semejante a la que acababa de ver en el centro de Alemania, pero teniendo en cuenta las notables diferencias de temperamento que existen entre los dos pueblos.

Un historiador dice que el metodismo ha contraído grandes deudas con los moravos. "Ellos son quienes primeramente enseñaron a Wesley esa vida espiritual regenerada, cuya supremacía sobre todas las cuestiones dogmáticas o eclesiásticas el metodismo ha tenido la misión especial de afirmar. En segundo lugar, Wesley recibió de ellos algunos de sus más claros conceptos sobre las doctrinas que predicó después como esenciales a la vida espiritual. En tercer lugar, Wesley se apropió el plan eclesiástico que Zinzendorf a su vez había recibido de Spener, y que consistía en trabajar por la reforma de las iglesias nacionales organizando en su seno pequeñas iglesias *(ecclesioloe)* como el único medio de mantener en ellas la vida espiritual. Esta influencia del sistema moravo, tan evidente en la organización metodista, se manifiesta hoy todavía en muchos de sus pormenores."[10]

---

[10]Stevens: *History of methodism,* Nueva York, 1858, tomo I, p. 108.

SEGUNDA PARTE

LOS COMIENZOS DE LA OBRA
(1738-1744)

CAPÍTULO PRIMERO

PRINCIPIO DEL MOVIMIENTO
(1738-1739)

Las sociedades de Londres—Wesley predica en las iglesias—Se le cierran los templos —Wesley en medio de los presos—Principio de 1739—Whitefield predica al aire libre en Kingswood y después en Brístol—Wesley imita su ejemplo— Wesley en Brístol—Organiza sus primeras sociedades—Construye una capilla en Brístol—La capilla de la Fundición en Londres—Las escuelas y la obra en Kingswood—Descripción de una asamblea al aire libre—Escenas de los ambu- lantes—Conversiones notables—Manifestaciones físicas que las acompañan— Reflexiones sobre estos fenómenos—Actitud de Samuel Wesley—Wesley predica al aire libre en Londres—Oposición de los clérigos—Carlos Wesley ante el Arzobispo de Canterbury—Juan Wesley ante el Obispo de Brístol—Se rehúsa a encargarse de una parroquia—Extensión del avivamiento—El princi- pado de Gales y Howell Harris—Avivamientos simultáneos—Primeros pre- dicadores laicos—Juan Cennick—Estado de cosas a fines de 1739.

WESLEY regresó de Alemania en septiembre de 1738 anheloso de consagrar toda su vida a Dios; pero ignoraba la vía que había de seguir. No tenía, en cuanto a esto, ningún plan preconcebido. Con plena fe en la Providencia, quería depender de ella buscando diariamente las indicaciones sobre la línea de conducta que había de seguir, sin preocuparse de la obra más que del pan de mañana, confiado en que Dios le había de dar el uno con la misma abundancia que la otra.

Entró a la obra con gran entusiasmo en una humilde esfera que se le representaba como una familia espiritual. Existían entonces en Londres unas pequeñas sociedades religiosas fundadas por Horneck y sus amigos, aunque la mayor parte de ellas se habían desorganizado debido a la decadencia religiosa de la época; las que aún subsistían habían sido últimamente reanimadas por los moravos. Estos centros de vida religiosa se sentían naturalmente inclinados hacia Wesley en una época en que él tan deseoso estaba de progreso espiritual y de comunión fraternal. Sin perder su fidelidad a la Iglesia Anglicana, sentía una comunión espiritual más íntima con las sociedades moravas de Londres que con los clérigos oficiales que no disimulaban su desdén por lo que llamaban "conventículos".[1] Tanto él como su hermano se hicieron miembros activos, y apenas se pasaba un día sin que dirigieran la palabra en las reuniones.

Pero Wesley no podía reducir su celo a los estrechos límites de estas sociedades. Una vocación irresistible le atraía hacia las masas ignorantes y corrompidas de quienes nadie se ocupaba. Pero esta gente jamás ponía pie en la iglesia, y para acercárseles, Wesley debería ir a donde ella estaba. Por mucho tiempo hubiera vacilado él en hacer eso, si la Iglesia Anglicana no lo hubiera apresurado negándole los púlpitos de sus iglesias. El predicó en varias iglesias tanto de Londres como de las provincias, de acuerdo con los derechos que le confería su ordenación. En sus sermones trataba directamente la doctrina evangélica de la salvación por la fe, impregnándola con la fuerza que le da la experiencia personal de la propia salud. Esto era algo nuevo y causó algún escándalo. Se le acusaba de innovaciones y de herejías, y se le amenazó con excluirlo de los púlpitos de las iglesias si persistía en anunciar estas nuevas doctrinas. Esta es la acusación que en épocas de decadencia se ha hecho siempre contra los que se proponen resucitar la antigua fe; pero Wesley no fue por ella movido. Dócil y devoto como era a la iglesia en todo lo referente a disciplina,[2] rehusó someterse y apeló de la iglesia degenerada a la iglesia de Cranmer y Latimer, la de los Treinta y Nueve Artículos. "Las doctrinas que predicamos", exclamaba él, "son las doctrinas de la Iglesia Anglicana; son las doctrinas fundamentales de

[1]Cinco semanas después de su regreso de Alemania, Wesley y su hermano hicieron una visita al Dr. Edmundo Gibson, obispo de Londres, y le preguntaron si en su opinión las sociedades religiosas tenían algo que ver con la ley relativa a conventículos. "Yo no lo creo así", contestó el Obispo, "pero nada afirmo referente a eso". Y les recomendó encarecidamente que ellos mismos estudiaran la legislación sobre la materia. Pero ellos tenían otras cosas más importantes que hacer.

[2]Estaba entonces tan deslumbrado por sus prejuicios eclesiásticos que llegó hasta a rebautizar a los disidentes, lo que el obispo de Londres calificó de excesivo.

la iglesia, claramente enunciadas en sus oraciones, en sus artículos de fe y en sus homilías. Yo estoy perfectamente de acuerdo con los ministros que se apegan a ella; pero disiento completamente de los que de ella se apartan."[3]

Los púlpitos en donde Wesley había predicado se le fueron cerrando uno tras otro. En el curso del año de 1739 cuatro iglesias de Londres y cuatro de las provincias le quedaron solamente abiertas. El ministro de una iglesia le había ofrecido su púlpito; pero, mientras Wesley se preparaba para emprender el viaje en obsequio de la invitación, recibió contraorden. Su colega le decía sin miramientos de ninguna especie que, habiendo sabido que estaba loco, le retiraba el ofrecimiento.[4]

Un día iba a predicar dos veces en la misma iglesia, y al final del servicio matutino anunció que en la tarde terminaría su sermón; pero el pastor, que se había molestado por la primera predicación, intervino para impedir la segunda. "Buena lección", dice Wesley, "que me recuerda que debo siempre declarar todo el consejo de Dios."[5]

Aunque se veía expulsado de los púlpitos de la iglesia, Wesley no disminuía un punto en su actividad. Visitaba regularmente a los presos de Newgate y les anunciaba el evangelio. Durante este curso de modesta obra, no pocas veces vio recompensados sus esfuerzos con buen éxito. En noviembre de 1738 le hallamos sobre el carro del condenado a muerte, acompañando a un criminal que era conducido al patíbulo y que, habiendo sido convertido por él, deseaba que lo acompañara hasta sus últimos momentos.

—¿Cómo os sentís ahora?—le preguntó Wesley cuando se aproximaba la hora suprema.

—Siento una paz que jamás creía posible alcanzar—respondió el condenado—yo sé que es la paz de Dios que sobrepuja a todo entendimiento.

De lo alto del patíbulo, Carlos Wesley, que acompañaba a su hermano, dirigió algunas palabras de exhortación a la multitud, y al terminarse aquel mismo día, Juan escribió en su diario: "¡Oh Señor Dios de mis padres! acéptame a mí, el primero entre estos publicanos y pecadores, y no me rechaces de en medio de tus hijos!"[6]

Ocupados con estos humildes trabajos de evangelización, ter-

[3] *Wesley's journal*, 13 de septiembre de 1739.
[4] *Idem*, 7 de mayo de 1739.
[5] *Journal*, 18 de febrero de 1739.
[6] *Idem*, 8 de noviembre de 1738.

minó Wesley el año de 1738. Por ésta época, los miembros principales de la sociedad estudiantil de Oxford se estaban reuniendo en Londres. Carlos Wesley secundaba activamente los esfuerzos de su hermano Juan, y como él, tuvo el honor de ser expulsado de las iglesias oficiales a causa de su fidelidad. Whitefield, que acababa de llegar de América, en donde había continuado la obra de los hermanos Wesley con mejor éxito que ellos, no experimentaba un tratamiento mejor que el que sus amigos habían recibido de parte de los ministros de la Iglesia Anglicana.

El día primero del año de 1739, los dos Wesley, Whitefield, Ingham, Hall y Kinchin se reunieron con la pequeña sociedad morava de Fetter Lane y comenzaron con oraciones públicas este nuevo año que debería ser fecundo en avivamientos. Esta reunión fue "un verdadero pentecostés", al decir de Whitefield. Cinco días después se reunieron de nuevo para conferenciar juntos sobre lo que debía de hacerse en las graves circunstancias en que se hallaban. Consagraron el día al ayuno y a la oración y se separaron, según el dicho de Whitefield, llevándose "la convicción plena de que Dios estaba por hacer grandes cosas en medio de ellos".

Faltaba todavía un combate que se había de librar en un nuevo campo de batalla. La predicación al aire libre debía proporcionar este campo, y a Whitefield le ocupó el honor de haberlo inaugurado. Aunque el año precedente habían acudido multitudes a las iglesias para oírlo, él debía sufrir el mismo tratamiento que sus amigos; en tres días cinco púlpitos le fueron negados. Frente a esta malvada oposición de los clérigos, el valiente joven de veinticinco años no vaciló más tiempo; se resolvió a predicar al aire libre. La ocasión para realizar sus propósitos no tardó en presentarse.

No muy lejos de Brístol se halla un lugar denominado Kingswood, habitado únicamente en aquella época por mineros que se ocupaban en trabajar las minas de carbón de la localidad. Esta pobre gente era muy poco civilizada; no tenía ni pastores ni iglesias, y nadie se preocupaba por sus intereses espirituales. No había ninguna escuela en sus inmediaciones, y vivían todos envueltos en la ignorancia más abyecta. Su ferocidad era proverbial, y no hacía mucho tiempo que habían cometido toda clase de violencias durante una revuelta que sólo pudo ser reprimida por la fuerza de las armas. Durante una visita que Whitefield hizo a Brístol, supo que algunas personas decían de él: "Si ha sido enviado a convertir a los paganos, ¿por qué no va a Kingswood?" Viéndose en Brístol, como en otras partes, atado por la mala voluntad del clero oficial, se resolvió a aceptar aquel reto. Una noche se esparció por el vecindario de Kingswood la noticia de su llegada, y muy pronto se vio rodeado por más de doscientos mineros, a los cuales les predicó el evangelio desde lo alto de una pequeña colina. Era el sábado, 17 de febrero de 1739, fecha memorable en la historia del avivamiento inglés, porque fue ese día cuando se escogió el campo de batalla en el cual se habían de ganar muy gloriosas victorias. Animado por el éxito de este primer ensayo, Whitefield continuó en Kingswood sus predicaciones al aire libre. En su segunda visita tuvo dos mil oyentes, y de cuatro a cinco mil en la tercera, y estas cifras se elevaron muy pronto a diez, quince y veinte mil. Nada más conmovedor que el espectáculo de estas inmensas multitudes que atentas y encantadas escuchaban al gran predicador, y más de una vez, al escuchar su palabra, las lágrimas se deslizaron silenciosas por las mejillas de estos pobres mineros, dejando huellas perceptibles de su paso sobre los rostros ennegrecidos, testificando que su palabra había hallado eco en los corazones. Las numerosísimas conversiones no tardaron, efectivamente, en ser la mejor recompensa que por sus esfuerzos recibiera el joven misionero.

Poco tiempo después, Whitefield predicó en Brístol mismo en un jardín público, y el éxito más completo coronó esta nueva tentativa. Pero él tenía grandes deseos de visitar otras partes de Inglaterra antes de regresar a América, donde le esperaban urgentes deberes. No deseando dejar abandonados sin pastor a sus nuevos convertidos, escribió a su amigo Wesley, rogándole que viniera a continuar su obra. Este, después de algunas vacilaciones, se resolvió a obsequiar tal invitación y salió de Londres. Llegado que hubo a Brístol, consideró interiormente si debería seguir el ejemplo de su amigo y predicar al aire libre. "Yo no podía ver", dice él, "cómo conciliar esta extraña idea de predicar en el campo con mi tenaz apego al orden y al decoro, pues aun la salvación de almas me parecía un pecado cuando se efectuaba fuera de las iglesias."[7]

Tales vacilaciones no podrían durar mucho tiempo. El llamado de su vocación era más fuerte que sus preocupaciones, y el 2 de abril de ese mismo año predicó a tres mil personas en un prado inmediato a Brístol.

Desde este momento el avivamiento del siglo XVIII entró en su verdadero cauce, en el cual Dios le reservaba un éxito glorioso. Trocando los púlpitos de las iglesias oficiales por la tribuna al aire

[7] *Journal,* 31 de marzo de 1739.

libre, la predicación se despojó de todo lo artificial y afectado para hablarle al pueblo en lenguaje popular.

Llamado para continuar en Brístol la obra de su amigo, Wesley se entregó a ella con todo su entusiasmo, sabiendo cómo completarla de modo irreprochable; uniendo, mediante una sencilla organización, a las personas que ya habían sido reanimadas, formó unas pequeñas sociedades semejantes a las de Londres. Fueron las primeras que él organizó directamente y pueden ser consideradas como el punto de partida de las sociedades metodistas, aunque todavía entonces no llevaban este nombre. Ved en qué terminos hablaba Wesley de ellas en su diario de fecha 4 de abril de 1739: "Esta tarde tres mujeres han convenido en reunirse semanariamente con la misma intención de las de Londres, es decir, para confesarse mutuamente sus faltas y orar unas por otras hasta obtener sanidad. ¿Cómo se atreverá persona alguna a negar que esto sea, en substancia, un medio de gracia dispuesto por Dios? Esto sólo sería posible afirmando (con Lutero, cegado por la furia de su fe exclusivista) que la Epístola de Santiago es una epístola de paja."

Apenas formadas las sociedades de Brístol, principiaron con un desarrollo tan rápido que Wesley se resolvió a levantar un edificio para el culto. El 12 de mayo de 1739 colocó solemnemente, con la voz de alabanza y de la acción de gracias, la primera piedra de aquel modesto edifico que había de ser la primera capilla metodista construida en el mundo. Sus amigos de Brístol le trajeron sus primeras subscripciones, y él asumió valientemente la responsabilidad de la empresa. "Es verdad que no tenía dinero", dice él, "ni prospecto humano, ni probabilidad de obtenerlo; pero yo sabía que 'del Señor es la tierra y su plenitud', y en su nombre acometí la obra, sin abrigar dudas."[8]

Hacia fines de ese mismo año, compró, para uso de la sociedad de Londres, un local en ruinas que había servido de fundición de cañones y que estaba ubicado en la plaza de Moorfields, en donde él había predicado al aire libre. Lo hizo reparar, le mandó construir galerías, y en este modesto edificio se celebraron por muchos años los cultos metodistas de la capital. Wesley se ocupaba activamente con los mineros de Kingswood. Antes de su partida, Whitefield había colocado la primera piedra de un edificio para escuela. Wesley se encargó de la erección del mismo hasta que la llevó a término, colocando después en él a un maestro, Juan Cennick. Esto proporcionó

---

[8] *Journal,* 12 de mayo de 1739.

una excelente base para la obra de evangelización, que continuaba prosperando. Esta población minera aceptó gozosa el evangelio que jamás había conocido, y Kingswood no tardó en ser completamente transformada. Ya no fue como lo había sido antes, un sitio de desorden y de borracheras; en lugar de querellas y disputas se veía la armonía y la paz; las canciones profanas fueron substituidas por los cantos religiosos, y la oración vino a ocupar el lugar de la blasfemia.

Como resultado de las predicaciones de Whitefield y de Wesley, nuevas necesidades nacieron entre aquellos mineros convertidos. Deseosos de participar de la Santa Cena, se dirigían en grandes grupos a las iglesias de Brístol, cuyos pastores oficiales, poco acostumbrados a estas manifestaciones de sentimientos religiosos y alarmados por el aumento extraordinario de trabajo que les ocasionaban, los rechazaron de la Santa Cena, so pretexto de que no pertenecían a su parroquia. De este modo, abandonados por sus directores oficiales, los mineros se adherían más fuertemente a los consagrados misioneros que los habían despertado de su sueño espiritual.

Wesley extendió su actividad pastoral a pueblos y ciudades de las inmediaciones de Brístol, predicando por término medio tres veces al día en lugares que algunas veces se hallaban bastante distantes entre sí. Se calcula que en los últimos nueve meses del año de 1739 predicó como quinientas veces, de las cuales solamente ocho o diez fueron en iglesias. Gracias a las nuevas facilidades que le proporcionara la predicación al aire libre, ya no tenía que reducirse a los estrechos límites de una parroquia, o a los más estrechos aún de los caprichos de aquellos ministros que le proporcionaban sus púlpitos. Desde entonces su predicación produjo los resultados más sorprendentes. Numerosas multitudes acudían a los lugares públicos en donde él predicaba, y ni la lluvia ni el viento podían dispersarlas. En Blackheath, Juan Wesley predicó a doce mil personas, y en Gloucester, a siete mil. Pero fue en Londres en donde su auditorio alcanzó las cifras más elevadas. En Moorfields y en el parque Kennington asistieron como veinte mil. Estas asambleas, reunidas al aire libre para escuchar a Wesley y a sus amigos, "se componían", dice Santiago Hutton, "de gente de todas clases, las que, sin cometer ningún atentado contra el orden, se reunían gritando vivas a pulmón pleno, pero poco después se deshacían en lágrimas al reflexionar sobre sus pecados; aquí se veían a algunos reír a mandíbula batiente, mientras que otros exclamaban, ¡aleluya! Era una mezcla confusa de bien y de mal que hacía que predicadores y oyentes perdieran la cabeza, si no habían clamado a Dios por socorro. En esas asambleas se veían ladrones, mujeres de mala conducta, hombres de poco seso, gentes de todas clases, personajes distinguidos, algunos sabios, pero sobre todo, se veía gente del pueblo que no había penetrado jamás en un lugar de cultos. La gente acudía en multitudes, y un gran número se convertían allí a la piedad y a la honradez."[9]

Los oyentes de Wesley estaban por lo general bien dispuestos, en los comienzos del avivamiento. Más de una vez la multitud le demostró su gratitud empeñándose en su defensa contra los que pretendían interrumpir sus predicaciones. Una vez que dos hombres se pusieron de acuerdo para interrumpir el culto que Wesley dirigía al aire libre, cantando una canción profana, éste se limitó a indicar un himno, que la asamblea cantó con tanto entusiasmo que ahogó la voz de los interruptores. En Bath, cierto personaje muy conocido por sus desórdenes y por su inclinación a la buena vida pretendió desconcertar al predicador proponiéndole una especie de interrogatorio público.

—Yo quisiera saber—dijo en tono de indignación —a qué viene aquí toda esta gente.

—Permítaseme que una humilde anciana le conteste—dijo una voz de en medio de la asamblea. —Váyase a regalar su cuerpo, señor Nash, y déjenos a nosotros cuidar de nuestra alma.

El golpe estuvo bien dirigido. Nash se calló la boca y pronto desapareció de la asamblea.[10]

Wesley aspiraba a algo más que un simple arrebato de entusiasmo de vida efímera. Desde los primeros días de su obra, había visto, complacido, numerosas conversiones. Lo que más llama la atención en la historia de estas conversiones es que se presentaban generalmente de una manera súbita, a semejanza de descargas eléctricas, y no se puede menos que recordar casos semejantes de los tiempos apostólicos. Estas transformaciones interiores venían casi siempre acompañadas de una gran postración física y de sacudimientos nerviosos de todo el cuerpo. Hombres sanos y fuertes, que por curiosidad se acercaban a presenciar los servicios de Wesley, llegaban al pleno convencimiento de sus pecados, mediante la palabra del predicador, y caían desplomados en el suelo en estado de mortal abatimiento, o yacían lanzando quejas angustiosas. Esta

[9] *Memories of Hutton*, p. 42, citado por Tyerman, tomo I, p. 236.
[10] *Journal*, 5 de junio de 1739.

agonía, este abatimiento físico y moral, duraba algunas horas, o tal vez días enteros; pero en un momento era reemplazado por un gozo inefable.

En Londres mismo, poco después de su regreso de Alemania, Wesley presenció efectos semejantes de su predicación. Un día, mientras él predicaba en una reunión, una dama lanzaba gritos de angustia. Interrumpióla él para inquirir la causa de su dolor. Ella le refirió que por espacio de tres años había estado con la convicción íntima de sus pecados; su esposo, no comprendiendo la causa de su tristeza, había consultado a un ministro y después a un médico, pero que ni el uno ni el otro habían comprendido el origen de su mal. Finalmente, la predicación que ella había escuchado le mostraba claramente el camino de la salvación. Wesley oró con ella, y no tardó mucho en hallar la deseada paz.[11]

En otra ocasión, se encontró con una de esas personas, tan numerosas en aquellos días, que juzgaban su obra como peligrosa novedad. Era una señora que parecía exasperada y muy prevenida contra él. Viendo que perdía el tiempo en discutir con ella y sospechando que su oposición procedía de sus esfuerzos para acallar su conciencia intranquila, le propuso la oración. Apenas había comenzado a orar cuando la pobre señora principió a sollozar y se vio presa de mortal angustia. Tan pronto como ella puso su confianza en Cristo, vino la paz a su alma, y entonces pudo exclamar: "Ahora ya sé que mis pecados han sido perdonados por amor de Cristo". Y a partir de ese momento, se dedicó a propagar la fe que antes había perseguido.[12]

En Brístol los resultados de sus primeras predicaciones eran idénticos, y las conversiones iban acompañadas por señales más notables aún. Los servicios divinos que él dirigía eran continuamente interrumpidos por los sollozos y lamentos de los concurrentes que imploraban misericordia. Las conversiones se verificaban con las más variadas circunstancias y con los más raros incidentes.

Una vez una madre la que, disgustada con la piedad de su hija, sentía a su vez profunda consciencia de su pecado y era víctima de terrible agonía; pero merced a las oraciones de Wesley recobraba el sentido y a la crisis sucedía el gozo de la salvación.

Un transeúnte que pasaba un día cerca del lugar en donde predicaba el misionero se detiene a escuchar, pronto se pone pálido,

[11]*Journal,* 21 de enero de 1739.
[12]*Journal,* 2 de marzo de 1739.

cae desplomado como si hubiera sido herido por una mano invisible e implora perdón.

Un miembro de la Sociedad de los Amigos, o cuáqueros, se disgustó contra estas manifestaciones exteriores que calificaba de simples momerías, diciendo que deseaba saber lo que fuera aquello, que sólo eran farsas para él. Un día que hablaba de este modo en una reunión, cayó en tierra como herido por un rayo, retorciéndose con intensos sufrimientos. Wesley intercedió por él, y cuando el pobre hombre volvió en sí, lo primero que dijo fueron estas palabras: "Ahora sé que eres un profeta del Eterno."[13]

En la misma reunión se hallaba presente un tejedor, anglicano ferviente, que había venido para examinar personalmente estas cosas. Salió de allí con una impresión muy desfavorable y acometió la empresa de publicar que todo era una mentira diabólica. Pero la predicación de Wesley había causado en él una impresión más profunda de lo que él estaba dispuesto a confesar. Al día siguiente, sintiéndose con el ánimo intranquilo, tomó un folleto que contenía un sermón de Wesley sobre la salvación por la fe y trató de leerlo; comenzada apenas la lectura, palideció su rostro y cayó al suelo, presa de inexplicable angustia. Los vecinos acudieron a sus gritos y le hallaron dominado por violenta desesperación, revolcándose en el suelo y exhalando quejas de dolor. En vano dos o tres hombres trataron de apaciguarlo. Se resolvió llamar apresuradamente a Wesley. Pero, tan pronto como el pobre hombre le vio entrar en su recámara, exclamó: "Este es el hombre a quien llamé embaucador; pero Dios me ha vencido; yo decía que todo era mentira, pero esto no es mentira." Después, apostrofando a Satanás como si le estuviera viendo, exclamaba: "Tú no tendrás por largo tiempo poder sobre mí. Cristo te va a desalojar. Yo sé que su obra ha principiado. Hazme pedazos si te place, pues no podrás hacerme ningún mal." Y entretanto que hablaba, era necesario que varios hombres lo detuvieran con fuerza para tranquilizarlo. La sencilla oración de fe de Wesley fue suficiente para hacer cesar esta violenta agonía, y la paz de Dios reemplazó muy pronto a los terrores de una conciencia alarmada.[14]

Debe decirse, sin embargo, que casos tan extraordinarios como éstos eran muy raros, aun al principio mismo del ministerio de Wesley. Lo que no era raro en esta época era el que sus discursos

---

[13]*Journal*, 1 de mayo de 1739.
[14]*Journal*, 2 de mayo de 1739.

fueran interrumpidos por conmociones profundas de la concurrencia y por las voces angustiosas de los penitentes que ahogaban la voz del orador. Más tarde estas escenas se hicieron menos comunes, y puede decirse que el Espíritu Santo obraba en los corazones con más calma y de un modo más uniforme. Wesley registraba cuidadosamente en su diario hechos como los que acabamos de describir, pero se abstenía cuidadosamente de exponer explicación alguna. Lejos de considerar esta crisis física como un elemento esencial de la conversión, como sin prueba alguna ha sido afirmado, él la creía una manifestación del espíritu maligno o una consecuencia exterior de trabajos internos y profundos. Por tanto, se guardaba bien de aconsejar, y más aún de provocar, tales manifestaciones físicas. Su oratoria no contenía nada que inflamara la imaginación; siempre pacífica y sobria, no derivaba su fuerza de las exageraciones, sino de la preponderancia de la verdad.

A los que se escandalizaban de estas escenas (y eran muchos) les decía solamente: "Venid y ved." Un médico de Brístol, muy predispuesto contra esta obra, quiso ser testigo ocular de ella y asistió a una de las reuniones de Wesley. Una dama de su amistad, que gozaba de perfecta salud y de cuya honorabilidad no podía dudar, fue justamente herida por la predicación, y estando en presencia del médico, que no la perdía de vista, cayó en agonía mortal, física y mentalmente. El médico observaba atentamente todos los síntomas, y cuando después de unos instantes la dama llegó a un estado de gran gozo y perfecta paz, se levantó apresuradamente y salió de allí, declarando que aquello superaba a su ciencia y que reconocía en ello el dedo de Dios.[15]

A su hermano mayor, Samuel, que criticaba mordazmente este movimiento, escandalizándose con el carácter instantáneo de las conversiones, Wesley le escribió: "El asunto es principalmente, si no del todo, materia de hechos. Negáis el que Dios produce estos efectos o cuando menos que El los ejecute de este modo. Yo afirmo ambas cosas, porque las he escuchado con mis propios oídos y las he visto con mis propios ojos. He visto, tanto como una cosa de esta naturaleza pueda ser vista, que muchas personas pasan momentáneamente de un estado espiritual de temor, horror y desesperación al de amor, gozo y paz; y de un deseo pecaminoso, que hasta entonces las había dominado, a un deseo puro de hacer la voluntad de Dios ... Yo os mostraré al que antes era un león y

---

[15] *Journal*, 29 de abril de 1739.

ahora es un cordero, al que antes era un ebrio y ahora es sobrio ejemplar; al que era sensual descarado y ahora odia el aspecto mismo de la mundanalidad. Estos son los argumentos vivientes de lo que yo afirmo."[16]

Estos son sin duda los mejores argumentos. No debe olvidarse, sin embargo, que las manifestaciones físicas han acompañado siempre la predicación del evangelio durante los despertamientos que han sucedido a las largas épocas de sopor. Parecía que las almas despertadas súbitamente a la consciencia de su abatimiento necesitaban una sacudida más fuerte y una crisis más acentuada. En el siglo XVIII los sermones sobre la salvación por la fe eran una verdadera novedad en Inglaterra; de aquí provenían la sorpresa y la conmoción que producían en los ánimos de los que aceptaban la doctrina. Wesley, de acuerdo con los métodos apostólicos, predicaba la ley al mismo tiempo que la gracia. Su palabra, tranquila pero eficaz, estigmatizaba el pecado mostrando sus terribles consecuencias tanto en este mundo como en el venidero. Tal predicación producía un verdadero contraste al lado de los sermones académicos de los ministros de la iglesia y era de gran efecto. No se dirigía a la imaginación o a la sensibilidad, sino que apelaba continuamente a la conciencia.

¿Quién ignora que una intensa emoción moral produce casi siempre una fuerte excitación física? Esto se observa especialmente en las clases populares a quienes la cultura no ha enseñado el arte de disimular sus verdaderos sentimientos. Mientras el hombre que ha aprendido a dominarse sufre en silencio y devora en lo íntimo su dolor, el individuo sin educación, herido por los golpes del dolor, prorrumpe en sollozos y hasta en gritos. Además, las emociones del arrepentimiento son de tal naturaleza que ni las personas cultas pueden disimular. Para el hombre inculto sobre

---

[16]*Journal,* 20 de mayo de 1739. Samuel Wesley no estaba convencido, y en noviembre de ese mismo año escribía a su madre, quien se había convertido en adepta fervorosa del naciente metodismo: "Con verdadera preocupación y dolor he sabido que habéis abrazado una ilusión muy en boga al haber resuelto uniros a la congregación de Juanito. ¿No es bastante el que me halle ya privado de mis dos hermanos, sino que mi madre también los ha de seguir? Sinceramente ruego al Todopoderoso que os libre de uniros a un cisma en el ocaso de vuestra vida como desgraciadamente os hallasteis envuelta en otro en el principio de ella". (Tyerman, tomo I, p. 286). Estas últimas palabras aludían a que Susana Wesley había sido puritana en su juventud. Su hijo continuaba en esta carta acusando a sus hermanos de intentar la separación, reprochando acremente sus predicaciones al aire libre, sus oraciones extemporáneas, etc. Pocas semanas después de haber escrito esta carta, Samuel Wesley murió "con la seguridad plena de la fe". Tenía un corazón honrado y piadoso, aunque sus prejuicios eclesiásticos no le permitían comprender la grandeza de la obra emprendida por sus hermanos.

todo, tales sufrimientos traen frecuentemente como consecuencia la agonía exterior. Todo su ser sufre, el espíritu como el cuerpo, y cuando la agitación volitiva llega a su crisis, produce una postración general.

Estos detalles y las anteriores reflexiones eran necesarias para contestar, una vez por todas, las objeciones que se presentan a ciertos incidentes del ministerio de Wesley; nos ha parecido propio rechazar la acusación de fanatismo que tan injustamente se ha lanzado contra él. Ahora proseguiremos la narrativa que venimos haciendo.

Mientras que Wesley hacía de Brístol el centro de sus operaciones para todos los lugares circunvecinos, su hermano Carlos hacía una obra semejante en Londres, de acuerdo con Whitefield, que había retardado su regreso a América por la presión que sobre él hacían las multitudes que lo rodeaban, ansiosas de escuchar su predicación. En Londres, a semejanza de lo hecho en Brístol, había sido el primero en predicar al aire libre, habiendo escogido como campo de operaciones la extensa planicie de Moorfields, el punto de cita de toda clase de saltimbanquis y charlatanes y en donde con frecuencia tuvo que predicar a auditorios de veinte y treinta mil personas. Wesley, habiendo visitado a Londres durante el mes de junio, predicó allí, causando gran gozo a su amigo Whitefield, que escribió en su diario: "Me fui a descansar tranquilo y gozoso, porque una nueva incursión se había hecho en territorio de Satanás. El señor Wesley me había seguido en la predicación al aire libre tanto en Londres como en Brístol."

Esta obra nueva despertó una gran oposición de parte de los clérigos. Nada puede compararse con la cólera clerical sino la serenidad imperturbable con que los primeros metodistas soportaron el choque. Los ministros, cuya quietud había sido perturbada por la actividad de estos entusiastas evangelistas, los fulminaron desde sus púlpitos, afirmando que predicaban la fe sin las obras, minando de este modo los fundamentos de toda moralidad. Algunos de los sermones predicados contra ellos fueron impresos y han llegado hasta nuestros días; pero son generalmente de una pobreza y de una debilidad sin precedentes. Los artículos de periódico y los folletos en prosa y verso atacaban con violencia y falta de caballerosidad a estos fanáticos que tenían la candidez de creer en el evangelio con todo su corazón y de predicarlo con toda la energía de sus convicciones. Solamente en el año de 1739 parece que algo más de veinte de estos ataques fueron escritos y publicados contra los metodistas. Este hecho sólo indica suficientemente el gran lugar que se había conquistado en unos cuantos meses.[17]

El mismo alto clero se había alarmado de este movimiento que no habían previsto. No era, como al principio habían creído, una simple creación fantástica de jóvenes entusiastas, y algo debería hacerse para evitar su difusión por todo el país. Carlos Wesley fue citado ante el Arzobispo de Canterbury para rendir cuentas de su "conducta irregular", término que, para bien público, era bastante justificable de los actos de aquellos innovadores. El prelado le dio una severa reprimenda y le hizo entender que, a menos que él y su hermano abandonaran aquel modo de obrar, se exponían a las penas de los cánones eclesiásticos y a la excomunión misma, que gravitaría sobre sus cabezas. Estas amenazas desconcertaron por el momento a Carlos. Felizmente el brillante Whitefield estaba cerca y, a instancias suyas, Carlos se dirigió a Moorfields el domingo siguiente, y por la primera vez en su vida, predicó, bajo la bóveda azul del cielo, a diez mil personas. Esta fue la mejor contestación que pudo dar a las amenazas del prelado. Con esta valiente conducta cortó toda la posibilidad de retirada, declarando que consideraba la voz de su conciencia superior a la del Arzobispo.[18]

Las autoridades eclesiásticas de Brístol no estaban mejor dispuestas, y Juan Wesley, a su vez, fue llamado al obispado de esta diócesis. Después de una discusión teológica sobre la salvación por la fe, en que las ventajas no estuvieron de parte del prelado, éste atacó rudamente a Wesley y a sus amigos acusándolos de "pretender haber recibido extraordinarias revelaciones y dádivas especiales del Espíritu Santo"; después lo amonestó ásperamente contra sus hábitos errantes, diciéndole en tono imperativo:

—Señor, no tenéis aquí asunto alguno. No tenéis derecho de predicar en esta diócesis; en consecuencia, os ordeno que os retiréis sin demora.

Wesley le replicó con firmeza:

—Señor mío, la misión que tengo en este mundo es hacer

---

[17]Tyerman analiza casi todos estos escritos en su obra, *Life of Wesley*, tomo I, pp. 247-254.

[18]T. Jackson: *Memories of Rev. Charles Wesley, M. A.*, 1875, p. 82. Así es como Carlos Wesley, según consta en su diario, empleó el domingo 24 de junio de 1739, que fue el inmediato posterior a la fecha en que compareció en el palacio archiepiscopal de Lambeth. En la mañana muy temprano predicó a diez mil personas en Moorfields; asistió después a los servicios de la Iglesia Anglicana en la Catedral de San Pablo y allí comulgó. En la tarde predicó dos veces, en Newington Hill y en el parque Kennington, en donde tuvo numerosas concurrencias. En la noche asistió a una fiesta de ágape de los moravos, en el salón de Fetter Lane. Este era el trabajo ordinario que llevaban a cabo en los domingos los hermanos Wesley y Whitefield.

todo el bien que pueda. Así que, me juzgo obligado a permanecer en donde pueda hacer el mayor bien a los demás. Creo que por de pronto aquí mismo es donde más bien puedo hacer, y por esto he permanecido aquí. He sido llamado para predicar el evangelio, y ¡ay de mí si no lo hiciere en cualquier lugar del mundo habitado en donde estuviere! Vuestra Señoría debe saber que por las órdenes que se me han conferido fui consagrado ministro de la iglesia universal. Yo no creo que sea contrario a ninguna ley humana el predicar en esta diócesis. Además, si mi conciencia me señalare como deber el violar una de las tales leyes, yo deberé resolver si no debo primero obedecer a Dios antes que a los hombres.[19]

Ministro de la iglesia universal era Wesley, en efecto, y menos dispuesto que nunca a reducir sus trabajos a los límites de una parroquia. Algunos de sus amigos le sugirieron la idea de continuar las funciones que él había desempeñado en Oxford antes de su viaje a América.

"Nada tengo que hacer en la Universidad", respondió él, "no teniendo allí ni cátedra ni alumnos; ya habrá tiempo suficiente para resolver si debo aceptar un curato cuando se me ofrezca. Con autoridad bíblica, no creo que sea difícil justificar lo que ahora estoy haciendo. Dios en la Sagrada Escritura me ordena que según mis aptitudes instruya al ignorante, reforme al malvado y confirme al virtuoso. Los hombres me prohiben el hacer esto en parroquia ajena, es decir, en otros términos, que no lo haga en ninguna parte, pues bien se ve que ahora no tengo parroquia y tal vez jamás la tenga. ¿A quién oiré entonces, a Dios o a los hombres? Juzgad vosotros si se debe obedecer a los hombres antes que a Dios. *Considero todo el mundo como mi parroquia;* quiero decir que, en cualquier parte en que esté, juzgo conveniente y justo e imprescindible deber exponer a todos los que quieran oír las buenas nuevas de la salvación."[20]

De Brístol, que continuaba siendo su residencia principal, extendía sus operaciones activamente, no sólo por los lugares comarcanos, sino por el principado de Gales y Devonshire, hasta Londres y Oxford, anunciando así una invasión pacífica a Inglaterra, que debería llevar a cabo en los años subsiguientes; por todas partes veía multitudes que se apresuraban a oírlo, hallando que muchas almas estaban ya listas para el evangelio. De este modo se estableció

[19] *Works,* tomo XIII, p. 499.
[20] Tyerman: *Life and times of Wesley,* tomo I, p. 235.

el gran sistema de predicación ambulante que le permitió, con un número reducido de misioneros, extender sus trabajos evangélicos y que debería constituir uno de los elementos esenciales en la organización de las sociedades. Tanto este rasgo característico de su obra como otros muchos nacieron de necesidades prácticas.

El principado de Gales que él visitó estaba entonces habitado por una población tan salvaje y casi tan ignorante del evangelio como los indios de la América. Esta población estaba separada del resto de la Gran Bretaña por idiomas y costumbres, parecía aislada en su península y era refractaria absolutamente a las ideas religiosas. Pero la Providencia había preparado un obrero especial para esta obra. Howell Harris, nacido en Trevecca el año de 1714, había alcanzado la paz interior algunos meses antes de que los hermanos Wesley salieran para Georgia, y no los había conocido. Abrigando un deseo ardiente de evangelizar a sus compatriotas, fue a Oxford con el fin de prepararse para el ministerio; pero, disgustado con la impiedad que allí prevalecía, se retiró y regresó a sus montañas, en donde comenzó a predicar el evangelio, sin títulos y sin órdenes. Esto pasaba el año de 1736, es decir, antes de que Wesley lo hiciera. Tropezó con una gran oposición, pero no por eso desmayó, logrando provocar muy pronto un notable avivamiento. Iba de lugar en lugar, congregaba a la gente en cortijos o al aire libre, establecía escuelas y desempeñaba todas las funciones de un evangelista. Cuando Whitefield lo conoció en Cardif el año de 1739 y cuando Wesley lo vio desempeñando sus labores en la misma época, reconocieron en él a un colaborador que Dios había levantado sin conocimiento de ellos. "Es una luz brillante", escribía Whitefield, "encendida en aquellas regiones; es una barrera contra lo mundano y lo inmoral, un propagandista infatigable del evangelio de Cristo. Como por tres o cuatro años Dios lo ha inclinado a que por todas partes vaya haciendo bien. Durante los últimos tres años ha predicado casi dos veces diarias, prolongándose sus servicios de tres a cuatro horas . . . Sus visitas han comprendido siete condados . . . Ha establecido como treinta sociedades, y su esfera de acción se ensancha diariamente."[21]

Así que, mientras el gran avivamiento se preparaba en Inglaterra, una obra análoga, pero independiente se efectuaba en el principado de Gales. También en Escocia y en las colonias americanas se efectuaban notables movimientos religiosos. La llama de la

[21]Tyerman: *Life of Whitefield*, tomo I, p. 188.

vida cristiana, por tanto tiempo apagada, se enciende simultáneamente en varias direcciones y en varios lugares. Estas coincidencias
nos recuerdan lo que pasó en la época de la Reforma y caracterizan
suficientemente el avivamiento del siglo XVIII como una de esas
grandes obras que emanan originalmente de Dios.

Howell Harris era un simple laico, y a él le cupo el honor
de haber inaugurado la predicación de los laicos en Inglaterra
durante el siglo XVIII. La innovación era tan peligrosa y avanzada
que no dejó de provocar los prejuicios eclesiásticos y las ideas
religiosas de Wesley. Pero él tuvo que ceder en vista de la visible
aprobación de Dios a los trabajos de aquel humilde evangelista.
"¿De qué espíritu estará animado el hombre", escribió él, "que
prefiriera ver perecer a las pobres criaturas por falta de conocimientos a verlas salvarse, aunque sea por las exhortaciones de
Howell Harris o de un predicador ambulante?"[22]

No era en Gales solamente en donde los prejuicios de Wesley
tuvieron que ceder ante la fuerza de los hechos en cuanto a la legitimidad de los laicos como predicadores del evangelio. Juan Cennick,
que había sido nombrado por Whitefield como director de la escuela
que fundó en Kingswood, fue persuadido un día por los mineros a
la sombra de un sicomoro para celebrar un culto, y en vista de que
el predicador no llegó, a que les dirigiera la palabra. "El Señor",
decía él, "hizo eficaces mis palabras, y muchos creyeron en aquella
misma hora".[23] Continuó sus exhortaciones con gran éxito en
Kingswood y en los alrededores; pero Wesley, lejos de impedírselo,
se hizo reemplazar por él varias veces en Brístol. No aceptaba él
tales cosas, sin embargo, sino como excepcionales, y no fue sino dos
o tres años más tarde cuando, guiado por la experiencia y por la
necesidad, hizo del ministerio laico una institución regular.[24].

El año de 1739 constituye una fecha decisiva en la historia
del avivamiento. Los condados del sur de Inglaterra, algunos lugares
del centro y del principado de Gales habían oído la voz de los

---

[22]*Journal,* 20 de octubre de 1739.

[23]Cennick: *Autobiography.*

[24]Whitefield no aprobó al principio esta intrusión de los laicos en las funciones ministeriales.
"Yo suspendo mi juicio en cuanto a la conducta de los hermanos Watkins y Cennick", escribía
él a Wesley el 25 de junio de 1739, "hasta que esté mejor informado de las circunstancias de sus
procedimientos. Creo que hay una gran diferencia entre ellos y Howell Harris. Por tres veces se ha
ofrecido él para las sagradas órdenes; por tanto, a él y a nuestros amigos de Cambridge aconsejaré
que prediquen; no puedo aprobar que otros lo hagan de una manera tan pública. Muy deplorables
serán las consecuencias de principiar a enseñar prematuramente. El hermano Ingham opina
como yo" (Tyerman, *Life of Wesley,* tomo I, p. 287).

misioneros. La predicación al aire libre les había dado acceso a las multitudes. Al renunciar a una vida sedentaria para aceptar las fatigas y los peligros del predicador ambulante, habían podido, aunque muy limitados en número, llevar a cabo una gran obra. El concurso de la actividad de los laicos, a pesar de estar en sus principios, comenzó a ofrecerles excelentes servicios. Numerosas conversiones se habían verificado; los convertidos se organizaban en sociedades y clases, y ya se habían erigido dos capillas y una escuela. Como un sello de legitimidad sobre los resultados obtenidos, se levantaba una gran oposición, que cada día iba en aumento; se juzgaba el movimiento bastante serio, puesto que así se le combatía. Al principio de aquel año, Wesley y sus amigos expresaban "la inflexible convicción" de que "grandes cosas" habían de acontecer. Al terminar el mismo año podían rendir gracias a Dios por haberles concedido más de lo que presentían.

LAS DOS ESCISIONES
(1740-1741)

MUY poco después de haber nacido, el avivamiento del siglo XVIII tuvo que pasar por dos crisis interiores que amenazaban no solamente comprometer su éxito, sino su completa destrucción. Bajo la unidad aparente de los primeros días se ocultaban tendencias e ideas divergentes entre los jefes del movimiento. Estas divergencias, contenidas al principio, estallaron en dos puntos diversos y produjeron un doble cisma. Era necesario que el avivamiento respondiera a varias grandes necesidades, y fue sin duda un asunto providencial, porque sobrevivió a las dos crisis que en breve relataremos.

Wesley y sus amigos habían contraído una gran deuda con los moravos, que les había puesto en posesión de la doctrina central de la Reforma y con quienes trabajaron al principio en perfecta armonía. Sin embargo, existía entre ellos tal incompatibilidad de carácter que, tarde o temprano, había de estallar. El espíritu práctico de Wesley no podía acomodarse a la jerigonza mística y a la quietud sentimental que prevalecían en las sociedades moravas de Londres, ni éstas estaban dispuestas a aprobar el ardor desbordante del naciente avivamiento. Dos tipos muy diferentes de piedad y de teología, el tipo alemán y el inglés, estuvieron por algún tiempo asociados; pero no era posible su unión permanente, a menos que se hicieran recíprocas concesiones que ninguno estaba dispuesto a otorgar.

La situación, bastante delicada ya, se agravó por la llegada a Londres, en octubre de 1739, de un moravo alsaciense llamado Felipe Enrique Molther,[1] que fue colocado a la cabeza de la sociedad morava de Fetter Lane, a la que le inculcó enseñanzas antinomianas y quietistas que pugnaban con la doctrina evangélica de la salvación. "Ellos afirman", decía Wesley en su diario, "que todos nosotros estábamos todavía en el error, que no teníamos fe alguna, que la fe no admite grados, y por tanto, poca fe equivale a ninguna fe; que nadie es justificado hasta no tener un corazón limpio y ser incapaz de dudas o temores. Afirman también que no hay ningún otro mandamiento en el Nuevo Testamento sino 'creer'; que con ese no va ningún otro deber, y que cuando un hombre cree no está obligado a hacer ninguna otra cosa que allí se ordena; particularizando, que no está sujeto a ordenanza alguna, es decir (según ellos lo explican), no está obligado a orar, a impartir, leer u oír las Escrituras; pero que puede usar de estas cosas o no (sin estar esclavizado), según la libertad que halle en su corazón. Afirman, además, que un creyente no puede usar ninguna de estas cosas como medio de gracia; que, en realidad, no hay tal cosa llamada medios de gracia, no teniendo tal expresión ningún fundamento en la Escritura; y que el que no crea o que no tenga un corazón limpio no debe usar de ellas; no debe orar, ni escudriñar las Escrituras o impartirlas a otros, sino 'estar quieto', es decir, despojarse de éstas (obras de la ley); y entonces seguramente recibirá la fe, que, hasta que no esté 'quieto', no puede recibir."[2]

Las enseñanzas de Molther se hicieron extremadamente populares entre los moravos de Londres. Sus predicaciones, que al principio eran en latín y que un intérprete traducía frase por frase, atrajeron muchísimos oyentes hasta llenar no sólo el local de Fetter Lane, sino el patio de la misma casa. Sus opiniones, expuestas en un lenguaje místico del que los moravos llegaron a abusar,[3] ganaban rápidamente terreno entre los miembros de aquella sociedad a la que los Wesley se habían unido desde el principio y de la

---

[1]Molther había estudiado teología en la Universidad de Jena; y en 1737 había sido nombrado preceptor del hijo único de Zinzendorf. Cuando llegó a Inglaterra, iba en camino para Pensilvania; pero en septiembre de 1740 fue llamado nuevamente del país de su procedencia.

[2]*Journal*, 22 de junio de 1740.

cual por dos años, llegaron a ser sus verdaderos pastores. Denunciados más o menos indirectamente como cristianos ignorantes aún (de los tesoros ocultos de los misterios evangélicos), llegaron a ver a muchos de sus hijos espirituales abandonarlos y dejar sus enseñanzas para adoptar las teorías del alto misticismo predicado por Molther. Prolongadas discusiones se sucedieron, en las que Benjamín Ingham y Howell Harris intervenían en favor de la paz. Ingham, aunque era también moravo, dijo claramente a sus hermanos londinenses que andaban fuera del camino. Juan Wesley tuvo que venir dos veces de Brístol para restablecer orden entre sus amigos divididos. Combatió en una serie de discursos las ideas erróneas propagadas por Molther. Pero éste le había destronado de la estimación de la sociedad de Fetter Lane, y el 16 de julio de 1740 la mayoría de los miembros decidió, por votación pública, que Juan Wesley no volviera a hablar en sus reuniones. Cuatro días más tarde, se presentó él en la asamblea morava y leyó una declaración en la que hacía constar los errores contra los cuales protestaba, concebida en los términos siguientes:

"Yo creo que estas aserciones son completamente contrarias a la Palabra de Dios. Yo os he amonestado contra ellas repetidas veces y os he rogado que volváis a ateneros 'a la ley y al testimonio'. Os he tolerado por largo tiempo con la esperanza de que os volvierais. Pero, como os hallo más y más obstinados en vuestros errores, no me queda otro recurso que encomendaros a Dios. Los que seáis de mi misma opinión, seguidme."

Dieciocho o diecinueve se levantaron silenciosamente y le siguieron. El día siguiente veinticinco hombres y cincuenta mujeres se constituyeron en sociedad distinta bajo la dirección de Wesley, en la capilla de la Fundición. "Hemos reunido los restos de nuestro naufragio", dice Carlos Wesley, *"rari nantes in gurgite vasto,* flotando aquí y allá sobre el vasto abismo, porque ¡ay!, nueve de cada decena fueron sepultados en el mar muerto de la *verdadera quietud."*

Algunos días más tarde, Wesley escribió a "la iglesia de Dios que está en Herrnhut" para explicarles los motivos que le habían obligado a romper con los moravos. Esta ruptura resultaría ser definitiva; ni Bölher ni Zinzendorf pudieron restablecer la unión.

[3]Tenemos un ejemplar del estilo de Molther en una carta que dirigió a Wesley para darle las gracias por haberle traducido, a solicitud suya, un cántico del alemán al inglés: "Os amo con un amor verdadero a las heridas del Redentor", y terminaba deseándole "un conocimiento sólido de la expiación sangrienta de Cristo".

La entrevista que el último tuvo con Wesley en septiembre de 1741 degeneró en una discusión teológica bastante acalorada; el excelente conde se puso muy nervioso al tratar la doctrina de la perfección cristiana, que él llamaba "el error de los errores, digna de ser extirpada por el fuego y por la espada". En cuanto a Wesley, permaneció con gran calma, tratando de probar a su interlocutor que se hallaban empeñados más bien en una disputa de palabras que en un conflicto de ideas.[4]

Hay momentos en la historia en que, debido a la mala inteligencia y al disentimiento en asuntos de apariencia importantes, los mejores hombres se separan para seguir distintas vías. ¿Es esto siempre algo lamentable? Creemos que no. Si las divisiones de los cristianos son en sí un mal y una prueba de la enferma naturaleza humana que persiste aún en los mejores, ¿no es también cierto que Dios se vale de este mal para producir los más grandes bienes de su iglesia? ¿Habría el metodismo hecho tan grande obra de evangelización en el mundo, si en sus primeros días no se hubiera fundido con el moravismo? Para nosotros esta cuestión está claramente resuelta. Cada una de estas secciones de la iglesia ha tenido su misión especial y ha respondido a necesidades muy legítimas.

Debemos añadir aquí que los errores del quietismo que una fracción de la Iglesia Morava había adoptado, y que causó serias dificultades en las sociedades de Londres, fueron solamente temporales y que, algunos años después de la citada crisis, fueron solemnemente rechazados por aquellos hermanos.

Un cisma más grave aún se preparaba para el naciente metodismo, aun antes de consumarse el primero de que hemos venido hablando. Habiendo llegado a la fe evangélica en idénticas condiciones, Wesley y Whitefield habían caminado de acuerdo en todo. Sin embargo, existían en buena hora divergencias de opinión referentes a la doctrina cristiana, divergencias que se acentuaban más hasta causar una escisión. Estos sentimientos se referían a la doctrina de la predestinación y de la elección, que Whitefield aceptaba en el sentido calvinista estricto, como los presbiterianos de Escocia y los independientes de la Nueva Inglaterra, con los cuales él estaba muy

---

[4]Moore: *Life of Wesley*, tomo I, p. 481. Tyerman, tomo I, p. 339. Wesley da en su diario, con fecha 3 de septiembre de 1741, el texto latino de esta conversación, pues la sostuvieron en este idioma. Allí fue en donde Wesley dijo a Zinzendorf en un momento dado: *Pugnamos, opinor, de verbis*. Después de leído el relato de esta entrevista, se tiene la impresión muy clara de que, lejos de estrecharse las relaciones entre estos dos hombres de Dios, se alejaban, aunque en todo lo demás se entendían fácilmente.

relacionado. Wesley, por el contrario, había permanecido fiel, en cuanto a este punto, a la tradición arminiana que hasta entonces prevalecía en la Iglesia Anglicana. Su espíritu lógico se resistía a aceptar un sistema que para él representaba a Dios como parcial e injusto y no tenía ningún fundamento serio en las Escrituras.

Por algún tiempo los dos amigos convinieron en guardar silencio en cuanto a estos puntos de divergencia y conservarse unidos entre sí. Desgraciadamente sus partidarios no desplegaron la misma moderación. Tan pronto como Whitefield partió para América, algunos de sus partidarios promovieron la discusión de este asunto en el seno de las sociedades de Londres y de Brístol, encendiendo allí el fuego de la discordia. Wesley, que deseaba dejar en completa libertad de opinión sobre este punto a todos los miembros de las sociedades, pero que no quería que éstas se convirtieran en campos de disputa, se esforzó por establecer la paz, rogando a estos contendientes que se abstuvieran de excitar disputas vanas. Cuando él vio que persistían en inquietar a las sociedades, rehusándose a abandonar disputas con tendencias divisorias, expulsó a los agitadores, después de haber tomado consejo de las sociedades mismas.

Las cartas que Whitefield le escribió de América a su amigo se referían principalmente a este asunto. "Estoy convencido", le escribía con fecha 26 de marzo de 1749; "estoy convencido diez mil veces más, si fuere posible, que cuando vi a usted la última vez, de la doctrina referente a la elección y a la perseverancia final." Pero añadía:

"¿Por qué hemos de disputar cuando no hay probabilidad alguna de llegar a convencer? ¿No vendremos a terminar por destruir el amor fraternal y quitar insensiblemente de entre nosotros aquella sincera unión y dulzura espiritual que espero en Dios que siempre prevalezcan? ¡Cuánto se alegrarían los enemigos del Señor de vernos divididos! ¡Cuántos se alegrarían de que yo organizara un partido contra usted! ¡Cómo sufriría la causa de nuestro Maestro común, en todos sentidos, si levantásemos disputas acerca de puntos particulares de doctrina! Honorable señor, ofrezcamos salvación gratuita a todos por la sangre de Jesús, y comuniquemos gratuitamente a otros toda la luz que Dios nos haya dado. Ultimamente he leído la vida de Lutero, y creo que no le honra de ninguna manera el que tan considerable parte de sus últimos años se hubiera empleado en disputar con Zwinglio y otros, quienes probablemente amaban igualmente al Señor Jesús, no obstante de diferir de él en varios puntos. Sea esto, mi querido señor, una amonestación para nosotros."[5]

A pesar de este deseo de paz y unión tan elocuentemente expresado, Whitefield mismo fue inducido por sus amigos de América a exagerar la importancia de este asunto que al principio había declarado ser de poca monta. En agosto escribía a Wesley que "de la doctrina de la elección y la perseverancia final tal vez se haya abusado, pero que, sin embargo, son el pan de los hijos, y no se les debe privar de él... Nunca he leído lo que Calvino escribió. Mis doctrinas las he aprendido de Cristo y sus apóstoles".[6]

Entretanto Wesley, obedeciendo a lo que él juzgaba un impulso divino, publicó en Brístol su famoso sermón sobre la *Gracia Gratuita,* el más conmovedor y el más elocuente quizá de cuantos escribió.

"Podéis emplear", decía él, "términos más suaves que otros, aunque su significación es la misma, y los decretos de Dios referentes a la lección de gracia, según nuestro modo de expresarlos, equivalen, ni más ni menos, que a los que otros llaman 'decretos de la reprobación de Dios'. Designadla con el nombre que os plazca, 'elección, preterición, predestinación o reprobación', todo viene a ser absolutamente lo mismo. El sentido de todo es sencillamente esto: en virtud de un decreto de Dios, eterno, inmutable e irresistible, una parte de la humanidad será indefectiblemente salva y la otra invariablemente condenada; siendo imposible que ningunos de la primera se pierdan y que uno solo de la segunda llegue a ser salvo."

Esta protesta tan viva contra la doctrina de los decretos irritó a Whitefield de tal modo que escribió una carta a Wesley acusándolo de haber echado suertes para resolver si debería escribir o no sobre el asunto y de haber dado rienda suelta al espíritu de disputa en todo el país. Esta carta cayó, sin saberse cómo, en manos de los amigos de Whitefield, quienes se apresuraron a publicarla, aunque era de carácter privado, y tuvieron la indiscreción de distribuirla a la puerta misma de la capilla de la Fundición, en Londres, un domingo en que Wesley iba a predicar allí. Este, habiendo recibido un ejemplar que le enviaron, se paró en el púlpito para explicar la manera indebida con que aquella carta había sido publicada, haciéndola pedazos allí mismo, diciendo: "Haré lo que creo que el señor Whitefield hubiera hecho si estuviera aquí". Todos los

[5]Tyerman: *Life of Whitefield,* tomo I, p. 366.
[6]Tyerman: *Life of Whitefield,* tomo I, p. 404.

presentes siguieron su ejemplo haciendo pedazos los ejemplares que habían recogido al entrar a la capilla. Esta escena se verificaba el día 1 de febrero de 1741.

En cuanto a Whitefield, parece que al principio vacilaba si debería responder públicamente al sermón sobre la gracia gratuita. "Estoy listo", escribía a Wesley con fecha 9 de noviembre anterior, "para ir con vos hasta la prisión y la muerte, pero no estoy dispuesto para combatiros".[7] Y algunos días después, el 24 de noviembre, le escribía así: "Mi querido hermano, por amor de Jesucristo, evitad toda clase de disputas, no me obliguéis a predicar contra vos; preferiría antes morir."[8]

Pero un mes más tarde había cambiado de opinión y le dirigió su *Carta al Rev. Sr. Juan Wesley, en contestación a su sermón intitulado La gracia gratuita,* con este epígrafe: "Cuando vino Pedro a Antioquía, le resistí cara a cara, porque era digno de ser reprendido". Este escrito estaba fechado en "Bethesda, Georgia, 24 de diciembre de 1740". En esta carta destinada a la publicación, Whitefield atacaba personalmente a Wesley con gran acrimonia y vehemencia. En cuanto a la doctrina que aquel defendía, bastará para darla a conocer con citar un corto fragmento:

"Francamente confieso que creo en la doctrina de la reprobación en el sentido de que Dios intenta dar su gracia salvadora por medio de Jesucristo sólo a un número reducido, y que el resto de la humanidad, después de la caída de Adán, ha sido abandonado por Dios para continuar en pecado y finalmente sufrir la muerte eterna que es la paga del pecado."

Tres semanas después de la fecha de esta carta, Whitefield se embarcó para Inglaterra, llevando su manuscrito. Al llegar a Londres en marzo de 1741, se lo entregó a Carlos Wesley para que lo leyera, quien se lo devolvió, diciéndole: "Mete tu espada en la vaina." A pesar de este consejo, Whitefield publicó su folleto.

"Clasificáis a todos los partidarios de la redención universal", le escribía Wesley, "al lado de los socinianos. ¡Ay, hermano mío! ¿no sabéis ni siquiera que los socinianos no conceden redención ninguna? ¿que Socino mismo habla así: *Tota redemptio nostra per Christum metaphora?*[9] ¡Qué fácil sería para mí descubrir muchos errores palpables en lo que llamáis contestación a mi sermón! ¡Y cómo apareceríais despreciable sobre toda ponderación

[7]Tyerman: *Life of Whitefield,* tomo I, p. 436.
[8]*Idem,* p. 440.
[9]Toda redención nuestra por Cristo es una metáfora.

ante todo hombre imparcial, ya sea en cuanto a sentido común o en cuanto a erudición! Pero, estad seguro, no se levantará mi mano contra vos. Sea el Señor nuestro juez. El carácter general de mis exhortaciones, tanto en público como en privado, cuando llego a tocar el asunto, como mis enemigos bien lo saben y podrían testificarlo, es este: 'Sed indulgentes, por mi causa, con el joven Absalón'."[10]

La brecha se ensanchaba entre los representantes de estas dos tendencias del metodismo. Cennick, el maestro de la escuela de Kingswood, estaba en este lugar a la cabeza de los partidarios de la predestinación. La vida común se hacía imposible, y por fin se separaron. Cennick fue seguido por unos cincuenta miembros, mientras que algo más de cien permanecieron fieles a Wesley. Whitefield, cediendo a la influencia de los que le rodeaban, dijo a su antiguo amigo que el evangelio que él predicaba no era el mismo que el suyo y que se veía obligado a romper con él y combatirlo. Sus partidarios de Londres construyeron a corta distancia de la capilla de la Fundición una iglesita de madera, a la que denominaron el Tabernáculo. Había de una y otra parte violentas polémicas; pero la moderación en los procedimientos y en las palabras estaba incuestionablemente al lado de Wesley, cuyo temperamento y calma eran más pacíficos que los del impetuoso Whitefield. Este, no obstante, compensaba la vehemencia de sus ataques con el pronto reconocimiento de sus errores y con la bondad de corazón que siempre manifestaba. En cuanto a Wesley, siempre se rehusaba a publicar una línea de polémica contra su antiguo amigo. Un día que le pidieron que contestara a uno de los folletos de su adversario, dijo: "Bien podréis leer lo que Whitefield diga contra Wesley, pero nunca leeréis lo que Wesley diga contra Whitefield."[11]

Vanas fueron las tentativas de varios amigos del avivamiento para detener esta escisión que estaba para verificarse. Pero ni debemos maravillarnos ni afligirnos por ello. Una vida en armonía, obligada por las circunstancias, hubiera parecido, según la comparación de Isaías Taylor, "un buque combatido sucesivamente por las tempestades, primero hacia el este y después hacia el oeste".[12] Una unión ficticia hubiera llevado al metodismo a sufrir luchas intestinas, mientras que, organizado en dos cuerpos de distintas

[10]*Works,* tomo XII, p. 148.
[11]Reynolds: *Anecdotes of Wesley.*
[12]Isaac Taylor: *Wesley and methodism,* p. 44.

armas, pudo perseverar con más libertad en su grande obra reformadora.

La rama calvinista, cuya historia no nos proponemos seguir, no fundó sino un número reducido de comunidades, que se desarrollaron debido al celo ardiente y generosidad de *lady* Huntingdon y a los trabajos de Howell Harris más bien que por la obra directa de Whitefield. Este, más extraordinariamente dotado que Wesley como predicador, siguió siendo una de las personalidades oratorias más brillantes que la iglesia cristiana haya producido, pero completamente deficiente como organizador y casi privado del don de gobernar que ha dado a la obra de Wesley el carácter de hábil y consistente. Pero, si él no fundó nada nuevo, reavivó con su poderosa predicación las iglesias no conformistas de la Gran Bretaña y de América, mientras que sus émulos permanecieron anglicanos por simpatía, ejerciendo muy poca influencia. Así viene a justificarse un cisma que muchos de los contemporáneos juzgaron de consecuencias fatales para el avivamiento.

A la rama calvinista del metodismo le corresponde el honor de haber dado el primer mártir que sucumbió por la causa del avivamiento. Guillermo Seward había acompañado a Whitefield en su segundo viaje a América y en un viaje misionero que él había hecho con Howell Harris por el principado de Gales, en el que sufrieron grandes persecuciones. En Caerleon llovieron sobre ellos proyectiles de todas clases. Herido en la cara, Seward perdió un ojo. En Hay recibió un golpe en la cabeza que fue de fatales consecuencias, pues murió a resultas de la herida el 22 de octubre de 1741, a la edad de treinta y ocho años.

Añadamos que Whitefield y Wesley, sin modificar sus ideas, no tardaron en reconciliarse y terminar sus querellas. Se cambiaban servicios recíprocos y aun se cedían mutuamente sus púlpitos. Su amistad se fundaba sobre muy sólidas bases para ser destruida para siempre por discusiones de importancia secundaria, y sus corazones eran demasiado cristianos para olvidar la armonía perfecta que existía entre ambos sobre las verdades esenciales de la fe.

CAPÍTULO III

PROGRESOS DEL AVIVAMIENTO
(1740-1741)

Wesley continúa evangelizando—Disposición variable de las masas—Desórdenes en Brístol y en Londres—Intrepidez de Wesley—Conducta del clero—Wesley y los presos—Progreso de las sociedades—Muertes edificantes—Liberalidad de los metodistas—Solicitan recibir la cena—Wesley la celebra en una iglesia hugonota—Los certificados de miembros.

ESTOS dos años del nuevo avivamiento, seriamente amenazado por un doble cisma, no fueron perdidos, sin embargo, en lo referente a la evangelización. De Londres y de Brístol, los dos centros de operaciones, Wesley se extendió a las regiones vecinas, continuando los servicios al aire libre, que lo ponían en contacto con las masas populares. Su nombre había despertado una gran curiosidad, y tan pronto como circulaba la noticia de su llegada a un lugar, los artesanos y los obreros acudían para escucharle. Su auditorio no siempre estaba dispuesto para darle la bienvenida; acontecía con frecuencia que la primera vez que se presentaba en un lugar se le recibía con los brazos abiertos, mientras que la segunda se le saludaba con una lluvia de piedras. Algunos episodios tomados de su diario correspondiente a este año nos darán a conocer cómo hubo de entendérselas con las multitudes.

En Brístol, durante los primeros meses del año de 1740, el populacho intentó varias veces disolver sus reuniones. Una noche ocuparon los alrededores de la capilla y las calles vecinas, amenazando destruirlo todo. Fue preciso que la policía arrestara a los jefes del atentado y que los entregara a los tribunales. Esta firmeza bastó para evitar por mucho tiempo toda manifestación de tal género.[1]

[1]*Journal,* 1 de abril de 1740.

El populacho de Londres era más difícil de dominar, pues sus hábitos de insubordinación le hacían formidable. Un día, al bajar Wesley de su coche frente a la entrada de la capilla, encontró la puerta bloqueada por una multitud que vociferaba, no prometiendo nada bueno. Sin desconcertarse y sin tratar de forzar el paso, dando gracias a Dios por la buena oportunidad que se le presentaba, se puso a predicar a sus agresores en plena calle sobre "la justicia, la moderación y el juicio venidero". El silencio fue estableciéndose poco a poco, y cuando al terminar se despidió de sus oyentes, ellos le expresaron su reconocimiento.[2] Dos días después, una turba enfurecida invadió la capilla, sofocando con su vocería la voz del predicador. Pero él, sin perder su calma, deja pasar la oleada y logra sobreponerse; muy pronto cambia la escena, comienzan a vertirse lágrimas y los leones se vuelven corderos. "Me sorprende que el diablo", escribía Wesley en su diario, "no haya tenido prudencia para comprender que está destruyendo su propio reino. Yo creo que jamás ha intentado en ninguna época una abierta oposición a la verdad de Dios sin perder uno o más de sus siervos que fueron hallados por Dios cuando no le buscaban."[3]

"Cuando regresé a casa", refiere él después, "encontré al populacho amotinado a mi puerta, y tan pronto como me vieron, comenzaron a vociferar de un modo escandaloso. Supliqué a mis amigos que entraran en la casa, y entonces, metiéndome entre la multitud, proclamé 'el nombre del Señor misericordioso y lleno de compasión, que se arrepiente de haber castigado'. Los circunstantes se quedaron inmóviles, dirigiéndose miradas de sorpresa. Yo les dije que no podían huir de la presencia de su gran Dios, y por tanto, les suplicaba que nos uniéramos todos para impetrar su misericordia. A esto ellos accedieron de buena gana, y yo los encomendé a la gracia divina, y después me fui, sin ser molestado, para incorporarme con los que me esperaban dentro de la casa."[4]

Los servicios que Wesley dirigía no eran solamente interrumpidos por las turbas enfurecidas, sino que sufrían interrupciones de todas clases. Un día, en Brístol, un hombre que se aclaró después que era un jesuita disfrazado le gritó: "Eres un hipócrita, un demonio, un enemigo de la iglesia. Esta es una doctrina falsa; no es doctrina de la iglesia, sino digna de toda condenación; es doctrina de los diablos." Wesley continuó su predicación sin ser perturbado

---

[2]*Idem,* 14 de septiembre de 1740.
[3]*Journal,* 16 de septiembre de 1740.
[4]Idem, 28 de septiembre de 1740.

por los gritos de ese energúmeno.[5] En Nottingham, un hombre colocado a su espalda mientras él predicaba en el mercado, intentó interrumpirlo con injurias y blasfemias. Wesley se volvió, contentándose con dirigirle una severa mirada de reprensión, con lo que le obligó a bajar la vista y a desaparecer apresuradamente.[6]

Wesley tenía otros adversarios más formidables que estos alborotadores a quienes sabía dominar fácilmente. El clero anglicano siempre le trató de alborotador y apóstata, reprochándole que comprometía la dignidad pastoral y degradaba el hábito que vestía, y no tardaron en declararle una guerra encarnizada. Por de pronto se limitaron a rehusarle el uso de sus púlpitos. En el curso de un año apenas predicaría él dos o tres veces en una iglesia anglicana.

Pero Wesley era más que un predicador; era pastor de almas. A pesar de sus constantes viajes misioneros, se daba tiempo para visitar a sus nuevos convertidos a fin de animarlos a que persistieran en la fidelidad. Los enfermos recibían asidua atención y gozosos aceptaban las buenas nuevas de salud. Tampoco se olvidó él de los presos, entre los cuales había hecho sus primeros ensayos de evangelización en Oxford. En enero de 1740 recibió en Brístol un mensaje de un condenado a muerte procedente de una prisión de Londres, en el que le decía: "Os conjuro por el Dios viviente que vengáis a verme antes de que se ejecute mi sentencia". Se trataba de un joven apellidado Snowde, que había sido hospedado en época anterior en casa de Wesley, librándose así de morir de hambre, y que había recompensado a su protector robándole treinta libras esterlinas destinadas a la construcción de una escuela. Algún tiempo después fue reducido a prisión en Londres por causa de otros delitos semejantes y condenado a la horca. Al recibir el llamamiento que le hacía este miserable, Wesley no vaciló, sino que inmediatamente se puso en marcha, a pesar de los tres días de jornada que le separaban de Londres. Halló al prisionero en estado de penitencia y se esforzó en dirigirlo a Dios. "Yo tengo la confianza", le decía el pobre desgraciado, "de que Dios ha perdonado mis pecados lavándolos con la sangre del Cordero." Poco después la sentencia del criminal fue conmutada por la de deportación perpetua.[7]

En las prisiones de Brístol, que él visitaba frecuentemente, Wesley obtuvo éxito semejante. Un soldado que iba a ser conducido al patíbulo se convirtió a Dios. Otros condenados pidieron también

[5]*Journal*, 14 de abril de 1740.
[6]*Idem*, 14 de junio de 1741.
[7]*Journal*, 31 de enero de 1740.

sus servicios, pero un magistrado llamado Beecher se opuso a esta solicitud y le vedó la entrada a la prisión. Al mencionar este hecho en su diario, añade él: "Yo cito al magistrado Beecher para que comparezca ante el tribunal de Cristo y dé cuenta de estas almas."[8]

La obra del avivamiento proseguía con más calma pero con no menos profundidad que al principio. "Era fácil observar aquí", escribía Wesley en marzo de 1740 refiriéndose a las sociedades de Brístol, "de cuántos modos obra ahora Dios, diferentes de los de la primavera última. Entonces derramaba su influencia como torrentes, arrollándolo todo, mientras que ahora la difunde en secreto, refrescando con ella cual silencioso rocío. Las convicciones son más y más profundas. El gozo y el amor son más apacibles, uniformes y estables, y en muchos casos Dios está aplicando el hacha a la raíz del árbol, y no hay descanso para el espíritu hasta que no está completamente modelado a la imagen de Dios en justicia y santidad verdaderas."[9]

La vida religiosa era intensa en las sociedades, y el primer amor producía frutos de gozo y de santidad. La piedad enseñaba a sus miembros a vivir y a morir bien. "Nuestra gente muere bien", decía Wesley más tarde, aunque desde el principio pudo haber dado este mismo testimonio. Elizabeth Davis, no pudiendo hablar, levantó sus manos para indicar a los amigos que rodeaban su lecho mortuorio que ella iba a ver a Dios. Otro miembro de la sociedad de Londres decía a Wesley: "Me siento muy enfermo, pero todo va bien. ¡Ah! ¡soy feliz, feliz, feliz!" Juana Muncyn decía momentos antes de morir: "No desmayo, no murmuro, siempre me siento gozosa, por todo doy gracias; . . . nada tengo que desear. Dios está siempre cerca de mí, y nada tengo que hacer sino alabarle." Ana Richardson, a cuyos funerales asistieron todos los miembros de la sociedad de Brístol, acompañados por los gritos y los proyectiles del populacho, dijo antes de morir: "No abrigo ningún temor, no tengo dudas ni inquietudes. ¡El cielo está abierto! Veo a Jesucristo con todos sus ángeles y santos, vestidos de blanco. Veo lo que no puedo decir ni expresar." Otros morían cantando himnos para expresar el gozo que llenaba su corazón.

Al separarse de los moravos, Wesley había tenido cuidado de conservar las reuniones íntimas de experiencias (reuniones de

---

[8] *Journal,* 2 de abril de 1740.
[9] *Idem,* 5 de marzo de 1740.

clases) que estaban ahora en boga en Brístol como en Londres y eran lo mismo que fiestas de amor o ágapes. Wesley ejercía en estas *sociedades unidas* (que así les llamaban ahora) una vigorosa disciplina, excluyendo a los miembros que observaban conducta anticristiana y esforzándose en mantener la unión y la paz. Estas sociedades habían resarcido pronto las pérdidas sufridas. En Londres solamente, en septiembre de 1741, contaban como con mil miembros. Estos habían sido reclutados casi exclusivamente entre las clases inferiores del pueblo. Sin embargo, su pastor se esforzaba por enseñarles a imponerse algunos sacrificios con el fin de sostener sus diversas empresas.

Habiendo sido extraordinariamente severo el invierno de 1740, Wesley apeló a sus amigos de Brístol a favor de los pobres que carecían de sustento, y con el producto de sus contribuciones pudo alimentar diariamente a cien personas, y algunas veces hasta ciento cincuenta, mientras persistían las grandes heladas.[10] En Londres organizó una especie de diaconado compuesto de doce miembros, cuya labor consistía en llevar recursos a los pobres más necesitados. Cada miembro tenía un distrito a su cargo, en el cual era su deber visitar a los pobres y repartirles los socorros que con tal objeto le proporcionaban, además de atender con especialidad a los enfermos. Una vez por semana deberían reunirse para informar de todo lo que se había hecho y discutir lo que había de hacerse. Para proporcionar los medios de llevar a cabo esta obra, cada miembro de la sociedad debía subscribir un penique (10 centésimos de peseta) por semana y ceder todas las piezas de ropa que no les fueran indispensables.[11]

Además de estas subscripciones que ellos hacían para los pobres, las nacientes sociedades tenían otros deberes que reclamaban de ellas grandes sacrificios. Ya poseían algunos bienes inmuebles, como capillas y escuelas, pero deberían pagar sin tardanza lo que por ellos se debía. Sus escuelas reclamaban considerable ayuda, y bien pronto deberían subvenir a las necesidades de sus predicadores.

La administración de los sacramentos se hizo de urgente necesidad para las nuevas asociaciones de Brístol y de Londres. Respetuosos en extremo de las tradiciones, los hermanos Wesley no podían decidirse a administrar la comunión fuera de las iglesias.

---

[10]*Journal*, 21 de enero de 1740.
[11]*Journal*, 7 de mayo de 1741.

La necesidad venció sus escrúpulos. Carlos, que era el más anglicano de los dos, administró la primera Cena en el salón de clases de la escuela de Kingswood, a los miembros de la sociedad a quienes los ministros oficiales habían rehusado acceso a la mesa del Señor, declarando allí mismo que, al no haber podido disponer de aquel salón, no hubiera vacilado en celebrar la cena eucarística en el bosque inmediato.

En Londres algunos de los miembros comulgaban en la iglesia de su parroquia, pero, cuando los metodistas unánimemente solicitaron el recibir la cena de manos de sus propios pastores, Wesley decidió, durante el otoño de 1741, solicitar la pequeña iglesia protestante francesa de la calle Hermitage, cuyo ministro, M. Beleznot, la puso a su disposición; y allí, por cinco domingos consecutivos, administró la cena a otros tantos grupos de doscientos comulgantes cada uno.

Por esta misma época comenzó a entregar con toda regularidad a cada miembro una carta o certificado de recepción correspondiente, poco más o menos, a los de la antigua Iglesia Reformada de Francia. En este certificado constaba el nombre de la persona que lo recibía, la firma del predicador, y al principio llevaba un grabado simbólico representando, por ejemplo, un ángel, volando por el cielo, la paloma, el cordero, el ave fénix renaciendo de sus cenizas, el ancla de la esperanza, etc. Más tarde estos grabados desaparecieron para dar lugar a simples textos de la Escritura.

Wesley daba una gran importancia a estas cartas. "Los que poseían estas boletas", decía él, "que corresponden a las cartas de recomendación mencionadas por el apóstol, en dondequiera que iban eran reconocidos por sus hermanos y aceptados con verdadero gozo. De un modo semejante eran útiles en otros sentidos. Por medio de ellas se sabía con facilidad, cuando la sociedad tenía que reunirse separadamente, quiénes eran sus miembros. También nos suministra un medio quieto e inofensivo de separar a cualquier miembro desordenado. A éste no se le entrega nueva boleta en la visita trimestral—pues con esa frecuencia se reformaban dichas boletas—y por este solo hecho se sabe inmediatamente que no pertenece ya más a la comunidad."[12]

Así se formó poco a poco, y por la fuerza de las circunstancias, todo un sistema de instituciones a las que Wesley imprimió la unidad de su poderoso espíritu.

[12] *Works*, tomo VIII, p. 257.

CAPÍTULO IV

EL MINISTERIO LAICO—WESLEY EN EL NORTE
(1742)

Un problema difícil—Ayudantes laicos—Iniciativa de Maxfield—Intervención de Susana Wesley—Creación de un ministerio laico—Esta innovación justificada —Trabajos de Nelson en el norte—Partida de Wesley para los condados del norte—Una aventura en el tránsito—Brístol—Newcastle—Una reunión extraordinaria—Fundación de una sociedad en esta ciudad—Construcción de una capilla—Wesley predica en Epworth sobre la tumba de su padre—Los metodistas ante un juez de paz—Muerte de Susana Wesley—División en clases de las sociedades de Brístol y Londres.

A MEDIDA que se desarrollaba la obra misionera confiada por la Providencia a Wesley y a sus amigos, un problema difícil embargaba sus espíritus. ¿Cómo podrían ellos, con un número tan reducido de obreros, subvenir a las necesidades siempre crecientes de la obra? ¿Cómo organizar y dirigir las almas que ya habían sido reanimadas? ¿Cómo llevar el avivamiento a donde no había llegado aún? Se necesitaban hombres, y éstos no aparecían. Wesley había esperado que el clero oficial le suministrara numerosos auxiliares. Sus esperanzas habían sido defraudadas, pues apenas había recibido débiles manifestaciones de tímida simpatía; las grandes masas del clero eran decididamente hostiles al movimiento.

Existía un medio solamente para salir de estas dificultades. Este medio era el de injertar en el tronco casi seco del ministerio oficial un ministerio laico nacido en el avivamiento mismo y por consecuencia, apto para comprenderlo y ayudar en su propagación. La idea era tan atrevida en ese momento que parecía impracticable. Sin embargo, era la clave de la situación. Wesley llegó a aceptarla como otras muchas innovaciones, procediendo lentamente y contra su voluntad. Los hechos mismos le vencieron, o mejor dicho, fue la misma Providencia, puesto que ésta es la que determina los hechos.

Hemos visto que en Londres, Brístol y Kingswood, Wesley había confiado a laicos inteligentes el cargo de edificar, en su ausencia, a las sociedades mediante la lectura de la Biblia, acompañada de algunas explicaciones, recomendándoles que no se empeñaran en predicar, pues esto, según las ideas que hasta entonces había sostenido, era una intrusión manifiesta en los derechos de los eclesiásticos. Los límites que les asignaba no estaban bien definidos, y no era fácil el exacto y puntual cumplimiento. Uno de estos auxiliares, Tomás Maxfield,[1] llevado por su celo, sobrepasó los límites predicando en Londres, en las reuniones de la sociedad, con gran éxito. Tan pronto como Wesley supo lo ocurrido, acudió a Brístol para poner fin a lo que consideraba como un grave desorden.

Felizmente allí estaba su madre, quien debía serle sumamente útil con sus consejos. Retirada a las residencias de la capilla de la Fundición, observaba con gran simpatía la obra que sus hijos estaban llevando a cabo. Al ver llegar a su hijo Juan de una manera imprevista, descubrió fácilmente en su rostro signos de inquietud y de descontento, preguntándole la causa que lo motivaba.

—Tomás Maxfield se ha convertido en predicador, según parece—le dijo él con extraordinaria brusquedad.

—Juan—le respondió ella—tú sabes cuáles han sido mis sentimientos y no sospecharás el que favorezca voluntariamente irregularidades de ninguna clase. Pero mira bien lo que haces con respecto a este joven, que parece tan firmemente llamado a predicar el evangelio como tú mismo lo fuiste. Investiga cuáles hayan sido los frutos de su predicación y óyele personalmente.

Wesley escuchó este consejo, y después de haber oído predicar a Maxfield, decía: "¡Es el Señor! ¡Que haga lo que le parezca bueno!" Vio él en esto una señal providencial y se sometió a ella sin vacilar. Desde ese día fue realmente creado el ministerio laico, y pronto vino a comprobarse que respondía a necesidades prácticas.

---

[1]Tomás Maxfield fue uno de los primeros convertidos de Brístol, habiendo acompañado algún tiempo a Carlos Wesley, probablemente con el carácter de sirviente. Poseía dotes excepcionales; la Condesa de Huntingdon decía de él: "Maxfield es uno de los más notables ejemplos que yo conozco de los favores especiales de Dios. Me causa gran admiración. La primera vez que yo le hice hablar en público, poco esperaba de él; pero, antes de que hubiera llegado a la quinta parte de su discurso, cautivó mi atención y permanecí inmóvil. Su poder cuando ora es también extraordinario".

Muy pronto adquirió la institución un gran desenvolvimiento. Las sociedades requerían directores que velaran sobre ellas y extendieran la obra de evangelización. Estos hombres, formados en ellas y aceptados por Wesley, fueron laicos sencillos y piadosos que, sin renunciar a sus trabajos y profesiones, consagraban a la predicación sus horas de ocio. A fines de este año había veinte obreros de esta clase.

Por la introducción de esta nueva práctica se captó Wesley severas críticas de parte de todos los que consideraban el formalismo eclesiástico sobre todas las demás cosas. No le perdonaban el que hubiera admitido como predicadores a hombres que no habían sido consagrados por un obispo. Vale la pena saber lo que Wesley mismo decía, en vista de su experiencia y después de haber adquirido una idea clara sobre el asunto:

"Me atrevo a afirmar que estos hombres sin letras tienen la ayuda de Dios para ejecutar la gran obra de librar almas de la muerte. Efectivamente, en lo único que ellos profesan saber no se les puede tildar de ignorantes. Estoy cierto de que no hay ninguno de ellos que no sea capaz de sustentar con éxito un examen de teología substancial, práctica y experimental como pocos de nuestros candidatos para las sagradas órdenes, aun en la Universidad, son capaces de hacerlo (lo digo con tristeza y vergüenza y con toda caridad) . . . Pero son laicos . . . Los escribas de la antigüedad, que eran los predicadores ordinarios entre los judíos, no eran sacerdotes; tampoco eran mejores que los laicos. Sin embargo, muchos eran incapaces de pertenecer al sacerdocio, siendo de la tribu de Simeón y no de la de Leví. Por tanto, tal vez por eso los judíos mismos nunca presentaron como objeción al ministerio de nuestro Señor . . . el que no fuera sacerdote, según el orden de Aarón, ni tampoco podía serlo, pues pertenecía a la tribu de Judá. Ni aparece el que se haya presentado esta objeción a los apóstoles . . . Si consideramos tiempos posteriores, ¿era ordenado el señor Calvino? ¿Era él sacerdote o diácono? ¿No eran también laicos todos aquellos a quienes empleó Dios para extender la Reforma por el mundo? ¿Pudo haberse extendido esa gran obra en muchos lugares, si los laicos no hubieran predicado? . . . Es más evidente aun que la ordenación no es un requisito indispensable para predicar en las iglesias protestantes; porque en Suecia, en Alemania, en Holanda, y yo creo que en cada iglesia reformada de Europa, no es solamente permitido, sino que se requiere el que, antes de que alguno sea ordenado, . . . predique públicamente un año o más *ad probandum*

facultatem. Y para tal práctica creen tener la autoridad de un mandamiento expreso de Dios: 'Sean estos probados primeramente; y
así ministren como diáconos, si fueren irreprensibles' (1 Timoteo
3:10)."²

Cuando Wesley escribió las líneas que acabamos de citar, el ministerio laico había estado en existencia por varios años y había
resistido la prueba. El mismo había sido desarmado de todos sus
prejuicios eclesiásticos después de haber visto la obra maravillosa
ejecutada por estos humildes instrumentos de Dios.³

Entre los primeros predicadores que Dios levantó para ayudar
a Wesley, se hallaba un albañil sencillo, de Yorkshire, llamado
Juan Nelson, el que, mientras estaba trabajando en Londres, fue
convertido de una manera maravillosa mediante la predicación de
Wesley. Cuando hubo regresado al lugar de su nacimiento, se sintió
impelido a hacer partícipes a sus vecinos del gran cambio que se
había verificado en su interior dedicándose luego a anunciarles el
evangelio. Su predicación, sencilla y entusiasta, así como su piedad
ejemplar, produjeron un gran efecto en su pueblo natal, y tuvo el
incomparable gozo de conducir a Jesucristo un gran número de
almas. Le escribió entonces a Wesley, pidiéndole sus consejos, y
éste le contestó que no tardaría en hacerle una visita.⁴ Un llamamiento no menos urgente le llegó de parte de la piadosa Condesa
de Huntingdon,⁵ que trataba de informarle del miserable estado
moral que guardaban los mineros de las regiones de Newcastle y de
Tyne. Obsequió estos llamamientos en mayo de 1742. Este fue su
primer viaje misionero por los condados del norte de Inglaterra, y el
metodismo tuvo allá éxito brillante.

Partió de Londres a caballo y se dirigió primeramente a
visitar a la condesa, que ya era adicta amiga e infatigable propagandista del avivamiento, y después se dirigió a Birstal, la población

²*Works,* tomo VIII, pp. 220-222.
³Algunos años más tarde, Carlos Wesley se encontró en Hotwells, cerca de Brístol, con el
arzobispo anglicano de Armagh, quien le habló en términos muy encomiásticos de su hermano
Juan, contra el cual no tenía, según su decir, más que una queja, el que empleara a los laicos como
predicadores. —Señor mío—respondió Carlos—la culpa de esto la tenéis vos y vuestros hermanos.
—¿Cómo es esto?—preguntó el prelado —Porque vosotros habéis callado, y aquellos lo hacen
tan bien como si las piedras hablasen. —Pero se me asegura, —prosiguió el Arzobispo—que son
hombres ignorantes. —La mayor parte lo son efectivamente, pero ha sucedido que una asna muda
dé una reprimenda a un profeta.
⁴Juan Nelson fue uno de los más notables entre los ayudantes de Wesley. Su autobiografía es
un escrito de gran interés, que se puede comparar sin desventaja alguna con la de Bunyan.
⁵Selina, Condesa de Huntingdon, nació el 24 de agosto de 1707 y era una de las tres hijas del
Conde de Ferrers. Se casó en 1728 con el Conde de Huntingdon y quedó viuda en 1746, después de

de Yorkshire en que residía Juan Nelson. En el camino tuvo una aventura muy divertida, que muestra los prejuicios que existían contra él en aquel tiempo.

"Alcancé en mi camino", refiere él, "a un hombre serio, con el cual trabé inmediatamente conversación. Muy pronto me dio a conocer sus opiniones, y yo me guardé bien de contradecirle. Pero él no quedó satisfecho con esto; estaba impaciente por saber si yo creía como él la doctrina de los decretos; pero yo le dije una y muchas veces que nos sujetáramos mejor a cosas prácticas, pues de otro modo corríamos peligro de disgustarnos mutuamente. Así lo hicimos por dos millas de camino hasta que, tomándome de sorpresa, me condujo a la disputa antes de que yo me diera cuenta. El se acaloraba cada vez más, me dijo que yo tenía el corazón podrido y me suponía ser uno de los seguidores de Juan Wesley. Entonces le contesté: 'No, yo soy Juan Wesley en persona.' A lo cual—

'*Improvisum aspris veluti qui sentibus anguem pressit,*'[6] con gusto se hubiera alejado a todo escape. Pero, yendo yo mejor montado que él, me conservé siempre a su lado, esforzándome en hacerle ver el estado de su corazón, hasta que llegamos a la calle de Northampton."[7]

En Birstal, Wesley fue agradablemente sorprendido al encontrarse con una pequeña sociedad cristiana y un excelente evangelista. Si todavía conservaba algunas dudas referentes a la utilidad del ministerio laico, la vista de lo que Nelson había llevado a cabo fue suficiente para disiparlas. Después de haber predicado al aire libre a una numerosa concurrencia y de haber inspeccionado la pequeña sociedad de Birstal, Wesley continuó su viaje por el norte, acompañado de Juan Taylor, un amigo de *lady* Huntingdon, que le acompañó en todo este viaje.

haber perdido a varios de sus hijos. Estas aflicciones volvieron su espíritu hacia las cosas religiosas. Abrazó con entusiasmo la doctrina del metodismo y consagró su vida a propagarla. Tenía afecto especial por Whitefield, cuyas ideas teológicas favorecía: le nombró su capellán y con frecuencia invitaba a los grandes personajes de Inglaterra para que asistieran a escucharlo; entre los que obsequiaron su invitación se cuentan Chesterfield, Bolingbroke, Horacio Walpole, Hume, la Duquesa de Marlborough, etc. Ella empleó su gran fortuna en fundar un colegio para la educación de ministros en Trevecca (principado de Gales), en construir capillas y en pagar salarios a los pastores. Cuando murió en 1791, había sesenta y cuatro capillas, formando lo que se llamaba las "conexiones de *lady* Huntingdon". Estas iglesias han sido absorbidas por el congregacionalismo, y el Colegio de Trevecca se trasladó a Cheshunt en el condado de Herts, en donde ha prosperado. El censo de 1851 dio en Inglaterra y el principado de Gales 109 capillas pertenecientes a la comunidad a que dio nombre aquella virtuosa condesa.

6Como uno que inesperadamente pisa sobre una serpiente.

7*Journal*, 21 de mayo de 1742.

El 26 de mayo llegó a Newcastle en Northumberland, ciudad importante y centro de uno de los distritos carboníferos más ricos de Inglaterra. Era también un foco de miseria y corrupción. La tarde de su llegada, Wesley recorrió la ciudad, haciendo la observación de que nunca en su vida, en un tiempo tan limitado, había visto y oído tanta embriaguez, tantas maldiciones y obscenidades en boca de los niños. "Sin duda alguna", se dijo para sí, "este lugar está preparado para aquel que no vino a llamar a los justos, sino a los pecadores, al arrepentimiento." En vano buscó en toda la ciudad una persona bien dispuesta. Pero no era él para desanimarse por aquello, y se resolvió a principiar desde luego su obra.[8]

El domingo por la mañana, a las siete, se fue a Sandgate, el barrio más pobre y de peor fama de la ciudad, y parándose en el extremo de la calle, con su amigo Juan Taylor, principió a cantar el Salmo 100. Tres o cuatro personas salieron de sus casas para informarse de lo que allí pasaba; en pocos momentos todo el barrio se puso en movimiento, y mil quinientas personas, con expresión de curiosidad y asombro en sus rostros, escucharon al predicador. Wesley era el hombre de aquella gran ocasión; sabía dirigir al alma la palabra que había de emocionar y convencer. Su auditorio lo escuchó con gran atención mientras él les hablaba de la muerte del Hijo de Dios que "fue muerto por nuestros pecados, herido por nuestras transgresiones". Cuando terminó de predicar, parecía que la curiosidad de los oyentes no estaba satisfecha. "Si deseáis saber quién soy", les dijo él, "me llamo Juan Wesley. A las cinco de la tarde, con la ayuda de Dios, volveré a predicar en este lugar."

En la tarde, toda la población obrera se trasladó en masa al lugar designado. Aglomerados en el flanco de una colina, formaban una inmensa pirámide. El predicador se paró en la parte más elevada, en donde podía ser visto de todos, aunque una gran parte de la multitud no podía escuchar sus palabras sino de un modo muy imperfecto. Volvió a presentar a su auditorio la misericordia infinita de Dios, y su poderosa palabra hirió más de una conciencia. Cuando terminó, con dificultad pudo abrirse paso para retirarse a su alojamiento; por todos lados se le aproximaban deseosos de verlo de cerca y de hablar con él, de tal modo que a duras penas pudo sostenerse en pie. Su regreso al lugar donde se había alojado fue una continua ovación. Cuando llegó a su modesto albergue, lo halló bloqueado por una multitud que le suplicaba que pasara con ellos

---

[8] *Journal,* 28 de mayo de 1742.

algunos días; pero el programa de su viaje había sido arreglado de antemano, y no pudo acceder a sus súplicas.[9]

Carlos Wesley vino muy pronto a continuar la obra tan bien empezada por su hermano, quien a su vez regresó a fines del año y pudo consagrar mes y medio a la evangelización de esta ciudad y de los lugares circunvecinos. En ninguna otra parte había recibido él bienvenida más cordial; la avidez con que aquella gente recibía la predicación del evangelio le proporcionaba indecible gozo. Lo que le hacía sentirse más feliz aún era el gran número de conversiones maravillosas que sus trabajos producían; algunas de ellas iban acompañadas de manifestaciones físicas análogas a las que se habían visto en los condados del sur. Sin embargo, la obra en lo general revestía un carácter más profundo y concentrado. "Nunca había visto yo una obra de Dios", dice él, "en ningún otro lugar, que se desarrollara de una manera más uniforme y gradual. Siempre va elevándose de grado en grado. Parece que nunca se ha hecho, de una sola vez, tanto como lo que con frecuencia se hacía en Brístol o Londres: pero algo se hace siempre. Son los mismos triunfos alcanzados con armas diferentes. A ninguno vi con aquel triunfo de fe que había sido tan común en otras partes. Pero los oyentes van adelante, con calma y serenidad. ¡Dios haga lo que más le plazca!"[10] Al final del año la sociedad metodista de Newcastle contaba con ochocientos miembros.

Antes de salir de Newcastle, Wesley compró un terreno y comenzó la erección de una capilla, así como un asilo para niños expósitos. Esta empresa era una obra de fe. "Habiéndose calculado", decía Wesley, "que tal empresa requería un gasto no menor de sete-cientas libras esterlinas (17.500 pesetas), muchos estaban ciertos de que nunca se llevaría a cabo, otros seguros de que yo no viviría hasta verla acabada. Yo era de otra opinión: no había que abrigar dudas, pues, como era iniciada por amor a la obra de Dios, Él proveería lo necesario para llevarla a cabo."[11]

Al regresar de su primera visita a Newcastle, Wesley predicó en las poblaciones situadas en el trayecto. Aprovechó así la opor-tunidad para visitar a Epworth, su ciudad natal.[12] En la parroquia de su padre le fue negado el púlpito por el sucesor de aquel, quien fue hasta el extremo de predicar públicamente contra él. Al final

[9]*Journal*, 31 de mayo de 1742.
[10]*Journal*, 25 de noviembre de 1742.
[11]*Journal*, 23 de diciembre de 1742.
[12]*Idem*, 5 de junio de 1742.

del sermón, Wesley, que no se desconcertaba por la resistencia, hizo anunciar que predicaría en el cementerio. En efecto, llevó a cabo su promesa colocándose al lado de la lápida que cubría los restos de su padre y predicando a una numerosa y simpática concurrencia.[13] Diariamente, por espacio de una semana, predicó en el mismo lugar, que traía a su mente numerosos recuerdos, produciendo su palabra profundísima sensación. Muchas personas fueron despertadas de su letargo hasta buscar seriamente el gran bien de una nueva vida espiritual; aun los incrédulos fueron conmovidos por el poder de su palabra. Un hombre que pasaba por libre pensador, y que se jactaba de que por treinta años no había puesto pie en una iglesia, se acercó a escucharlo por mera curiosidad. Después del servicio, Wesley, observándolo inmóvil en su lugar y que parecía vivamente preocupado, se acercó a él y le preguntó bruscamente:

—¿Es usted pecador, señor?

El pobre hombre, palideciendo a estas palabras, le respondió con voz de alarma e incertidumbre:

—¡Ay, y no poco!

Era su emoción tan viva que fue menester que su esposa y un criado le condujesen a su coche.[14]

Algunos años más tarde, Wesley le volvió a ver y supo por él en persona que desde aquella época se había convertido en cristiano, con motivo de dicha entrevista.

Durante su permanencia en Epworth, Wesley entrevistó a un juez de paz de ese distrito, excelente hombre a todas luces, a quien el populacho disgustado había traído en cierta ocasión un carro lleno de estos "nuevos herejes" a fin de que les instruyera proceso. Con toda solemnidad el magistrado preguntó cuál era su crimen. Todos guardaron silencio, porque este punto había sido descuidado por ellos. Por fin uno dijo:

—Esa gente pretende ser mejor que la demás y permanece orando desde la mañana hasta la tarde.

—Pero ¿es esto todo lo que han hecho?—preguntó el juez.

—Sí, señor—respondió un viejo—y admírese vuestra señoría, han convertido a mi mujer. Antes de ir con ellos, ¡ella tenía una lengua! y ahora se ha vuelto tan quieta como un cordero.

—Llevadlos de aquí—repuso el magistrado sonriendo, y añadió:—que sigan haciendo prosélitos entre todas las mujeres

---

[13]*Idem,* 6 de junio de 1742.
[14]*Journal,* 12 de junio de 1742.

pendencieras que haya en la población.[15]

Esta anécdota demuestra que en Epworth, lo mismo que en Birstal, el avivamiento había comenzado antes de la venida de Wesley. Benjamín Ingham, que se había identificado completamente con los moravos, había fundado algunas sociedades, especialmente en Yorkshire; pero, como en Londres, el quietismo había penetrado en ellas, motivando divisiones.

Al regresar de su primer viaje misionero por el norte, Juan Wesley fue llamado a Londres para asistir a su madre en sus últimos momentos. "Encontré a mi madre a las puertas de la eternidad", escribió él. "Pero ella no tenía dudas ni temores ni deseo alguno, sino (tan pronto como Dios la llamara) partir y estar con Cristo." El 23 de julio fue el último día de su vida. En la mañana había dicho aún: "Mi querido Salvador, ¿has venido a ayudarme en los últimos momentos?" Cuando su hijo regresó, después de mediodía, del servicio de oración celebrado en la Fundición, halló que el último combate había principiado. Le leyó la oración de los moribundos y muy pronto esta santa mujer durmió su último sueño. Un poco antes de morir, había ella dicho a sus hijos reunidos al derredor de su cama: "Hijos míos, tan pronto como haya sido yo puesta en libertad, cantad un salmo de alabanza a Dios." Así lo hicieron ellos, efectivamente, y un canto de alabanzas entonado por voces mezcladas con sollozos se escuchó en aquella alcoba en donde el alma de Susana Wesley había emprendido su vuelo para las regiones celestiales.[16] Esta tranquila muerte que coronaba una existencia tan útil no fue la lección menos importante que Wesley había recibido de su madre.

Este mismo año, en que el metodismo había puesto su pie en el norte y adoptado definitivamente la cooperación de los laicos, fue también notable por un nuevo adelanto en la constitución de las sociedades. Habían existido desde 1739; pero las clases propiamente dichas no datan sino de 1742 y deben su nacimiento a un incidente de orden muy diverso. Una crecida deuda pesaba aún sobre la capilla de Brístol. El 15 de febrero los miembros principales de la sociedad se reunieron con el fin de consultar sobre los mejores medios de amortizarla. Alguno de ellos proponía el que cada miembro subscribiera un penique por semana. Otro objetaba que muchos de los miembros eran demasiado pobres para resistir este impuesto.

[15] *Journal*, 9 de junio de 1742.
[16] *Journal*, 23 de julio de 1742.

"Bien", respondió el primero, "pónganse once de los miembros más pobres conmigo; si ellos pueden dar algo, bien: los visitaré cada semana; y si ellos no pueden dar nada, yo daré por ellos y por mí. Y cada uno de vosotros visite semanariamente once de vuestros vecinos, recoged lo que puedan dar y completad el faltante." "Así fue", dice Wesley, "que cada uno se puso en campaña, y poco tiempo después, según me informaron, encontraron que tales y cuales miembros no vivían como les obligaba el deber. De allí brotó el siguiente pensamiento: Esta es la organización que por tanto tiempo habíamos estado necesitando."[17]

A partir de esa fecha, Wesley reunía sus colectores, quienes, además de su encargo financiero, tenían el deber de velar por los intereses espirituales de los miembros, informando al pastor de cuanto observaran en la sociedad digno de atención. Algunas semanas más tarde, este sistema fue introducido en Londres, suministrando a la sociedad la cohesión que le había faltado. "De este modo", dice Wesley, "comenzaron nuestras clases, por las que jamás podré bendecir lo bastante a Dios, pues su incalculable utilidad ha resaltado más y más cada día."[18]

Al principio los jefes de clase deberían visitar a los miembros en sus propias casas; pero este sistema no resultó práctico, porque reclamaba más tiempo del que los jefes podían disponer. Por esta causa pronto fueron reemplazadas tales visitas por una reunión semanaria de los miembros de la clase, en la que se trataban asuntos religiosos, refiriendo cada uno sus experiencias cristianas.

Dividiendo así las sociedades en pequeños grupos con un responsable al frente de cada uno, Wesley hizo posible la acción pastoral con gran eficacia y una excelente disciplina. Una vez por trimestre inspeccionaba él las clases, se investigaba el estado espiritual de cada miembro, y se le entregaba una boleta o carta de miembro que servía como constancia de su fidelidad.

El metodismo tenía ya cuatro centros de operaciones: Brístol, Kingswood, Londres y Newcastle; y contaba con varias sociedades en vías de formación en los condados de Somerset, Wilts, Gloucester, Leicester, Warwick y Nottingham, y al sur de Yorkshire.[19]

---

[17] *Works*, tomo VIII, p. 252.
[18] *Journal*, 22 de marzo de 1742.
[19] *Works*, tomo XIII, p. 311.

CAPÍTULO V

LUCHAS Y PERSECUCIONES
STAFFORDSHIRE Y CORNOVALLE
(1743-1744)

Actividad de Wesley durante estos años—Aventuras en sus viajes—Es rechazado de la cena en Epworth—Newcastle—Investigación de los fenómenos físicos—Chowden—Pelton—Placey—Leeds—Tentativas de desórdenes en Londres—Actitud de las autoridades—Staffordshire—Comienzos de la obra en Wednesbury—Oposición de clérigos y magistrados—Proclama de los jueces de paz—Wesley en medio de los sediciosos de Wednesbury y Walsall—Es buen pastor rescatando la oveja perdida—Cornovalle—Situación moral de los habitantes—Ocurrencia ingeniosa—Carlos Wesley en Saint Ives—Escenas de desórdenes—Juan Wesley en Cornovalle—Escenas de sus viajes—Numerosos auditorios—Un servicio al aire libre en Gwennap—Un culto a las cinco de la mañana—Trabajo de un domingo—Obra pastoral—Dos nuevas capillas en Londres—Visitas a los enfermos—Nuevas persecuciones—Complicidad de las autoridades y los clérigos—Acusaciones calumniosas contra Wesley.

DURANTE el año de 1743, Wesley pasó catorce semanas en Londres, diez en Brístol y sus alrededores, trece en la región de Newcastle, tres en Cornovalle, y doce empleó en viajar, especialmente por el norte de Inglaterra. El año siguiente le consagró a la metrópoli poco más de seis meses, hizo como seis visitas a Brístol y empleó tres meses en visitar Cornovalle, Yorkshire y Northumberland.

Este resumen de la actividad desplegada durante dos años nos da a conocer a Wesley como un misionero en toda la extensión de la palabra, deteniéndose solamente algunas horas o quizá varios días en un mismo lugar, viajando continuamente por Inglaterra, de sur a norte y de este a oeste, insensible a la intemperie y a las fatigas, no teniendo más que una sola aspiración: el salvar el mayor número posible de almas; y con tal fin, no desperdiciaba un momento.

Era una ruda existencia la que Wesley se había impuesto. No había entonces en Inglaterra buenos caminos públicos, exceptuando en los alrededores de las ciudades; los demás estaban muy descuidados. Wesley viajaba a caballo, y mientras iba de camino, se ocupaba generalmente en leer alguna obra literaria, filosófica o de teología, o bien en conversar con algunos de sus predicadores que solían acompañarlo en sus viajes. Esta vida ambulante que llevaba casi sin interrupción iba acompañada necesariamente de aventuras de todas clases. Las caídas del caballo no eran raras, pero no bastaron para hacer que Wesley abandonara el peligroso hábito de leer mientras cabalgaba.[1] En julio de 1743, al llegar a Darlington, su cabalgadura enfermó y se murió, viéndose obligado a alquilar otra para una parte del camino que le faltaba y hacer el resto a pie.[2]

En octubre, después de haber salido de Epworth, tuvo que atravesar el Trent en una barca, durante una fuerte tempestad; la barca, cargada con ocho personas y tres caballos, comenzó a hacer aguas y amenazaba hundirse; caballos y hombres se rodaban unos sobre otros, produciendo gran confusión. Felizmente los caballos saltaron al agua y aligeraron la barca, que pudo llegar sin avería a tierra.[3]

El misionero no desperdiciaba ocasión para evangelizar. Aprovechaba su encuentro con personas desconocidas en los caminos y en las posadas para tratar directamente el asunto de la salvación, y con frecuencia obsequiaba un tratado a su interlocutor como recuerdo de aquella plática religiosa. Si muchas veces sus esfuerzos eran acogidos con señales de agrado, algunas otras tenía que sufrir una lluvia de injurias. Pero los insultos no tenían poder para intimidar o producir desaliento en aquel hombre que había aprendido a resistir asaltos más formidables.

A su regreso hacia el sur, durante los primeros días del año, Wesley se detuvo nuevamente en Epworth, el lugar de su nacimiento,

---

[1] *Journal,* 22 de agosto de 1743.
[2] *Idem,* 18 de julio de 1743.
[3] *Journal,* 22 de octubre de 1743.

y allí predicó, como antes, sobre la tumba de su padre. El domingo que pasó allí era de comunión, y le mandó suplicar al sucesor de su padre que le autorizara para acercarse a tomar la comunión. El orgulloso ministro, llamado Romley, contestó: "Decid al señor Wesley que yo no le impartiré el sacramento, porque no está en estado de recibirlo". Al consignar este hecho en su diario, Wesley añade: "¡Qué Dios tan sabio es nuestro Dios! ¡No podía haber otro lugar más apropiado, debajo del cielo, en donde esto me sucediera que la casa de mi padre, el lugar de mi nacimiento y el sitio mismo en donde 'según la más estricta secta de nuestra religión' por tanto tiempo 'viví como fariseo!' Era apropiado en el grado más alto que el que me rechazara de aquella misma mesa, en donde yo tantas veces distribuí el pan de la vida, fuera uno que debe todo lo que es en el mundo al tierno amor que mi padre siempre mostró a los suyos tanto como a él personalmente."[4]

En febrero, Wesley hizo una tercera visita a Newcastle. La sociedad que tan rápidamente se había formado allí sufría las consecuencias de tan rápido crecimiento y reclamaba sus cuidados pastorales. Del examen que él hizo de la situación resultó ser necesaria una operación por la cual fueron borrados de los registros de la sociedad ciento cuarenta nombres.

El avivamiento continuó en este lugar, y las conversiones se multiplicaron. Wesley procuró investigar detenidamente los fenómenos físicos que con frecuencia acompañaban a la conversión. Resultó que todos los que habían experimentado estas conmociones gozaban de excelente salud, y que los fenómenos, producidos por lo general instantáneamente y sin previo anuncio, consistían en un gran abatimiento físico y moral acompañado de una angustia mortal. Las víctimas de tales sufrimientos, al ser interrogadas por Wesley, los describían con gran dificultad. Unos decían que sentían como si una espada les traspasara el cuerpo; otros, como si un gran peso les comprimiera el pecho, y otros aún, que era una especie de presión que les evitaba respirar. En fin, en todos casos, la fuerte preocupación espiritual iba acompañada de estos síntomas físicos, y todo cesaba en el momento mismo en que se restablecía la calma en el espíritu.[5]

En las inmediaciones de Newcastle, Wesley evangelizó otras muchas localidades.

En Chowden halló una población minera que produjo en su

[4]*Journal*, 2 de enero de 1743.
[5]*Journal*, 12 de marzo de 1743.

alma profunda compasión. "Hallé que habíamos llegado al mismo Kingswood del norte", escribía él. "Veinte o treinta niños corrían en nuestro derredor tan pronto como llegamos, examinándonos sorprendidos. No podía decirse propiamente que estuvieran vestidos o desnudos. Uno de los mayores (una niña como de quince años) llevaba un pedazo de cobertor, sucio y casi hecho girones, que le medio cubría el cuerpo, y una especie de gorra en la cabeza, del mismo color y de la misma tela. Mi corazón se sentía lleno de compasión hacia estas pobres gentes, y ellas parecían devorarme con los ojos."[6]

En Pelton, a mitad del sermón, uno de estos mineros principió a lanzar exclamaciones de gozo. Con más frecuencia mostraban tímidamente su satisfacción palmeándole la espalda.[7]

En Placey se encontró con una de esas poblaciones groseras pero accesibles al evangelio, a las cuales él siempre se sentía atraído. "Este pueblo", dice él, "está habitado solamente por mineros y de tal clase, que habían estado siempre en primera fila por su salvaje ignorancia y su perversidad de todos géneros. Sus grandes reuniones eran siempre en domingo, y en ellas hombres, mujeres y niños se ocupaban en bailar, reñir, proferir maldiciones y obscenidades y entregarse a toda clase de juegos. Sentí gran compasión por estas pobres gentes desde el momento en que primero tuve noticia de ellas, y más aún porque parece que todos estaban decepcionados y resueltos a no hacerles ningún bien. Como entre siete y ocho (del viernes santo) salí con mi guía, Juan Heally. El viento del norte, que soplaba con gran fuerza, arrojaba la nieve a nuestra cara, la que se congelaba al caer, cubriéndonos pronto con una capa de hielo. Cuando llegamos a Placey, apenas podíamos tenernos en pie. Tan pronto como nos restablecimos un poco, me dirigí a la plaza pública y prediqué al que había sido 'herido por nuestras transgresiones y molido por nuestras iniquidades'. Los pobres pecadores pronto se reunieron allí y aceptaron de buena voluntad las verdades que se les exponían. Y así lo hicieron nuevamente en la tarde a pesar del viento y de la nieve, encareciéndoles yo que aceptaran a su Rey y que se arrepintieran y creyeran el evangelio."[8]

Algunos días después, Wesley volvió a predicar allí mismo, y pronto comenzaron a verse notables conversiones. Durante su

[6]*Journal*, 8 de marzo de 1743.
[7]*Idem*, 17 de marzo de 1743.
[8]*Journal*, 1 de abril de 1743.

cuarta visita al norte, en el mes de julio siguiente, organizó una pequeña sociedad que le produjo inmensa satisfacción. Algunos años más tarde pudo decir refiriéndose a ella: "La sociedad de mineros que aquí existe puede presentarse como modelo a todas las sociedades de Inglaterra. Nadie falta jamás a su grupo o clase; no tienen entre ellos dificultades de ninguna clase, sino que, siendo de un mismo sentir y de una misma opinión, se estimulan mutuamente al amor y a las buenas obras."[9] Cada vez que visitaba las regiones del norte, se complacía en hallarse entre aquellos "honrados y sencillos mineros de Placey", como él los llamaba.

A su regreso de Newcastle, Wesley tuvo en Birstal la compañía de su valiente amigo Nelson, y acompañado de él hizo su primera visita a Leeds, que había de llegar a ser metrópoli del metodismo en el norte de Inglaterra. Allí halló una pequeña sociedad ya formada, probablemente por el mismo Nelson.

Los ingleses no se mostraban siempre tan bien dispuestos como los de Newcastle para recibir a Wesley y a sus colaboradores. En esta misma ciudad descubrió la existencia de desórdenes en germen que él pudo contener mediante la autoridad de su palabra y la energía de su actitud. Un grupo de jóvenes ebrios penetraron una vez en su capilla, y él suspendió su predicación y se puso a orar por ellos con el fervor irresistible que siempre desplegaba en tales casos. Los alborotadores, que no esperaban tal recepción, se sintieron completamente desarmados y se alejaron de allí quietamente.[10]

En Londres las malas pasiones de la multitud se levantaron con más violencia; cierto día que Wesley predicaba en un lugar público llamado Los Grandes Jardines, "muchos de los animales que había entre aquella gente se esforzaron por interrumpir a los que estaban mejor dispuestos. Trataron de arrear un atajo de reses por entre el auditorio; pero las reses se resistieron, mostrando mejor criterio que sus dueños. Entonces los alborotadores arrojaron una lluvia de piedras, alcanzando una a herirme en la frente; pero no sentí dolor alguno, y cuando me hube enjugado la sangre, continué anunciándoles, con toda la voz, que Dios había dado a los que en El creían, 'no el espíritu de temor, sino el de fortaleza, y de amor y de templanza'. Y por el espíritu que ahora se reflejaba en la congregación claramente pude ver que es una verdadera

[9]*Idem*, 13 de junio de 1757.
[10]*Journal*, 18 de marzo de 1743.

felicidad el sufrir, aunque sea en ínfimo grado, por causa de Dios".[11]

En otro barrio de la metrópoli, en Chelsea, el populacho trató de divertirse arrojando petardos encendidos a la sala de culto, los que estallaban en medio de la concurrencia que allí estaba pacíficamente reunida.[12] Tal diversión parece que estaba entonces en boga entre los habitantes de Londres y lugares inmediatos. "En Windsor", dice Wesley, "fui oportunamente informado de que una gran multitud de vagabundos se había reunido, declarando repetidas veces que no permitirían que hubiera allí predicación aquel día. Para conseguir su propósito, se habían provisto de bastante pólvora y otras cosas, con algunos días de anticipación. Pero, como antes se verificara la feria de Burnham, convinieron en asistir allá primero y divertirse un poco. Se dirigieron, pues, allá, y arrojaron unos cuantos petardos entre sus compañeros de desórdenes de Burnham; pero éstos, que no eran metodistas, no recibieron tales caricias de buen grado, se volvieron contra ellos y les dieron caza. Los alborotadores se refugiaron en una casa; pero esto de nada les sirvió, porque sus perseguidores pronto forzaron la entrada y capturaron a cuantos allí hallaron, los cuales, después de haber sido juzgados, fueron echados a la cárcel; los demás se dispersaron. Así sucedió que, cuando yo vine, no hubo quien opusiera obstáculo o tratara de interrumpir."[13]

Estos desórdenes no se prolongaron por más tiempo en Londres y su vecindario. Las autoridades procedieron enérgicamente contra los perturbadores, y el presidente de los jueces de Middlesex dijo un día a Wesley: "Hemos recibido órdenes de impartiros justicia cuantas veces solicitareis nuestra protección."[14] No tardó en presentarse la oportunidad: una multitud de alborotadores atacó un día el lugar de cultos en Londres con una lluvia de piedras. Los proyectiles lanzados sobre el edificio rompieron el techo, poniendo en peligro las vidas de los congregantes. Wesley previno a los asaltantes que estaba resuelto a solicitar el auxilio de los magistrados si no se retiraban pronto de allí. Siendo que su declaración no surtía efecto, hizo arrestar a uno de los alborotadores, mandándole conducir debidamente escoltado ante los jueces para que le instruyeran proceso.[15] Esta firmeza sirvió de escarmiento y

[11] *Journal*, 12 de septiembre de 1742.
[12] *Idem*, 26 de enero de 1742.
[13] *Journal*, 26 de septiembre de 1742.
[14] *Works*, tomo XIII, p. 310.
[15] *Journal*, 25 de enero de 1742.

puso fin a estos alborotos, al menos en la capital. Una escena notable se presenció durante el último incidente de que hemos venido ocupándonos. Un hombre y una mujer, que habían estado a la cabeza de los alborotadores y que parecían ser de los más exaltados, penetraron a la capilla, pronto se pusieron pálidos y habiendo experimentado una profunda convicción de sus faltas, cayeron temblando de rodillas, pidiendo perdón a Dios.

Pero estas no eran sino escaramuzas insignificantes comparadas con los terribles asaltos que los metodistas habían de sufrir en Staffordshire a fines del año de 1743 y principios del siguiente. Al sur de este condado se halla una región conocida con el nombre de Black County (Condado Negro) a causa de sus ricas minas de carbón y de sus fábricas. Esta región incluye al noroeste de Birmingham varias poblaciones industriales, como Wolverhampton, Bilston, Darlaston, Wednesbury, Walsall, etc., que contienen en nuestros días más de un millón de habitantes en una superficie de 40.000 hectáreas. En el siglo XVIII estaba habitado por una numerosa población de mineros y operarios que los metodistas pretendían evangelizar. Wednesbury, en donde se desarrollaron las escenas que vamos a narrar, era entonces una pequeña ciudad conocida solamente por sus corridas de toros y peleas de gallos. La gran afición que esta gente sentía por estos espectáculos bárbaros daba la medida de sus condiciones morales.

Carlos Wesley había predicado allí en noviembre de 1742. Su hermano vino a principios del año siguiente, permaneció cuatro días, predicando ocho veces y organizando una sociedad que tenía sobre cien miembros. El ministro de la parroquia parecía bien dispuesto hacia los metodistas. Desgraciadamente, cambió de actitud con motivo de lo que Wesley llamaba "imperdonable necedad, el haber enviado a un predicador laico para que continuara allí la obra". Este se expresó con alguna ligereza de los ministros oficiales y de sus congregaciones, lo que contribuyó a provocar una gran oposición contra los metodistas. Cuando Carlos regresó a aquel lugar, durante el mes de mayo, tuvo que sufrir una terrible tempestad. Mientras predicaba en Walsall desde lo alto de la escalera del mercado lanzaron sobre él una lluvia de piedras y de lodo.

La situación se agravaba diariamente; los ministros de Wednesbury y de Walsall hacían fuego contra los metodistas desde lo alto de sus púlpitos. Los jueces de paz se rehusaron a administrar justicia contra los ultrajes de todas clases a que estaban expuestos, y en lugar de defenderlos, los acusaban de ser los causantes de tales desórdenes.[16] El populacho, alentado en sus ímpetus de desorden por los mismos que deberían guiarlos por el camino del bien, se entregó a toda clase de excesos. Rompieron ventanas, saquearon casas y maltrataron a todos los que juzgaban sospechosos o partidarios de la nueva secta. Uno de éstos, Francisco Ward, fue dejado como muerto en la calle. Varias mujeres y niños fueron arrastrados hacia el arroyo. Los jefes de los desórdenes, que por varios días eran dueños absolutos de la situación, arreglaron una fórmula de retractación pública, y los metodistas que se rehusaban a firmarla eran apaleados y cruelmente maltratados, llegando a poner en peligro la vida de muchos.

Cuando Wesley fue notificado de las pruebas a que estaban expuestos sus hermanos de Wednesbury, resolvió ir a llevarles consuelo y ánimo; tenía como máxima colocarse frente a frente de los peligros. El día de su llegada predicó al mediodía en el centro de la ciudad, y ya sea porque su intrepidez se impusiera a las turbas o por alguna otra causa, no hubo quien le importunara. Pero en la tarde, mientras estaba pacíficamente escribiendo en su gabinete, descubrió, por las vociferaciones que oía, que los amotinados habían rodeado la casa. Exhortó a las personas que estaban dentro a que se entregaran a la oración. Por un momento parecía que el motín se dispersaba; pero muy pronto volvió a la carga, engrosadas sus filas con nuevos reclutas. "¡Salga el ministro! ¡queremos ver al ministro!" decían numerosas voces airadas. Wesley les pidió que hicieran a su jefe entrar a la casa. La actitud del predicador venció completamente a este hombre, quien, después de cambiar algunas palabras, se presentó tan dócil como un cordero. Wesley le rogó que escogiera dos o más de sus compañeros que

---

[16]Ocho días antes de la llegada de Wesley a Wednesbury, los jueces de paz habían hecho una proclama que da la medida de su parcialidad:

"*Staffordshire.*—A todos los grandes condestables, pequeños condestables y otros oficiales de paz de Su Majestad residentes en dicho condado, y especialmente al condestable de Tipton (cerca de Walsall):

"Considerando nosotros, jueces de paz de Su Majestad para el dicho condado de Stafford, que hemos recibido informes de que varias personas desordenadas que se hacen llamar predicadores metodistas andan provocando asonadas y motines con grave perjuicio de los súbditos de Su Majestad y contra la paz de nuestro Soberano Señor el Rey:

"Por las presentes os ordenamos, en nombre de Su Majestad, que cada uno de vosotros en vuestras respectivas jurisdicciones busquéis a dichos predicadores metodistas y los hagáis comparecer ante alguno de los jueces de paz de Su Majestad para ser examinados sobre sus procedimientos ilegales.

"Dado y sellado hoy, día 14 de octubre de 1743.

"J. LANE.
"W. PERSEHOUSE."

estuvieran más indignados. El trajo dos que amenazaban tragárselo todo de rabia; pero pronto, después de una corta entrevista con Wesley, se calmaron como el primero. Les pidió que le abrieran camino hasta llegar en medio de la multitud. Llevado esto a cabo, cuando el predicador se vio en medio del populacho se paró sobre una silla y les dijo:

—¿Qué queréis conmigo?

Alguno se atrevió a contestar:

—Queremos llevaros ante el juez de paz.

—Lo haré con toda voluntad,—contestó Wesley. Prosiguió en seguida a exhortarlos en tales términos que sus palabras produjeron la resolución de muchos que a una voz gritaban en medio de la multitud: "Este señor es un caballero honrado, y nosotros estamos dispuestos a derramar nuestra sangre en su defensa". No todos estaban de acuerdo con estas personas, y dos o trescientos insistieron en llevar a Wesley ante el juez Persehouse de Walsall, que vivía a algunas millas de distancia, lo que llevaron a cabo en medio de una abundante lluvia. Este magistrado que por su proclama había contribuido a encender las pasiones del populacho, se rehusó a conocer del asunto so pretexto de estar en cama.

Entretanto, se esparció la noticia por Walsall de que el predicador metodista había sido conducido allí con buena escolta; todos los individuos desordenados de la ciudad (y eran muchos) se dieron cita, poniéndose de acuerdo para ir en busca de él. Un nuevo asalto, más terrible que el primero, esperaba al predicador, que, recordando la resolución de sus primeros agresores, esperaba que todo terminaría allí. Pronto comenzaron a escucharse clamores siniestros y gritos de "¡muera!" y el populacho de Walsall le arrancó de las manos de los que le habían ofrecido defenderlo. Inútilmente procuró refugiarse en una casa que vio abierta; la furia de los amotinados se lo impidió, y una mano, asiéndole de los cabellos, le devolvió al populacho, que no lo dejó en paz hasta haberlo llevado por toda la ciudad. Calmada un tanto la efervescencia general, procuró hablar a los que iban más cerca de él; en un momento, habiéndose parado en la puerta de una casa, procuró dirigirse a la multitud, pero todo fue inútil. "¡No, no!" gritaron simultáneamente muchas voces; "¡échenle fuera los sesos, mátenlo de una vez!" Otros gritaban que se le dejara hablar, pero apenas comenzaba a pronunciar palabra cuando la multitud se lo impidió. Lo arrastraron de un extremo de la ciudad a otro, y la oleada era tal que estuvo a punto de ser despeñado en los bancos del río. Al descender por una calle bastante pendiente, hicieron continuados esfuerzos para derribarlo, y al haberlo conseguido, probablemente lo hubieran pisoteado hasta arrancarle la vida; una sola pisada en falso le hubiera sido fatal. Sus perseguidores le hicieron girones la ropa; uno le dio un fuerte golpe en la boca, haciendo brotar la sangre; otro procuró asestarle un macanazo en la cabeza, que hubiera resultado fatal, si una mano desconocida no lo hubiera parado. En todo este tiempo Wesley conservaba entera sangre fría y oraba en alta voz por sus perseguidores.

Finalmente, su dulzura y gran fuerza de ánimo se sobrepuso a la determinación de los que lo atormentaban. El jefe del populacho, pugilista célebre, sintiendo remordimientos por su cobardía, dijo a Wesley: "Señor, estoy listo a exponer mi vida para salvaros; seguidme, y nadie se atreverá a tocar un pelo de vuestra cabeza." Esta declaración sirvió de buen ejemplo; la furia de la multitud se calmó un poco, y pronto se emprendió la defensa del predicador, que sin pérdida de tiempo se puso a salvo, favorecido por las tinieblas. Su hermano, que en breve se reunió con él, decía: "Con su ropa hecha girones, se veía como un valiente soldado de Jesucristo".[17]

Aparentemente, Wesley había sido derrotado en Wednesbury y Walsall; pero en realidad era el vencedor, y la prueba de ello se halla en que, cuando su hermano Carlos volvió a aquel lugar un poco más tarde, encontró que el sentimiento público había cambiado. Numerosas conversiones se lograron, entre las que se contaba el jefe del motín, pugilista famoso, de quien ya hemos hablado. "Vuestro hermano es un hombre de Dios", le decía a Carlos, "y es muy claro el que Dios estaba con él, puesto que todos nosotros, siendo muchos, no pudimos matar a uno solo."

En efecto, hombre de Dios era Juan Wesley, y nada le arredraba cuando se proponía salvar almas. Como su Maestro, no sólo estaba dispuesto a afrontar las persecuciones, sino que, lo que es más difícil aún, a aceptar trabajos humildes que son despreciados por el mundo. Después de las escenas que acabamos de narrar, continuó su viaje por el norte y llegó a Grimsby, en donde predicó al aire libre. Pero las lluvias que se vinieron le obligaron a buscar un lugar en donde tener sus reuniones bajo techo. En vano se informó por todas partes: los habitantes de la ciudad, juzgando que podían comprometerse, se rehusaron a facilitar sus casas para uso tan peligroso. Por fin, una señora ofreció la suya; era una pobre mujer de conducta relajada, que había sido despedida por su esposo para librarse de una vida insoportable. Wesley, que recordó el ejemplo de su Maestro y esperaba arrancar este tizón del fuego, aceptó el ofrecimiento. Predicó allí sobre la pecadora que fue traída a los pies de Jesús, y su palabra fue de gran efecto, pues la mujer sintió su conciencia excepcionalmente agitada y después del servicio dijo al predicador con profunda emoción:

—¡Oh, señor! ¿Qué debo yo hacer para ser salva?

Wesley, que tenía noticias de su pasado, le respondió:

—Cesad inmediatamente de vivir como hasta aquí lo habéis hecho y regresad sin demora al lado de vuestro esposo.

Ella vaciló; su esposo estaba a cien millas de distancia, en Newcastle. El misionero, resuelto a salvar a toda costa a esta mujer, reflexionó un momento; le ofreció un caballo y le prometió acompañarla hasta aquel lugar. Ella aceptó, y era de verse a Wesley cabalgando por los caminos de Inglaterra al lado de esta pobre criatura que él había arrebatado del vicio. Durante el largo trayecto que tenían que recorrer, se dedicó a conducirla al Amigo de los pecadores arrepentidos. Tal vez no se halla en toda la vida de Wesley otro episodio más conmovedor que este: era como el Buen Pastor que conducía al aprisco la oveja descarriada.

Cornovalle, en donde el metodismo había sido introducido por esa misma época, estaba en una situación moral tan poco satisfactoria como Staffordshire. Los habitantes de las costas se entregaban sin escrúpulo al contrabando y consideraban legítimo el pillaje de los buques que naufragaban. La embriaguez, las peleas de gallos y lides taurinas, el pugilato y otros juegos ruidosos eran los pasatiempos favoritos del pueblo. La religión estaba desprestigiada, y el clero anglicano no tenía, en lo general, ni celo ni virtudes capaces de hacer cambiar tal estado de cosas. Y sin embargo, allí, como en otras partes de Inglaterra, se presentaba la más ruda oposición a los heraldos del avivamiento.[18]

En el pequeño puerto de Saint Ives, situado en la extremidad

[18]Un hecho curioso referido por M. F. Truscott dará una idea a nuestros lectores de la ignorancia religiosa que prevalecía en Cornovalle en la época de Wesley. En una villa inmediata a Helston no había un solo ejemplar de la Biblia, y en tratándose de libros religiosos, sólo existía un libro de oraciones en la posada de la villa. Un día que se desató una violenta tempestad, la gente creía que había llegado el fin del mundo y corrieron presurosamente a la taberna para suplicar a Tomás, el mesero, que les leyera una oración. Tomás tomó el primer volumen que halló a la mano y comenzó a leerles con toda solemnidad, mientras todos permanecían de rodillas. Lo que él leía

de la península, se habían reunido algunos cristianos en torno de una mujer piadosa, Catalina Quick, con el fin de orar y leer las notas sobre el Nuevo Testamento escritas por Burkitt. Un metodista de Brístol los visitó, y ellos le suplicaron que invitara a los hermanos Wesley para que vinieran a verlos.

Carlos llegó allí en julio de 1743. El día siguiente se dirigió a la iglesia y tuvo que sufrir el primer ataque de parte del ministro, que dirigió su sermón contra los metodistas, llamándolos "enemigos de la iglesia, seductores, perturbadores, escribas, fariseos e hipócritas". En Wednock el ministro procedió de una manera más violenta, pues trató de excitar al pueblo contra los metodistas, diciendo que "se les había de rechazar a golpes y no a razones". Tales prácticas no carecieron de resultados, y escenas análogas a las de Wednesbury se pudieron ver muy pronto: una turba alborotada asaltó las casas en que residían las familias religiosas y las saqueó; las reuniones de culto eran frecuentemente disueltas por la fuerza, y los que a ellas asistían tenían que sufrir crueles ultrajes. En Pool el populacho encabezado por los mayordomos de la iglesia desalojó de la parroquia al predicador y sus amigos.[19]

Juan Wesley, acompañado de Nelson, visitó a Cornovalle poco después del regreso de su hermano, pasando allí tres semanas que fueron bien empleadas. Su predicación se extendió a varias localidades que no habían sido antes visitadas, y hasta hizo una excursión a las islas Sorlingas, distantes de las costas como nueve leguas. Durante estas semanas de infatigable actividad, se vio privado aun de las cosas indispensables para la vida. Generalmente no tenía más cama que el suelo ni otra almohada que un sobretodo viejo. Una noche despertó a su compañero de viaje y le dijo: "Hermano Nelson, debemos estar contentos; me queda todavía un lado entero, pues la piel del otro ha desaparecido." Más de una vez tuvieron que sufrir hambres en medio de aquellas gentes, que no comprendían aún los deberes de la hospitalidad. Un día detuvo Wesley su caballo y se puso a comer zarzamoras de las zarzas que

trataba de tempestades y naufragios, y tanto el lector como sus oyentes juzgaron que era apropiado. Pero la dueña de la taberna, que era un poco más avisada, los interrumpió diciendo: "Tomás, lo que tú estás leyendo es *Robinson Crusoe*". "No", respondió él; "es el libro de oraciones", y continuó leyendo hasta que su ama, más y más convencida de los hechos, repitió su objeción. "Y bien", respondió Tomás, "supongamos que yo esté leyendo a *Robinson Crusoe*. ¿No hay aquí oraciones tan buenas como en cualquiera otro libro?" Y continuó su lectura hasta que la tempestad hubo cesado y los aldeanos se retiraron, creyendo de buena fe que habían cumplido con sus deberes religiosos (*Methodist magazine*, 1820, p. 538).

[19]Los registros de la parroquia conservan hasta el día una nota de los gastos erogados para defender la iglesia "expulsando a los metodistas".

crecían sobre las cercas que se levantaban junto al camino, con el mejor apetito del mundo, amenizando su frugal colación con estas palabras: "Hermano Nelson, debemos sentirnos muy agradecidos por esta abundancia de zarzamoras; porque este es el mejor país que yo he visto para hacerse de apetito, pero el peor para satisfacerlo. ¿Acaso creerá esta gente que predicando podremos alimentar nuestros cuerpos?"[20]

Estas pruebas eran menores, sin embargo, que las que su hermano había tenido que sufrir, no hacía mucho tiempo, en aquellas mismas regiones. La oposición se reducía a algunas tentativas de desorden que la sangre fría de Wesley bastaba para reprimir. "Mientras yo predicaba en Saint Ives", refiere él, "Satanás comenzó a pelear por su reino. El populacho de la población penetró bruscamente en la sala, introduciendo el consiguiente desorden, rugiendo y golpeando a los que encontraba a su paso como si estuvieran poseídos por una verdadera legión. Yo me hubiera afanado por persuadir a los nuestros a que permanecieran quietos; pero el celo de unos y el temor de otros no prestaban oídos. Así que, viendo que la confusión aumentaba, me adelanté hacia el centro y conduje al jefe del motín hacia la mesa que estaba al frente. No recibí más de un golpe en la cabeza. Después de comenzar a razonar con él, se apaciguó más y más hasta resolverse a reducir al orden a sus acompañantes".[21]

Con frecuencia tenía Wesley numerosos y atentos auditorios entre los mineros que habitaban la extremidad de la península de Cornovalle. En Morva vio reunido "el más grande auditorio que él había visto en Cornovalle"; un poco más tarde predicó en Trezuthan Downs a dos o tres mil personas. En Gwennap hubo diez mil personas reunidas en una pedrera que formaba un anfiteatro y en donde él predicó varias veces. "No podía yo terminar", dice él, "hasta que no había oscurecido de tal modo que no podíamos vernos unos a otros. Por todas partes se observaba la más intensa atención; nadie hablaba ni perturbaba, y apenas se dirigían miradas a otra parte. Aquí, aunque estábamos en un templo no hecho por manos de hombres, Dios era adorado realmente en la hermosura de su santidad. Uno de los concurrentes era el señor P., que antes había sido un adversario violento. Cuando estaba listo a principiar el servicio, dijo al oído a uno de sus amigos: 'Capitán, no me abandonéis; no os alejéis de mí.' Muy pronto se le vio bañado en

[20] *John Nelson's journal*, p. 74.
[21] *Journal*, 15 de septiembre de 1743.

lágrimas e inclinarse demasiado. Algunos de sus amigos lo detuvieron, evitando que cayera en tierra. ¡Ah! ¡quiera el amigo de los pecadores levantarlo!"[22]

En la mañana siguiente, Wesley debía predicar a las cinco, antes de separarse de esta gente que tan buena voluntad había mostrado. Pero fue despertado, como entre tres y cuatro de la mañana, por un gran número de mineros que, temerosos de llegar tarde se habían reunido alrededor de la casa y estaban cantando alabanzas a Dios. Allí les predicó sobre "Creed en el Señor Jesucristo, y seréis salvos", añadiendo él que "devoraron la palabra". Indudablemente que estas escenas le hicieron olvidar calumnias y persecuciones.[23]

Se puede juzgar la actividad de Wesley por el modo con que empleó el último domingo que pasó en Cornovalle. En la mañana, muy temprano, predicó en Land's End, la extremidad de la península; como a las diez, en St. Just; a la una de la tarde, en Morva, y después de la predicación reunió allí a la sociedad, que se componía de más de cien miembros; a las cuatro predicó en Zennor y terminó las labores del día con una última reunión en Saint Ives. Así fue que en un solo domingo celebró cinco reuniones en lugares diversos, teniendo que viajar como treinta kilómetros, a caballo, entre un lugar y otro.

Cuando salió de Cornovalle, dejando allí a Nelson para continuar la obra comenzada, Wesley tenía la seguridad de no haber trabajado en vano. Las sociedades que había organizado contaban con centenares de miembros, y la predicación del evangelio había sido escuchada por numerosos y bien dispuestos auditorios.

Al regresar a Londres o a Brístol, el misionero volvía a convertirse en pastor. "Yo no puedo comprender", decía él, "cómo pueda un ministro esperar el rendir cuentas gozosas de su labor sin conocer personalmente a todo su rebaño (como lo aconseja Ignacio), sin descuidar ni a los sirvientes". En Brístol, al principiar aquel año, se tomó el trabajo de entrevistar separadamente a cada uno de los miembros de las sociedades. En Londres, los dos hermanos comenzaron este sistema de visitas minuciosas, empleando de seis de la mañana a seis de la tarde hasta haber terminado. Hacia fines del año, esta última sociedad contaba con más de dos mil miembros.

La capilla de la Fundición era ya insuficiente. En el mes de

[22]*Journal*, 20 de septiembre de 1743.
[23]*Idem*, 21 de septiembre de 1743.

mayo Wesley obtuvo una segunda capilla en el barrio de Seven Dials; había sido construida hacía sesenta años para uso de los hugonotes que allí se habían refugiado. Su hermano y él, cuando estaban en Londres, oficiaban allí los domingos, administrando la cena dos veces al mes. Los comulgantes eran tantos que el servicio de la mañana se prolongaba, en tales ocasiones, por cinco horas. Tuvieron que dividir los comulgantes en tres secciones de seiscientas personas cada una, resolviendo que solamente una sección pudiera comulgar a la vez. Tres meses más tarde, los metodistas de Londres tomaron posesión de una tercera capilla, construida en el barrio de Southwark por un unitario. Desanimaban a Wesley de establecer trabajos en un barrio de tan mala reputación, habitado, según decían, por demonios y no por hombres. Lejos de desanimarse por tales informes, fueron éstos aliciente poderoso para establecerse allí. Tomó posesión de su tercera capilla, inaugurándola con un sermón sobre estas palabras: "Dijo Jesús: los que están sanos no tienen necesidad de médico, sino los enfermos. No vine a llamar a los justos, sino a los pecadores, al arrepentimiento."

Las sociedades, aunque estaban compuestas casi exclusivamente de pobres, sabían imponerse grandes sacrificios, no sólo para subvenir a los gastos del culto, sino para socorrer a los que estaban en la indigencia. La ciudad de Londres fue dividida en veintitrés secciones, y en cada una había dos visitadores nombrados por Wesley, que deberían visitar a los enfermos tres veces por semana, ministrándoles lo necesario para sus necesidades, así físicas como espirituales.

Mientras se perfeccionaba de este modo lo organización del metodismo, sus adversarios no dormían, sino que redoblaban la persecución. Carlos Wesley estaba siempre en las primeras filas, en donde se reciben los golpes más rudos. En Sheffield, el populacho, llevando a la cabeza a un oficial del ejército, asaltó una de sus reuniones; el valiente predicador permaneció firme en su puesto con peligro de su vida, recibiendo varias heridas durante el asalto. El oficial, irritado por su firmeza, desenvainó su espada y la dirigió de punta al pecho del predicador sin conseguir amedrentarlo. El populacho de Sheffield, excitado por las predicaciones de los clérigos intolerantes, se entregó a los más grandes excesos, demoliendo completamente la capilla metodista.

En 1744, Wesley y sus colaboradores sufrieron nuevas pruebas demasiado rudas. De todas partes surgían revueltas populares contra ellos. No se reducían solamente a demoler y saquear las casas, sino que amenazaban también seriamente la vida de las personas. Uno de los predicadores recibió graves heridas; otro fue arrojado a un río en donde estuvo a punto de perecer ahogado. En todos estos encuentros con el populacho, estos piadosos siervos de Cristo se consideraban felices con haber resultado físicamente ilesos, reduciéndose los perjuicios a su ropa, que era hecha girones o cubierta de lodo. Algunos de los pueblos de Staffordshire permanecieron por meses enteros entregados a merced del populacho. En Darlaston las mujers indefensas fueron maltratadas sin piedad. El populacho de Walsall organizó una verdadera cruzada contra los metodistas; hicieron una bandera que enarbolaban en pleno lugar público y hacían flotar en alto cuando salían a sus expediciones. Las casas en donde creían que se refugiaban los metodistas eran entregadas al pillaje; los defensores de la Iglesia Anglicana se apropiaban una parte del menaje y destruían completamente el resto. En vista de este desbordamiento de pasiones brutales, los hombres y las mujeres huían, no sabiendo dónde encontrar abrigo. Su constancia y fidelidad eran admirables cuando se les ofrecían treguas de paz a condición de que se obligaran a no recibir más a los predicadores, y contestaban valerosamente: "Ya hemos perdido todo lo que teníamos; nada puede sobrevenirnos sino la pérdida de nuestras vidas, que estamos resueltas a dar antes que violentar nuestras conciencias".

Los perseguidos no hallaban refugio en ninguna parte. La opinión pública les era hostil y adulteraba los hechos que caracterizaban su conducta. El periódico denominado *London Evening Post* publicó un artículo que comenzaba así: "Hemos recibido una carta privada de Staffordshire en donde se nos comunica la noticia de una insurrección de los llamados metodistas. Esta gente, alegando pretendidos insultos de parte de la iglesia, ha levantado una insurrección y ha entregado al fuego la casa de uno de sus adversarios."

Calumniados por la opinión pública, los metodistas no podían hallar protección ni en las autoridades civiles ni en las eclesiásticas. En Dudley el ministro anglicano sublevó al pueblo contra un predicador metodista, que fue maltratado, y le hubieran dado villanamente la muerte, si un honrado cuáquero no le hubiera facilitado su sombrero de ancha falda y su sencilla casaca, con los que se disfrazó y pudo escapar del peligro. En Walsall los magistrados permitieron que se fijara en lugar público un anuncio en que se determinaba la fecha para "la destrucción de los metodistas". En Wednesbury se ofreció una recompensa de cinco libras esterlinas por su expulsión, y otro de los magistrados autorizaba con su presencia los motines, gritando a voz en cuello: "¡Bravo, hijos míos! ¡bien hecho! ¡pelead por la iglesia!"

Mientras los magistrados combatían así a favor de la iglesia, los ministros no les iban en zaga. En Cornovalle, donde Wesley hacía una nueva visita en 1744, escuchó un sermón en el que se denunciaba a los metodistas como partidarios del pretendiente Carlos Stuart y como papistas consumados. En otro lugar, el ministro, acompañado del tambor de la villa, convocaba en persona el populacho para interrumpir el culto metodista, y después de haber obsequiado a sus ayudantes sendos refrescos en una taberna, emprendió personalmente la dirección de sus movimientos. El vicario de Birstal, que se había puesto inquieto por la actividad de Nelson, se unió con el tabernero de la localidad para denunciar al predicador ante las autoridades militares, haciéndole reducir a prisión y condenar al servicio de las armas, por juzgarlo comprendido en la ley contra la vagancia. Otros dos predicadores ambulantes sufrieron idénticas vejaciones, y uno de ellos murió víctima del mal tratamiento que en el ejército recibiera.

A tales persecuciones se añadían toda clase de calumnias. La acusación de hipócritas y de impostores ya no causaba ningún efecto en Wesley, pues era demasiado frecuente. Se había habituado ya a soportar las burlas, de tal modo que ya no eran de efecto. Toda clase de armas parecían lícitas a sus adversarios. En Newcastle vio un día el anuncio público de que una compañía de actores procedente de Edimburgo pondría en escena aquella misma noche una pieza titulada "Superchería sobre superchería, o los metodistas en camisa". El odio y los prejuicios eran tales que las calumnias más absurdas se abrían paso en la conciencia pública siempre que fueran dirigidas contra la odiada secta. Se hizo circular el rumor de que Wesley se había suicidado; también el de que había sido condenado judicialmente como traficante de bebidas alcohólicas prohibidas por la ley; otros afirmaban que era un usurpador de aquel hombre, pues el verdadero Wesley había muerto hacía varios años. Cuáquero para unos, anabaptista para otros, pasaba como jesuita de la peor clase para los de más allá, ocultando a ciertos sacerdotes en su propia casa y haciendo trabajos ocultos para combatir la iglesia establecida. La imaginación popular, inflamada por los rumores que circundaban referentes a la invasión del pretendiente Carlos Stuart, no dejaba de asociar con éste el nombre de Wesley; era él según se decía, agente de España para trabajar entre las masas a favor de la dinastía derrocada y tenía encargo de organizar secretamente un cuerpo de veinte mil hombres que apoyara a la armada española al intentar un desembarque en Inglaterra; se afirmaba que se le había visto en Francia en compañía del pretendiente, y por último, que había sido encarcelado y se le procesaba por el crimen de alta traición. Estos absurdos rumores tomaron tales proporciones que las mismas autoridades llegaron a alarmarse; Wesley tuvo que comparecer varias veces ante los jueces de Londres, exigiéndosele que jurara obediencia al Rey y autorizara con su firma la declaración contra el papismo. Cuando el gobierno expulsó a los católicos de Londres a principios de 1744, Wesley creyó propio permanecer allí y darse a ver del público con la mayor frecuencia a fin de no dar nuevas armas a la calumnia. Su hermano fue obligado también a comparecer ante los magistrados de Yorkshire para responder a los cargos que se le hacían de haber vertido frases sospechosas en una de sus oraciones, y que un agente de policía había escuchado. Lo que él había dicho era: "vuélvenos de la cautividad, Dios nuestro", y se suponía que hacía referencia a la dinastía proscrita. No fue difícil para él explicar la significación simbólica que daba a aquellas palabras.

Toda esta oposición no bastó para apocar a los apóstoles del avivamiento. Sólo sirvió para demostrarles lo necesario que era su trabajo y para decidirlos a consagrarse con gran entusiasmo y mayor celo a tan grande obra.

CAPÍTULO VI

LA PRIMERA CONFERENCIA
(1744)

Convocación de la conferencia—Su apertura—Reglamento de debates—Materia de enseñanza—Métodos de la predicación—Relación de las sociedades con la Iglesia Anglicana—Disciplina interior—Reglamentos—Las clases—La predicación laica—Autoridad de Wesley sobre sus predicadores—Fin de la conferencia—Estado de la obra—Resultados estadísticos y morales—Oposición del pueblo, del clero y de las autoridades—Principio de una nueva era.

LA obra del avivamiento, iniciada hacía cinco años en Inglaterra por Wesley, había alcanzado proporciones que jamás se previeron. El mayor de los dos hermanos había venido a ser naturalmente el jefe, por su talento y dones administrativos que en tan alto grado poseía. Pero había llegado el momento de compartir la responsabilidad con sus colaboradores. En consecuencia, en los primeros meses de 1744 convocó en Londres a los ministros de la Iglesia Anglicana que simpatizaban con su obra, y a los principales predicadores laicos "que lo ayudaban como hijos en el evangelio", para reunirse allí y discutir los mejores medios que deberían emplearse para hacer prosperar la obra de Dios. La forma de la convocatoria indicaba claramente el objeto de la primera asamblea; no era el de organizar una nueva iglesia, sino discutir los mejores medios de continuar vigorosamente el avivamiento.

La conferencia abrió sus sesiones el lunes 25 de junio de 1744 y se prolongó una semana. Además de los dos hermanos Wesley, in-

135

cluía otros cuatro ministros anglicanos: Juan Hodges, rector de
Wenvo (principado de Gales); Enrique Piers, vicario de Bexley,
convertido por medio de Carlos Wesley y uno de los partidarios más
devotos del movimiento; Samuel Taylor, biznieto del Dr. Rowland
Taylor, que confesó su fe sobre la hoguera en tiempos de María la
Sanguinaria; y por último, Juan Meriton, pastor de la Isla de Man,
asociado en los últimos años de su vida al ministerio ambulante de
sus amigos Wesley. De los cuatro predicadores laicos que tomaron
parte en la primera conferencia, Tomás Richards, Tomás Maxfields
y Juan Bennet se hicieron después ministros de otras iglesias. Solamente Juan Downes vivió y murió como metodista.

La conferencia, que se reunió en la capilla de la Fundición,
fue precedida, en la víspera, por un servicio solemne de comunión
y en la mañana del mismo día de la apertura, por un sermón de
Carlos Wesley. Una de las primeras resoluciones aceptadas fue la
siguiente: "Es de desearse que todas las cosas se consideren en
presencia inmediata de Dios; que nos reunamos con buenas miras y
como pequeñuelos que tienen que aprenderlo todo; que todo asunto
deba ser examinado a fondo; que toda persona diga libremente
cuanto sienta, y que toda cuestión propuesta sea discutida ampliamente."[1] Se preguntó, desde luego, hasta qué punto debería someterse cada uno al juicio de los demás. La respuesta es digna de ser
conservada: "En las cosas de carácter especulativo nadie está
obligado a someterse sino hasta donde se lo permitan sus propias
convicciones; pero en asuntos prácticos debemos someternos al
juicio de los demás hasta donde sea posible sin violentar nuestra
conciencia".[2] Es difícil el dar reglas más sabias y cristianas que
estas.

La conferencia tenía en su orden del día tres cuestiones:
1a. ¿Qué enseñar? 2a. ¿Cómo enseñar? 3a. ¿Cómo reglamentar la
doctrina, la disciplina y la práctica?

Dos días completos fueron consagrados al estudio de las doctrinas esenciales que deberían ser enseñadas por los predicadores.
Wesley y sus amigos dieron toda importancia a las verdades prácticas que son el fundamento de la vida cristiana, tales como el arrepentimiento, la fe, la justificación y el testimonio del Espíritu Santo.
No era su propósito, en tal tiempo, formular una confesión de fe, sino
afirmar con toda energía las grandes doctrinas que la iglesia había

---

[1] Jorge Smith: *History of Wesley and methodism,* 1859, tomo I, p. 211.
[2] *Idem.*

echado en olvido. Su labor era más bien la de testigos de información que la de teólogos.[3] En cuanto al método para la predicación, la conferencia recomendaba a los predicadores el siguiente: invitar a los pecadores, esforzarse en convencerlos, ofrecerles a Cristo y edificarlos, recomendándoles que, en cuanto fuera posible, dieran lugar en cada sermón a estos diversos temas.

La conferencia debería ocuparse de las relaciones que habían de existir entre las sociedades y la Iglesia Anglicana. Wesley continuaba firme en su creencia de la posibilidad de una buena comprensión, por más que la actitud de los clérigos comenzaba a inspirarle ciertos recelos. La conferencia resolvió que se había de obedecer a los obispos en todas las cosas que fueren *indiferentes,* sometiéndose a los cánones eclesiásticos, *dentro de los límites aprobados por la conciencia.*[4] Estas resoluciones sabias y liberales indicaban el mejoramiento tan notable que se había verificado ya en las ideas religiosas de Wesley.

El asunto de la disciplina interior que debería observarse en las sociedades fue también objeto de atento estudio. A esta cuestión: "¿cómo clasificaremos a las personas que quieran ocupar un lugar entre nosotros?" la conferencia contestó: "En cuatro clases: sociedades unidas *(united societies)* y pequeñas compañías *(bands),* sociedades selectas *(select societies)* y penitentes *(penitents)* Las sociedades unidas (las más numerosas de todas) se componen de todas las personas que hayan sido reanimadas; las de éstas que hayan profesado haber obtenido el perdón de sus pecados se reunirán en pequeñas compañías *(bands);* los miembros de estas últimas que persistan en andar bajo la luz del Señor compondrán las sociedades selectas; y finalmente, las personas de entre las anteriores que permanezcan con sus culpas formarán grupo aparte como penitentes."[5] La conferencia adoptó también reglamentos especiales para cada una de estas clases de miembros. Con el nombre de Reglas de la Sociedad, se conocen hasta nuestros días* y están en vigor algunas de las aprobadas. Eran notables estas reglas porque no exigían "para entrar en la sociedad ningún credo religioso particular. La única condición previa que se les exigía para ser

---

[3]Véanse las constancias de algunas conversaciones posteriores entre Wesley y otros (*Works,* tomo VIII, p. 275).

[4]*Idem,* tomo VIII, p. 280.

[5]Smith: *History of Wesley and methodism,* tomo I, p. 213.

*1911

admitidos era el deseo de huir de la ira venidera y de ser salvos de sus pecados".

La experiencia hizo ver, un poco después, lo impracticable que era el sistema de dividir a los miembros de la sociedad en cuatro clases, fundadas en el estado espiritual de cada uno. No tardó en ser simplificada considerablemente, preservándose la excelente idea que las había inspirado. Esta idea, que puede ser considerada como peculiar del metodismo y que le da cierta originalidad, es la vida común de las almas, hallando su realización en las *clases*. Estas pequeñas asambleas respondían a la necesidad de comunión y de solidaridad que se manifiesta en el espíritu en épocas de avivamiento, realizando de una manera práctica una idea que los moravos tenían en común con Spener *(Ecclesioloe in Ecclesia)*. Agrupando un pequeño número de penitentes bajo la dirección de un cristiano de experiencia, formaban una especie de familia espiritual en donde se comunicaban mutuamente sus goces y sus tristezas, sus triunfos y sus derrotas, y en la cual los fuertes ayudaban a los débiles y aprendían a tolerarlos; y los débiles, estimulados por el contacto de los fuertes, adelantaban, sobreponiéndose a su debilidad. Las clases realizaban, más que ninguna otra institución humana, la noción cristiana de la unidad que debe existir entre el pueblo de Dios y la comunión de los santos. Y haciendo de ellas la piedra fundamental de su estructura, Wesley aseguró la existencia y la prosperidad de su obra. Las clases hicieron posible la rápida expansión del metodismo por toda Inglaterra; encendieron por todas partes el fuego de la vida espiritual que podía bastarse a sí misma y tener una existencia independiente, suministrando a la obra misionera un auxiliar indispensable; llevaron a cabo la educación religiosa de los millares de nuevos convertidos, que pasaron, sin transición alguna, de un estado de indiferencia y hasta de embrutecimiento al de una vida gozosamente espiritual.

Ya hemos visto que la predicación laica había sido para Wesley una necesidad práctica. Había llegado la ocasión de estudiar esta nueva institución y de definir su legitimidad y verdadero provecho. La conferencia no vaciló en afirmar que respondía a las necesidades de la época. Animó a Wesley a aprovechar *la ayuda de los laicos,* pero solamente en "casos de necesidad".[6] Su oficio consistiría en "alimentar y dirigir, enseñar y gobernar al rebaño en ausencia del pastor". La conferencia elaboró un reglamento en

---

[6]Smith: *History of Wesley and methodism,* tomo I, p. 214.

trece artículos para uso de estos obreros; les recomendó, entre otras cosas, el llevar un diario detallado de sus trabajos, el estar siempre en guardia contra el formalismo y combatirlo en otros. Se trató también de fundar un semanario para tales obreros; pero tal proyecto fue aplazado para más tarde, no siendo tiempo aún de llevarlo a la práctica.

Es evidente que en tales momentos ni Wesley ni sus amigos comprendían aún toda la importancia de esta clase de obreros, ni justipreciaban los servicios que en lo futuro habían de impartir al metodismo. Aunque ya formaba un cuerpo considerable (eran ya más de cincuenta), los ayudantes laicos tenían aún una misión temporal que debería cesar, según el pensamiento de Wesley, el día que el clero anglicano cediera ante la influencia irresistible del avivamiento. La mayor parte de ellos continuaba en los trabajos de su profesión secular, a la vez que desempeñaban labores de ministros ambulantes. Hombres sencillos y sin instrucción, pero llenos de fe y de celo, secundaban a Wesley con todas sus fuerzas. Llamados por él a la obra de evangelización, lo aceptaban como director, sin reticencia alguna; a él correspondía el dirigir su vocación, fijar sus itinerarios e inspeccionar sus trabajos. La duodécima regla de los ayudantes estaba redactada así: "Obrar en todo, no según vuestra propia voluntad, sino como hijos en el evangelio. En tal concepto será vuestro deber emplear el tiempo según las direcciones que se os den, parte en predicar y visitar el rebaño de casa en casa, parte en leer, meditar y orar. Sobre todo, si trabajáis con nosotros en la viña del Señor, es necesario que desempeñéis el trabajo que os aconsejemos, en el tiempo y lugar que juzguemos más apropiados para su gloria."

Esta sumisión completa que Wesley reclamaba de sus ayudantes era una necesidad absoluta de la obra. Estaba confiando el cuidado de las almas a hombres que, si bien estaban llenos de fe y de piedad, carecían generalmente de la cultura intelectual necesaria. Wesley fue compelido, por la fuerza de las cosas, a aceptar una especie de poder episcopal, al que sus subordinados se sometieron de mil amores. También debe decirse que tal práctica se estableció para el desenvolvimiento y utilidad de los predicadores, estimulándolos en el trabajo y en el estudio, indicándoles las lecturas que habían de hacer, haciéndoles presente los defectos de su predicación, y en una palabra, trabajando con todas sus fuerzas para elevarlos a la altura de la obra a que les había llamado la Providencia. Nada es más interesante que la correspondencia que él sostenía con ellos.

"Vuestras dotes de predicador", escribía a uno de ellos, "no se mejoran; son lo mismo que eran hace siete años; poseéis la vida, pero no la profundidad; hay en vuestra predicación alguna monotonía; no hay amplitud de pensamiento. Solamente la lectura diaria puede remediar esto, combinada con la meditación y la oración. Os causáis grave perjuicio al omitir tales cosas. Sin ellas nunca llegaréis a ser un predicador profundo, ni siquiera un cristiano completo. ¡Oh, principiad! Fijad horas determinadas de cada día para entregaros a ejercicios especiales. Podréis adquirir el gusto de que ahora carecéis: lo que al principio es tedioso será después agradable."[7]

Wesley ejercía su autoridad sobre los predicadores, no solamente para hacerlos estudiar, sino para reanimarlos en su obra; era su amigo a la vez que su director. Uno de ellos se hallaba una vez asaltado por grandes dudas en cuanto a su vocación y le escribió un día, suplicándole que enviara quien le sustituyera porque él no se sentía en el lugar que le pertenecía. "Mi querido hermano", le contestó Wesley: "efectivamente me parece que estáis fuera de vuestro puesto, porque el tiempo que habéis empleado en cavilar sobre este asunto debisteis haberlo dedicado a la oración".[8] Tal ascendiente, legitimado por una gran superioridad y templado por los afectos desbordantes, no podía producir otra cosa que una inmediata y benévola obediencia, pudiendo decirse, con toda verdad, que jamás hubo jefe que haya dispuesto de un ejército mejor disciplinado y que le fuera más adicto.

Después de haber empleado algunos días en el estudio de los graves problemas que tenía que afrontar el avivamiento, los miembros de la primera conferencia se prepararon para ir a continuar su obra de evangelización. Nada habrá que se parezca menos a un sínodo formal que esta pequeña asamblea, cuyo objeto no era el ocuparse en crear una organización eclesiástica, sino simplemente en determinar los mejores medios providenciales que pudieran ser eficaces en propagar la obra del avivamiento de la iglesia y la salvación de almas. Wesley y sus amigos no parecían haberse dado cuenta exacta de las proporciones que había de asumir su obra.

Sin embargo, el pasado proporcionaba grandes seguridades

[7]Carta cxcvii, tomo XII de *Works,* p. 238.
[8]Southey: *Life of Wesley,* cap. XVI.

de éxito para el porvenir. Después de cinco años que tenía apenas el avivamiento de haberse iniciado, los resultados obtenidos superaban en mucho a su expectación. Sus dos grandes ramas, formadas por divergencias en puntos doctrinales, rivalizaban en celo y actividad. Sin embargo, la rama de la que Wesley era el representante principal se adelantaba notablemente de la otra, gracias a su más perfecta organización. No existen estadísticas completas del metodismo en esa época. Hemos dicho que los predicadores ambulantes llegaban a cincuenta; que los miembros de las sociedades se contaban por millares. Solamente en Londres había 2.200. Las diversas regiones de Inglaterra propiamente dicha estaban ya en el radio de operaciones de Wesley y sus amigos, desde Newcastle, al norte, hasta el cabo de Land's End, la extremidad sur de Cornovalle. Londres, Brístol, Saint Ives y Newcastle eran por este tiempo los centros del movimiento; posteriormente se formó un nuevo centro en Wednesbury, situado en el corazón de Inglaterra.

No había faltado tenaz oposición a esta obra de avivamiento. El pueblo inglés demostraba con esta actitud que tenía gran necesidad de nueva evangelización. Su actitud no había amilanado a Wesley. En medio de estos salvajes motines exacerbados por la embriaguez y la exaltación de la cólera, él podía descubrir al verdadero pueblo inglés, fácilmente impresionable y ardiente en sus buenos impulsos tanto como en los que le conducían por las sendas del mal. Sin embargo, no era mediante la adulación como él buscaba dominar este carácter indómito, acostumbrado a arrollarlo todo a su paso, sin exceptuar el gobierno mismo, y seguir sus propios caprichos. El cambio que lentamente se operaba en los sentimientos populares no puede legítimamente atribuirse a ninguna otra cosa que no sea la fuerza moral de la obra. Si, después de haber sido despreciado y vilipendiado, llegó a ser, como predicador, querido y venerado por las masas, fue porque, con su palabra franca y atrevida, daba a conocer un corazón piadoso y lleno de amor. El pueblo, por frívolo e inconstante que sea en sus gustos, sabe hacer justicia, tarde o temprano, a los que le han amado y trabajan para su beneficio.

Wesley no hallaba fácil el dominar la malicia de sus adversarios que no podían alegar la ignorancia y los prejuicios de las turbas comunes. Los clérigos y los magistrados, como hemos visto, lejos de oponerse a los ímpetus del populacho, no tenían escrúpulos en provocarlos. Es uno de los espectáculos más lastimosos que contempla la historia de este triste siglo el ver rodar por el fango la

toga del magistrado y la sobrepelliz del ministro. El clero en particular, viendo en la actividad de Wesley un reproche a su pereza y
otro mayor a su indiferencia, no pudo contener sus ímpetus perversos. Más de una vez se vio a sus ministros al frente de un tumulto,
encabezando a sus ovejas en ataques dirigidos contra los metodistas
que se ocupaban en orar a Dios. "Excitaban al pueblo", decía Wesley,
"a que nos tratara como a personas que estuvieran fuera de la ley
y como a otros tantos perros rabiosos."[9]

El período del nacimiento del metodismo se terminó con
esta primera conferencia, en la que, con firmeza y modestia, fueron
enunciados sus principios. Nos ocuparemos del desenvolvimiento
sucesivo de esta obra, y nos bastará para hacerlo así el seguir el
hilo de la vida de Wesley, pues jamás obrero alguno se ha identificado
mejor con su obra.

[9]*Journal,* 10 de marzo de 1745.

TERCERA PARTE

ADELANTOS DE LA OBRA
(1744-1770)

CAPÍTULO PRIMERO

LUCHAS Y TRIUNFOS
(1744-1747)

Wesley predica en la Universidad de Oxford—Trabajos y peligros—Persecuciones en Cornovalle—Wesley en Falmouth—Numerosas agresiones—Buenas recepciones en el principado de Gales y en el norte—Hospeda a un sacerdote—Introducción del metodismo en Osmotherley—Bautismo de una cuáquera—El padre Adams—Trabajo de los colaboradores de Wesley—El metodismo en el ejército y en el campo de batalla—Batalla de Fontenoy—Desembarque del Pretendiente—Conducta patriótica de Wesley—Visita al suroeste en 1746—Viaje en invierno—Tetney—Newcastle—Leeds—Keighley—Haworth—Manchester—Wesley en Plymouth—Saint Agnes—Alteración del sentimiento popular en Cornovalle—Wesley combate a los antinomianos—Su entrevista con los profetas franceses—Nombramiento de fideicomisarios para sus capillas—Fundación de dispensarios—La medicina primitiva—Diáconos—Hospicio—Escuela—Sociedad de préstamos para obreros—Su fortuna—Se ocupa de sus predicadores—Sus relaciones con el disidente Doddridge—Carta de Whitefield—Fraternización entre las dos ramas del metodismo—Publicaciones de Wesley.

REANIMADO por la perspectiva que se le presentaba, Wesley se entregó nuevamente al trabajo con incansable celo. En agosto de 1744 fue llamado por turno riguroso a predicar ante la Universidad de Oxford en su calidad de agregado. Aprovechó esta ocasión para dirigirse a los dignatarios de la iglesia y exponer con calma y lucidez las doctrinas evangélicas y para hacerles entender, mediante exhortaciones respetuosas pero firmes, lo que concernía a sus deberes especiales. "Prediqué", escribía él en su diario, "por última vez, según yo creo, en la Iglesia de Santa María. Sea así. No tengo yo responsabilidad para estos hombres. He descargado completamente mi propia conciencia."[1] Este sermón disgustó profundamente a los jefes principales de la universidad y a un gran número de estudiantes. Los primeros no podían perdonarle el que les hubiera recordado los deberes que ellos descuidaban, y los segundos el que les hubiera reprochado sus frivolidades y sus vicios. Se resolvió que el púlpito de Santa María no se ofreciera más a Wesley, y en efecto, cuando volvió a llegar su turno, se le informó que ya había sido nombrado un sustituto.

Aun cuando sabía aprovechar las pocas oportunidades que se le presentaban para evangelizar a las clases superiores y más ilustradas de la sociedad, Wesley no olvidaba que su misión especial se reducía a ocuparse de los pequeñitos. Continuó sus viajes misioneros, que los rigores mismos del invierno no podían interrumpir. Más de una vez se vio su vida expuesta en caminos peligrosísimos, pues las abundantes nieves y los desbordantes ríos los hacían intransitables en invierno. Con frecuencia tenía que echar pie a tierra y estirar por la brida a su cabalgadura, que se resistía a caminar sobre el hielo por la poca firmeza y seguridad que ofrecía.

En febrero de 1745 hizo Wesley dos jornadas especialmente peligrosas. Ved cómo habla de una de ellas en su diario: "Muchas jornadas penosísimas había yo hecho antes, pero ninguna como ésta. Me vi expuesto constantemente al viento, al granizo, a la lluvia, al hielo, a la nieve, a la cellisca y al frío excesivo; pero todo pasó ya; esos días no volverán más y son como si nunca hubieran sido".[2]

Wesley tuvo abundantes compensaciones por estas fatigas en el éxito de su ministerio; además, estaba demasiado absorto en su grande obra para preocuparse de los pequeños contratiempos que indispensablemente la acompañarían. No se limitaba a predicar a las multitudes que a su paso se reunían: aprovechaba las más insignificantes ocasiones que se le ofrecían para trabajar a favor de la obra de

[1] *Journal*, 24 de agosto de 1744.
[2] *Journal*, 23 de febrero de 1745.

su Maestro. Cuando cabalgaba por los caminos de Inglaterra, sabía entrar en conversación con las personas que encontraba y conducirlas hábilmente a los asuntos religiosos. La amabilidad de su carácter, unida a un extraordinario talento para conversar, le hacían notable; su reputación, que ya se había extendido por todas partes, y la oposición que se le presentaba, despertaban siempre la curiosidad, y había personas que venían de lugares distantes para tener la satisfacción de verlo y oírlo hablar.

A fines del año de 1744, los metodistas de Cornovalle tuvieron que sufrir mucho. Afirmaba Wesley que "la guerra contra los metodistas se sostenía más vigorosamente que la guerra contra los españoles".[3] Uno de sus predicadores le escribía: "La palabra de Dios tiene aquí amplio curso; corre y es glorificada. Pero el diablo ruge terriblemente. Ni en Saint Ives podemos cerrar las puertas de la casa de Juan Nance para celebrar las reuniones de la sociedad sin que el populacho amenace forzarlas."[4] Estas amenazas se realizaron muy pronto: la capilla de Saint Ives fue demolida por el populacho, que deseaba celebrar así la victoria que el almirante Matthews alcanzó contra los españoles. Un predicador fue violentamente aprehendido y condenado a prisión como vagabundo, mientras que predicaba en Camborne, permaneciendo en la cárcel hasta reunirse la corte de lo criminal, que lo puso en libertad.

El instigador de tales persecuciones era el doctor Borlase, ministro distinguido por su ciencia, autor de una obra notable sobre las antigüedades de Cornovalle, pero anglicano fanático que capitaneaba al clero de su país en una persecución despiadada contra los metodistas. Allí fue en donde, el año siguiente, consiguió que se destinara a Maxfield al servicio de las armas y obtuvo también una orden contra el mismo Wesley. En efecto, éste fue arrestado allí en la visita que hizo a Cornovalle en 1745; pero tal prisionero no podía sino ser embarazoso a sus enemigos, quienes juzgaban muy difícil el hacer pasar por vago y no tener medios de subsistencia a un *clérigo* de porte tan distinguido. Se le puso en libertad; pero el mismo día, estando en Gwennap, un magistrado fanático lo interrumpió cuando predicaba al aire libre, gritando repetidas veces: "¡Aprehendedle, aprehendedle! ¡Aprehended al ministro para destinarlo al servicio de Su Majestad!" Como no hubiera persona dispuesta a obedecer su orden, tomó personalmente al predicador

---

[3] *Works,* tomo XIII, p. 316.
[4] *Idem.*

por el brazo y lo hizo prisionero; pero, después de reflexionar un poco, le dejó ir.[5]

El día siguiente, en Falmouth, Wesley tuvo que habérselas, no con un magistrado indeciso, sino con un populacho furioso. Estaba él de visita en casa de una señora cuando el pueblo, amotinado por su odio contra los noveles predicadores, rodeó la casa y estableció un sitio formal, ensordeciendo con sus gritos salvajes. La señora de la casa y su hija trataron en vano de apaciguarlos, y buscando su propia conservación, se escaparon, dejando a Wesley solo con una criada para que se las entendieran con los amotinados, que gritaban: "¡Que salgan los metodistas! ¿En dónde están los metodistas?" Resueltos a forzar la puerta de entrada, penetraron a la casa con la resolución de sacar al predicador vivo o muerto. Este no estaba separado de ellos más que por un pequeño tabique de madera que cedería al primer choque; su sangre fría no le abandonó ni un momento; observando que en dicha pared estaba suspendido un espejo, se puso a descolgarlo para evitar que se hiciera pedazos al echarse encima los asaltantes. La pobre sirvienta que estaba con él, al oír las imprecaciones y las amenazas, se le acercó temblando y le dijo:

—¡Ay, señor! ¿qué vamos a hacer?

—Debemos orar—respondió él con calma, y realmente en aquellos momentos nadie osaría responder por sus vidas por una sola hora. La sirvienta le ruega que se oculte en un ropero, a lo que él contesta:

—No, aquí está mi lugar; no me moveré de aquí.

Entre los amotinados se hallaban unos marineros, que, haciendo esfuerzos con sus robustos hombros, forzaron fácilmente la puerta. Wesley avanzó con calma ante la multitud que se precipitaba hacia el interior, gritando en son de triunfo; la miró de frente y dijo con voz alta y firme: "Aquí estoy; ¿quién de vosotros tiene algo que decirme? ¿a quién le he hecho mal alguno?" "¿Es a vos?" le dijo a uno que se acercaba; "¿o a vos?" continuó, dirigiéndose a otro. Desconcertados por tanta serenidad, se replegaron para abrirle paso. Llegó a la calle, y en medio de una turba en que se agitaban espíritus hostiles se detuvo, y con la cabeza descubierta para que todos pudieran verle, fijó en ellos sus ojos con tranquila mirada, y con una voz vibrante de emoción y de amor, les dijo: "Amigos míos, compatriotas, ¿queréis permitirme hablar?" La

---

[5] *Journal,* 3 de julio de 1745.

vista de este hombre les desarmó, y a pesar de su fuerza, habiendo cambiado completamente la actitud de todos, no se escuchó más que una sola voz que decía: "¡Sí, sí, hablad, hablad; nadie se lo impedirá!" Y el intrépido misionero aprovechó la oportunidad para hablar a los amotinados acerca de su salvación y del perdón de Dios. Un benévolo pastor anglicano intervino, y siguiendo su ejemplo, algunas otras personas distinguidas de la población, después de que él había comenzado a hablar, consiguieron que el motín se disolviera sin ulteriores molestias.

Mientras proseguía su jornada por Cornovalle, Wesley trabajaba levantando el espíritu de las sociedades, un tanto resfriado por la oposición. Algunas estaban sufriendo una verdadera consternación; supo él aquí que algunos ecónomos de la iglesia y algunos condestables se preparaban para echarle manos con toda violencia;[6] una multitud de operarios ebrios se preparaba para hacer desórdenes entre los concurrentes que tomaban parte en el culto. "Trabajé", dice Wesley, "para disipar sus temores; pero el miedo no presta oídos, y muchos se alejaron. Los hechos vinieron a demostrar que tales alarmas eran infundadas y eran verdaderos artificios de Satanás para evitar que la gente oyera la palabra de Dios."[7] En Tolcarn tuvo que sostener otro asalto del populacho que se le echó encima durante una reunión que se celebraba al aire libre. Parado sobre una pared, Wesley logró por algún tiempo imponerse con su voz y con su mímica; pero fue derribado y obligado a interrumpir el servicio, contándose afortunado con haber salido ileso.[8] En Stithians, mientras predicaba, los agentes de la autoridad, tal vez con la intención de hacer un escarmiento, arrestaron a uno de los oyentes y lo destinaron al servicio de las armas.[9] Uno de los miembros de la sociedad de Trevint fue desterrado de la localidad; pero esta medida sólo sirvió para propagar la obra del avivamiento, que este humilde cristiano difundía con fidelidad en dondequiera que iba. Era tal el éxito que obtenía en los lugares en que estaba que Wesley pudo decir: "No recuerdo el que se haya verificado jamás un despertamiento tan grande en Cornovalle, en tan corto tiempo, entre jóvenes y ancianos, ricos y pobres, desde Trevint hasta las playas mismas."[10]

[6]*Journal*, 5 de julio de 1745.
[7]*Journal*, 6 de julio de 1745.
[8]*Idem*, 7 de julio de 1745.
[9]*Idem*, 14 de julio de 1745.
[10]*Journal*, 15 de julio de 1745.

Atravesando el estrecho de Brístol, Wesley pasó al principado de Gales, en donde halló escenas muy diferentes. "Estábamos aquí, como si dijéramos, en un nuevo mundo, con toda paz, con honores y en abundancia. ¡Qué pronto me fundiría yo a los rayos de este sol! Pero la bondad de Dios no lo permitirá".[11] En esta época, en efecto, el principado de Gales era, entre todas las partes del Reino Unido, en donde el avivamiento había encontrado más simpatías y menos oposición.

También en el norte, a donde Wesley hizo dos viajes en 1745, fue en lo general bien acogido, aun por las clases elevadas de la sociedad.

Escribía a su hermano en los siguientes términos: "Ya era tiempo de que yo les cediera el terreno en Newcastle y que emprendiera la fuga para salvar mi vida. Cada día crecía yo en honores; ricos y grandes se aglomeraban a nuestro derredor de tal modo que algunas veces no bastaba la sala para contenerlos. Actualmente la iniquidad ha callado, y aun parece de moda el hablar bien de nosotros. Y según todas las apariencias, si yo hubiera permanecido un mes más, el alcalde y el consejal se hubieran unido con nosotros."[12]

Durante este viaje a Newcastle, entró en relaciones con un piadoso sacerdote en circunstancias que merecen ser consignadas. Este hombre, llamado Adams, estaba a la cabeza de una pequeña comunidad de católicos establecida en la villa de Osmotherley, a unas veinte leguas al sur de Newcastle. Aunque sacerdote, era de espíritu liberal, deseaba estudiar detenidamente el metodismo y con tal fin hizo una visita a Wesley. Este, sin preocuparse de los comentarios que su conducta podía provocar, lo recibió y hospedó en su misma casa, dándole todos los informes que deseaba. Uno de los resultados de esta entrevista fue una amistad duradera entre Adams y Wesley, como veremos después, y la fundación de trabajos metodistas en Osmotherley.

Una semana después de esta visita, el lunes de pascua, Wesley partió para Londres. A las cuatro y media de la mañana se despidió de sus amigos de Newcastle, predicando por última vez a un auditorio numeroso, entre los que se contaban personas ricas y cultas. Después de los servicios, montó a caballo y emprendió su viaje, llegando como a las ocho a Chester-le-Street, en donde predicó al aire libre a una numerosa y pacífica concurrencia. Después continuó su

---

[11]*Idem*, 19 de julio de 1745.
[12]Carta del 23 de abril de 1745. (*Works*, tomo XII, p. 111).

camino, predicando nuevamente en la tarde en una posada de North Allerton, en donde encontró "una gente noble que recibió su palabra con toda buena voluntad".[13] El sacerdote Adams y algunos de sus vecinos habían venido a escuchar a Wesley, habiéndole suplicado que les hiciera una visita. Wesley aceptó la invitación, montó nuevamente a caballo y llegó a Osmotherley, después de haber viajado más de cincuenta millas y predicado tres veces durante el día. A tales horas, en aquella villa montañesa, todos estaban ya acostados; pero el sacerdote y sus amigos fueron de puerta en puerta anunciando la reunión, y una hora más tarde Wesley predicaba su cuarto sermón del día en una antigua capilla de franciscanos. Fue después de las doce de la noche cuando se recogió a descansar en la casa de su nuevo amigo el sacerdote, y nos dice él que, "por el favor de Dios, no sentía ningún cansancio".

El día siguiente, a las cinco, predicó sobre la justificación por la fe a un gran auditorio, que, en su mayor parte, no se había acostado durante la noche, temeroso de no levantarse a tiempo de escucharle en la mañana. Después del servicio, una señora cuáquera que, según los principios de su secta, no había sido bautizada, le preguntó bruscamente:

—¿Crees tú que el bautismo de agua sea una ordenanza de Cristo?

Wesley le respondió:

—¿Qué dice Pedro? "¿Puede alguno impedir el agua para que no sean bautizados estos que han recibido el Espíritu Santo también como nosotros?"

Wesley añade: "Yo le dije muy pocas palabras más; pero ella me interrumpió diciendo:

—¡Basta! ¡yo deseo ser bautizada!

Y en aquella misma hora le fue administrado el bautismo".[14]

El metodismo, introducido en aquella aldea en medio de circunstancias tan extrañas, se estableció allí definitivamente. Fundóse una sociedad, y en 1754 se erigió una capilla, que permaneció en uso ciento once años, siendo reemplazada en 1865 por un edificio

---

[13] *Works*, tomo XII, p. 111.

[14] *Journal*, 16 de abril de 1745. Esta cuáquera se llamaba Elizabeth Tyerman y era nieta del Rev. Lucas Tyerman, natural de Osmotherley, biógrafo erudito y minucioso de Wesley, de Whitefield y de Fletcher. Nos dice él que escuchando las reminiscencias de una anciana religiosa que había conocido a Wesley fue como llegó a tener tal pasión por la historia del metodismo, que le condujo a hacer interesantes descubrimientos en un campo que por mucho tiempo había sido explorado.

más elegante. Wesley se complacía en detenerse en esta localidad, aunque estaba desviada algunas millas del camino entre Londres y Newcastle, y era de difícil acceso. Allí se hospedaba frecuentemente en la casa de su antiguo amigo, el sacerdote católico. Cuando le visitó el año de 1776, lo halló "con un pie en la tumba", y en su próximo viaje escribe: "Encontré que mi antiguo amigo acababa de morir, después de haber llevado por cerca de cincuenta años una vida de reclusión. Supe por una persona que lo asistió hasta el último momento que el aguijón de la muerte había sido ineficaz para él, y que había entregado tranquilamente su alma a Dios."[15]

Mientras iba de regreso para Londres, predicó en los principales lugares situados sobre el camino. En Sheffield anunció el evangelio a un auditorio numeroso y atento, sobre el terreno donde había estado la capilla metodista "que un motín de buenos protestantes había demolido recientemente". Mientras hablaba en Birmingham, "por todas partes volaban fragmentos de piedra y lodo".[16]

Mientras él proseguía así su obra en los principales condados de la Gran Bretaña, sus colaboradores le secundaban activamente en medio de sufrimientos y de luchas que no podemos relatar aquí. Su hermano se destacaba siempre en primera línea, y nadie se adelantaba en la lucha con más entusiasmo que él. La batalla era encarnizada en varios lugares simultáneamente, y cada soldado cumplía heroicamente con su deber. Wesley era el alma de este gran movimiento, reanimando a sus hermanos con intrepidez y dándoles ejemplo de una consagración sin reservas.

La obra del avivamiento respondía a las grandes necesidades de la época de una manera tan brillante que parecía brotar espontáneamente por diversos lugares; Wesley con frecuencia se informaba, con gran sorpresa, del éxito que obtenían obreros devotos y modestos de cuyas labores no había tenido él noticias. Así fue como por esta época el metodismo hizo su aparición en el ejército inglés estacionado entonces en el continente. La guerra de la sucesión de Austria acababa de estallar; Inglaterra había tomado las armas a favor de María Teresa, y Francia en contra. Los dos ejércitos contendientes se encontraban en Flandes. Entre las tropas inglesas había algunos soldados que habían escuchado la predicación metodista en Inglaterra y en quienes produjo ésta buenos frutos. Los peligros de la guerra habían sazonado la piedad, y mediante su celo

---

[15]*Journal,* 8 de mayo de 1777.
[16]*Idem,* 5 de mayo de 1745.

cristiano numerosos compañeros habían sido conquistados. Los nombres de algunos de esos piadosos soldados deben pasar a la posteridad. Juan Evans, Juan Haime, Sansón Staniforth y Marcos Bond eran los jefes principales de ese notable movimiento que apareció en el ejército de Flandes. Ellos emprendieron una obra de evangelización que produjo óptimos frutos. Numerosas conversiones se verificaban en todos los regimientos, y los nuevos convertidos se agrupaban en sociedades para edificarse mutuamente; su número pronto se elevó a más de trescientos. Siete de estos soldados, que eran los más instruidos y los más piadosos, se convirtieron en predicadores de los demás. Juan Haime predicaba frecuentemente cinco veces al día en diversas partes del campamento, con el permiso de sus jefes, que lo eximían de sus deberes militares, mostrándose generalmente partidarios de su obra. Amplias tiendas fueron algunas veces puestas a disposición de los soldados piadosos para que en ellas celebraran sus cultos. En Bruges el general permitió a Haime que predicara todos los días en la iglesia anglicana. Los soldados metodistas entraban a las filas, cuando estaban en servicio, edificando a todos con su conducta ejemplar y sus alegres cantos. Otro lugar de culto fue también abierto en Gante.

El 11 de mayo de 1745, en la batalla de Fontenoy, los soldados metodistas mostraron a sus camaradas que los cristianos saben cumplir con su deber y morir con honor. Cuatro predicadores y un gran número de miembros de la sociedad quedaron tendidos sobre el campo de batalla. "Voy a reposar en el seno de Jesús", decía un herido a sus compañeros. "¡Ven, Señor Jesús, ven presto!" murmuraba otro al exhalar el último suspiro. A Juan Evans le cortó las dos piernas una bala de cañón; fue colocado sobre una cureña para dejarlo morir, y mientras pudo hablar no cesó de alabar a Dios y de exhortar a todos los que le rodeaban.

De este modo, penetrando al campo de batalla, el metodismo continuaba fiel a su misión providencial como lo había hecho al ocuparse de los mineros de Kingswood y de Newcastle. Bien se ve que Dios apelaba a sus adherentes para anunciar el evangelio a los que los demás dejaban en abandono.

Aunque un gran número de soldados metodistas perdieron la vida en los campos de Flandes, otros regresaron a Inglaterra y se unieron a las sociedades de Wesley; y algunos hasta llegaron a darse de alta en las filas del ministerio ambulante. El mismo Wesley manifestó vivo interés por este movimiento y mantuvo una activa correspondencia con muchos de estos piadosos soldados. El gozo que le proporcionaban sus cartas era a la vez el del misionero y el patriota.

Su patriotismo era muy ardiente, y las circunstancias no tardaron en darlo a conocer. Cuando corría el año de 1745, la Gran Bretaña fue presa de violenta agitación por haber desembarcado en Escocia el pretendiente Carlos Eduardo. Sus ejércitos obtuvieron de pronto algunos triunfos; se posesionaron de Edimburgo y desde allí amenazaron al norte de Inglaterra. Wesley comprendía que el triunfo del Pretendiente, si llegase a ser posible, significaría el del papismo, constituyendo una amenaza para las libertades de su patria. Aprontó él toda su influencia, poniéndola al servicio de la causa que personificaba las aspiraciones nacionales. Desde que le llegó la noticia del desembarque, se dirigió a Newcastle, que por su posición septentrional estaba expuesta a los mayores peligros. Tan pronto como llegó, escribió una carta al alcalde de la ciudad, protestándole su fidelidad al Soberano. Poco tiempo después, se ofreció para predicar a los soldados de la guarnición, entre los cuales estaban enteramente descuidados los deberes religiosos, predicando muchas veces a las tropas al aire libre. Estos trabajos no fueron infructuosos, y las tentativas fracasadas del Pretendiente, si ningún cambio verificaron en la situación política de Inglaterra, cuando menos contribuyeron al despertamiento de muchas almas que hasta entonces habían sido indiferentes en asuntos religiosos.

Durante el estío de 1746, Wesley visitó el suroeste de Inglaterra. El principado de Gales le hizo una cordial recepción, y Cornovalle, que el año precedente lo había sometido a tan duras pruebas pareció esforzarse por hacerle olvidarlas; ni una sola vez fue molestado por el populacho, y tuvo el placer de contemplar a muchos de sus perseguidores convertidos al evangelio. Las sociedades se organizaban en todas partes sobre sólidas bases, observándose síntomas que anunciaban al misionero que el éxito alcanzado en esta población minera no sería efímero.

A la entrada del invierno, sin preocuparse por los rigores de la estación, salió nuevamente para los condados del norte, donde tendría mucho que sufrir. Cuando llegaron a Hatfield, tanto su compañero de camino como él estaban completamente ateridos por el frío. Después de descansar una hora, partieron de nuevo, en medio de una tempestad de nieve que les impedía la vista y la respiración. El día siguiente, la jornada fue todavía peor: la nieve, arrastrada por un fuerte viento, penetraba por entre sus abrigos y calzados y llegaba hasta cegarlos. El tercer día, el dueño de la posada en donde pasaron la noche les dijo que los caminos, cubiertos por la nieve, eran intransitables. "¡Bah!" respondió Wesley, "podremos hacer jornadas de veinte millas a pie, estirando los caballos por la brida"; y así lo hicieron: continuaron su viaje con tiempo tan contrario, empleando las noches en predicar en los lugares en donde llegaban.[17]

Wesley tuvo una recompensa excelente por todos estos trabajos en los adelantos que halló en las sociedades visitadas a su paso. "En Tetney", escribía él en su diario, "inspeccioné la pequeña sociedad. No había visto yo otra semejante en Inglaterra. En la lista de clase (que da a conocer las contribuciones para los pobres) observé que uno había dado seis peniques y con frecuencia ocho peniques a la semana (ochenta centésimos de peseta); otros, trece, quince o dieciocho peniques (una peseta treinta céntimos, una peseta cincuenta céntimos y una peseta ochenta céntimos); otros, unas veces uno y otras veces dos chelines (una peseta veinticinco céntimos y dos pesetas cincuenta céntimos). Pregunté al director, que era un israelita en el cual no había engaño:

—¿Qué queréis decir con esto? ¿sois vosotros la sociedad más rica de Inglaterra?

—No lo creo así—respondió él—pero todos nosotros, los que no tenemos familias, hemos resuelto entregarnos en persona, con todo lo que tenemos, al Señor, y lo hacemos con todo gozo."[18]

Con tales adherentes, el metodismo podía sin temores confrontar el porvenir; su causa estaba ganada.

Wesley halló las diversas sociedades del norte en un estado próspero, en lo general. En Newcastle, al mismo tiempo que reinaba la mejor armonía entre todos los miembros, vio con gozo que la predicación era altamente apreciada por personas ajenas a los círculos que formaban las congregaciones ordinarias, y que los prejuicios disminuían en el seno de las clases elevadas. Visitó nuevos lugares, y con su predicación fundó una obra duradera, poniéndola en manos de sus predicadores ambulantes, cuyo número aumentaba constantemente. Uno de éstos, Juan Nelson, a quien visitó durante este viaje, se distinguía por su heroísmo cristiano y por el gran éxito de su ministerio. Acababa de escaparse de un modo milagroso de un asalto que había sufrido en York por el populacho fanático, que lo apedreó hasta dejarlo como muerto,

[17]*Journal*, 16 al 18 de febrero de 1747.
[18]*Journal*, 24 de febrero de 1747.

tirado en el suelo, regado con su sangre. Wesley reanimó a su valiente hermano, y después de una corta entrevista con él, continuó su viaje a través de los condados del norte. En Leeds, en donde Nelson había introducido el metodismo, la predicación de Wesley despertó gran interés y atrajo numerosos oyentes. En Keighley, en donde había organizado en uno de sus viajes anteriores una sociedad con diez miembros, encontró que ya contaba con doscientos. Visitó también una parroquia rural, Haworth, en donde el ministro, Guillermo Grimshaw, recientemente convertido por un predicador metodista, había llegado a ser uno de sus colaboradores más adictos. En Manchester predicó al aire libre a millares de personas, y al fin del servicio fue interrumpido por algunas personas que lo amenazaban con traer una bomba para incendios y hacerla funcionar contra el predicador, si persistía en su obra, hasta disolver de este modo la asamblea.

Este pequeño incidente adverso fue el único que encontró Wesley durante este viaje de evangelización por el norte. El sentimiento público había sufrido grandes modificaciones, inclinándose generalmente a su favor. Las tentativas de desorden eran sofocadas fácilmente, y no pocas veces por los mismos que habían intentado provocarlas. Tal fue la experiencia de Wesley en el suroeste, a donde hizo otra visita en el estío de 1747.

Un grupo de obreros se concertaron para interrumpir su predicación en Plymouth; llevaban consigo sendos tambores para ahogar la voz del predicador. Este se había retirado pacíficamente, esperando un momento propicio para continuar su culto interrumpido; pero no era esto lo que deseaban los amotinados, que se proponían jugarle una mala partida. Rodeado por una multitud de hombres que nada bueno prometían por su aspecto, Wesley no tenía medio de escape. Agotados sus recursos, nunca perdía su sangre fría; se encaminó directamente hacia un gigante de casi dos metros de altura que capitaneaba el desorden, dándole la mano con la mayor calma. Subyugado por esta actitud y halagado en su amor propio, este hombre se detuvo un momento y dijo al predicador: "Señor, yo veré que usted llegue salvo a su casa; nadie se atreverá a tocarlo. ¡Señores, retírense, abran paso! derribaré de un bofetón al primero que se atreva a tocar a este caballero." Sin que le zumbaran los oídos por lo que acababa de oír y acompañado de su extraño guía, el misionero pudo regresar a su domicilio.[19]

---

[19] *Journal*, 27 de junio de 1747.

En Saint Agnes el populacho le arrojó lodo y una lluvia de terrones. Pero un hombre que llevaba los bolsillos repletos de piedras para arrojarlas contra el predicador fue sorprendido cuando le escuchó anunciar por texto estas palabras: "El que de vosotros esté sin pecado arroje contra ella la primera piedra". Esta coincidencia era tan extraña y la exhortación fue tan viva que modificaron completamente sus intenciones; tiró todas sus piedras una por una y se resolvió a escuchar atentamente todo cuanto se decía.

Este viaje por los condados del suroeste fue sumamente halagador para Wesley. "¡Cómo ha cambiado todo en Cornovalle!" escribía él; "Esta es ahora una estación pacífica y aun honorable. Por todas partes se nos dirigen corteses expresiones. ¿Qué hemos hecho nosotros para que el mundo nos trate con tanta cortesía?"[20] Y poco después escribía:

"Ahora podemos decir que hasta en el último rincón del condado se nos presenta una gran oportunidad. Ha habido aquí un gran cambio en los últimos dos años como apenas se ha visto en ningún otro lugar de Inglaterra. A dondequiera que íbamos, teníamos que llevar la vida en la mano; pero ahora no hay un perro que nos ladre. Muchos ministros están plenamente convencidos de la verdad; pocos son los que permanecen como enemigos acérrimos; la mayor parte se conserva neutral. Algunos de los caballeros (así llamados) son casi los únicos opositores de hoy; son caballeros que toman, andan de parranda, maldicen y blasfeman, que ni entran al reino de los cielos ni dejan que otros entren, si pueden evitarlo. Los más exaltados jacobinos de entre ellos están continuamente clamando que favorecemos el regreso del Pretendiente, y muchos de estos dignos señores son empleados por Su Majestad como jueces de paz."[21]

El éxito con que Dios había coronado sus esfuerzos no podía sino animar a Wesley para acometer nuevas empresas. Apenas había regresado de estos viajes, en donde tanto placer experimentara, cuando organizó una expedición misionera que le prometía grandes sufrimientos, pero que a los ojos de la fe le brindaba la perspectiva de nuevos triunfos. Pero hemos de reservar para un capítulo especial esta misión a Irlanda, restándonos sólo formar un resumen de los trabajos pastorales, filantrópicos y literarios correspondientes al período del que acabamos de hablar.

[20] *Journal*, 30 de junio de 1747.
[21] *Works*, tomo XII, p. 167.

Su actividad pastoral no era menos notable que su actividad misionera. En este tiempo de efervescencia religiosa no podía ejercerse sin sufrir ciertas dificultades especiales. Como todo gran avivamiento, como toda reforma, la obra del siglo XVIII produjo un semillero de parásitos de ideas aventuradas y especulativas. Había almas que estaban prontas a someterse a la influencia de doctrinas peligrosas que tendieran a sustituir el quietismo, fatal para las luchas sagradas de la fe. Era preciso combinar la firmeza con la prudencia para combatir eficazmente tales tendencias. Wesley no vaciló en usar la autoridad que le reconocían las sociedades para excluir a los miembros que con su conducta deshonraban el evangelio. Esto fue lo que hizo en 1746 en Nottingham, en Birmingham y en Wednesbury.[22] En esta última ciudad, en donde la persecución había sido tan fuerte, "los maestros antinomianos", decía él, "habían trabajado mucho para acabar con esta pobre gente". Un tal Esteban Timmins, so pretexto de libertad cristiana, proclamaba la emancipación de los cristianos de toda clase de ley. "Me preguntaba yo", decía Wesley, "si el orgullo no le habría vuelto loco." En Birmingham, otro sectario más exaltado aún había introducido dificultades en la sociedad. Una conversación sostenida con él podrá dar idea de los peligrosos credos que él propagaba.

—¿Cree usted—le preguntaba Wesley—que no tiene que hacer nada con la ley de Dios?

—Así lo creo—respondía él—no estoy bajo la ley, sino que vivo por la fe.

—¿Tiene usted derecho, viviendo por la fe, a todo cuanto existe en el mundo?

—Sí, señor, todo es mío porque Cristo es mío.

—¿Puede usted en consecuencia, apropiarse cuanto vea en cualquiera parte, lo que se halle en una tienda, por ejemplo, sin el consentimiento de su dueño?

—Sí puedo, si quisiera, porque me pertenece; pero no lo hago por no ofender a los demás.

—¿Tiene usted derechos sobre todas las mujeres del mundo?

—Los tengo, si ellas prestan su consentimiento.

—¿Y no constituye eso un pecado?

—Sí, para los que creen que es pecado; pero no para los que viven en libertad.

"Indudablemente", concluye Wesley, "tales gentes son los

[22] *Journal,* 21 y 22 de marzo de 1746.

primogénitos de Satanás."[23] Bien se comprende que él tenía razón al combatir estas monstruosas doctrinas con el mismo celo que desplegaba San Pablo para desenmascarar a los falsos apóstoles de su tiempo. Una de estas sociedades tuvo que perder más de la mitad de sus miembros al aplicar estrictamente la disciplina. En otra se produjo un cisma momentáneo que arrastró consigo casi a la totalidad de los miembros. Hasta uno de los predicadores le abandonó para hacer causa común con los sectarios.

Wesley tenía también que combatir con los iluminados, a quienes no amaba más que a los antinomianos. Acostumbraba tratarlos según las recomendaciones de la Escritura: "Responde al necio según su necedad." Ya para 1739 había conocido a los "profetas franceses", como se titulaban los últimos restos de los sectarios de Camisard, que trataron de perpetuarse en Londres, en donde se habían refugiado, causando alguna excitación, a principios del siglo XVIII. Entrevistó a una joven y la escuchó profetizar en lenguaje bíblico, no vacilando en declarar que se trataba de un fenómeno artificial de histerismo.[24] Por algún tiempo parecía que el avivamiento se inclinaba de ese lado, pues se veían ciertos espíritus inclinados espontáneamente a la falacia de la iluminación. Wesley fue un día visitado por dos profetas que tenían, según su decir, un mensaje divino que comunicarle. Le anunciaron que no tardaría en nacer de nuevo y que habían recibido orden de permanecer allí hasta que tal cosa se verificara, a menos que él los obligara a retirarse. El les respondió con toda gravedad: "Yo no echaré a ustedes fuera", y los condujo a una pieza interior, en donde les detuvo hasta la tarde. Como hacía bastante frío y no tenían qué comer, se decidieron a retirarse silenciosamente, y Wesley no volvió a saber nada de ellos.[25] Refiriéndose a otro profeta, en 1746, que pretendía tener el don de lenguas y que fracasó en sus tentativas de hablar en latín, decía Wesley que "mostraba claramente que no sabía cuál era su vocación".[26]

Era una verdadera fortuna el que el avivamiento tuviera a la cabeza un hombre dotado de tanta paciencia, de tanto sentido común y voluntad tan enérgica, capaz, en una palabra, de evitar los peligros que de tales aberraciones hubieran surgido para el metodismo.

[23] Journal, 23 de marzo de 1746.
[24] Works, tomo I, p. 173.
[25] Journal, 3 de noviembre de 1742.
[26] Idem, 22 de abril de 1746.

La dirección de las sociedades daba a Wesley otras muchas labores. Se requería todo su talento organizador para crear las pequeñas partes de aquel gran mecanismo eclesiástico. En capítulo especial trataremos las deliberaciones de las conferencias anuales; pero conviene insertar aquí ciertos detalles de organización. En 1746 Wesley traspasó los bienes inmuebles y las capillas a fideicomisarios, escogidos entre los miembros de las sociedades. El mismo año, preocupado por atender a las enfermedades de los pobres que no tenían recursos para pagar medicinas, abrió dispensarios en Londres y Brístol, en donde distribuía medicinas gratuitamente a los pobres y en donde él mismo, ayudado por un farmacéutico y un cirujano, daba consultas y recetaba. Siempre había tenido gusto especial por la ciencia médica y aun había dedicado un corto tiempo a su estudio antes de salir para Georgia. Lo emprendió nuevamente, llevado por el deseo de proporcionar algún alivio a los que padecían enfermedades comunes y poco complicadas.[27]

El año siguiente reorganizó el diaconado de la sociedad de Londres, dándole un reglamento que tenía por fin hacerlo más eficaz en el alivio de los pobres. Por esta época y durante algún tiempo, los fondos reunidos en Londres en las clases se empleaban únicamente en limosnas. Fue mucho tiempo después cuando vinieron a constituir la fuente principal del salario de los predicadores.[28]

Otras instituciones de beneficencia se fueron agrupando poco a poco al derredor de la capilla de la Fundición. Wesley tomó en arrendamiento dos pequeñas casas que fueron usadas como albergue para viudas pobres que carecían de medios de subsistencia. En 1748 escribía él: "En esta casa de pobres (como él la llamaba frecuentemente) tenemos actualmente cuatro viudas, una mujer ciega, dos niños pobres y dos sirvientes, un hombre y una mujer. Bien podría añadir cuatro o cinco predicadores, porque yo mismo, así como otros de la ciudad, comemos con los pobres la misma clase de alimentos y en las mismas mesas; y en ello nos regocijamos, consi-

[27]El año siguiente Wesley publicó su *Primitive physic* (Medicina primitiva), obra que ha alcanzado, después de la muerte de su autor, su vigesimatercera edición y de la cual apareció una traducción en francés de 1772 con este título: *Medicina primitiva, o recolección de remedios para uso de la gente del campo, ya sean ricos o pobres,* traducida de la obra inglesa de Wesley, decimatercera edición (Lyon, Jean-Marie Bruyset, MDCCLXXII). La ciencia médica del fundador del metodismo, según aparece en esta obra, está muy atrasada en comparación con la de nuestros días, y muchos de los remedios que indica nos causarían risa. Pero debe recordarse que el arte de curar estaba entonces en su infancia.

[28]Moore: *Life of Wesley,* tomo II, p. 108.

derándolo como un anuncio consolador de nuestra comunión al comer pan en el reino de nuestro Padre."[29]

Una escuela había sido también fundada que contaba ya con sesenta niños, a quienes se impartía la instrucción elemental, gratuitamente en su mayor parte. Se les sometía a una severa disciplina, no teniendo más días de asueto que el domingo y obligándoseles a asistir diariamente a la predicación de las cinco de la mañana.

A estas obras de beneficencia debemos añadir una sociedad de préstamos fundada por Wesley. Comenzó con un modesto capital de 1.250 pesetas, suscrito entre sus amigos, y el que pronto se elevó a más de 3.000 pesetas. Los administradores de estos fondos deberían prestarlo en pequeñas cantidades a los que estuvieran necesitados de dinero, cantidades que al principio no debían pasar de 25 pesetas, que los favorecidos deberían volver en el término de tres meses. "Parece increíble", decía Wesley, "pero, según aparece por las cuentas, con tan pequeña suma, doscientas cincuenta personas han sido auxiliadas durante el término de un año. ¿No moverá Dios el corazón de algún filántropo para que aumente este pequeño capital? Si esto no es 'prestar al Señor', ¿qué es, entonces?"[30]

Hacia mediados del siglo XVIII, Wesley había fundado una de esas pequeñas sociedades de préstamo para obreros de las que tanto se habla en nuestros días. Tuvo la satisfacción de ver demostrada de diferentes modos la utilidad que prestan: centenares de familias pobres fueron puestas en aptitudes de mejorar su condición y algunas hasta de colocarse en vías de mejorar de fortuna. Tal aconteció con Lackington, que no era sino un pobre zapatero viejo sin trabajo, por el año de 1774, y que con la ayuda de la casa de préstamos pudo principiar un modesto comercio de libros, que dieciocho años más tarde había alcanzado tal importancia que sus ventas anuales eran no menores de cien mil volúmenes, dejando utilidades a su propietario por valor de 125.000 pesetas anuales.

Al ver a Wesley organizar tan diversas obras, sus enemigos pretendían que ya había acumulado una inmensa fortuna y que sus sociedades le proporcionaban ricas entradas. La verdad es que no tenía ningún otro emolumento que su ayudantía en Oxford y las utilidades que obtenía de la venta de sus publicaciones. En cuanto al dinero de las sociedades, tenía como principio el no tocarlo.

[29] *Works*, tomo VIII, p. 256.
[30] *Works*, tomo VIII, p. 267.

"Toda cantidad que se contribuye o se colecta en cualquier lugar", decía él, "es recibida y gastada por otros, no quedándome a mí ni el verla con mis propios ojos".[31]

Wesley se preocupaba vivamente por el desenvolvimiento intelectual de sus ayudantes laicos a quienes había llamado en su auxilio. No sólo les exhortaba siempre para que se entregaran al estudio, sino que cuando le era posible reunía el mayor número de ellos para impartirles alguna instrucción. "Durante esta semana", escribía durante un viaje a Newcastle, "estudié, en compañía de algunos jóvenes, un compendio de retórica y otro de ética. Yo no veo porqué un hombre de inteligencia mediana no puede aprender en seis meses más buena filosofía que la que se aprende en Oxford en cuatro y algunas veces en siete años".[32] Deseando preparar un curso de estudios para sus predicadores, consultó a Doddridge, director del Seminario Teológico de Northampton, quien le contestó dándole una lista detallada de todas las obras de texto referentes a las diversas ramas de la teología.

Estas relaciones, que fueron siempre cordiales y afectuosas, con el disidente más notable de la época, bastan para demostrar que los prejuicios anglicanos de Wesley, si no se habían disipado completamente, habían disminuido de un modo notable. No era solamente a los no conformistas propiamente dichos a quienes Wesley extendía su mano fraternal. También había estrechado sus relaciones con los amigos de Whitefield. Este se hallaba en América, visitando las iglesias y llevando por todas partes el fuego del avivamiento. Las cartas que se cambiaban estos dos antiguos amigos fueron desde entonces afectuosas e íntimas. He aquí una carta escrita por Whitefield en octubre de 1746:

"El afecto que siempre he sentido hacia usted y su hermano es hoy tan grande como siempre, y confío que demos a esta generación y a las futuras un buen ejemplo de verdadero amor cristiano a pesar de las diferencias de opinión. El tiempo se encargará de descubrir porqué permitió el Señor el que tuviésemos ideas divergentes. He tenido el placer de leer la continuación de vuestro llamamiento, y ruego a Dios que haga efectiva la labor de vuestra pluma y de vuestros labios. He hallado que el antinomianismo ha estado apareciendo en diversos lugares. Bendigo a Dios porque os habéis resuelto a combatirlo. Si me preguntáis cómo me hallo, os

[31] *Works*, tomo VIII, p. 268.
[32] *Journal*, 4 de marzo de 1747.

contestaré que muy feliz en Jesús el Señor, que es mi justicia. Si me preguntáis de qué me ocupo, os diré que ando a caza de pecadores por los bosques de América. Si me preguntáis qué resultados obtengo, puedo deciros que mis labores no han tenido jamás mejor aceptación y por mil quinientas millas a la redonda están las puertas abiertas de par en par a la predicación del eterno evangelio. En Maryland y Virginia la gente volaba para escuchar la palabra como vuelan las palomas a las ventanas del palomar. Las congregaciones son numerosas, y la obra continúa como principió y se desarrolló en Inglaterra."

Estos sentimientos fraternales no se extendían solamente de una ribera a otra del Atlántico entre los jefes de estas dos partes del metodismo. En Inglaterra, sus partidarios se estrechaban también: en enero de 1746 se verificó una conferencia en Brístol a la cual asistieron Howell Harris y once de sus predicadores por una parte; y Wesley, y cuatro de los suyos por la otra. El objeto de esta reunión era remover cuantos obstáculos se opusieran al amor fraternal que debería reinar entre las dos ramas del metodismo. Después de haber orado juntos, los miembros de la conferencia estudiaron un caso ocurrido en Neath, población del principado de Gales, en donde se creía que estaba para brotar un cisma en la sociedad como resultado de una predicación de Wesley. "No tengo el propósito", decía él allí, "de organizar una sociedad en Neath ni en ninguna otra ciudad del principado de Gales en donde ya exista alguna. Estoy resuelto, por el contrario, a hacer todo lo que de mí dependa para evitar divisiones de este género".

Por votación se resolvió lo siguiente:

"Hemos convenido todos que, si alguna vez predicásemos en las congregaciones de los demás, nos esforzaremos en robustecer y nunca en debilitar su organización, evitando toda clase de divisiones en las diversas sociedades, y que uno de los hermanos de la sociedad de Wesley acompañe a Harris a Plymouth y al occidente para arreglar las dificultades que allá se hubieren suscitado, insistiendo en que prevalezca el espíritu de amor, con los frutos correspondientes, entre todo el pueblo. Convenimos también que por ambas partes deberemos defender cuidadosamente el buen nombre de los demás."[33]

Si se recuerda la vivacidad de las luchas que cinco o seis años antes habían producido la separación, y la importancia que de una

---

[33] *Life and times of Howell Harris*, p. 113.

y otra parte se daba a las cuestiones en disputa, se reconocerá que tales tentativas de fraternización honraban a estos hombres de Dios, que bien podían estar separados, pero sin dejar de amarse.

Réstanos decir que el período de que venimos ocupándonos fue señalado por Wesley por una gran actividad literaria. Numerosas publicaciones veían la luz cada año, siendo muchas de ellas respuestas a los incesantes ataques de que era objeto el metodismo, y servían muy bien para la edificación de las sociedades. Desde los principios del movimiento se coleccionaron himnos para uso de las sociedades, siendo aumentadas estas colecciones año tras año, especialmente con las producciones del admirable genio poético de Carlos. En 1744, cuando las persecuciones fueron más encarnizadas, apareció un volumen con el título de *Himnos para las épocas de sufrimiento y de persecución*. "Si algunos de éstos", dice el doctor Stoughton, "fueron inspirados por las controversias, otros brotaron a los golpes de la persecución. En 1744 fueron publicados algunos himnos para las épocas de sufrimiento, algunos de los cuales están llenos de quejas y frases de resignación; pero otros vibran con notas de reto y de victoria. Es muy fácil imaginarse a un grupo de metodistas, amenazados por el populacho, escogiendo el himno señalado, 'para cantarse en un tumulto', que principia con estas líneas de triunfo:

Siervos de Dios, proclamad al Maestro,
Doquier anunciad su nombre glorioso."[34]

No podemos mencionar un gran número de biografías, obras místicas, historias de diversos autores, que Wesley abrevió y adaptó a las circunstancias de las sociedades. Publicó en 1746 su primer volumen de sermones, en donde trata las principales doctrinas evangélicas. Por ese mismo año vio la luz pública su llamamiento a los hombres racionales y religiosos, que es una apología elocuente en favor de la obra del avivamiento metodista, escrita en un estilo notablemente vigoroso. Escribió también opúsculos cortos para el pueblo, sobre asuntos religiosos, que se distribuían por millares en todas partes de la Gran Bretaña, inaugurando así la obra que más tarde han seguido llevando a cabo las sociedades de tratados religiosos.

---

[34]"Ye servants of God, your Master proclaim, and publish abroad his wonderful name."
Stoughton: *Religion in England under Queen Anne and the Georges*, tomo I, p. 409. Esta colección de himnos, como otras varias, llevan los nombres unidos de los dos Wesley. Se halla reproducida en el tomo IV de *Poetical works of John and Charles Wesley*, publicadas por el doctor Osborn.

Por la época que hemos venido describiendo, el avivamiento sólo contaba diez años de existencia, y Wesley había ya publicado más de cien libros o folletos de diversas dimensiones.[35] Para un movimiento que se efectuaba principalmente entre las clases humildes de la sociedad, y que no tenían ningunas pretensiones científicas, tal hecho es digno de especial atención.

[35]Se podrá consultar con verdadero provecho sobre esta prodigiosa actividad literaria de Wesley la erudita bibliografía wesleyana publicada por el doctor Osborn con este título: *Outlines of wesleyan bibliography*, Londres, 1869.

EL METODISMO EN IRLANDA

(1703-1750)

Estado religioso de Irlanda—Wesley se interesa en él—Wesley en Dublín—Sus primeras impresiones—Éxito halagador de sus primeros trabajos—Terribles persecuciones contra los metodistas—Conversiones extraordinarias de los irlandeses—Segunda visita de Wesley—Notable éxito en Athlone y en otras localidades—Wesley y los sacerdotes—Persecuciones en Cork—El charlatán Butler—Complicidad de los magistrados—Saqueo de la capilla—Excesos vituperables—Un ministro a la cabeza de un motín—Fin de los desórdenes—Resurrección del metodismo en Irlanda—Un mártir irlandés—Tomás Walsh.

IRLANDA, que ha sido llamada la isla de los santos y que, por largo tiempo, envió misioneros al resto de Europa, ha venido después a quedarse atrás en lo referente a la vida religiosa, comparada con sus hermanas Escocia e Inglaterra. Mientras que éstas acogieron con entusiasmo la reforma del siglo XVI, Irlanda dominada por sus dificultades políticas, se rehusó a tomar parte en tal movimiento y permaneció bajo el yugo de Roma. Esta desventaja religiosa ha engendrado una inferioridad social y política muy humillante para una raza admirablemente dotada, pero detenida en su desenvolvimiento normal por las férreas cadenas de la superstición. Tal hecho ha sido para sus habitantes una larga serie de calamidades que han convertido su historia en una de las más melancólicas del mundo.

Las oportunidades perdidas no se recuperan fácilmente en la vida de una nación, e Irlanda a duras penas podrá alcanzar a las demás partes del Imperio Británico que fueron emancipadas por la Reforma. La política inglesa no ha podido levantarla, y los esfuerzos de los propios irlandeses han sido ineficaces. Substituir las supersticiones romanistas por la religión del evangelio sería el único remedio para los males de Irlanda y el medio más eficaz para su exaltación.

Cabe a Wesley la honra de haber creído posible tal regeneración y haber trabajado brillantemente a su favor. Hasta esa época las tentativas hechas para evangelizar a Irlanda habían tenido cierto carácter político que había bastado para desacreditarlas. Los pastores anglicanos, sostenidos por las contribuciones forzadas de los católicos, eran generalmente considerados como funcionarios inútiles revestidos de poderes de persecución, y aunque hubieran sido hombres de piedad y celo, sus relaciones con el Estado bastaban para neutralizar considerablemente su influencia. Wesley comprendió a tiempo que, mientras los clérigos carecieran de aptitudes para la obra, habría amplio lugar para sus evangelistas laicos y que éstos podrían salir triunfantes en donde los otros habían sido derrotados.

Llegó a Dublín el domingo 9 de agosto de 1747; y en la tarde del mismo día fue invitado a ocupar el púlpito en la Iglesia de Santa María. Allí predicó "al auditorio más elegante y menos sensato que él jamás había visto". Dos días más tarde tuvo una entrevista con el arzobispo protestante de Dublín, que le presentó "numerosísimas objeciones". Wesley le replicó con firmeza, pero comprendía bien que en Irlanda, lo mismo que en Inglaterra, tenía que abrirse camino por sí solo, independiente de la iglesia oficial.

En este primer viaje se esforzó por formarse un juicio exacto de las necesidades religiosas de Irlanda. Observó que, no contando a los protestantes procedentes de diversas partes de Inglaterra, "apenas habría un protestante por cada noventa y nueve irlandeses de nacimiento. Los protestantes, bien sea en Dublín o en otras partes, han sido trasplantados últimamente de Inglaterra". "No es extraño", añade él, "que los que han nacido papistas generalmente vivan y mueran como tales, cuando los protestantes no hallan mejores medios para convertirlos que las leyes penales y los decretos del Parlamento".[1] La primera impresión que le produjeron los irlandeses fue excelente; en lo general los halló más tratables que los ingleses. Esta impresión se confirmó en sus viajes sucesivos. "¡Qué nación es ésta!" exclamaba él; "hombres, mujeres y niños, todos, con muy raras excepciones, aceptan la palabra de exhorta-

---

[1] *Journal,* 15 de agosto de 1767.

ción, no sólo con paciencia, sino con verdadero reconocimiento".[2]

Wesley había sido precedido en Irlanda por uno de sus predicadores laicos, Tomás Williams, que en pocos meses había organizado una sociedad con más de trescientos miembros. Fiel a su costumbre, Wesley se informó de la experiencia y estado espiritual de cada uno. Predicó a numerosos auditorios, ya en el aire libre o ya en la capilla que pertenecía a una antigua iglesia luterana, siendo su predicación recibida con gusto y acogida con tal entusiasmo que le produjo asombro. Después de dos semanas, tuvo que separarse de esta gente "amable sobre toda expresión" como él le llamaba, resuelto a dedicar cuidado especial a sus necesidades religiosas.

Quince días después de su partida, su hermano Carlos vino a reemplazarlo, acompañado de Carlos Perronet, un hijo del vicario de Shoreham. Pero en este corto intervalo un cambio brusco se había verificado en la actitud del pueblo de Dublín. Las pasiones populares se habían sublevado como un huracán y habían azotado contra la sociedad. La capilla había sido saqueada por el populacho católico, azuzado por los sacerdotes, las bancas y el púlpito habían servido para encender una hoguera, y muchos metodistas sufrieron insultos y serias amenazas. La justicia se hizo cómplice de estos desórdenes al no intervenir para reprimirlos; el gran jurado absolvió a los culpables, reanimándoles así para que acometieran nuevos atentados, lo que no tardaron en llevar a cabo. Carlos Wesley tuvo que resistir los más rudos ataques de parte de un populacho exaltado que era conducido por la ira hasta entregarse a incalificables excesos. Más de una vez se vio correr sangre en estos encuentros, en donde los amotinados dejaban a su paso no pocas víctimas tendidas por el suelo. Muchas personas fueron inhumanamente golpeadas, resultando algunos muertos a consecuencia de las heridas. Un agente de policía que pretendió interponerse una vez para defender a Carlos Wesley fue muerto a palos, y su cadáver, después de ser arrastrado por las calles, fue suspendido en un lugar público por la turba exaltada hasta la locura. Los asesinos fueron sometidos a juicio; pero se les absolvió, "como de costumbre", según decía Wesley. La fe y la firmeza de estos siervos de Dios sobrevivieron a esta oposición, y tan pronto como se pacificaron las malas pasiones, la obra continuó su desenvolvimiento.

No se confinó por mucho tiempo a Dublín; a partir de esta época, valientes predicadores surcaban la Irlanda de una parte a otra, y a pesar de las grandes dificultades que hallaban a su paso, obtenían siempre un éxito halagador. Los hermosos cantos de Carlos Wesley atraían fuertemente a estos pobladores de refinado gusto musical, formando numerosos auditorios. Dos anécdotas características bastarán para dar idea del efecto que estas melodías produjeron en los irlandeses:

En Wexford, la pequeña sociedad, perseguida por los papistas, celebraba sus reuniones secretamente en un granero. Un individuo de la localidad, de inclinaciones perversas, ofreció a sus camaradas introducirse al granero y ocultarse debidamente antes de que comenzara el servicio y después de que éste hubiera principiado, abrirles las puertas. No halló otro modo de llevar a cabo su objeto que meterse en un saco para evitar que los circunstantes lo vieran. Tan pronto como comenzó el canto, el irlandés fue completamente cautivado por la belleza de la melodía, olvidándose de la comisión que había llevado y permaneciendo allí hasta el fin, escuchando todo atentamente. Terminó el canto, siguió la oración, y su alma, que ya se había ablandado, acabó por fundirse; herido cruelmente por sus remordimientos, el pobre hombre comenzó a temblar de pies a cabeza, y sus mortales gemidos no tardaron en llamar la atención de los congregantes al lugar de donde procedían. La primera idea que acudió a la mente de los circunstantes sencillos e ignorantes fue de que se trataba de algún fenómeno diabólico; pero un examen cuidadoso descubrió al mal intencionado irlandés, que era víctima de insoportable agonía. Pronto se explicó el asunto, y el pobre hombre pidió a los cristianos que lo rodeaban que oraran por él. Allí mismo se convirtió, y la sociedad de Wexford adquirió un miembro más.[3]

Como por esta misma época de los primeros comienzos del metodismo en Irlanda, sucedió que un tabernero muy aficionado a la música asistió a una de las reuniones para escuchar el canto. Este hombre, temeroso de la influencia que podían producirle las demás partes del culto, se metía los dedos en los oídos tan pronto como cesaba el canto. Una mosca que se le paró obstinadamente en la nariz le obligó a abandonar esta extraña actitud en el momento mismo en que el predicador pronunciaba estas palabras: "¡El que tiene oídos para oír oiga!" Tales palabras despertaron vivamente su curiosidad, resolviéndose a escuchar por poco tiempo, y el evangelio no tardó en herir su conciencia de tal modo que mediante

[3]Stevens: *History of methodism*, tomo I, p. 277.

este discurso fue conducido al arrepentimiento y a la salvación.[4]

Estas anécdotas muestran claramente que el metodismo tenía que habérselas con almas sencillas e incultas en la católica Irlanda. Aquí la superstición se combinaba con la ignorancia y creaba dificultades especiales a los progresos del evangelio que deberían retardar su desenvolvimiento. Felizmente, tales preocupaciones apenas podían ocultar un carácter generoso y susceptible en esta gente, bien dispuesta para recibir el evangelio cuando se les presentaba con sencillez y verdadero poder.

En su segunda visita a Irlanda, que tuvo lugar en marzo de 1748, Juan Wesley recibió una bienvenida cordial. Tan pronto como llegó a Dublín, se dirigió directamente al lugar de cultos en donde se reunía la sociedad, que celebraba una junta en esa misma hora bajo la presidencia de su hermano. Inmediatamente se puso a predicar, pero durante algunos momentos se perdía su voz entre las exclamaciones de gozo de aquella gente sentimental y entusiasta. Durante el lapso de tres meses que él pasó en Irlanda, recorrió casi todo el país, predicando diariamente a las cinco de la mañana y encontrándose por lo general con la buena acogida de los concurrentes. La tempestad que se había desatado contra la sociedad en la época de su nacimiento parece que no había tenido otros resultados que purificar la atmósfera.

Por todas partes predicaba Wesley al aire libre a numerosas asambleas compuestas de católicos y protestantes, igualmente atentos. En Athlone, pequeña ciudad del centro de Irlanda, dirigió su palabra desde lo alto de una ventana, a un gran auditorio compuesto en su mayoría de católicos, cuyo recogimiento le inspiró esta reflexión: "Nunca había visto yo una asamblea más atenta y que observara mayor compostura. Efectivamente, gente tan correcta como es en general la irlandesa, nunca vi ni en Europa ni en América."[5] El día siguiente fue aún más sorprendido por la actitud de su auditorio; todo mundo se veía bañado en lágrimas. "Casi toda la población", decía él, "aparecía conmovida y rebosante de buena voluntad y de deseos de salvarse." La observación de tales manifestaciones no ilusionó a Wesley por lo que se refería a intensidad. "Las aguas", decía él, "se extienden demasiado para ser profundas."[6] Procuró herir las conciencias poniéndolas frente a la ley de Dios. "Prediqué", escribía él, "los terrores del Eterno de la

---

[4]Stevens: *History of methodism,* tomo I, p. 277.
[5]*Journal,* 2 de abril de 1748.
[6]*Journal,* 3 y 4 de abril de 1748.

manera más enérgica que me fue posible. Pero los que parecen más dispuestos a devorar la Palabra no dan señales de digerir gran cosa."[7] Sin embargo, Wesley fundó en esta localidad una sociedad próspera.

En Clara, tuvo un auditorio compuesto principalmente de personas acomodadas que vinieron en sus coches para escucharlo.[8] En otra ocasión, en la misma localidad, luchó victoriosamente contra una de las diversiones más populares, arrebatando por medio de su palabra una gran parte de los espectadores que habían de asistir a una pelea de gallos.[9] En Tullamore, se desató una fuerte granizada mientras predicaba al aire libre, y no solamente permanecieron en sus puestos los que le escuchaban, sino que nadie se resolvió a cubrirse la cabeza, por más que Wesley les invitara a hacerlo.[10] En Limerick, había principiado un baile en el mismo sitio en que había de predicar; muchos le aconsejaron que cambiara de sitio; pero él insistió en conservarlo, logrando que los bailadores abandonaran uno tras otro su diversión para incorporarse a su auditorio.[11]

Entre su auditorio se hallaban frecuentemente sacerdotes; pero en lo general éstos le hacían una guerra abierta. El sacerdote de Athlone vino una vez en persona a llevarse a sus parroquianos que se habían permitido acudir a escuchar al misionero, y cierto número de ellos "como manada de mansas ovejas se dejaron arrear el redil".[12] Los protestantes generalmente tomaban parte contra las agresiones de los sacerdotes; un día que un fraile carmelita se permitió interrumpirlo gritando: "¡Mentís, mentís!" los protestantes, celosos del honor de sus cultos, formaron un grupo que trató de apoderarse del fraile, poniéndole en precipitada fuga.[13] Sin embargo, más de una vez se vio a los protestantes indiferentes dar la mano a la iglesia romana para hacer oposición a aquella nueva obra. En cambio, en otra ocasión, Wesley tuvo el honor de ser defendido por un sacerdote. Esto aconteció mientras él predicaba al aire libre y cuando los sentimientos de los oyentes se manifestaban con la mayor libertad. Un protestante interrumpió al predicador gritando:

[7]*Idem*, 11 de abril de 1748.
[8]*Idem*, 1 de abril de 1748.
[9]*Idem*, 12 de abril de 1748.
[10]*Idem*, 12 de abril de 1748.
[11]*Journal*, 15 de mayo de 1749.
[12]*Idem*, 10 de abril de 1748.
[13]*Idem*, 3 de mayo de 1748.

—¡Es un jesuita! ¡se ve con toda claridad!

Un sacerdote que estaba presente contestó:

—Eso no es verdad; ¡ojalá y que fuese![14]

Cuando Wesley salió de Irlanda, había dejado un gran número de sociedades bien organizadas y varios predicadores. Su hermano, que había asumido la dirección de la obra, hizo una visita a Cork, ciudad importante, situada al suroeste de la isla, que había de convertirse en el campo de batalla del metodismo irlandés. Carlos obtuvo allí grandes triunfos al principio; llegó a tener auditorios de diez mil personas y organizó una sociedad con doscientos miembros, quejándose, a semejanza de su hermano, de que el carácter religioso de aquellos era un poco superficial. Pero este carácter tan inseguro debería pronto fortificarse en la escuela de la persecución.

En efecto, el pueblo cambió muy pronto de actitud y con una versatilidad completamente irlandesa pasó de un estado de benevolencia al de enemistad jurada. Apenas había salido de la población Carlos Wesley cuando el pueblo se levantó contra los metodistas a la voz de un cómico ambulante llamado Butler, a quien la predicación metodista había dejado sin clientes. Este charlatán se dedicó a organizar una cruzada contra los cristianos; se le veía por las calles de las ciudades ostentando la indumentaria eclesiástica, llevando en la mano una Biblia y un paquete de canciones profanas; reunía a todos los desocupados y a los enemigos del orden y les contaba toda clase de absurdas calumnias contra los predicadores. Este miserable, gracias a cierta facilidad de palabra que tenía, llegó a adquirir proporciones de verdadera personalidad en Cork, ejerciendo, cuando menos por algún tiempo, mediante sus declamaciones furibundas y sus innobles maniobras, una verdadera dictadura sobre las clases obreras. Desquiciados por sus falsedades, llegaron a entregarse a graves excesos. Varios grupos de hombres, armados de palos y de espadas, se paseaban por la ciudad asaltando las casas de los metodistas; hombres, mujeres y niños, sospechosos de pertenecer a la odiada secta, eran atacados en plena calle por estas patrullas armadas, y muchos resultaron seriamente heridos. Frecuentemente se les oía gritar por la calle: "¡Cinco libras por la cabeza de un metodista!"

Es muy triste tener que decir que el alcalde de la ciudad fomentaba estos desórdenes. Los perseguidos solicitaban inútilmente su

[14] *Journal*, 15 de mayo de 1748.

protección; se dice de uno que, al quejarse de que el populacho le había saqueado su casa, obtuvo esta respuesta: "Tú tienes la culpa por haber dado entrada en tu casa a estos predicadores. Si los desalojaras y no les volvieras a dar entrada, me comprometería a que ningún daño te hagan; pero, si no te resuelves a hacerlo, tienes que sujetarse a las consecuencias." Estas imprudentes palabras, dichas en oídos del populacho, fueron como aceite arrojado al fuego. Butler se creyó autorizado para continuar sus discursos sediciosos; sostenía públicamente que deberían todos entender que la destrucción de los metodistas era un acto legítimo y meritorio.

Los tribunales mismos no se atrevían a dar la mano a la causa de los oprimidos. No sólo absolvían a los perseguidores, sino que los jurados llegaron a inculpar a los perseguidos. Los registros de la ciudad conservan todavía una acta curiosa de acusación en la que se lee: "Hemos hallado y presentamos a Juan Wesley como individuo de malos antecedentes, vagabundo y trastornador común de la paz de Su Majestad, y solicitamos, en consecuencia, que sea deportado". Los metodistas apelaron estas sentencias parciales y obtuvieron completa justicia contra los jueces de la corona. Cuando Butler se presentó ante el tribunal como uno de los primeros testigos, al ser interrogado: "¿Cuál es su ocupación?" contestó: "Me ocupo de recitar baladas." A esta declaración, el juez exclamó indignado: "¿Cómo es esto? Aquí están cinco caballeros acusados de vagancia, y el primer acusador es un vago de profesión."

A pesar de esta sentencia adversa, el dictador del populacho continuó, y cuando en 1750 Juan Wesley vino a Cork, tuvo que sufrir violentísimos ataques. El alcalde, a quien se le pidió protección, se limitó a ordenar que el tambor municipal estuviera tocando frente a la capilla durante el tiempo que durara el servicio. Este ingenioso método de "mantener la paz" consiguió reunir al populacho, que, después de atacar al misionero, cuya sangre fría pudo observarse como siempre, se arrojó sobre la capilla, la devastó y entregó a las llamas todo lo que allí había de materia inflamable. El día siguiente, Wesley mismo tuvo el honor de ser quemado en efigie por las calles de Cork.

A partir de este momento, la ciudad vio repetirse las escenas escandalosas que hacía dos años se habían verificado en su seno. No se pasaba un día sin que hubiera nuevos atentados contra personas o propiedades. Cierto individuo llamado Roger O'Ferrall mandó fijar un aviso en la bolsa de Cork, diciendo que estaba listo para capitanear cualquier levantamiento que tuviera por objeto saquear o demoler la casa de un metodista o de algún amigo de los metodistas.

El alcalde, cada vez que se le pedía protección contra las persecuciones, usaba cierto procedimiento peculiar para aparentar que cumplía con sus deberes, cuando todo lo que hacía era abandonar a los metodistas a merced de la turba desenfrenada. Un día que se le pidió su intervención, se dirigió al lugar de los hechos, acompañado de algunos soldados, y habló a los asaltantes con cierto tono de voz que daba determinada autoridad a sus palabras: "Muchachos, ordeno a ustedes que se retiren a sus casas: ¡uno, dos, tres! ¡He dicho!" Y se regresó, dejando al populacho muy satisfecho por esta autorización disfrazada que le daba el primer magistrado de la ciudad.[15]

En la vecina ciudad de Bandon, un ministro, en estado de embriaguez, vino a la cabeza de un grupo de personas de pésimos antecedentes para interrumpir la predicación de Wesley. Se le acercó por la espalda, habiendo convenido en dar la señal del ataque con una larga vara que llevaba en la mano; pero dos o tres intrépidas mujeres se arrojaron sobre él y le llevaron a fuerza a una casa vecina, atendiéndolo convenientemente para que recobrara la razón, sin interrumpir la asamblea.[16] Añade Wesley en su diario que estas valientes irlandesas, para obligar al ministro recalcitrante a estarse quieto, tuvieron que hacer uso de toda la fuerza de sus brazos.

La agitación que por tanto tiempo había prevalecido en Cork no tardó en disminuir hasta llegar a disiparse, merced a la firmeza de los cristianos, a quienes las luchas habían fortificado. Un buen número de los soldados de la guarnición frecuentaban los cultos; muchos de ellos se convirtieron, y su presencia en las reuniones de los metodistas contribuyó para imponer respeto a las personas mal intencionadas. Los metodistas, templados por las persecuciones, alcanzaron grandes triunfos en Cork, en donde la obra florece hasta nuestros días. Wesley, en sus visitas subsecuentes, halló al pueblo bien dispuesto y cambiado a su favor; una vez fue recibido por el alcalde en persona en el palacio municipal. Los metodistas ganaron terreno tan rápidamente entre la mejor sociedad de aquel lugar que, cinco años solamente después de las persecuciones que acabamos de narrar, Wesley llegó a experimentar ciertos temores

[15]*Journal*, 22 de mayo de 1750.
[16]*Idem*, 26 de mayo de 1750.

de que esta ciudad llegara a convertirse en una Capua en donde sus predicadores corrieran el peligro de llegar a enervarse.

Tales progresos se reprodujeron simultáneamente en puntos muy diversos de Irlanda. No solamente los condados del sur, sino el distrito montañoso de Ulster, fue evangelizado por los piadosos misioneros, cuyo celo despreciaba las fatigas y los peligros. Habían puesto lo mejor de su ser al servicio de la más grande de las causas. La historia de los principios del metodismo irlandés abunda en actos heroicos que demuestran a qué grado de desinterés puede elevarse el alma por la influencia de una fe vivificante. Uno de los primeros soldados de esta piadosa campaña cayó sobre el campo de batalla, víctima de su cristiano heroísmo: tal fue el predicador McBurney, que murió a consecuencia de las heridas que sufrió durante uno de los asaltados del populacho. "¡Dios os perdone como yo lo hago!" dijo a sus verdugos este valiente mártir cuando ellos lo derribaban a sus pies.

Los predicadores de Wesley, tanto como él mismo, tuvieron la prudencia, al predicar a los católicos irlandeses, de ocuparse menos en refutar los errores del romanismo que en anunciar las grandes nuevas de la salvación. Proponiéndose despertar la eterna voz de la conciencia más bien que los prejuicios de la educación, consiguieron atraer al evangelio a un gran número de católicos.

Uno de estos convertidos, Tomás Walsh, llegó a convertirse en verdadero apóstol del metodismo en su propio país. "Su vida", dice Southey, "vino a comprobar a los católicos que había otros santos además de los suyos".[17] Se debe a la santidad de su vida y a los encantos de su alma vigorosa el gran éxito de su ministerio. Siendo irlandés, podía predicar a sus compatriotas en su propio idioma y adaptarse al carácter nacional. Si fueron grandes los resultados de sus labores también fueron grandes sus sufrimientos; los sacerdotes le cobraron un odio mortal y sublevaron contra él las iras del populacho, poniendo repetidas veces en peligro su vida. Su nombre permanece inseparable de las sociedades desde los principios del metodismo irlandés.

---

[17]Southey: *Life of Wesley,* tomo II, p. 122.

CAPÍTULO III

PROGRESOS Y DIFICULTADES
(1748-1754)

La época de las dificultades—Ministros anglicanos amigables: Bateman, Thompson, Perronet, Grimshaw, Manning, Milner—Actitud del episcopado—El obispo Lavington y su folleto—Contestación de Wesley—Progreso del metodismo en Cornovalle—Wesley en Escocia—Progresos en Inglaterra—Victoria sobre un tumulto—Estimúlanse las malas pasiones del populacho—Wesley sitiado en Shepton—Maltratado por el populacho en Roughlee—Folletos para los irlandeses—Wesley en Rochdale y en Bolton—Visita a Canterbury—Incidente en Shaftesbury—Desórdenes en Tiverton—El metodismo en Hull, Chester y Charlton—El temblor de tierra de 1750—Wesley entre los presos y los pobres—Aplicación de la disciplina—Luchas contra los antinomianos—Los dos Wesley y Whitefield—Los predicadores laicos—La escuela de Kingswood —Publicaciones de Wesley—Agencia de Publicaciones—Grace Murray— Casamiento de Wesley—Sus infortunios domésticos—Cae gravemente enfermo—Carta de Whitefield—Convalescencia.

DURANTE el período que comprende este capítulo, el metodismo y su fundador tuvieron que sufrir dificultades de todas clases. Es condición de las obras duraderas el que deben crecer en medio de incesantes luchas, y es característico de los grandes caracteres el fortificarse con la adversidad.

Por esta época cierto número de pastores anglicanos comenzaron a simpatizar con él, ofreciéndole sus púlpitos y favoreciendo más o menos indirectamente su obra. Ya hemos mencionado algunos que habían asistido a la primera conferencia. Otros se adhirieron después al avivamiento. Ricardo Bateman, rector de San Bartolomé el Grande, impulsado por una fe vivificante, invitó a Wesley para que predicara en su iglesia. Por primera vez, después de ocho años, fue admitido a los púlpitos oficiales de la capital, y grandes multitudes acudieron a escucharlo. El obispo Gibson, a quien algunas personas acudieron para quejarse de lo que ellos llamaban un verdadero escándalo, les respondió: "¿Y qué queréis que yo haga? No tengo ningún derecho de impedírselo. El señor Wesley es un ministro regularmente ordenado que no está bajo censura eclesiástica."[1]

Thompson, rector de Saint Gennis en Cornovalle, era también uno de los buenos amigos de los predicadores metodistas. Había sido por varios años uno de esos ministros, de los que había muchos en aquel tiempo, que tomaban parte muy activa en los deportes de los nobles y muy poco se preocupaban por el bienestar de sus rebaños. Convertido por la influencia de un sueño que vino a inquietar su conciencia, vino a hacer causa común con los metodistas, a quienes les abrió así su casa como su iglesia. Todos sus colegas se volvieron contra él, y su obispo, el doctor Lavington, hasta llegó a amenazarlo una vez con despojarlo de sus hábitos ministeriales si continuaba asociándose con Wesley. Thompson se quitó sus hábitos y los arrojó a los pies del prelado, diciéndole: "Puedo predicar el evangelio sin hábito alguno."

Wesley tuvo un colaborador más útil aún en el vicario de Shoreham (Kent), Vicente Perronet,[2] que se convirtió en su amigo y consejero. Aunque permanecía a la cabeza de su parroquia, era un metodista de corazón y por convencimiento; publicó varios escritos defendiendo el avivamiento. En los momentos más difíciles, los dos hermanos Wesley acostumbraban acudir a él para recibir sus consejos y escuchar sus palabras de aliento. Carlos le llamaba su arzobispo. Sus dos hijos, Eduardo y Carlos, heredaron su amor al metodismo y prefirieron los trabajos y los peligros de los ambulantes a los honores y beneficios eclesiásticos.[3]

Guillermo Grimshaw, ministro de Haworth en Yorkshire, se asoció más íntimamente aún a la obra de Wesley. Sin renunciar a su parroquia, se convirtió en predicador ambulante, encargándose de dos circuitos. Afrontó los trabajos con el entusiasmo y el valor de los más valientes ayudantes laicos, durmiendo muchas veces en un granero o en una granja, alimentándose casi siempre con los más

---

[1] *Works,* tomo XIII, p. 145.

[2] La familia Perronet era originaria de Chateau d'Oex en el cantón de Vaud, Suiza.

[3] Eduardo Perronet fue uno de los jefes del movimiento antianglicano que algunos años más tarde casi llegó a separar a los hermanos Wesley y a dividir las sociedades. Publicó en 1756 una sátira en verso intitulada *La mitra,* en la que atacaba a la iglesia de Inglaterra con irresistible empuje. Este poema de 279 páginas es actualmente muy raro, porque fue destruida la edición, exceptuando unos cuantos ejemplares, a solicitud de Wesley.

sencillos alimentos y usando ropa ordinaria a fin de poder auxiliar con más liberalidad a los pobres. Dotado de gran inteligencia, graduado en la Universidad de Cambridge, pudo haberse distinguido como predicador; pero prefirió su porte sencillo y un estilo llano a fin de colocarse a la altura de sus auditores rurales, haciendo de sus predicaciones pláticas sencillas, aunque un poco excéntricas, sin afectación de ninguna clase. Los dos Wesley y Whitefield solían predicar en su iglesia y los predicadores laicos en su misma cocina; él acompañaba a todos en sus viajes misioneros, participando de las persecuciones a que estaban expuestos.[4]

Los pastores de la Iglesia Anglicana que hacían causa común con los metodistas tenían que participar, como en efecto lo hacían, de los odios y menosprecios que sobre éstos caían. Carlos Manning, vicario de Halles, Middlesex, por haber trabado amistad con Wesley y haberle ofrecido su púlpito, sufrió el ostracismo de sus colegas, que no lo saludaban y le volteaban la espalda cuando lo veían. Sus mismos parroquianos siguieron el ejemplo que veían y observaban la conducta más inconveniente durante sus sermones. Un día algunos de ellos subieron al campanario y comenzaron a repicar las campanas a todo vuelo para impedir el que su voz fuera oída.

Milner, vicario de Chipping, aldea de Lancashire, se expuso al mismo tratamiento por haber aceptado las doctrinas del avivamiento y haber permitido que Wesley predicara en su iglesia. Un grupo de desordenados penetró una vez en el templo para impedirle que predicara; uno de ellos le detuvo al pie del púlpito, gritándole: "¡No le permitimos a usted que suba!" y ayudado por los demás, le arrojaron de allí con toda violencia. El obispo amonestó seriamente a Milner, acusándole de haber introducido desórdenes en su parroquia. El valiente ministro le contestó que, si existían desórdenes en alguna parte, eran promovidos por los pastores de Lancashire, ninguno de los cuales, hasta donde él había podido averiguarlo, predicaba la doctrina protestante de la salvación por la fe.

El episcopado anglicano estaba por esa época casi uniformemente en contra del metodismo. El obispo de Exeter, Lavington, se distinguía tristemente sobre sus colegas por la virulencia de sus escritos. En 1748 apareció bajo su nombre una falsa acusación, en la

---

[4]Murió el 7 de abril de 1763, siendo reconocido por su benéfico ministerio. Unas de sus últimas palabras fueron: "He sido tan feliz como he podido serlo en la tierra, y estoy tan seguro del cielo como si ya estuviera allí". La memoria de Guillermo Grimshaw está todavía viva en el distrito de Yorkshire en donde vivía.

cual se veía, muy exagerada sin duda, la notoria hostilidad del
prelado contra los metodistas. El obispo acusó, sin prueba alguna,
a Whitefield y a Wesley como autores de tal folleto. Ellos protestaron de su inocencia; pero fue necesaria la intervención de
lady Huntingdon, quien mandó abrir una investigación antes de que
él conviniera en retirar su acusación. En un manifiesto público dio él
una satisfacción "a los señores Whitefield y Wesley por las censuras tan injustas como exageradas de que les había hecho objeto",
expresando "el deseo de que aceptaran ellos su más amplia satisfacción por haber lastimado tan injustamente sus sentimientos
exponiéndolos a la animadversión del mundo".[5]

Este asunto hizo de aquel adversario un enemigo impla-
cable. Dos años más tarde comenzó la publicación de su famoso
libro: *El fanatismo de los metodistas y de los papistas compa-
rado*.[6] Como su título indica, el obispo de Exeter hizo suya la
acusación popular hecha contra el metodismo desde su aparición
de que asumía tendencias papistas. Pretendía probar que los
"metodistas están haciendo la obra de los papistas y van de
acuerdo con ellos en algunos de sus principios; pero sus cabezas
están llenas con los mismos grandes proyectos, que persiguen de un
modo igualmente reprensible". Lavington defendía esta tesis no
con argumentos serios, sino valiéndose de ofensas personales y
de calumnias absurdas. Wesley, Whitefield y Perronet le contestaron.
"El Obispo de Exeter", escribía Whitefield, "trata a los metodistas
como trataba el Obispo de Constanza a Juan Huss cuando mandó
pegarle diablos alrededor de la cabeza antes de entregarlo al fuego."
La contestación de Wesley[7] hizo justicia a las imputaciones del
folleto sin hacer caso de las invectivas de su adversario; presentó
completos los hechos y las citas que habían sido adulteradas por
el obispo, aprovechando la oportunidad de darle una lección de
cortesía y otra de gramática, oponiendo a la cólera la razón aguzada
con la ironía.

"Tratáis de probar", le decía él, "que mi entusiasmo procede
de las ideas que abrigo sobre la conversión. Y en este punto deben
hacerse amplias concesiones porque habéis entrado a un terreno
que os es completamente desconocido: os halláis en un mundo
nuevo . . . ¿sabéis lo que es la conversión?" "Sí, es comenzar de

---

[5] *Life and times of lady Huntingdon,* tomo I, p. 96.

[6] Esta obra, cuyo título original es: *Enthusiasm of the methodists and papists compared,*
constaba de tres partes; las dos primeras aparecieron en 1749 y la tercera en 1751.

[7] *A letter to the author of the Enthusiasm,* etc., 1750. En 1752 apareció *A second letter,* etc.

un golpe como hombre perfecto." "Con toda verdad, señor, no es eso. El hombre comúnmente se convierte mucho antes de llegar a ser perfecto. Es probable que la parte de aquellos efesios a quienes San Pablo dirigía su Epístola fueron convertidos. Sin embargo, no habían llegado (muy pocos, en caso afirmativo) 'a un varón perfecto, a la medida de la edad de la plenitud de Cristo'. No emprenderé la tarea, señor, de haceros entender estas cosas. No soy tan vano que lo juzgue a mi alcance. Cuanto más puedo esperar es el convenceros, o cuando menos convencer a los que lean vuestras obras, de que no entendéis absolutamente nada del asunto."

El obispo había publicado sus invectivas bajo el velo del anónimo; Wesley, para terminar su contestación, le invita a combatir a cara descubierta:

"Parece que ahora cualquier escritorzuelo con una mediana dosis de ingenio, y sin el embarazo de una buena dotación de bondad y de modestia, pueda exponer a la risa a todos aquellos a quienes no puede combatir, y difamar a los que no se atreva a mirar de frente. Por tales medios aun el que compare el metodismo con el papismo puede blasfemar contra la gran obra de Dios, no sólo sin acarrearse inculpaciones, pero ni tampoco aplauso, cuando menos de lectores de su propia especie. Pero ya es tiempo, señor, de que os despojéis de la máscara. Descubríos y mirémonos de frente sin ningún obstáculo. Tengo muy poco tiempo desocupado y menos deseos de entregarme a disputar; sin embargo, os prometo que, si suscribís con vuestro nombre vuestra tercera parte, os contestaré todo lo que a mí se refiera tanto en esa como en las partes precedentes."[8]

La discusión continuó con calma y serenidad y hasta con elocuencia por parte de Wesley; pero injuriosa, grosera y hasta deshonesta por parte de Lavington. Finalmente éste desertó vergonzosamente del campo del combate a donde había retado al fundador del metodismo.[9] Para todo hombre serio el resultado de la lucha no había quedado en duda. No obstante, algo permanece siempre de las calumnias, y las pérfidas acusaciones de papismo

---

[8]"Comencé hoy a escribir una carta al comparador de los papistas y metodistas. Ardua tarea, tal como no la hubiera escogido, pero tendrá que llevarse a cabo alguna vez. Bien dijo un antiguo: 'Dios hizo necesaria la teología práctica y el diablo la polémica'. Pero es necesaria: debemos resistir al diablo, o él nunca huirá de nosotros" (*Journal,* 19 de noviembre de 1751).

[9]Una inscripción grabada en mármol en la catedral de Exeter en honor del belicoso Lavington declara que "no dejó de consagrar sus talentos a las causas más nobles" y que le distinguía, entre otras virtudes, la de "un indulgente candor".

levantadas por el obispo no fueron destruidas del todo.[10]

Wesley se consoló de los insultos y calumnias recibidas con los adelantos que, a pesar de los obstáculos, había alcanzado la obra de evangelización. Su diario nos dice que continuó sus incursiones por todo el país durante el período que abarca este capítulo. No es posible seguirlo en sus incesantes viajes misioneros; bastará entresacar de paso algunos hechos y dar una rápida ojeada a todos sus trabajos.

Cornovalle continuó siendo uno de los distritos más interesantes de la vasta diócesis de Wesley y uno de los que visitó con más frecuencia. En Saint Just había la sociedad más grande del oeste y "la más vigorosa de Inglaterra". En Falmouth, Camelford y muchos otros lugares, los primitivos perseguidores se habían trocado en atentos oyentes, y muchos de ellos llegaron a convertirse de corazón; entre éstos se hallaba el individuo que había gestionado el encarcelamiento del predicador Maxfield. En Breage el ministro que había circulado rumores calumniosos contra Wesley y sus adherentes había acabado por suicidarse, y la gente, creyendo ver en tal hecho un castigo de Dios, se apresuró a dar mejor acogida a los metodistas. Estos habían traído al lugar los más selectos predicadores ambulantes y locales, distinguidos por su celo y aptitudes. Uno de estos últimos, antiguo calderero de oficio, sorprendía a Wesley con sus talentos oratorios, llegando éste a decir de él que "improvisaba sermones de tanto o más valor que muchos de los discursos escritos por los sabios".

Escocia, que Wesley visitó por primera vez en 1751, le daba muy pocas esperanzas. Whitefield le había advertido que sus principios arminianos no serían del gusto de los escoceses, a lo que había contestado Wesley que él predicaba el cristianismo y no el arminianismo. Tenía numerosas concurrencias muy atentas, pero muy frías. En su segunda visita predicó en el púlpito de la iglesia presbiteriana a una gran concurrencia. En todas partes se le trataba con simpatía y con respeto, aunque con ciertas reservas que casi le hacían preferir los insultos y las lluvias de piedras de Inglaterra e Irlanda. El resultado de estas visitas fue la fundación de algunas pequeñas sociedades; pero ninguno de estos movimientos fue caracterizado por los grandes y perceptibles efectos de sus trabajos

[10]"Un digno juez de paz (sin duda para aplacar a las turbas) había hecho que se proclamara por las calles de York y se fijara en los lugares públicos, arrojándole aun a varias casas particulares, la *Comparación entre metodistas y papistas.* Tal vez ésta sea la causa de las maldiciones que llovían sobre nosotros cuando entramos a la ciudad" (*Journal,* 25 de abril de 1752).

ordinarios. Esta falta de éxito se debe indudablemente al carácter escocés, al estado religioso del país, notablemente superior al de Inglaterra, y a la poca necesidad que se sentía de un avivamiento religioso.

En Inglaterra propiamente dicha, el estado de cosas contrastaba vivamente con el que hemos mencionado al principio, y Wesley podía decir en 1750 que de Londres a Newcastle la obra estaba en plena prosperidad.

En Birmingham, en donde anteriormente había más motivos para entristecerse que para gozarse, tuvo numerosas concurrencias que la capilla era insuficiente para contener, y que manifestaban ser devoradas por la sed de la palabra de vida. "¡Cómo han cambiado las escenas!" escribía él. "La última vez que prediqué en Birmingham, por todas partes volaban piedras. Si alguno se aventurara a introducir ahora el desorden, correría más peligro que el predicador."[11]

En Wednesbury y Darlaston, los fuertes de la oposición al evangelio en Staffordshire, decía él que "la mayor parte de los antiguos perseguidores habían sido objeto del sorprendente juicio de Dios y que los que sobrevivían se habían transformado en cordero".[12] En la primera de estas villas predicó durante una fuerte lluvia a una atenta concurrencia sin que hubiera persona que se retirara hasta el fin del sermón. Una nueva y amplia capilla se levantó aquí en breve, y Wednesbury llegó a ser uno de los centros más considerables del metodismo.

Predicó en 1752 en la iglesia de Wakefield a una concurrencia atenta y amable, y no pudo menos de establecer un contraste entre su posición actual y la que había ocupado en la misma ciudad cuatro años antes, cuando el más piadoso de los habitantes no se había resuelto a permitirle predicar en su casa, temeroso de que el populacho llegara a destruirla.[13]

En su ciudad natal, Epworth, había tenido el gozo de ver desenvolverse la obra de Dios; él, que años antes, había sido rechazado de la santa mesa tenía ahora acceso a la iglesia parroquial, y cuando predicaba al aire libre, era escuchado por casi toda la población. "Dios ha hecho su obra en todos estos lugares", escribía él. "La embriaguez y la profanación del domingo han desaparecido

[11]*Journal*, 31 de marzo de 1751.
[12]*Idem*, 2 de abril de 1751.
[13]*Idem*, 12 de abril de 1752.

de las calles; rara vez se escuchaban maldiciones y blasfemias. El mal ya esconde la cabeza."[14]

No debemos suponer, sin embargo, que la oposición había cesado. No solamente se levantaba en donde por primera vez llegaban los predicadores de Wesley, sino que con frecuencia revivía en los lugares en donde parecía haber desaparecido. Wesley consiguió a menudo dominar la oposición de la parte más sana de la sociedad. Rodeadas por estas turbas, no faltaron personas que perdieran la serenidad en sus juicios; pero, una vez habiendo vuelto al buen camino, podrían servir de punto de apoyo al misionero. Los perturbadores tuvieron más de una vez como enemigos a los que habían juzgado partidarios de sus desórdenes. Se aproximaba el momento en que los antiguos adversarios, cansados, por no decir vencidos, se afiliaran a los auditorios de los predicadores. Además, la falta de resolución de los perturbadores del orden facilitaba frecuentemente su misma derrota. Llegaban a tambor batiente y con ademán resuelto, después de haber hecho prolongada estación en la taberna vecina y haber prometido hacer un escarmiento tal del predicador que no volviera a pararse por aquellos lugares. Wesley se adelantaba para recibirlos, les daba la mano a los jefes, les dirigía algunas palabras afables y por último, los invitaba a que tomaran asiento entre los concurrentes, lo que muchas veces aceptaban, complacidos por la cordial recepción que se les otorgaba. Algunas veces se reducía a enviar alguno de sus amigos sin hacerles el honor de interrumpir por ellos sus servicios. Tal fue lo que pasó un día en Reading, y el plan dio excelentes resultados: un gran número de marineros quedaron de acuerdo en interrumpir al predicador; uno de los amigos de éste, un hombre apellidado Richards, se les acercó, diciéndoles:

—Amigos míos, venid conmigo, y escucharéis un excelente sermón; me complaceré en conseguiros asiento.

Ellos contestaron que lo acompañarían con la mejor voluntad.

—Pero, mis buenos vecinos—continuó el señor Richards— ¿no sería mejor que dejarais esos garrotes por acá? Algunas de las señoras podrían asustarse al verlos.

Ellos inmediatamente los arrojaron al suelo y se fueron a escuchar la predicación. Cuando ésta hubo terminado, el jefe de la partida se levantó y dijo con áspera voz:

—Este señor no dice sino cosas buenas, yo lo digo así; y no

creo que haya aquí un hombre que se atreva a sostener lo contrario. El que de tal modo se expresaba era un gigante a quien nadie se atrevía a contrariar, aunque era una nulidad intelectual.[15] No siempre podía tan fácilmente conquistarse al populacho. En muchos lugares continuó con sus inclinaciones perversas, especialmente cuando se veía apoyado por las autoridades civiles o religiosas, que continuaban oponiéndose a los promotores del avivamiento evangélico. Más de una vez, por esta misma época, los jueces de paz, olvidándose de sus deberes, provocaban públicamente el desorden, y Wesley vio un día venir uno a su encuentro a la cabeza de la chusma que marchaba al son de un tambor. En otros lugares era el ministro el que promovía los desórdenes, embriagando a las turbas de su parroquia con bocinas y otros objetos ruidosos se tomó el trabajo de organizar una demostración pública armando a las turbas de su parroquia con vocinas y otros objetos ruidosos con los que pudieran interrumpir la predicación.[16] Tales trabajos no dejaban de producir sus frutos, y el predicador a menudo se veía interrumpido de diversos modos. Algunas veces se le perseguía y se le daba sitio en la casa en que se hospedaba; en tales casos se requería toda sangre fría y gran valor para resistir a estos malintencionados.

En febrero de 1748, Wesley se hallaba en Shepton, al sur de Inglaterra. El populacho, convocado por el toque del tambor, rodeó la casa en donde él se hallaba, rompiendo a pedradas todas las vidrieras. Uno de los amotinados logró penetrar al interior; pero, viéndose aislado de sus amigos, tuvo miedo y no hallaba qué hacer. Una piedra lanzada del exterior le hirió en la frente, causándole una buena herida y desconcertándolo de tal modo que se refugió cerca de Wesley, diciéndole:

—Oh señor, ¿tendremos que morir aquí esta noche? ¿qué debo yo hacer?

—Orad a Dios—le respondió el misionero—solamente El podrá libraros de todo peligro.

El pobre hombre cayó de rodillas y se puso a orar con tal fervor como jamás en su vida lo había hecho. En cuanto a Wesley, se escapó de sus perseguidores saliéndose por una puerta trasera.

Pero aquel mismo año fue principalmente en Yorkshire en donde tuvo que sufrir las iras del populacho. En Halifax trató de predicar en un lugar público "a una inmensa multitud que rugía

[15] *Journal*, 2 de noviembre de 1747.
[16] *Idem*, 10 de septiembre de 1753.

como las olas del mar".[17] Allí vio a un individuo que arrojaba monedas entre la gente para producir desorden y confusión. Como fuera asediado por una lluvia de proyectiles, tuvo que retirarse a un prado inmediato. En ese quieto lugar fue rodeado por un gran número de personas que le siguieron de la ciudad y allí pasó con ellos una hora "regocijándose y alabando a Dios".[18]

Después de haber visitado a Grimshaw y de haber predicado a las cinco de la mañana en la iglesia de Haworth, Wesley fue con él a una villa denominada Roughlee. Mientras predicaba allí al aire libre, un grupo de ebrios, armado de garrotes y capitaneado por un condestable, dispersó la concurrencia, apoderándose del predicador para obligarlo a comparecer ante el juez de paz. El magistrado quería que firmara la promesa de no volver nunca a aquel lugar. El misionero le contestó que prefería que le cortaran la mano antes de firmar tal compromiso. Después de haberlo detenido allí por más de dos horas, el juez lo puso en libertad. Pero el populacho, en presencia del mismo magistrado, volvió a tomar posesión de su víctima, haciéndole sufrir toda clase de vejaciones y golpeándolo hasta dejarlo tirado en el lodo. Sus compañeros no corrieron mejor suerte: uno de ellos fue cogido por los cabellos y arrojado al suelo; a otro se le precipitó al río, y muchos resultaron heridos a pedradas.[19] El promotor de estas persecuciones era un antiguo sacerdote católico llamado White, que se había convertido en ministro anglicano y no hacía mucho había publicado una proclama solicitando voluntarios "para defender la iglesia", prometiendo a los que acudieran "una pinta de cerveza y otras apropiadas recompensas".[20] Predicó un sermón calumnioso contra los metodistas y tuvo la imprudencia de publicarlo con una dedicatoria al Arzobispo de Canterbury. Grimshaw hizo justicia a este miserable en un elocuente folleto en donde emprendió la defensa de sus amigos perseguidos. White, arruinado por sus excesos de diversas clases, terminó su vida en el castillo de Chester, en donde fue confinado a prisión por deudas.

El año siguiente se verificaron los desórdenes de Cork, en Irlanda, de que ya hemos dado noticia en el capítulo precedente. Ellos dieron origen a la publicación de varios folletos escritos por Wesley, tales como *Breve discurso a los habitantes de Irlanda;*

[17] *Journal,* 12 de febrero de 1748.
[18] *Journal,* 22 de agosto de 1748.
[19] *Idem,* 25 de agosto de 1748.
[20] Myels: *Life of Grimshaw,* p. 114.

Carta a un católico romano; Catecismo romano, etc.

En Lancashire se encontró con los mismos sentimientos hostiles de antaño. No pudo predicar al aire libre en Rochdale, en donde las calles estaban repletas de gente indignada contra él. De allí se dirigió con algunos amigos a Bolton. "En cuanto entramos a la calle principal", dice él, "pudimos percibir que los leones de Rochdale eran corderos comparados con los de Bolton. Tal furia y obstinación apenas había visto yo antes en seres que tuvieran forma humana. Nos siguieron, lanzando gritos salvajes, hasta el lugar en donde nos íbamos a hospedar, y tan pronto como hubimos entrado, se posesionaron de todas las entradas y llenaron la calle de bote en bote . . . Pero ellos no se proponían continuar su ataque a larga distancia: muy pronto alguien vino a decirnos que los amotinados comenzaban a penetrar a la casa . . . Creyendo que ya era tiempo, me adelanté y me metí en medio de ellos. Para este momento ya habían invadido todas las piezas del primer piso. Pedí una silla. El viento estaba en calma y todo permanecía quieto y silencioso. Mi corazón rebosaba de amor, mis ojos de lágrimas y mis labios de razones. Ellos quedaron sorprendidos, avergonzados, perdieron la dureza de corazón y devoraban lo que yo decía. ¡Qué cambio tan notable! ¡Oh! cómo trocó Dios el consejo del viejo Achitophel en insensatez, y trajo a este lugar tantos ebrios, obscenos, infractores de la ley del sábado y simples pecadores para oír de su inmensa redención!"[21]

En 1750 Wesley visitó, por primera vez, la ciudad archiepiscopal de Canterbury, en donde ya existía una sociedad, y por espacio de tres días predicó en el mercado y en otros lugares. Uno de los ministros publicó un virulento folleto con este título: *El impostor desenmascarado, o el santo falso descubierto. Contiene un gran descubrimiento de las horribles blasfemias e impiedades enseñadas por esos diabólicos seductores denominados metodistas, so color del único cristianismo verdadero, particularmente destinado al uso de la ciudad de Canterbury, en donde ese misterio de iniquidad ha principiado últimamente su obra.* Tal título nos economiza la tarea de decir cómo fueron tratados los metodistas en este escrito. El populacho, provocado así por aquellos que debieron haberlo contenido, se entregó a grandes excesos, que la intervención de la justicia pronto contuvo.

Exceptuando a Irlanda, no hubo persecuciones ningunas este

---

[21] *Journal,* 18 de octubre de 1749.

año. No daremos tal nombre a ciertas tentativas de desorden
o amenazas, que no causaron ningún efecto en Wesley. Al ir a
predicar una vez en Shaftesbury, un agente de policía llegó a decirle:

—El alcalde no os permite, señor, el que prediquéis más en
esta villa.

—Mientras que el rey Jorge no me impida predicar—respondió
el predicador—no tendré que pedirle permiso al alcalde de Shaftesbury.[22]

El año siguiente, Wesley, que estaba recientemente casado,
hizo un viaje a Cornovalle, en donde fue bien recibido, con excepción de Tiverton, en donde a los metodistas, cruelmente tratados, se
les llamaba macabeos, "no sin razón, si se toma en cuenta sus
sufrimientos y su valor".[23] Mientras que Wesley estaba predicando,
llegó una cuadrilla con pífanos y tambores para dispersar la asamblea. Un pobre deshollinador a quien habían tomado en rehenes
resultó tan maltratado que estuvo a punto de morir. El alcalde
se rehusó a intervenir en favor de los metodistas, valiéndose de
razones muy singulares para justificar su conducta. "Tenemos en
Tiverton", decía él, "cuatro iglesias, cuatro caminos para ir al
cielo. Esto basta, en conciencia; y si la gente no quiere ir al cielo
por alguno de estos caminos, no irán por ningún otro mientras yo
sea alcalde en Tiverton."[24]

La introducción del metodismo en 1752 en la ciudad de Hull,
que debería convertirse en uno de los centros más importantes
del avivamiento en Yorkshire, no careció de luchas. Cuando Wesley
fue allí, hubo una efervescencia general de malas pasiones. Mientras
predicaba al aire libre, lluvias de terrones y de piedras cayeron
sobre él. Cuando hubo terminado, el populacho le acompañó
con su vocería y sus acostumbrados proyectiles hasta que llegó
a su alojamiento; allí le sitiaron hasta media noche, rompiendo
las vidrieras de la casa. Algunos años después cambiaron las cosas
completamente y Wesley fue perfectamente recibido por aquellos
habitantes.[25]

En Chester consiguió apaciguar la multitud; pero cuatro días
después de su partida asaltaron la capilla y la demolieron en presencia y con la aprobación del alcalde mismo. El año siguiente,
cuando él regresó, los ánimos habían cambiado; el nuevo alcalde,

[22] *Journal*, 3 de septiembre de 1750.
[23] Punshon: *Wesley and his time.*
[24] *Methodist magazine,* 1819, p. 544.
[25] *Journal,* 24 de abril de 1752.

que era tan firme como su predecesor había sido débil, había conseguido restablecer el orden.[26] La predicación del evangelio hizo lo demás, y cuando en 1759 Wesley volvió a pasar por allí, consiguió hacerse de una gran concurrencia que lo escuchó atentamente, sustrayendo espectadores a unas carreras de caballos que en esos momentos se verificaban.[27]

En Charlton, la oposición era de diferente naturaleza; pero fue también vencida. Todos los labradores de la comarca, alarmados por los progresos del metodismo, convinieron entre sí en no ocupar a nadie que perteneciera a esa secta. Este complot fue deshecho de la mejor manera. Uno de los promotores de tal asociación fue convertido a la verdad y abrió a los predicadores las puertas de su casa, invitando a sus amigos, que asistieron acompañados de sus sirvientes. "Así rodó por tierra", dice Wesley, "todo este complot de Satanás, y la obra de Dios creció y se sobrepuso."[28]

A principios del año de 1750 la parte sur de Inglaterra sufrió sucesivamente varios temblores de tierra, que causaron muchísima alarma entre los pobladores. Los habitantes de Londres abandonaron sus casas, acampándose en grandes multitudes en las plazas y en los parques. Whitefield y los dos Wesley aprovecharon este pánico para predicar a las multitudes, exhortándolas a que se arrepintieran.[29] Carlos, cuya inspiración poética siempre se avivaba al contacto de acontecimientos extraordinarios, publicó diecinueve himnos, en los que expresa la confianza y serenidad del alma que no puede ser inquietada por los cataclismos de la naturaleza. No puede dudarse que la alarma producida por los temblores de tierra de 1750 no hizo sino facilitar la obra de evangelización.

En 1753 Wesley predicó en la cárcel de Brístol a los mineros que habían sido arrestados por complicidad en un levantamiento y les halló muy dispuestos a recibir los consuelos de la religión. Algunos meses después visitó la prisión de Marshalsea, en Londres, a la que llama "semillero de toda clase de vicios".[30]

La miseria de Londres, que él observaba detenidamente en

[26]*Journal*, 20 de junio de 1752 y 27 de marzo de 1753.

[27]*Idem*, 2 de mayo de 1759.

[28]*Idem*, 9 de septiembre de 1745.

[29]Sherlock, Obispo de Londres, publicó por ese tiempo una *Carta dirigida al clero y a los habitantes de Londres y de Westminster con motivo de los recientes temblores de tierra*. Este escrito, del cual se vendieron 60,000 ejemplares, se proponía despertar a la nación inglesa a la conciencia de sus pecados y descubre lastimosos cuadros del estado moral del pueblo. (Véase Tyerman, tomo II, p. 72).

[30]*Journal*, 3 de febrero de 1753.

188 JUAN WESLEY

sus visitas, le produjo profunda compasión. "¿Quién podrá ver tales
escenas y permanecer impasible?" escribía él. "No hay nadie que
así pueda hacerlo ni en un país pagano. Si alguno de los indios de
Georgia se enfermase (que realmente raras veces sucedía antes de
que aprendieran de los cristianos a ser glotones y ebrios), los que
le rodearan le suministrarían cuanto pudiera necesitar. ¡Oh, quién
pudiera convertir a los ingleses en paganos honrados! Durante el
viernes y el sábado visité a tantos cuantos pude. Hallé algunos en
sus celdas debajo de tierra; a otros en sus guardillas medio muertos
de frío y de hambre, además de estar débiles y enfermos. Pero no
hallé a ninguno ocioso, siempre que pudiera arrastrarse por su cuarto. Es perversa y diabólicamente falsa la objeción común de que 'son
pobres solamente porque están ociosos'. Si vierais estas cosas con
vuestros propios ojos, ¿podríais emplear dinero en adornos y cosas
superfluas?"[31]

Si el metodismo ganaba terreno en lo general, tenía ciertos
aspectos menos agradables. Era preciso ejercer una activa disciplina
so pena de ser invadido por doctrinas nocivas y por una moral
relajada. Wesley con frecuencia repetía estas palabras de un sabio
antiguo: "El alma y el cuerpo constituyen al hombre; el espíritu y
la disciplina hacen al cristiano." Por las costas, sobre todo en
Cornovalle, el contrabando era considerado como un derecho
común, y Wesley descubrió un día, con profundo dolor, que la
mayor parte de los miembros de Saint Ives y de los lugares circunvecinos compraban y vendían artículos introducidos de contrabando. "Les dije claramente", dice él, "que deberían abandonar
esta costumbre abominable, o de lo contrario, no volverían a ver
más mi rostro."[32] Al combatir estas prácticas vituperables y
excluir de las sociedades a los que eran responsables de ellas, hizo
él más para corregir tales abusos que la policía y las aduanas, que
generalmente fracasaban en sus tentativas de supresión.

Los maestros antinomianos, tanto del tipo moravo como del
calvinista, continuaron introduciendo dificultades en varias sociedades. Las de Staffordshire fueron las que más tuvieron que sufrir
por tales tendencias.

"¡Qué obra tan notable se hubiera hecho en todos estos
lugares", escribe Wesley, "si no se hubieran interpuesto estas
miserables disputas suscitadas por los partidarios de la predestina-

Journal, 8 de febrero de 1753.
Journal, 25 de julio de 1753.

ción, que pretendieron desviar a los que seguían el buen camino! En tiempos de persecución, cuando teníamos que llevar la vida en la mano, nadie osaba acercársenos; las olas se levantaban demasiado altas para ellos; pero, cuando se restableció la calma, se nos echaron encima de todas partes, arrebatándonos a nuestros hijos."[33]

Estos calvinistas exaltados eran en su mayor parte seguidores de Whitefield, pero exageraban la doctrina del maestro y sacaban de ella consecuencias prácticas que él repudiaba con todas sus fuerzas. Los dos Wesley, opuestos desde varios puntos de vista a las doctrinas calvinistas de su amigo, tenían por él afecto especial. Se cambiaban con frecuencia los púlpitos de sus iglesias y se visitaban a menudo.

"El Señor está reavivando su obra como al principio", escribía Wesley en 1749. "Se están uniendo a su iglesia multitudes todos los días. Jorge Whitefield, mi hermano y yo somos una misma persona, una cuerda de tres hilos que nunca se podrá romper. La semana antepasada recibí a nuestro amigo Jorge en nuestra casa de Newcastle, poniéndolo en posesión plena de nuestro púlpito y del corazón de nuestro pueblo hasta donde me fue posible hacerlo. El Señor unificó nuestros corazones. Participé por varios días de su fructífero ministerio. Nunca había recibido él mayores bendiciones o se había manifestado más satisfecho. A grupos enteros de los disidentes llegó a conmover. Están ahora tan reconciliados con nosotros como apenas puede concebirse. El mundo se halla confundido; los corazones de los que buscan al Señor se regocijan. En Leeds encontramos a mi hermano, quien dio al honrado Jorge la diestra de compañerismo y lo llevó por todas partes, presentándolo a nuestras sociedades. No pocas personas de Londres se alarmarán al recibir las noticias; pero es la obra del Señor, según lo reconocerán ellos al correr del tiempo."[34]

Si los predicadores de Wesley le servían como buenos ayudantes, le daban, sin embargo, sus horas de cuidado. Su piedad y su celo eran generalmente admirables; pero, debido a una cultura deficiente, con facilidad se dejaban arrastrar por novedades religiosas. Uno de ellos, llamado Santiago Wheatley, abrazó los principios antinomianos y gracias a su gran facilidad de palabra se hizo muy popular, formando escuela entre sus colegas. Expulsado por causa de inmoralidad en 1751, consiguió formar en Norwich una

[33]*Journal*, 1 de abril de 1751.
[34]*Methodist magazine*, 1848, p. 639.

numerosa iglesia, que resistió valientemente una terrible persecución, pero que fue completamente disuelta a consecuencias de un nuevo escándalo del que Wheatley resultó culpable. Estos hechos decidieron a los dos Wesley a someter a sus predicadores a un cuidadoso examen, que dio por resultado la depuración de este pequeño cuerpo de ejército, compuesto de 68 hombres, que hubiera sido completamente ineficaz a no someterse a una severa disciplina.

Wesley fundó en 1748 la famosa escuela de Kingswood, una especie de colegio con internado, en donde al principio eran admitidos, mediante una modesta retribución, todos los niños que allí acudían, pero que después se reservó exclusivamente para los hijos de los predicadores. Su programa de estudios comprendía todas las asignaturas correspondientes a una amplia educación. Wesley lo arregló con el mayor cuidado, observando su desarrollo hasta en los menores detalles. No satisfecho con los libros de texto que se usaban en las escuelas de su tiempo, preparó personalmente gramáticas, manuales y nuevas ediciones, cuidadosamente revisadas, de autores clásicos. Desgraciadamente, trató de aplicar en el régimen interior del colegio de Kingswood la disciplina militar, un tanto monástica, que no tomaba en consideración la edad y diversas aptitudes de los alumnos. Aunque se había dado a conocer como un verdadero maestro en la instrucción, resultó ser mal educador. Su escuela, organizada con un régimen digno de Esparta, vegetó por algún tiempo, proporcionándole verdaderas decepciones. Se escapó de una ruina completa rompiendo la férrea malla que la envolvía, tejida por el espíritu excesivamente lógico de su fundador.

Durante el período de siete años que comprende este capítulo, Wesley continuó utilizando ampliamente la prensa. La publicación más considerable de este género fue la *Biblioteca cristiana*, colección de obras de teología práctica abreviadas por él, que comenzó a publicarse en 1749 y terminó en 1755, demandando prolongadísimas lecturas y un trabajo considerable. Su objeto era el de poner al alcance de todos los miembros correspondientes a las sociedades una buena selección de libros edificantes. Este objeto se consiguió plenamente.

Las numerosas publicaciones que la fecunda pluma de Wesley producía año tras año demandaban para su mejor circulación una gerencia especial, y en 1753 los mayordomos y los ecónomos de la sociedad de Londres convinieron en ponerse en correspondencia con las sociedades para enviarles libros y recabar de ellas su importe. Esta fue la primer tentativa para establecer la agencia de publicaciones *(Book room)*, que llegó a ser más tarde de grande importancia.

Ya es tiempo de que hablemos del matrimonio de Wesley, que tuvo lugar en 1751. Su hermano Carlos se había unido en matrimonio dos años antes, y la esposa que escogió pudo formarle el hogar apacible y feliz que él tan dignamente merecía. En cuanto a Juan, por mucho tiempo había creído que su vida ambulante no podía conciliarse fácilmente con los deberes de la familia. El celibato le era atractivo, y en uno de sus escritos intitulados *Pensamientos sobre una vida de célibe,*[35] la había recomendado, encareciendo el ejemplo de Jesucristo y de San Pablo, a todos los que pudieran abrazarla "por causa del reino de los cielos". Sus ideas sobre el asunto sufrieron algunas modificaciones, y con el tiempo llegó a desear el unir su vida a la de una compañera que le pudiera formar un hogar en donde hallar descanso después de sus largos y frecuentes viajes. Sus miradas se fijaron en una joven viuda de Newcastle, la señora Grace Murray, que desempeñaba el puesto de ama de llaves en el orfanatorio y que, además de ser muy inteligente y piadosa, tomaba una parte activa en todas las obras cristianas. Wesley llegó a profesarle vivo afecto, al que ella a su vez correspondía. Su proyecto parecía que iba a realizarse y confiado en las promesas de la joven, emprendió un nuevo viaje durante el cual recibió noticias de que Grace Murray renunciaba a sus promesas y proyectos para dar su mano a uno de los predicadores, Juan Bennett, que en otra época la había pretendido. Este fue un golpe muy rudo para Wesley, sobre todo cuando supo que fue su mismo hermano Carlos y otros de sus amigos los que habían precipitado tal acontecimiento. La causa que les había impulsado a obrar así era su creencia firme de que tal unión era imprudente porque relajaría la gran autoridad que Wesley ejercía sobre las sociedades.

La complaciente imaginación de los biógrafos de Wesley ha acumulado sobre la mujer que estuvo a punto de ser su esposa todas las virtudes y todas las cualidades que no poseía la que llegó a serlo. No los seguiremos en sus conjeturas, y sin adoptar los severos juicios de Tyerman, quien veía en Grace Murray una coqueta sin corazón que pretendió divertirse con los sentimientos de un hombre honrado, somos de parecer que los amigos de Wesley,

---

[35]En 1743 Wesley publicó un folleto con el título de *Pensamientos sobre el matrimonio y el celibato.* Lo reemplazó más tarde por otro intitulado: *Pensamientos sobre el celibato,* que figura en el tomo XI de sus *Obras,* pp. 456-463.

tratando de evitar lo que juzgaban una mala unión, contribuyeron a precipitar otra que puede juzgarse como una de las más desgraciadas de que la historia nos da cuenta.

Su amigo Vicente Perronet lo presentó en 1751 con la señora de Vazeille, viuda que poseía algunos medios de fortuna, madre de cuatro hijos, y que parecía poseer las cualidades que deben adornar a la esposa de un ministro. Wesley hizo mal en confiarse del consejo de sus amigos sin tomar el tiempo suficiente para examinar las cosas personalmente. Como temiera que algún incidente pudiera oponerse a sus nuevos designios, hizo rápidamente todos sus arreglos, y su matrimonio se verificó quince días después de haberlo resuelto. Su cambio de estado no debería, según su entender, cortarle su libertad como ministro de Jesucristo. Por tanto, en los convenios que habían de hacerse para la celebración del matrimonio, se rehusó terminantemente a tener intervención alguna en la administración de los bienes de su esposa; pero hizo constar que debería entenderse claramente que su matrimonio no le había de obligar a predicar un solo sermón menos ni a disminuir una milla en los viajes que estaba acostumbrado a hacer. "Si yo creyera que había de ser de otro modo", decía Wesley a la señora misma, "a pesar de lo mucho que os amo, no volvería a veros en mi vida."[36]

Desgraciadamente, al consentir en tales arreglos, la señora de Wesley prometió más que lo que era capaz de cumplir, y la experiencia vino a mostrar a su esposo que había cometido un error irreparable en tal matrimonio. Todas sus buenas cualidades, efectivamente, eran eclipsadas por un gran defecto: era muy celosa. Incapaz de comprender la naturaleza y elevación del carácter, así como la pureza de miras de su esposo, se dejó llevar por su desviada imaginación hasta concebir las más absurdas y afrentosas sospechas. Cuando halló que no podía inducirlo a que adoptara la vida sedentaria que él consideraba como incompatible con su misión especial, dio rienda suelta a su mal carácter y a sus desviados pensamientos. Dominada por ideas preconcebidas, algunas veces lo seguía por distancias hasta de cien millas para verlo entrar en una población y cerciorarse de la clase de compañías que llevaba durante el camino. Abría sus cartas, registraba sus papeles particulares, entregándolos algunas veces a sus enemigos con la esperanza de llegar a estigmatizar su carácter. Hasta llegó a la vía de

---

[36] Moore: *Life of Wesley*, tomo II, p. 173.

hechos con su esposo, si hemos de dar crédito al predicador Juan Hampson, que refiere que, al entrar una vez inesperadamente al gabinete en que ellos estaban, halló a la señora presa de un arrebato de ira tal que apretaba en su mano un puñado de cabellos que había arrancado de la cabeza de su esposo.[37]

La pasión verdaderamente monomaniaca que con tal crueldad había cegado a esta desgraciada mujer la sacó, más de una vez, del domicilio conyugal, y sólo regresó a él después de reiteradas instancias de su esposo. Ved lo que Wesley le escribía durante unos de estos rompimientos:

"Dios se ha valido de muchos medios para dominar tu rebelde voluntad y romper la impetuosidad de tu carácter violento . . . ¿Eres ahora más humilde, más dócil, más paciente y más apacible que antes? Temo que sea lo contrario; mucho me temo que tu temperamento natural se esté empeorando en lugar de mejorarse. ¡Oh, ten cuidado, no sea que Dios te entregue a la codicia de tu corazón y te condene a ser guiada por tu propia fantasía!

"En medio de todos estos conflictos podrá ser una imponderable bendición el que tengas un esposo que conoce tu temperamento y puede sobrellevarlo; después de que lo has probado de mil modos, imputándole faltas que él no ha cometido, robándolo, traicionando su confianza, divulgando sus secretos, causándole mil heridas alevosas, denigrándolo intencionalmente y tratando de destruir su carácter, proponiéndote hacer todo eso movida por la baja pretensión de vindicar tu carácter; después de haber sufrido todas estas provocaciones, está todavía dispuesto a perdonarte, a olvidar lo pasado como si nunca hubiera sucedido y a recibirte con los brazos abiertos, con la única condición de que no regreses con la espada desenvainada con que siempre pretendiste herirle, aunque ningún mal lograrás nunca hacerle . . .

"Mi querida Molly, sea suficiente lo pasado. El mal puede todavía tener remedio. Me has causado muchos males, pero no tantos que no pueda perdonarte. Todavía te amo y estoy tan limpio de otras mujeres como el día en que nací. Por fin, conócete a ti misma. No puedo ser tu enemigo, pero permíteme el que sea tu amigo. No abrigues sospechas contra mí, ni me vuelvas a calumniar, ni me provoques más. No te vuelvas a afanar por alcanzar dominio, poderío, dinero o alabanza. Conténtate con ser una persona particular, insignificante, conocida y amada por Dios

[37] Hampson: *Life of Wesley*, tomo II, p. 127.

y por mí. No pretendas más privarme de la libertad que me pertenece por las leyes divinas y humanas. Deja que me gobierne Dios y mi propia conciencia. Entonces te gobernaré con dulzura y te haré ver que te amo tan entrañablemente como ama Cristo a su iglesia."

Pero la señora de Wesley era incapaz de entender tal lenguaje en donde la firmeza se veía templada por la bondad. Por fin se resolvió a separarse definitivamente del hogar conyugal, declarando que jamás volvería a él. En tal ocasión la medida rebosó. Wesley, que por más de veinte años había sufrido un verdadero martirio cotidiano, anotaba en su diario lo siguiente: *"23 de enero de 1771.*—Hasta hoy, no sé por qué causa, salió para Newcastle con la intención de no regresar nunca. *Non eam reliqui; non dimisi; non recabo."*[38]

"Así fue sumariamente disuelto", dice Southey, "este desgraciado matrimonio. La señora de Wesley vivió diez años después de esta separación, y su epitafio la describe como una mujer de piedad ejemplar, como madre tierna y amiga devota; pero con toda prudencia calla completamente sus virtudes de esposa."[39]

"Por espacio de veinte años", dice Stevens, "persiguió a su esposo con infundadas sospechas e intolerables molestias, y figura entre las pruebas más admirables de la verdadera grandeza de carácter de éste el que su carrera pública jamás oscilara ni perdiera nunca nada de su fuerza y buen éxito durante estos prolongados infortunios domésticos."[40]

En el otoño de 1753 Wesley cayó gravemente enfermo, debido a las grandes fatigas que había tenido que sufrir; los médicos diagnosticaron consunción, prescribiéndole que suspendiera completamente sus trabajos y se retirara al campo. Las sociedades de Londres y de las provincias, grandemente alarmadas por estas noticias, elevaron al cielo ardientes rogativas a su favor. Todo parecía indicar una muerte próxima, y Wesley mismo se preparó, como lo prueba el epitafio que personalmente redactó "para evitar", decía él, "viles panegíricos". Estaba concebido de este modo: *"Aquí yace el cuerpo de Juan Wesley, tizón arrebatado del fuego; murió de consunción a los 51 años de edad sin dejar a su muerte, después de pagadas sus cuentas, ni diez libras; su oración era:*

---

[38]"No la abandoné; no la despedí; no la llamaré."
[39] *Life of Wesley,* cap. xxiv.
[40] *History of methodism,* p. 370.

Dios, ten misericordia de mí, siervo inútil."

Esta enfermedad le valió a Wesley numerosos testimonios de simpatía que de diversas partes le llegaban, y que le hacían ver los sentimientos de personas que disentían de él en asuntos doctrinales. Ninguno de estos testimonios le fue más valioso que el de Whitefield. La carta que le escribió este antiguo compañero de armas honra demasiado a ambos para no ser reproducida aquí. Ella prueba bien que todo sentimiento acre había desaparecido entre estos siervos de Dios, cuya vida se agitaba en regiones en donde no alcanzan las miserias de este mundo.

BRÍSTOL, 3 de diciembre de 1753.

Reverendo y muy querido señor: Si el veros tan débil cuando salí de Londres me entristeció, las noticias de vuestra próxima disolución me han abrumado. No os compadezco a vos, sino a mí y a la iglesia. Os espera un trono radiante, y antes de mucho disfrutaréis del gozo de vuestro Maestro. Allá os espera El con una gran corona, que colocará en vuestras sienes en presencia de numerosa asamblea de ángeles y santos. Pero yo, pobre de mí, que por diecinueve años he estado esperando mi disolución, tendré que continuar arrastrándome aquí abajo. Y bien, me consuelo con esto: no ha de pasar mucho tiempo antes de que las carrozas vengan por mí, insignificante como soy. Si las oraciones pueden retardarlas, ni vos, reverendo y querido señor, nos abandonaríais todavía; pero, si ya ha salido el decreto de que desde ahora durmáis en Jesús, ¡despida El vuestra alma con santo ósculo y os permita morir en brazos del amor triunfante! Si estuviereis en la tierra de los mortales, espero presentaros personalmente mis últimos respetos la semana próxima. Si no fuere así, reverendo y querido señor, ¡adiós! *Ego sequar, etsi non passibus oequis.*[41] Mi corazón se dilata mucho, las lágrimas fluyen con demasiada abundancia, y temo que estéis demasiado débil para que yo me extienda más. ¡Los brazos sempiternos de Cristo os sostengan! Os encomiendo a su misericordia eficaz, y me repito, reverendo y querido señor, como vuestro más afecto, condolido y angustiado hermano menor en el evangelio de nuestro Señor,

G. WHITEFIELD.

Los temores de Whitefield no se realizaron y Wesley volvió

---

[41] Virgilio: *Eneida,* libro II, 724: "Yo seguiré, aunque no con igual paso."

a recobrar su salud. Por más de treinta años había de permanecer al servicio de Dios y de su iglesia. Su convalescencia fue prolongada. Aprovechó sus horas de relativa ociosidad en la preparación de varias obras para la prensa. Acabó de revisar algunos libros destinados a formar parte de su *Biblioteca Cristiana*. Retirado a Hotwells y después a Brístol, comenzó allí sus *Notas sobre el Nuevo Testamento*.

En la primavera próxima, Wesley reanudó sus labores ordinarias con nuevas energías.

CAPÍTULO IV

LABORES ABUNDANTES— NUEVOS REFUERZOS
(1755-1760)

Reconocimiento de Wesley—Su actividad—Su aspiración al reposo—La señora de Wesley renuncia a acompañar a su esposo—Viajes de Wesley—Primera visita a Liverpool—Visita a Hornby—Bautismo de dos negros—Natanael Gilbert, fundador de la primera misión metodista—Wesley en Norwich; reconocimiento de una sociedad en ruinas—Cornovalle—Brístol—Leeds— Birmingham—Manchester—Un incidente en Newcastle—Whitefield a punto de ser apedreado en Irlanda—Wesley asaltado en Carrick—La guerra de siete años—Desembarque de franceses en Irlanda—Relaciones de Wesley con el general Cavenac—Se ocupa de los prisioneros franceses—Ministros anglicanos amigos del metodismo: Baddiley, Goodday, Conyers, Venn, Romaine, Shirley—Juan Berridge: sus relaciones con Wesley; carta sobre su obra—Juan Newton: sus comienzos—Augusto Toplady—Juan Fletcher—Discurso al clero—Relaciones cordiales con Whitefield y sus amigos—Escritos de hostilidad—Relaciones del metodismo con la Iglesia Anglicana—Escritos de Wesley—El metodismo en 1760.

Al reanudar los trabajos que habían sido interrumpidos por su enfermedad, Wesley sintió un vivo reconocimiento a Dios por la gran obra del avivamiento que durante los últimos quince años había tan profundamente modificado la situación religiosa de la Gran Bretaña. Hallamos en su diario de esta época un pasaje que expresa perfectamente sus sentimientos:

"Inspirado por un profundo sentimiento de la obra maravillosa que Dios ha hecho últimamente en Inglaterra, prediqué en la noche sobre aquellas palabras: 'No ha hecho esto con toda gente' (Salmos 147:20); no, ni aun con Escocia o con Nueva Inglaterra. En ambas Dios ha mostrado la fuerza de su brazo, pero no de una manera tan sorprendente como entre nosotros. Esto aparecerá claro a todo el que imparcialmente considere: 1o. El número de personas en quienes se ha mostrado el poder de Dios. 2o. La rapidez de su obra en muchos, tanto convencidos como convertidos en pocos días. 3o. La profundidad de ambas cosas en la mayor parte de éstos, transformando así el corazón como la conducta entera. 4o. La claridad del fenómeno, que les permitió decir con toda verdad: 'Tú me has amado, Tú te has entregado por mí'. 5o. La continuación de la obra. Dios se ha revelado en Escocia y en la Nueva Inglaterra, en épocas diversas, por semanas y por meses enteros; pero entre nosotros El ha estado obrando por casi dieciocho años consecutivos sin intermisión perceptible. Sobre todo, debemos observar que un número considerable del clero regular tomaba parte en esa gran obra en Escocia, y que en Nueva Inglaterra más de un centenar, tal vez de los más eminentes de toda la provincia, no sólo por su piedad, sino por sus aptitudes tanto naturales como adquiridas; mientras que en Inglaterra no hubo más que dos o tres clérigos de poca importancia, además de unos cuantos jóvenes sin experiencia y sin cultura, y a éstos se les oponía lo mejor del clero y del elemento seglar de la nación. El que observe todo esto tendrá que confesar que es una obra de Dios y que no ha hecho El cosa semejante en ninguna otra nación."[1]

Wesley había alcanzado ya la mitad de la vida sin perder nada del entusiasmo y de la actividad de la juventud. Viajaba cinco mil millas anuales por término medio,[2] la mayor parte de ellas a caballo, sin cuidarse absolutamente de los rigores de la estación. Predicaba dos o tres veces al día e invariablemente dirigía un servicio religioso a las cinco de la mañana en toda época del año. Mientras cruzaba a caballo los condados de Inglaterra, leía obras diversas; teología, historia, literatura, ciencias: todo era para él interesante, y sabía utilizar admirablemente los recursos que de tal modo acumulaba. Las notas sobre sus lecturas que consignaba en su diario indican un juicio original y casi siempre exacto.

Wesley había aceptado la vida misionera como un deber y sabía convertir su deber en labor verdaderamente placentera. Encontramos por todas partes de su diario observaciones que

---

[1] *Journal,* 16 de junio de 1755.
[2] Como 7.500 kilómetros, con un promedio de más de 20 kilómetros por día.

indican haber consultado su propio gusto con referencia a una vida menos agitada. Durante una corta permanencia en una aldea de Irlanda, escribía: "¡Oh, ¿quién me podría arrastrar a una gran ciudad, si no supiera que existe otro mundo? ¡Con cuánto placer pasaría el resto de una vida laboriosa en la soledad y el retiro!" En otra ocasión hizo alto en una pequeña cabaña de la pintoresca costa del principado de Gales y escribe: "Aquí estuve en un lugar pequeño, quieto y solitario *(maxime animo exoptatum meo),*[3] en donde no se escucha más voz humana que la de la familia". Hablando de Newcastle, dice él en otra parte: "Realmente, si yo no creyera en la existencia de otro mundo, pasaría aquí todos los veranos de mi vida, pues no conozco ningún otro lugar de Gran Bretaña que pueda comparársele en lo agradable. Pero busco otra patria y por tanto, me contento con vivir errante en la tierra."[4]

Y continuó su vida errante, aunque estaba casado. La señora de Wesley le acompañó algunas veces durante los primeros meses de su matrimonio; pero tal género de vida no era de su agrado, y su incompatibilidad, que cada día se acentuaba más, les impulsó a seguir cada uno su camino preferido. Wesley, que no había sido bastante prudente para seguir el ejemplo de San Pablo y permanecer célibe, siguió fielmente la recomendación del apóstol: "Los que tienen mujeres sean como los que no las tienen" (1 Corintios 7:29).

Año tras año hacía un gran viaje que comprendía todos los condados del norte de Inglaterra, toda Irlanda y con frecuencia Escocia, empleando en ello de tres a seis meses. El viaje del año de 1758 duró más de nueve meses. A su regreso a Londres, se alojaba en la residencia que tenía anexa a la capilla de la Fundición, y allí rara vez permanecía por varias semanas sucesivas, pues hacía sus visitas más o menos extensas, ya a Cornovalle, ya a Brístol o ya al oeste de Inglaterra. A lo largo de todo el camino había organizado sociedades metodistas o cuando menos, tenía en todas partes amigos que lo recibían gozosos. Y se complacía en apartarse de los caminos conocidos para visitar lugares nuevos.

En 1755 visitó por primera vez a Liverpool. Esta ciudad, que hoy ocupa, por su importancia, el segundo lugar en la Gran Bretaña, con más de medio millón de habitantes, estaba entonces en su infancia. Wesley pasó allí cinco días, notando que en cuarenta

---

[3]"El más deseable retiro para mí."
[4]*Journal,* 5 de junio de 1759.

años su población se había triplicado. "Si continúa su crecimiento en la misma proporción", decía él, "casi se igualará con Brístol en cuarenta años."[5] Su previsión habría de realizarse exactamente; Liverpool cuenta ahora con más de cuatro veces el número de habitantes de Brístol. Con este certero juicio que le permitía descubrir los puntos estratégicos importantes, Wesley trató de establecer sólidamente el metodismo en esta ciudad que tenía tan brillante porvenir. Pronto se vio allí una capilla y una sociedad. Allí halló "la población más amable y cortés que jamás había visto en un puerto, como bien lo demostraba con su amigable conducta no solamente hacia los judíos y los papistas que vivían en su seno, sino hacia los llamados metodistas . . . Todas las mañanas, lo mismo que todas las noches, se veían muchísimas personas asistir a la predicación. Algunas de ellas, según llegué a saber, eran amantes de la polémica; pero yo tenía otras cosas de que ocuparme. Les anuncié a todos 'el arrepentimiento hacia Dios y la fe en nuestro Señor Jesucristo' ".[6]

En 1757 se detuvo en Hornby durante una visita que hacía al norte. Halló allí algunos metodistas expulsados por los propietarios de los terrenos, que los habían arrojado de sus hogares con el propósito de castigarlos por sus preferencias religiosas. No bastó esto para intimidarlos; se construyeron humildes cabañas en las afueras de la ciudad, y allí vivían reunidos en número de cuarenta o cincuenta, formando una interesante comunidad cristiana.[7]

Wesley visitó por primera vez en diciembre de 1748 a Wandsworth, en las cercanías de Londres, en donde una pequeña sociedad, estando expuesta a las iras del populacho desnaturalizado y a los desprecios de una autoridad injusta, había sido dispersada. Cuando regresó al lugar diez años más tarde, fue hospedado por un rico agricultor de las Antillas llamado Natanael Gilbert, que había establecido allí temporalmente su residencia. Este caballero pertenecía a una gran familia inglesa que contaba entre sus antecesores al célebre navegante *sir* Humphrey Gilbert, medio hermano de *sir* Walter Raleigh. Había recibido una excelente educación, habiendo llegado a ser presidente de la Asamblea Legislativa de la isla Antigua, en donde su familia estaba establecida. Uno de sus hermanos convertido en Inglaterra por Wesley le envió algunos de

[5] *Journal*, 15 de abril de 1755.
[6] *Journal*, 14 de abril de 1755.
[7] *Idem*, 7 de julio de 1757.

los libros de éste que causaron en él una viva impresión. Vino a pasar dos años en Europa, con el objeto especial de entrar en relaciones personales con el hombre cuyo escritos habían despertado su conciencia.

Durante la visita que Wesley le hizo en enero de 1758, dos negros pertenecientes a la servidumbre fueron verdaderamente convertidos. Al registrar este hecho en su diario, Wesley añade: "¿No ha de ser conocida su salvación en todas las naciones?"[8] El 29 de noviembre siguiente bautizó a dos de estos africanos. "Uno de ellos está profundamente convencido de su pecado", decía él, "y el otro se regocija en Dios su Salvador y es el primer cristiano de raza negra que yo he conocido. ¿Pero no escogerá nuestro Señor a su debido tiempo a estos paganos como parte integrante de su herencia?"[9]

"Como la bellota contiene la encina", escribe Tyerman, "así estas simples anotaciones contienen el germen de la maravillosa obra metodista y lo que ha alcanzado entre los hijos de la tenebrosa Africa desde aquella época hasta la presente. Debemos pensar no solamente en los millares de africanos convertidos en Africa misma, sino también en las decenas de millares convertidos en las Indias Occidentales y en los centenares de millares pertenecientes a los estados surianos de Estados Unidos de América. Esta maravillosa obra de Dios principió en la casa de Natanael Gilbert, residente accidental de la ciudad de Wandsworth."[10]

Este mismo Natanael Gilbert principió la gran obra en las Indias Occidentales. A su regreso a Antigua en 1759, se dedicó a evangelizar a sus esclavos; abrió una casa de cultos y organizó una sociedad, que a su muerte, ocurrida en 1774, contaba con 60 miembros.

Ya hemos mencionado a Santiago Wheatley, el predicador a quien Wesley se vio obligado a expulsar, algunos años antes, a causa de su conducta, quien, habiendo dejado de predicar, logró formar en Norwich una iglesia numerosísima, para la cual construyó allí una espaciosa capilla. Tan plausible movimiento se vio seriamente amenazado por un nuevo escándalo cometido por aquel ministro, resolviéndose los miembros de la sociedad a llamar a Wesley y encomendarle el arreglo de las dificultades. Hizo a tal lugar diversos viajes, empleando allí muchísimo tiempo;

[8]*Journal,* 17 de enero de 1758.
[9]*Journal,* 29 de noviembre de 1758.
[10]*Life of Wesley,* tomo II, p. 298.

en 1759 permaneció un mes, descubriendo que "todo debería someterse al crisol, o ser separado de la escoria". Reorganizó una sociedad con más de 500 miembros, estableció las clases, exigió que los hombres y las mujeres ocuparan lugares diferentes durante el culto y dictó las medidas necesarias para que la Cena fuera administrada decentemente.[11] "Yo no podría decir", le escribía a Ebenezer Blackwell, "si en toda mi vida he tenido a mi cargo obra más crítica como la que ahora me ocupa. Me estoy esforzando por reunir los que una vez fueron congregados por Santiago Wheatley y después dispersos por él mismo. He logrado reunir como 70 y espero completar 100 esta noche; pero algunos de ellos tienen un espíritu indisciplinado por haber adquirido el hábito de dominar a sus directores; así que no puedo ahora decir cómo puedan sujetarse a ninguna disciplina."[12]

Algunos meses después, habiendo regresado a Norwich, Wesley pudo convencerse, si no lo había hecho antes, que no es cosa fácil reconstruir una obra que haya pasado por una crisis como aquella. "Prediqué en el tabernáculo de Norwich a una gran concurrencia, ruda y bulliciosa. Llegué a descubrir la clase de maestros que había tenido, resolviéndome a enmendarla o a acabar con ella. En consecuencia, la noche siguiente, después del sermón, les hice presentes dos cosas: que no era propio principiar a hablar en voz alta tan pronto como terminara el servicio, pasando rápidamente de un lado a otro como osos enjaulados; y que era costumbre perniciosa reunirse en grupos después del sermón y convertir la casa de oración en un café. Por tanto, deseaba yo que nadie se pusiera a conversar bajo aquel techo, sino que todos se retiraran silenciosamente a sus casas. Y el domingo 2 de septiembre tuve el placer de observar que todos se retiraron silenciosamente como si hubieran estado acostumbrados a hacerlo así por muchos años."[13]

De este modo pasaba de ciudad en ciudad y de aldea en aldea, evangelizando a las multitudes y organizando sociedades. En 1760 predicó en Cornovalle treinta sermones en once días, además de las visitas practicadas, haciendo el triste descubrimiento de que a causa de los predicadores negligentes el número de miembros se había reducido de 1.700, que contaban en su visita precedente, a 1.200.

[11] *Journal,* 6 de marzo a 2 de abril de 1759.
[12] *Works,* tomo XII, p. 187.
[13] *Journal,* 30 de agosto de 1759.

La sociedad de Brístol había reducido también su número de 900 a poco más de la mitad. Wesley empleó varios días en visitar individualmente a los miembros para cerciorarse de las causas que habían producido este mal; descubrió que la prosperidad económica a la que muchos habían llegado habían producido la decadencia espiritual. Organizó clases de catecúmenos para los hijos de los miembros, logrando inscribir desde luego como 80 alumnos.

En Leeds tuvo que luchar contra los jefes de clase, que vinieron a suscitar dificultades por su carácter pendenciero. Describe a Birmingham como "un lugar estéril, árido y desagradable. La mayor parte de la semilla que había sido sembrada durante muchos años fue desenterrada por los jabalíes; los antinomianos arrogantes, impuros, brutales y blasfemos la habían destruido completamente. Y las zorras místicas se habían propuesto echar a perder lo que quedaba del verdadero evangelio. Sin embargo, parece que Dios reservaba todavía una bendición para este lugar; muchos asistían a los cultos, y El está presente de un modo perceptible con el pequeño número que permanece en la sociedad."[14] Algunos años más tarde, en efecto, esta sociedad fue reanimada e hizo notables progresos.

En Manchester, en donde, gracias a la indulgencia de las autoridades, el populacho había atormentado sin piedad a los metodistas, las cosas cambiaron de aspecto, pues la firmeza de algunos magistrados fue bastante para poner fin a los desórdenes.

En 1759, Wesley halló en Newcastle más de 1.800 miembros. Continuó predicando, no solamente en la capilla de esta ciudad, sino en las calles vecinas. Un día, después de haberlo hecho así, escribía: "¡Qué maravilloso es que al diablo no le agrade la predicación al aire libre! Ni a mí me gusta; me agrada más un salón cómodo, asientos suaves y un hermoso púlpito. Pero, ¿en dónde está mi celo religioso, si no estoy dispuesto a despreciar todas estas cosas para salvar una sola alma?" En una ocasión, mientras estaba predicando sobre la escalinata de la bolsa, alguien le arrojó lodo y huevos podridos; pero una pescadora corpulenta, que estaba un poco excitada por el alcohol, vino y se paró a su lado, casi cubriéndole, y mostrando sus nervudos brazos a los asaltantes, les gritó: "Si alguno de ustedes volviere a levantar la mano para tocar a este hombrecito, lo tiraré al suelo inmediatamente". Los desordenados

[14]*Journal*, 4 de abril de 1755.

entendieron lo que ella quiso decir y permanecieron quietos hasta el fin del sermón.[15]

Estos años fueron comparativamente tranquilos. Cuando el espíritu de persecución llegaba a levantarse, sus accesos no eran tan violentos como antes. De vez en cuando las reuniones al aire libre eran interrumpidas y se amenazaba demoler o incendiar las casa de reunión pertenecientes a los metodistas. En Irlanda los odios políticos y religiosos continuaron atizando el fanatismo. En una visita que hizo Whitefield en 1757, estuvo a punto de ser asesinado en Dublín porque oró a favor del rey y por el éxito de sus ejércitos aliados que estaban en campaña. Centenares de católicos romanos lo siguieron, arrojándole piedras hasta que su rostro se vio cubierto con sangre. Su sombrero que le protegía la cabeza había desaparecido y creyó que había llegado su último momento, esperando, como Esteban, "partir durante este sangriento triunfo para comparecer ante la presencia inmediata de su Maestro". Procuró refugiarse en la casa de un ministro, pero la esposa de éste se rehusó a recibirlo. Por fin, algunos amigos lo libertaron haciéndole entrar en un coche. "Salté al coche", escribió él, "y me moví en triunfo angélico en medio de los juramentos, blasfemias e imprecaciones de los papistas que llenaban las calles. Nadie sino los espectadores mismos de esta escena pueden tener una idea del afecto con que fui recibido por los metodistas, que, aunque ahora aparecían gozosos, habían estado llorando y lamentándose. Un médico cristiano estaba listo para curarme las heridas, lo que una vez practicado me permitió encaminarme al lugar de predicación, y después de dirigir algunas palabras exhortatorias, cantamos un himno de alabanza y acción de gracias al que hace de nuestras circunstancias apremiantes oportunidades propicias, que silencia el ruido de las olas y pacifica a los más perversos."[16]

Fue en Irlanda en donde, tres años después, fue Wesley asaltado por el populacho, pero en circunstancias menos trágicas que llegaron a revestir hasta cierto carácter cómico. Había ido con dos de sus predicadores ambulantes hacia el oeste de la isla. Mientras predicaba en una casa de Carrick-sobre-el-Shannon, llegó un magistrado empuñando una alabarda, seguido de una cuadrilla que marchaba al son de un tambor. Wesley se transportó con su reunión a un jardín situado a espaldas de la casa, colocando a sus

[15]Tyerman: *Life of Wesley*, tomo II, p. 330.
[16]Tyerman: *Life of Whitefield*, tomo II, p. 396.

predicadores en la extremidad de los pasillos que conducían al lugar; el jefe de la cuadrilla se lanzó con su alabarda sobre el primer centinela; pero, habiendo errado el golpe, asestó el segundo, que no tuvo mejor éxito. Habiendo dado una vuelta, escaló el muro exterior, precipitándose furioso sobre Wesley y gritando:

—No debe usted predicar aquí hoy.

—No tengo la intención de hacerlo—le respondió el predicador—porque acabo de terminar mi sermón.

Furioso hasta el extremo este magistrado singular, descargó su alabarda sobre uno de los predicadores y se vengó con el sombrero de Wesley, al cual "atacó y maltrató con valor extraordinario", dice el misionero graciosamente, "pero que un señor logró rescatar arrebatándolo de sus manos".[17]

La excitación que prevalecía entonces en Irlanda se explica bien por las tentativas de desembarque que habían hecho los franceses. Estaban entonces en plena guerra de Siete Años, la guerra desastrosa que debería debilitar y casi arruinar a Francia. Wesley, que era patriota entusiasta, había ofrecido al gobierno en 1756 levantar, equipado por su propia cuenta, una compañía de voluntarios. No había sido aceptado su ofrecimiento; pero, cuando visitó a Irlanda cuatro años más tarde, la escuadrilla de Dunkerque, dirigida por un antiguo corsario llamado Thurot, había desembarcado como 1.000 soldados franceses a las órdenes del general Cavenac, apoderándose de la ciudad de Carrickfergus. "Fue una aventura desesperada", dice el historiador Henri Martin, "que no podía tener más resultado que sacrificar algunos valientes. Thurot fue muerto y su escuadrilla capturada."[18]

Wesley se hospedó en Carrickfergus en la misma casa en donde estaba Cavenac. "Conversé extensamente con el general francés", escribe él, "no sólo sobre los acontecimientos de actualidad, sino sobre asuntos de religión. No parecía sorprenderse por nada, pero más de una vez dijo perceptiblemente emocionado: 'Esta es mi religión: no hay religión verdadera fuera de ésta'.[19] Yo le pregunté si era cierto que tenía la intención de incendiar la ciudad. Me contestó: '¡Jesús, María y José! ¡nunca pensamos hacer tal cosa! Incendiar y destruir no pueden tener cabida en el corazón y en la cabeza de un hombre bueno' ". Wesley admiró profundamente el carácter de este soldado. "Se dirá", escribía él a su amigo Blackwell, "que el rey de

---

[17]*Journal*, 10 de junio de 1760.

[18]H. Martin: *Histoire de France*, 1853, tomo XVII, p. 155.

[19]*Journal*, 6 de mayo de 1760.

Francia envía intencionalmente a estos hombres para dar a conocer la clase de oficiales que tiene en su ejército. Espero que tengamos iguales en el ejército inglés; pero hasta la fecha no conozco a ninguno."[20] Esta guerra infortunada trajo a Gran Bretaña numerosos prisioneros franceses. Wesley visitó a los que habían sido internados a Knowle, cerca de Brístol, hallando como 1.000 de éstos cubiertos de harapos y expuestos a morir de frío. Por la noche predicó en Brístol sobre el texto: "Y no angustiarás al extranjero; pues vosotros sabéis cómo se halla el alma del extranjero, ya que extranjeros fuisteis en la tierra de Egipto" (Exodo 23:9). Inmediatamente se levantó una colecta de 450 pesetas, que el día siguiente se hizo subir a 600, con las que Wesley compró telas de lana y algodón, de las que pronto se confeccionaron piezas de ropa para los prisioneros. También publicó una carta en los periódicos, dando a conocer las necesidades, y mediante ella le llegaron nuevos recursos para subvenir a aquella gran miseria.[21] El año siguiente visitó nuevamente a estos prisioneros y levantó una nueva colecta a su favor.[22] No podemos dudar de que se ocupara también de sus necesidades espirituales, pues él aprovechaba siempre la ocasión para predicarles, como lo hizo en Redruth, en Cornovalle.[23]

En la época de que nos ocupamos, el metodismo obtuvo algunos nuevos partidarios entre las filas del clero anglicano. Guillermo Baddiley llevó a cabo en Derbyshire una obra análoga a la que hizo Grimshaw en Yorkshire: organizó sociedades, empleando simples laicos para que se encargaran de dirigirlas. Tomás Goodday, de Sunderland, ofreció su púlpito a Wesley, escribiéndole cartas muy interesantes, solicitando sus consejos y sus oraciones. Ricardo

[20]Tyerman, tomo II, p. 351.

[21]*Journal,* 15 de octubre de 1759.

[22]*Idem,* 24 de octubre de 1760. Veinte años más tarde hallamos nuevamente a Wesley ocupándose de prisioneros franceses. "A las once prediqué en Winchester, en donde se hallan 4.500 prisioneros franceses. Me alegré al ver que tenían suficiente provisión de buenos alimentos y que son tratados, en todos sentidos, con gran humanidad".

[23]*Idem,* 18 de septiembre de 1759. Wesley relata en este mismo lugar un episodio muy honroso para los prisioneros franceses. "Aquí tuve conocimiento de un suceso notable. Hace algunos días que unos cien ingleses que habían estado prisioneros en Francia fueron desembarcados en Penzance. Muchos de éstos pasaron por Redruth en camino para sus casas, pero en las condiciones más deplorables. Ningunos mostraron mayor compasión por ellos que los franceses. Les dieron alimentos, ropa o dinero, diciéndoles: 'Desearíamos poder hacer más, pero es muy poco lo que para nosotros mismos tenemos'. Hubo muchos que, no teniendo más que dos camisas, dieron una a los ingleses que iban desnudos. Un joven francés, encontrando a un inglés que iba semidesnudo, se apoderó de él, lo hizo que se detuviera, lloró con él un rato y en seguida se quitó su propio saco y lo cubrió con él."

Conyers, vicario de Helmsley, desplegó gran celo en la instrucción de los niños y en la conversión de sus feligreses. Enrique Venn, cura de la iglesia de San Mateo en Londres, se convirtió en uno de los más ardientes partidarios del avivamiento, prestándole importantísimos servicios. Guillermo Romaine, hijo de un francés protestante refugiado, impartió valiosa ayuda por sus conocimientos teológicos y sus grandes aptitudes como predicador. Walterio Shirley, rector de Loughrea, en Irlanda, pariente de la condesa de Huntingdon, fue presentado por ella a los jefes del metodismo, al que se asoció con verdadero celo. Martín Madan, pariente del poeta Cowper, fue convertido por el ministerio de Wesley y llegó a ser uno de los predicadores más populares de la Iglesia de Inglaterra.

Un ministro anglicano con quien Wesley mantuvo buenas relaciones y que llegó a ser una de las figuras más originales del avivamiento fue Juan Berridge, vicario de Everton. Tenía cuarenta años de edad y había sido ministro por muchos años cuando fue convertido en 1756. A partir de este momento se hizo un predicador infatigable del evangelio puro. Ayudado de un pastor vecino apellidado Hicks, a quien había sugerido él la verdadera fe, extendió sus importantes trabajos con verdadero celo apostólico a los condados de Bedford, Cambridge, Essex, Hertford y Huntingdon.

En toda esa vasta región predicó de lugar en lugar por más de 20 años, diez o doce veces por semana, por término medio, a pesar de los obispos que pretendieron obligarlo a que se limitara a su parroquia. Su predicación bíblica causaba viva impresión en su auditorio, que se componía de personas que de todas partes acudían a escucharlo. Durante el primer año después de su conversión fue visitado como por mil personas que venían deseosas de convertirse, y se dice que durante el mismo período más de 4.000 fueron convertidos por su predicación. Gastó toda su fortuna, llegando hasta vender su servicio de plata, para subvenir a las necesidades de los numerosos predicadores laicos que empleaba y para pagar la renta de los salones en donde éstos predicaban.

Aunque era calvinista, Berridge suplicó a Wesley que viniera a visitarlo; éste obsequió la invitación y quedó admirado de la magnífica obra llevada a cabo por el vicario de Everton. Observó con verdadera sorpresa que ese movimiento religioso se señalaba por violentos fenómenos físicos semejantes a los que tanta admiración habían causado durante el principio de su propio ministerio y que después habían desaparecido. Después añade: "Generalmente he observado síntomas externos más o menos notables que acompañan el comienzo de una obra general de Dios. Así pasó en Nueva Inglaterra, Escocia, Holanda, Irlanda y muchos lugares de Inglaterra; pero después de algún tiempo disminuyeron gradualmente, continuando la obra más quieta y silenciosa. Los que por complacencia de Dios sean empleados en su orden deben mantenerse pasivos con referencia a esto: no deben tener preferencias, sino dejarle a Él enteramente los detalles de su propia obra".[24]

Berridge le escribió con fecha 16 de julio de 1759:

"Estimado señor: El señor Hicks y yo hemos estado predicando por los campos durante el mes pasado, y el poder del Señor se ha mostrado de un modo eficaz acompañando su palabra. Como veinte poblaciones han recibido el evangelio en mayor o menor grado, y continuamente recibimos invitaciones cada vez que salimos. La palabra es por todas partes como un martillo que desmenuza las piedras en pequeños fragmentos. Las personas caen derribadas, gimen de la manera más angustiosa y lucha con tal vehemencia que cinco o seis hombres no bastan para sujetarlas. Es verdaderamente maravilloso el ver cómo cae el poder del Señor aun sobre pecadores que habían permanecido indiferentes. Cuando entramos a una nueva aldea, la gente nos inspecciona, se ríe y nos injuria; pero cuando hemos predicado a mañana y tarde y han presenciado los gemidos de los pecadores heridos, se alarman tanto como si los franceses estuvieran a sus puertas. Tan pronto como tres o cuatro han sentido en la aldea una convicción profunda, se les suplica que se reúnan dos o tres noches de la semana, lo que aceptan de buena voluntad. Al principio cantan solamente; después toman parte en la lectura, en la oración y el canto, y la presencia del Señor se manifiesta en ellos gradualmente. Mencionaré dos casos: en Orwell diez individuos se rindieron una noche con oír cantar a unas cuantas personas. En Grandchester, que está a una milla de Cambridge, 17 personas fueron profundamente convertidas, la semana pasada, con sólo escuchar el canto de los himnos."[25]

En el año de 1758, cuando Wesley hubo trabado amistad con Berridge, conoció también a Juan Newton, el célebre autor de obras religiosas. Convertido al evangelio después de haber llevado una juventud de aventuras y desórdenes, entró en 1764 a las filas del ministerio anglicano. Pero antes de esa fecha se había ocupado

[24]*Journal*, 6 de agosto de 1759.
[25]Tyerman, tomo II, p. 332.

activamente en la evangelización de Liverpool como simple predicador laico. Allí fue donde Wesley le conoció y tuvo oportunidad de apreciar sus aptitudes. "Se trata de un caso muy peculiar", escribe él. "Nuestra iglesia requiere que sus ministros sean hombres de cultura y con tal fin deben tener una educación universitaria. Pero ¿cuántos hay que tienen la educación universitaria y sin embargo carecen de erudición? Sin embargo, ¡éstos son ordenados! Entretanto, una persona eminente por su saber, así como de conducta irreprochable, no puede ser ordenada porque ¡no ha pasado por la universidad! ¡Esto es una verdadera farsa! ¿Quién podría creer que un obispo cristiano se detuviera ante tan pobre objeción?"[26] Wesley deseaba ver a este hombre poseedor de tan admirables aptitudes, pero a quien los obispos cerraban las puertas del ministerio oficial, entrar a las filas del ministerio ambulante. Si Newton se hubiera atenido a su propio corazón, habría aceptado la invitación que se le hacía; pero su salud estaba muy delicada y no se le permitía exponerse a los largos viajes y a la intemperie; tenía además pesadas cargas de familia que no creía justo sujetar a las privaciones peculiares de los predicadores metodistas. Las dificultades que se habían opuesto a su admisión a las sagradas órdenes cedieron por fin, y la Iglesia Anglicana ganó con este ministro uno de los hombres que mejor servicio le dieron y que más la han honrado introduciendo en su seno la vida espiritual.

Como por esta misma época estableció Wesley relaciones con Augusto Toplady, que, después de haberse convertido a la edad de 16 años, mediante la predicación de un gran predicador laico, se fue a emprender sus estudios en el colegio de la Trinidad, en Dublín. Las cartas rebosantes de piedad y de respetuoso afecto que como estudiante le dirigía a Wesley no descubrían al hombre que, algunos años más tarde, había de ser el polemista acre y mordaz que con verdadera pasión defendiera las doctrinas calvinistas más extremadas.

La mayor parte de los ministros que acabamos de mencionar se unieron a la rama calvinista del metodismo. El hombre de que nos ocuparemos en seguida vino a ser la excepción, llegando a ser el brazo derecho de Wesley.

Juan Fletcher nació en el año 1729 en Nyon, una pequeña ciudad de Suiza, y pertenecía a una antigua familia de la nobleza savoyana. Vino a Inglaterra en 1752 en calidad de preceptor y allí adquirió

[26]*Journal*, 20 de marzo de 1760.

una fe viva, debido a la influencia de los metodistas. Estableció relaciones con Wesley en 1755, las cuales no cesaron hasta que la muerte vino a separarlos. Animado por su amigo y obedeciendo a sus ardientes sentimientos íntimos, entró al ministerio de la iglesia establecida, y para dar a conocer, desde la primera hora, su futuro carácter de ministro distinguido, el mismo día que recibió las sagradas órdenes en la Capilla Real de Santiago, en Londres, fue a ayudar a Wesley a administrar la Santa Cena a los miembros de la capilla de Snowfields. Tres años después, llegó a ser vicario de la parroquia de Madeley, en Shropshire, en donde llevó a cabo una obra magnífica, asociado siempre cordialmente con los metodistas, llegando a ser uno de sus jefes más influyentes y su mejor teólogo. La nobleza de su carácter, la santidad de su vida y sus relevantes dotes le dieron lugar muy distinguido entre esa pléyade de hombres de Dios que llevaron el avivamiento a la iglesia de Inglaterra.[27]

Las relaciones de Wesley con los jefes del metodismo calvinista continuaban siendo fraternales. "El señor Whitefield ha venido a visitarme", escribía él en su diario el 5 de noviembre de 1755; "ya no empleamos tiempo en disputar. Nos amamos mutuamente y nos damos la mano para promover la causa de nuestro Maestro común". Predicó un día en la casa de *lady* Huntingdon y administró la Cena a Whitefield y a sus amigos Madan, Romaine, Venn, Griffith, Jones y a otros.

La unión de estos jefes era muy necesaria por ser atacados sin distinción alguna por los enemigos del despertamiento. Cada año veían la luz pública nuevas publicaciones contra ellos. El de 1760 fue especialmente fecundo en esta clase de producciones. El teatro mismo se constituía en partido antagonista, y aquel mismo año se representó en Londres una comedia de Foote, *The minor,* que los ponía en ridículo. El autor escribió otra intitulada *Los metodistas,* que no alcanzó a representarse.

Durante estos días Wesley tuvo que combatir serias dificultades con respecto a las relaciones que los metodistas conservaban con la Iglesia Anglicana. Nos reservamos para tratar este asunto en capítulo especial. Pero conviene decir aquí que los debates sobre tal asunto acarrearon cierto resfriamiento entre los dos hermanos. Carlos deseaba que los metodistas permanecieran dependientes de la iglesia establecida, aun cuando ésta estuviera representada por ministros

---

[27]Varias biografías de Juan Fletcher han sido publicadas. Debemos hacer mención especial de las de Wesley y Benson y en épocas más recientes, las de Tyerman y F. Macdonald.

indignos. Juan, sin separarse completamente de la iglesia, no deseaba sacrificar el porvenir de su obra sometiéndola a prejuicios eclesiásticos. Los dos hermanos continuaron, no obstante, trabajando juntos; pero Carlos renunció al ministerio ambulante y se consagró al pastorado en el seno de las sociedades de Londres. Entre las obras que Wesley publicó en esta época mencionaremos sus *Notas sobre el Nuevo Testamento* y su *Tratado sobre la doctrina del pecado original,* en contestación al Dr. Taylor. Ambas son consideradas como las mejores que escribió. En 1755 sostuvo una curiosa correspondencia teológica con Ricardo Thompson referente a la doctrina de la seguridad, y el año siguiente otra relativa a la perfección cristiana con el Dr. Dodd, que debería acabar sus días sobre la horca.[28]

En 1760 el metodismo, que contaba con menos de un cuarto de siglo de existencia, había echado profundas raíces en casi todos los condados de Inglaterra, contaba con 90 predicadores ambulantes que trabajaban bajo la dirección de Wesley, tenía numerosas capillas y algunos millares de miembros. Más aún, su savia, que estaba lejos de haber perdido su vigorosidad, pronto habría de hacer brotar nuevas ramas y producir otros frutos.

[28]En 1745 Wesley sostuvo una correspondencia muy interesante sobre el metodismo con un personaje que se ocultaba bajo el pseudónimo de Juan Smith, pero que no era otro sino el arzobispo de Canterbury, Tomás Secker. Esta correspondencia no fue inútil para Wesley, pues le dio oportunidad de expresar sus ideas sobre el asunto con más moderación. Ha sido publicada por Moore en su *Life of Wesley,* tomo II, pp. 473-578.

CAPÍTULO V

AVIVAMIENTO EN MEDIO DEL AVIVAMIENTO—LA MISIÓN AMERICANA

(1761-1770)

Wesley se aproxima a la senectud—La perfección cristiana—Gran avivamiento en las sociedades de Inglaterra e Irlanda—Resultados generales—Exaltación del fanatismo en la sociedad de Inglaterra—Expulsión de Jorge Bell y sus secuaces—Actividad de Wesley—Incidentes de su vida ambulante—Caídas del caballo—Reuniones al aire libre—Adelantos en varios lugares de Inglaterra, Irlanda y Escocia—Cambios en la actitud del pueblo—Autoridad de la palabra de Wesley—Cambio de actitud de las autoridades—Intolerancia y mala voluntad del clero—Un juicio de Dios—Wesley en el púlpito del reverendo Cordeux, en York—Ataques en prosa y en verso—El libro del obispo Warburton—Cartas de Santiago Hervey—Expulsión de seis estudiantes de Oxford—Juan Fletcher—El colegio de Trevecca—Conferencia con Whitefield—Wesley juzgado por Horacio Walpole—Amigos de Wesley pertenecientes a la nobleza—El concurso de las mujeres—Sara Crosby habla en público—Generosidad de Wesley—Cuidado de las sociedades—Cuadro poco halagador de su estado—Introducción del metodismo en América: Bárbara Heck, Felipe Embury, el capitán Webb—Envío de Bordman y Pilmoor—Muerte de Whitefield.

WESLEY era casi sexagenario al comienzo de la década que comprende este capítulo; sin embargo, su actividad en nada se resentía. Aunque por los años se acercaba a la senectud, estaba en plena posesión de sus energías físicas e intelectuales y acometía su obra con todo ardor. Esta revestía dos aspectos igualmente importantes: la evangelización y la organización. En capítulo especial presentaremos el resumen del desenvolvimiento sucesivo de la última. Continuaremos aquí ocupándonos sucintamente de la parte que Wesley tomó en la primera.

El éxito que había alcanzado su larga vida de líder ambulante no era para permitirle pensar, siquiera en renunciar a ella; una existencia sedentaria, además de no ir de acuerdo con sus gustos, hubiera resultado fatal para las sociedades. Con el crecimiento que habían alcanzado, necesitaban, más que nunca, la corriente vivificadora que entre ellas establecía su dirección y su vigorosa vida espiritual. Privarlas de ella en estos momentos críticos hubiera sido probablemente condenarlas a la muerte por la influencia disolvente del sectarismo que se dejaba sentir sobre ellas, frustrándose miserablemente su gran misión providencial. La vida de Wesley continuó siendo, durante este período, una serie de viajes misioneros; su parroquia la componían los tres reinos, y estaba cada día más cerca de la realización del alto ideal que él anteriormente había acariciado.

En 1761 y por varios años consecutivos, disfrutó el gran gozo de ver extenderse un notable avivamiento en el seno mismo de sus sociedades. Desde el principio había abrazado Wesley y predicaba con esmero la doctrina de la perfección cristiana; creía y enseñaba que era posible para el cristiano alcanzar en este mundo la victoria completa sobre el pecado. En la propia Universidad de Oxford había descubierto este germen precioso en sus autores predilectos, aunque su brillantez se eclipsaba en medio de fantasías místicas. Gradualmente le había restituido su prístina pureza, devolviéndola a su lugar en los joyeles de la Escritura. Para él, el ser librado del pecado, como todas las bendiciones del nuevo pacto, era la obra redentora de Cristo; pero, como ésta, debería ser conquistada por grandes luchas y mediante la fe de los cristianos.

Esta vivificante doctrina, que desde el principio había sido sostenida por Wesley, no podía ser inmediatamente comprendida, en virtud de su misma naturaleza. En primer lugar, en sus predicaciones debió sujetarse a los elementos mismos de la fe y de acuerdo con los métodos apostólicos, distribuir a las sociedades la leche con que se alimentan los niños antes que la carne propia para los adultos. Pero, cuando las sociedades habían sido fundadas sobre bases sólidas, deberían ser alimentadas, y Wesley consideraba que esta doctrina "era el gran depósito que Dios había confiado a los metodistas; y que su misión especial consistiría en difundir por toda la tierra la santidad enseñada en la Escritura".

El gran avivamiento que apareció en el seno de las sociedades en 1761 era la mejor prueba de que ellas tomaban en serio esta misión. Por largo tiempo se observó un trabajo espiritual considerable en todas ellas. "Aquí principió", dice Wesley, "esa obra gloriosa de santificación que había estado casi en suspenso por veinte años. Pero de tiempo en tiempo se esparció, primero por varios lugares de Yorkshire, después en Londres y en seguida por varias partes de Inglaterra; continuó por Dublín, Limerick y por todo el sur y el oeste de Irlanda. Y en dondequiera que crecía la obra de la santificación, todo el trabajo eclesiástico se ensanchaba en sus diversos ramos."

El diario de Wesley perteneciente a esta época abunda en detalles relativos al mejoramiento de la vida cristiana. Por todas partes donde iba hallaba las sociedades robustecidas y grandes con el poder vivificante del Espíritu, y mientras su vida interior se desenvolvía así, su actividad externa era también más eficaz. En marzo de 1761 convocó en Leeds a cierto número de sus predicadores para discutir con ellos las medidas que fueran más eficaces para el desenvolvimiento de aquella nueva obra; tenía la convicción de que al predicar debería proponerse dirigir las más altas aspiraciones de los cristianos. Por medio de sus colegas pudo saber que el avivamiento se propagaba por todo Yorkshire y Lincolnshire. La llama comenzaba a aparecer en Manchester, y confiaba él "que ni los hombres ni los diablos pudieran jamás extinguirla". "Muchas personas de Londres", dice él, "han experimentado un cambio tan profundo y general que jamás habían llegado a concebir." En Brístol la sociedad contaba con más miembros que nunca. "Plugo a Dios derramar su Espíritu este año", escribe él, "en todas partes, tanto de Inglaterra como de Irlanda, y de una manera tal que nunca quizá habíamos visto antes, cuando menos en los últimos veinte años."[1]

"Nuestro Pentecostés ha llegado al fin", dice en 1762, al contemplar los progresos de esta obra. En Londres solamente, más de 400 miembros de las sociedades testificaban que habían sido librados de todo pecado. En Liverpool la sociedad pasó una verdadera crisis en su perfección, y Wesley halló allí una madurez notable de piedad en la mayor parte de los cristianos.

—¿Qué más deseáis ahora?—preguntó a una niña de once años.

Ella contestó con los ojos bañados en lágrimas:

—Nada más, en este mundo, que no sea algo de mi Jesús.[2]

El avivamiento que brotó en la sociedad de Dublín pareció a Wesley más notable que ningún otro. Tuvo por promotor a un predicador llamado Juan Manners, "hombre sencillo, de cultura

---

[1] *Works,* tomo XIII, p. 352.
[2] *Journal,* 26 de julio de 1762.

mediana y nada elocuente, antes más bien de ruda palabra; persona que nunca se había distinguido en otra cosa, sino que parecía destinado a esta obra especial. Y tan pronto como la llevó a cabo, fue atacado de consunción, languideció por algún tiempo y murió". El mismo cristiano le escribía a Wesley: "Esta gente es presa del fuego divino; días como el domingo pasado jamás había yo visto. Mientras estaba yo orando en la sociedad, el poder del Señor nos embargó completamente, y algunos exclamaban en alta voz: 'Señor, ya puedo creer' ". Wesley fue allá para asegurarse personalmente de la intensidad de tal movimiento, hallándolo más profundo que el de Londres. "En cierto sentido", dice él, "la obra de Dios en este lugar es más notable aún que la de Londres ... Los efectos son más puros. Durante este tiempo, aunque todos han sido cariñosamente tratados, no hay ninguno rebelde o indispuesto para el consejo; ninguno que se juzgue más entendido que sus maestros; ni ninguno que sueñe con ser inmortal o infalible o incapaz de ser tentado; en resumen; no hay personas excéntricas o entusiastas; todos son pacíficos y sobrios".[3] Tal elogio dirigido a la obra de Dublín implica una censura a la de Londres. Pronto veremos que había razón para ello.

En Limerick, Edinderry y otros lugares de Irlanda, un trabajo igualmente serio se verificaba en muchas almas, y la presencia de Wesley bastaba para inflamar los corazones de todos los miembros de estas nacientes sociedades.

A fines de 1763 escribía Wesley en su diario:

"Me detuve aquí para dirigir una mirada retrospectiva a los últimos acontecimientos. Antes de que Tomás Walsh saliera de Inglaterra, Dios principió aquella gran obra que ha continuado desde entonces sin intermitencias considerables. Durante todo ese tiempo, muchos fueron convencidos de su pecado, otros han sido justificados y numerosos apóstatas han vuelto sobre sus pasos. Pero la obra especial de esta época ha sido lo que San Pablo llama 'el perfeccionamiento de los santos'. Muchas personas de Londres, Brístol y York, y de varios otros lugares tanto de Inglaterra como de Irlanda, han experimentado cambios tan profundos y generales como jamás lo habían concebido. Después de tener la profunda convicción de su pecado innato, de su completa separación de Dios, han sido llenos de fe y amor (generalmente en un momento); el pecado se desvanece, y desde ese momento se han visto

[3] *Journal*, 26 de julio de 1746.

libres del orgullo, la ira, los malos deseos y la incredulidad. Desde entonces han podido estar siempre gozosos, orar sin cesar y dar gracias por todo. Ahora, ya sea que llamemos a esto destrucción o suspensión del pecado, es una obra gloriosa de Dios: obra como ésta, considerada tanto en su profundidad como en su extensión, jamás habíamos visto antes en estos reinos."[4]

Hemos visto que Wesley tenía razón de quejarse de los males que algunos entusiastas* de Londres habían causado a este hermoso avivamiento. Ha llegado el momento de reconstruir sumariamente los hechos. Entre los predicadores locales de Londres se hallaba un militar llamado Jorge Bell, hombre de espíritu exaltado, que recibió tal impresión por la doctrina de la libertad del pecado que llegó a precipitarse a extremas consecuencias; pretendía ser infalible, declaraba no estar sujeto a la tentación y convencido de su gran superioridad espiritual, se oponía abiertamente a toda autoridad procedente de cristianos menos presuntuosos que él. Llegó a creerse dotado del don de hacer milagros, intentando restituir la vista a un ciego. El fracaso en esta curación no fue bastante para desengañar ni a él ni a las sencillas personas que aceptaban sus pretensiones. Este fanatismo contagió a muchos, y Wesley sufrió el dolor de ver al más anciano de sus predicadores ambulantes, al mismo Maxfield, afiliarse a tal movimiento. El partido que se formó, teniendo por centro a Bell y Maxfield, enseñaba que una persona que ha recibido simplemente la justificación no es nacida de Dios; y que, una vez santificada, no tiene ya necesidad de velar y orar, sino simplemente de poseer fe; y que, además, no podía ni caer de la gracia ni volver a pecar. Estos lamentables errores se propagaron con una alarmante rapidez, y Wesley, después de procurar en vano razonar con ellos y persuadirlos, lo que sólo parecía acrecentar el mal, se vio obligado a excluir a Jorge Bell de la sociedad.

Wesley tuvo también que declarar, por medio de los diarios y para conservar el buen nombre de las sociedades, que él nada tenía que ver con la producción de una profecía hecha por Bell en la cual anunciaba que el fin del mundo había de llegar el 28 de febrero de 1763.

Los partidarios de Jorge Bell estaban demasiado dominados por el fanatismo para desconcertarse por el fracaso de esta predic-

---

[4] *Journal,* 15 de diciembre de 1763.
*Esta es una traducción literal; más atinada es la palabra *fanáticos.*

ción; adujeron toda clase de razones muy convincentes a juicio de ellos para explicar el retardo de esta gran catástrofe que con tanta inquietud esperaban. La expulsión de su jefe les decidió a retirarse de las sociedades, y como 170 enviaron su renuncia. A los que procuraban disuadirlos les contestaban: "El ciego Juan no es capaz de enseñarnos nada; nos vamos con el señor Maxfield." También éste, a pesar de todos los esfuerzos que hizo Wesley para retenerlo, cortó completamente las relaciones con él, constituyéndose en pastor de los descontentos.

Wesley debió, sin duda, no haber esperado a que estos innovadores se introdujeran completamente en las sociedades, para aplicarles la disciplina. Si en lugar de dejarlos tomar la iniciativa y retirarse con todos los honores hubiera procedido desde luego a excluir a los perturbadores, habría podido evitar aun la apariencia de complicidad en sus excesos, sin dar lugar al argumento que se esgrimía contra la doctrina de la santificación, imputándole, como consecuencia necesaria, estos peligrosos resultados. Pero él esperaba que la bondad le produjera mejores resultados que la rigidez. Uno de los miembros de la sociedad le dijo un día:

—Señor, yo tengo varios hombres a mi servicio, y si uno de ellos no acatare mis órdenes, ¿no es justo el que yo lo desocupe desde luego? Os ruego que apliquéis esto al señor Bell.[5]

Su contestación manifiesta claramente la naturaleza de los escrúpulos que tenía:

—Sí, indudablemente—le respondió—tenéis derecho de despedir a un sirviente; pero ¿qué haríais al tratarse de uno de vuestros hijos?

Cuando comenzó la escisión, la sintió profundamente. Habiéndose rehusado Maxfield a predicar, cuando le llegó su turno, en la capilla de la Fundición, Wesley predicó en su lugar, tomando como texto: "Y si he de ser privado de mis hijos, séalo" (Génesis 43:14). Y añadió esto en su diario: "Se ha abierto la brecha, pero yo no tengo la culpa; he hecho cuanto me era posible para evitarlo."[6]

Estas lamentables excentricidades no paralizaron la hermosa obra de la que eran una verdadera parodia. "Hemos perdido solamente la escoria", dice Wesley, "el entusiasmo*, la preocupación y el escándalo. Nos queda el oro puro, es decir, la fe que obra

---

[5] *Journal*, 1 de enero de 1763.
[6] *Idem*, 28 de abril de 1763.
*Véase la explicación en la p. 217.

por el amor; y mucho fundamento tenemos para creer que ése aumenta diariamente."[7]

Estas agitaciones no fueron las únicas que vinieron a causar trastornos en el seno de las sociedades de la Gran Bretaña, las cuales fueron también molestadas durante esta época por graves cuestiones de organización que preocuparon vivamente a Wesley y que reservaremos para nuestro próximo capítulo.

La década comprendida entre 1760 y 1770 es una de las más laboriosas en la carrera de Wesley. Nunca trabajó él más que entonces, que era cuando otros comenzaban a entrar en un período de reposo. "Por tres días de la semana", escribía él en 1761, "puedo predicar tres veces diarias sin fatigarme demasiado; pero ahora me he excedido mucho de ese límite, además de celebrar otras juntas y dirigir exhortaciones a las sociedades." Cuando alcanzó la edad de 62 años, todavía predicaba tres veces los domingos, presidía un servicio de alabanza, hablaba durante una hora en una reunión de la sociedad y cabalgaba diez leguas a caballo.[8] Gozaba de vigorosa salud y era tan entusiasta como si tuviera veinticinco años menos. Esta actividad era indispensable para el éxito del metodismo. Un movimiento de esta clase no podía ser dirigido desde el rincón de un gabinete; era necesario que su jefe estuviera en todas partes. Whitefield se había hecho viejo prematuramente, y su carrera tocaba ya a su fin; Carlos Wesley había suspendido sus viajes por razones de familia; Grimshaw había muerto; Berridge, Romaine y Venn ejercían el pastorado, que les permitía permanecer bastante tiempo en sus casas. Juan Wesley, sin parroquia ni familia, permaneció solo, recorriendo tres reinos, continuando sus viajes hasta su muerte, caracterizando su ministerio por estas incesantes y benéficas excursiones.

Las aventuras no escaseaban en una vida tan agitada, y las fatigas no eran pocas. Después de una jornada de dieciséis horas a caballo, se halló el misionero completamente perdido en los pantanos del principado de Gales. Un minero ebrio a quien le pidió informaciones sobre el camino lo desvió completamente de la ruta. Después de media noche llegó a una miserable posada en donde pudo descansar un poco.[9] En otra ocasión, estando de regreso de Escocia, acompañado de otra persona, con el fin de ahorrar camino

---

[7]*Journal*, 18 de noviembre de 1763.
[8]*Idem*, 11 de agosto de 1765.
[9]*Journal*, 25 de julio de 1764.

determinaron atravesar, durante la baja marea, el golfo de Solway Firth y estuvieron a punto de perecer con sus caballos en el fango y en los arenales.[10] Finalmente, en 1765, durante una visita a sus amigos Perronet, sufrió una caída del caballo de la que se resintió por mucho tiempo.[11]

Tenía que hacer verdaderos prodigios para poder cumplir con su programa. En 1760 el buque que lo trajo de Irlanda a Inglaterra, en donde debería asistir a la conferencia, se retardó, y con el fin de llegar a tiempo a Brístol se vio obligado a viajar de día y de noche, viéndose en la necesidad de alquilar o comprar nueva cabalgadura cuando la que montaba se hubo cansado, no pudiendo continuar la marcha. En otra ocasión, en 1768, supo en Brístol que su esposa había caído enferma en Londres. Aunque cuarenta y ocho horas más tarde deberían principiar las sesiones de una conferencia que tenía que celebrar con sus predicadores en la primera de estas ciudades, montó a caballo y se dirigió a la segunda: informado a su llegada de que la enfermedad de su esposa no era grave, regresó sin demora para llegar a tiempo de estar presente en la apertura de la conferencia, después de haber andado como 80 leguas en dos días.

El infatigable misionero continuaba dándoles el primer lugar a las reuniones al aire libre. Vituperaba a sus predicadores que estaban contentos con reunir en una sala a 20 ó 30 personas en lugar de salir a buscar multitudes a donde fueran accesibles. En Portarlington, Irlanda, en donde la obra había declinado por la negligencia de los encargados de ella, fue directamente al mercado y comenzó a decir en alta voz: "¡Escuchad! He aquí que un sembrador salió a sembrar", y a estas palabras acudieron muchísimas

---

[10] *Idem,* 24 de junio de 1766.

[11] *Idem,* 18 de diciembre de 1765. Las caídas que Wesley sufrió durante su prolongada vida de predicador ambulante no disminuyeron jamás su gusto por andar a caballo. Escribía en 1764 a su amigo Blackwell: "Juzgo por mí mismo lo que a usted le pase. Debo andar a caballo toda la vida, si he de conservar mi buena salud. De vez en cuando, si me fuere posible, haría jornadas de 50 millas a caballo para descansar; pero, sin cabalgar tanto como ahora lo hago, no puedo esperar conservarme con buena salud". Deseaba él que sus predicadores cuidaran debidamente a sus caballos. Les recomendó en la conferencia de 1765 que no trabajaran demasiado sus cabalgaduras y que personalmente deberían alimentarlas y prodigarles los cuidados necesarios. Anota en su diario (marzo de 1770) que sus viajes constantes a caballo no le ocasionaron tantas caídas como pudiera creerse y lo atribuye a su costumbre de soltar completamente las riendas. Afirmaba que su constante experiencia de jinete le había convencido de que era falsa la opinión dominante de que llevando las riendas tirantes se evitaban los tropiezos del caballo. Algunos años más tarde, gracias a la generosidad de una noble dama que le obsequió un coche con su respectivo tronco de caballos, Wesley pudo variar sus medios de viajar; pero siempre continuó siendo partidario de las cabalgaduras.

personas.[12] Aun en las poblaciones en donde podían disponer de espaciosos locales, con frecuencia salía a la calle, convencido de que era la mejor manera de llegar a las multitudes.

¡Cuántas escenas podríamos mencionar relacionadas con este apostolado al aire libre! En Harston, en lo más crudo del invierno, predicó por primera vez a la luz de la luna, y "fueron aquellos instantes solemnes, instantes de sagrada tristeza para algunos y de indecible gozo para otros".[13] En Pately Bridge, como principiase a llover, Wesley invitó a su numeroso auditorio a que se cubriera; pero nadie quiso hacerlo, permaneciendo todos con la cabeza descubierta en medio de la lluvia hasta el fin del servicio.[14] Predicaba gustosísimo en el anfiteatro natural de Gwennap, en Cornovalle. Allí, en la hora apacible de la puesta del sol y cuando los últimos rayos de luz herían oblicuamente el paisaje, elevaba la voz para hablar a millares de atentos oyentes, que respondían con mil voces, unidas en concierto, cantando uno de esos himnos sencillos que el metodismo llegó a popularizar. En Saint Ives le servía de púlpito una gran roca, de donde hablaba a su gran auditorio que se extendía sobre la playa. No era de ninguna manera ignorante de las ventajas que proporcionaban semejantes reuniones; sabía cuán grande efecto producen los hermosos espectáculos de la naturaleza en las almas sencillas.

Los progresos alcanzados eran evidentes aun a los ojos de los peores enemigos. En Bernard Castle por espacio de 16 años los metodistas habían sido perseguidos de mil modos. Catalina Graves, uno de los miembros más antiguos, había sido acusada de brujería y más de una vez había sufrido alfilerazos en todo el cuerpo, según la costumbre de tratar a los hechiceros. Cuando Wesley pasó por esta ciudad en 1763, halló allí una numerosa sociedad entusiasta, ávida de escuchar la predicación y que parecía tomar por la fuerza el reino de los cielos.[15] En Wednesbury encontró en 1764 el auditorio más numeroso que había visto fuera de Londres; a las terribles luchas y persecuciones había sucedido la más completa calma.[16] En la ciudad vecina de Walsall, a pesar de la inclemencia de la estación, tenía que predicar a las siete de la mañana al aire libre porque la capilla era insuficiente para contener el numeroso auditorio.

[12] *Journal*, 17 de julio de 1762.
[13] *Journal*, 4 de enero de 1762.
[14] *Idem*, 24 de julio de 1766.
[15] *Journal*, 5 de junio de 1763.
[16] *Idem*, 25 de marzo de 1764.

Recordando estas terribles escenas del pasado, podía escribir: "¡Cómo ha cambiado Walsall! ¡Cómo ha amansado Dios las bestias feroces o cómo las ha encadenado!"[17] En Sheffield, en donde dos casas de culto habían sido destruidas por los perseguidores, pudo predicar libremente en un nuevo local.

En Irlanda fue también grande el éxito de su predicación. La ciudad de Cork se esforzó por borrar el recuerdo de los sufrimientos que allí le habían causado; la clase media y el clero mismo asistieron a sus predicaciones. En Dublín y Limerick los auditorios eran más numerosos que nunca. En Kilfinnan predicó en el mercado, a donde concurrió toda la población, regresando a su domicilio acompañado de una parte de su auditorio, a quienes dirigió nuevas exhortaciones, no separándose de él hasta muy entrada la noche. En la mañana siguiente y antes de las cinco, una nueva multitud se hallaba allí reunida, animada de los mejores deseos y tan formal como antes; hubo lágrimas copiosas, y de todas partes se escuchaban sollozos; unos lamentándose de sus pecados y otros rebosantes de gozo por haber oído las nuevas de la salvación.[18]

Wesley continuó su visita por Escocia, en donde su predicación despertó el más vivo interés, aunque no produjo los mismos perceptibles efectos que en otras partes de la Gran Bretaña. En 1764 asistió a las sesiones de la Asamblea General de la Iglesia Presbiteriana en Edimburgo, y muchos de los predicadores lo escucharon cuando predicó en Carlton Hill. Demostró estar completamente libre de prejuicios eclesiásticos tomando la comunión en una iglesia presbiteriana, no obstante ser ministro anglicano.

Ya no había que sostener luchas contra el populacho tumultuoso, pues, aunque no había desaparecido del todo la oposición, no revestía ésta la gravedad de antes. Las persecuciones habían descendido a su ínfimo grado. Mientras predicaba en Epworth, un cierto hidalgo contrató una compañía de muchachos y a un pobre hombre en estado lamentable de ebriedad para que fueran a interrumpirlo, tocando él personalmente el cornetín.[19] En Birmingham, unos malvados arrojaron lodo y piedras a los que iban saliendo de la capilla.[20] En Ashby-de-la-Zouch, "la gente estaba muy atenta", y fueron interrumpidos solamente por un abogado. "¡Pobre hom-

[17] *Idem*, 26 de marzo de 1764.
[18] *Journal*, 18 de junio de 1765.
[19] *Journal*, 13 de junio de 1763.
[20] *Idem*, 21 de marzo de 1763.

bre!" decía Wesley; "si la gente practicara lo que él ha predicado, su esperanza de negocios estaría perdida".[21] En Plymouth, "cuando estaba para terminar el sermón, fue arrojada por una de las ventanas una gran piedra" que cayó a los pies de Wesley.[22] En Bradford, un individuo se había llenado los bolsillos con huevos podridos y al fin de la predicación lanzó un grito con el objeto de dar la señal a los asaltantes con quienes estaba de acuerdo; pero, mientras se preparaba para hacer uso de sus proyectiles, se le acercó un joven por detrás y apretándole fuertemente los bolsillos ¡quebró todos los huevos! Lo que siguió puede fácilmente adivinarse, y no es necesario añadir que el plan fracasó, sufriendo su jefe las risas burlescas de los circunstantes.[23]

Aunque se envejeciera, Wesley no perdía nada de su autoridad en la palabra y de la actitud que tanto habían contribuido para darle la victoria en las luchas sostenidas contra los amotinados. La nieve de sus cabellos aumentaba la autoridad que había adquirido por su carácter. Continuaba siendo el hombre que con la palabra y el gesto producía efectos mágicos sobre los oyentes. En cierta ocasión, estando en Kilkenny, Irlanda, una turba de católicos asaltó uno de sus auditorios para dispersarlo. El se limitó a mirarlos fijamente y decirles con voz firme: "¡Asilenciaos o retiraos de aquí!" ¡Y el silencio se restableció como por encanto![24]

Las autoridades comprendían ahora mejor sus deberes y ya no se hacían cómplices de los desórdenes. Tal escándalo, antes tan frecuente, no se reprodujo más que unas dos veces durante los diez años que comprende este capítulo. En Evesham, un magistrado, olvidándose de sus deberes, azuzó públicamente a la plebe desordenada.[25] Por otra parte, en Birmingham, Gloucester y Stallbridge, la firmeza de los representantes de la justicia bastó para reprimir las tentativas de desorden. En esta última localidad fue necesaria, no obstante, toda la firmeza de Wesley para obligar a los magistrados a cumplir con sus deberes. Por mucho tiempo, el populacho cometió los mayores excesos contra los metodistas, rompiendo las puertas y vidrieras de sus casas, robando sus domicilios, asaltando a las personas de tal modo que no podían salir de sus casas sin exponerse al peor tratamiento. En vano acudieron a los magistrados, que

---

[21] *Idem*, 26 de marzo de 1764.
[22] *Idem*, 2 de septiembre de 1766.
[23] *Idem*, 19 de octubre de 1769.
[24] *Journal*, 10 de julio de 1762.
[25] *Idem*, 16 de marzo de 1762.

siempre se mostraron sordos a sus quejas. Decepcionados de la justicia, escribieron a Wesley, quien resolvió llevar su queja a la corte del Rey y después de muchos gastos y moratorias, obtuvo lo que deseaba. Esto reanimó a sus amigos y demostró a sus adversarios que "había ley hasta para los metodistas". Cuando regresó a esta ciudad, pudo predicar en plena calle sin sufrir ninguna molestia.[26]

El clero persistió en su intolerancia y en su mala voluntad por más tiempo que los magistrados. No solamente continuaban ciertos pastores denunciando a Wesley desde lo alto de sus púlpitos y excluyendo a los metodistas de su comunión, no obstante que admitían en ella sin escrúpulos a indiferentes y mundanos, sino que algunos llegaron a más censurables excesos. En 1765 dirigía Wesley un servicio al aire libre en la ciudad de Devonshire cuando vio dirigirse hacia él un ministro acompañado de algunos individuos de la clase media. Comenzó su sermón con estas palabras: "Podrá haber ciertas verdades que sólo conciernen a algunas personas; pero éstas interesan a toda la humanidad". El pastor lo interrumpió gritando: "Esa doctrina es falsa; es la predestinación", demostrando así que no había entendido ni la primera palabra que había escuchado. Inmediatamente los que le acompañaban comenzaron a hablar en alta voz y a reírse, y un cazador que estaba con ellos comenzó a azuzar sus perros. Otro comenzó a lanzar injurias a Wesley, mientras el ministro aplaudía, juzgando legítimas, indudablemente, toda clase de armas cuando se trataba de la defensa de su iglesia. Ante tales insultos de los que, si no respetaban su hábito de ministro, debieran al menos respetar sus canas, Wesley se retiró; no quiso responder a sus argumentos.[27]

Un ministro anglicano de York que se llamaba Cordeux había recomendado frecuentemente a sus feligreses que no fueran a escuchar la predicación de "ese vagabundo de Wesley". Un domingo,

---

[26] *Journal,* 30 de agosto de 1766.

[27] *Journal,* 4 de septiembre de 1765. El diario de Wesley trae el episodio siguiente: "Un perverso ministro había sublevado el populacho contra los metodistas, levantando la persecución más encarnizada que por muchos años no se había visto en el reino. La plebe, alentada con la aprobación de sus superiores, se entregó a los mayores excesos, maltratando personas y saqueando casas. Un ministro los alentaba desde lo alto del púlpito, aplicando a los predicadores metodistas 2 Timoteo 3:6, 7 . . . Después de haberlos pintado más negros que un diablo, añadió: 'No tengo tiempo para terminar hoy; lo haré el domingo próximo'. Pero la mañana siguiente fue atacado de una enfermedad extraña. No podía estar solo ni un momento. Con frecuencia gritaba: '¡Esos fantasmas! ¿No los véis? ¡Allí están! ¡allí están! La pieza está llena de ellos'. Habiendo seguido así por varios días, exclamó: '¡Mirad ese fantasma a los pies de la cama! ¡Oh, ese rollo, ese rollo que trata de darme! ¡Allí están escritos todos mis pecados!' Poco tiempo después, sin dar esperanza de ninguna clase, pasó a rendir cuentas de su vida a Dios' (*Journal,* 15 de junio de 1769).

sin embargo, después de haber predicado en su propia capilla, Wesley asistió al culto de la iglesia establecida. El ministro, que no lo conocía, viendo a un colega en el auditorio, lo mandó invitar para que predicara. Wesley aceptó inmediatamente y predicó sobre el evangelio del día. Después del servicio, el escribiente del señor Cordeux se acercó y le dijo:

—¿Qué habéis hecho, señor? Habéis invitado a predicar al vagabundo de Wesley contra lo que nos habéis encargado.

—¿Es posible?—dijo el rector sorprendido—¡hemos caído en la trampa! Sin embargo, escuchamos un excelente sermón.

Este episodio bastó para curar al honorable clérigo de sus prevenciones, pues, una vez que Wesley hacía otra visita al lugar, lo invitó de nuevo a su púlpito, sabiendo perfectamente en esta ocasión lo que estaba haciendo. Bien puede presumirse que un gran número de sus adversarios se hubieran hecho amigos suyos al no haber sido engañados por sus prejuicios, como en el caso al que acabamos de referirnos, y si se hubieran puesto en relaciones personales con el hombre excelente a quien combatían sin conocer.

Los ataques de la prensa continuaron contra Wesley y sus colaboradores, figurando los ministros de la iglesia en las primeras filas de este ejército de combatientes. Muchos de los folletos empleados estaban escritos en verso.[28] La mayor parte revestía un carácter violento e injurioso, limitándose a repetir casi siempre, sin ninguna originalidad, la acusación de fanático y papista.[29]

Uno de estos ataques amerita lugar especial a causa del alto puesto que ocupaba su autor en la iglesia de Inglaterra. Warburton, obispo de Gloucester, era escritor de altos méritos y amigo del poeta Pope. En un volumen publicado en 1762 que versaba sobre la

---

[28]Por curiosidad convendría preservar los títulos de algunos de estos folletos: *El metodista, poema,* 1766; sátira de carácter grosero y obsceno, en la que Wesley, Whitefield y los predicadores laicos eran indebidamente maltratados. *El metodismo triunfante,* o *Batalla decisiva entre la antigua serpiente y el santo moderno,* 1767; largo poema atribuido por Nichol (*Anécdotas literarias*) al Dr. Lancaster, ministro anglicano de gran erudición. Es una especie de poema cómico-heroico, relatando, no sin algún ingenio, una lucha entre Wesley y el diablo. *Los trastornadores de Israel,* 1797; folleto simple y ordinario, en verso. *El hipócrita,* comedia que apareció en 1768.

[29]He aquí los títulos de algunas de estas publicaciones antagonistas: *Advertencias contra las ilusiones religiosas,* 1763 (sermón). *Cuatro cargos,* 1763; eran cuatro discursos dirigidos a los miembros del clero, previniéndolos contra los metodistas, por el doctor Rutherford. *Remedio soberano para la cura de la hipocresía,* 1764. *El metodismo instruido,* o *Demostración del absurdo e inconsistencia de sus principios,* 1764. *El entusiasmo delineado,* 1764. *Dos cargos,* 1766; eran dos discursos del archidiácono Tottie, el uno contra los papistas y el otro contra los metodistas. *El entusiasmo reprendido,* 1768. *El metodismo, ídolo del papismo,* 1769. *Pretensiones de los entusiastas,* 1769 (sermón). *Engaño metodista,* 1770 (sermón).

doctrina de la gracia, cruzaba sus armas con Wesley, que según él, "ocupaba un lugar preeminente entre los modernos fanáticos". Si su polémica revestía más lealtad que la del obispo Lavington, dejaba ver que era igualmente incapaz de comprender el movimiento religioso de ese siglo. La contestación de Wesley es notable tanto por su fondo como por su forma; en ella se vindica completamente, haciendo ver que su obra llevaba la sanción del Espíritu Santo, siéndole fácil trazar su influencia en todo el curso de acontecimientos que se habían verificado.

Otro ataque, que perjudicó tal vez más a los metodistas que cualquiera de los que ya hemos mencionado, fue la publicación póstuma de *Once cartas* de Hervey, el autor de *Las meditaciones*. Asociado a Wesley y a Whitefield cuando estaban en Oxford, había abrazado las ideas calvinistas del segundo. En un arranque de ira, escribió contra Wesley once cartas virulentas que guardó manuscritas; en su lecho de muerte se manifestó arrepentido de haberlas escrito y suplicó que fuesen entregadas a las llamas. Sus herederos, no viendo sino las utilidades que podría producirles una obra póstuma de Hervey, no cumplieron el encargo, sino que contrataron a un tal Coudworth con el fin de que revisara el manuscrito y lo dispusiera para la imprenta. Este hombre era acérrimo enemigo de Wesley y creyó poder intercalar en el manuscrito algunas acusaciones injustas, haciéndolas pasar ante el público como partes integrantes de la obra de Hervey. Esta publicación no podía menos que perjudicar bastante a Wesley, pues, con especialidad en Escocia, sus enemigos la utilizaron habitualmente contra él.

El espíritu de intolerancia que se agitaba entre el clero oficial contra los metodistas causó en 1768 la expulsión de seis estudiantes de la Universidad de Oxford acusados de "profesar ideas metodistas, dedicando tiempo a la oración, lectura y exposición de las Escrituras y a cantar himnos en casas particulares".

Estos jóvenes hallaron asilo en el colegio de Trevecca que *lady* Huntingdon había fundado aquel mismo año en el principado de Gales y del cual Fletcher fue nombrado presidente, y en donde José Benson, un joven amigo de Wesley, ingresó, después de algún tiempo, como director de estudios.

Al aceptar la presidencia del seminario de Trevecca, Fletcher no había de renunciar a su parroquia de Madeley, sino que solamente patrocinaba una institución con la que simpatizaba vivamente y que por esa época representaba, en toda su extensión, el movimiento metodista. Desgraciadamente, no duró mucho tal estado de cosas, y la controversia calvinista que pronto principió, obligó a esos dos amigos de Wesley a retirarse, juzgando imposible toda labor común entre las dos facciones del avivamiento.

Ya se podía ver, por esta época, cierto resfriamiento muy perceptible entre Wesley y algunos de los representantes del grupo calvinista, tales como Romaine, Venn, Conyers y Toplady. El avivamiento de la santificación, descrito al principio de este capítulo, fue la causa principal de este mal, que llegó a degenerar en luchas violentas.

Whitefield, afortunadamente, no llegó a ver esto, y su amistad con sus antiguos amigos de Oxford permaneció inquebrantable hasta el fin, como había sido durante muchos años. "El señor Whitefield vino a verme", escribía Wesley en su diario el 31 de enero de 1766. "El no respira sino paz y amor. El egoísmo no se para junto a él, sino que tiene que esconder la cabeza en dondequiera que él se presente." En el mes de agosto de este mismo año, los dos Wesley y Whitefield celebraron una conferencia en la casa de la condesa de Huntingdon, en Londres, y de esta entrevista, que duró varios días, Wesley describe así los resultados prácticos: "Si no se hubiese obtenido de ella sino el afianzamiento de nuestra unión con el señor Whitefield, sería esto una crecida recompensa por nuestras labores. Mi hermano y yo conferenciamos con él diariamente; que las personas honorables hagan lo que gusten; nosotros resolvimos, por la gracia de Dios, continuar dándonos la mano, ya sea a la sombra de la honra o la ignominia."[30] La noble dama bajo cuyo techo se habían verificado estas entrevistas quiso sellar su completa adhesión a esta alianza invitando a Wesley para que predicara en su capilla de Bath todos los domingos que pasara en Brístol. El aceptó esta invitación, que le dio oportunidad de ser oído por representantes de la alta sociedad, entre los que se hallaba Horacio Walpole.[31]

Por esta época Wesley trabó amistad con distinguidas damas

---

[30]*Journal,* 18 de agosto de 1766.

[31]En su correspondencia (tomo V, p. 16) habla Walpole, con su frivolidad ordinaria, de las predicaciones de Wesley que oyó en Bath en octubre de 1766: "Wesley es un hombre casi anciano, de porte correcto, atractivo, vigoroso, usa el pelo siempre peinado, con algo como *sospecha* de rizos en los extremos. Es admirablemente hábil, pero tan actor como Garrick. Predicó su sermón tan de prisa y con tan poco acento que estoy seguro de que ya lo había predicado otras veces, porque parecía como lección recitada. Tuvo partes verdaderamente elocuentes; pero hacia el fin elevó mucho la voz, afectando un entusiasmo impropio; desacreditó el saber refiriendo anécdotas, como Latimer, de las tonterías de su colegio, cuando decía: 'doy gracias a Dios por todo'."

pertenecientes a la nobleza. Se hallaba en primer rango *lady* Max-
well, que había quedado viuda a los diecinueve años de edad y que
fue metodista ferviente hasta su muerte, consagrando su fortuna a
obras de beneficiencia. Las cartas que Wesley le escribió son her-
mosísimas, revelándose en ellas, a la luz del día, como pastor y
como amigo. La condesa de Buchan, que era una dama muy piadosa,
fue también amiga suya y lo nombró como uno de sus capellanes.
Estando una vez en su casa, en Escocia, arregló por escrito y predicó
su sermón sobre *El buen mayordomo*. Sostenía también excelentes
relaciones con *lady* Glenorchy, quien, habiendo abierto una capilla
en Edimburgo, le pidió que le escogiera un capellán. El le recomendó
a Ricardo de Courcy, joven ministro de origen francés que, convertido por los metodistas en Irlanda, había venido a ser cura
de Walterio Shirley.

Aunque por su educación y sus maneras cultas pudiera Wesley
sostener fácilmente su trato con los grandes de este mundo, se sentía
naturalmente inclinado hacia los humildes que formaban el círculo
ordinario de sus relaciones. Su correspondencia con otras señoras
pertenecientes a una esfera más humilde no era ni menos cuidadosa
ni menos interesante que la primera; se siente al leer estas cartas que
la cuestión de rango y fortuna pesaba poco en la mente de este siervo
de Dios. Algunas de estas señoras se convirtieron en auxiliares
excelentes de Wesley. Sara Ryan fue directora de la escuela de
Kingswood. María Bosanquet, que en 1781 vino a ser esposa de
Fletcher, había fundado en su propia casa de Leytonstone un
orfanatorio que ella dirigió, ayudada de otras señoritas, con verdadero cariño maternal. Sara Crosby, que poseía extraordinarias
aptitudes, visitaba las sociedades convocando a las señoras a
reuniones especiales, en las que les dirigía exhortaciones.[32] Otras

---

[32]Sara Crosby parece haber sido la primera mujer que se dedicara a predicar. Un día que en
Derby debía presidir una clase de treinta mujeres, se encontró, con gran sorpresa, ante un auditorio
como de 200 personas. Creyendo obedecer a un impulso interior, les dirigió la palabra. Escribió
inmediatamente a Wesley, refiriéndole lo que había hecho. "Yo creo", le contestó él, "que no os
habéis excedido en nada. No pudisteis haber hecho otra cosa mejor. Me parece que todo lo
más que podríais hacer, al hallaros nuevamente en un caso semejante es decirles con claridad:
'Me ponéis en verdaderos aprietos. Los metodistas no permiten que las mujeres prediquen, ni
tampoco pretendo yo hacerlo. Pero os diré sencillamente todo cuanto siento'. Esto evitará,
hasta cierto punto, la gran objeción . . . No veo que hayáis infringido ninguna ley. Proseguid con
calma y firmeza. Si disponéis de tiempo, podéis leerles las notas referentes a cualquier capítulo
antes de que digáis alguna cosa, o algunos de los más interesantes sermones, como lo han hecho,
desde hace tiempo, algunas otras mujeres". De este modo dio Wesley su autorización con motivo de
un hecho extraordinario, pero sin pretender crear una institución formal; y hasta el día de hoy, en
la comunión que él formó, no se concede a la mujer el derecho de predicar.

desplegaban su actividad en el orfanatorio de Newcastle o en visitar a los enfermos y a los pobres o dirigiendo las agrupaciones llamadas *clases.*

El alivio de los pobres figuró siempre entre los primeros deberes que preocuparon a Wesley. En el rudo invierno de 1762 a 1763, el Támesis se congeló, y millares de marineros y otros operarios que vivían del trabajo de la navegación fluvial se vieron expuestos a la mayor miseria; por todas partes se veían vagar numerosos grupos de desgraciados que eran víctimas del hambre. Wesley hizo distribuir, durante todo ese tiempo, abundantes raciones de caldo caliente a todos los que se acercaban a la capilla de la Fundición. Su generosidad era proverbial y estaba caracterizada por un gran desinterés. Una señorita perteneciente a una familia acomodada, apellidada Lewen, y que disponía de cuantiosos bienes, le dejó al morir un magnífico coche con su respectivo tronco de caballos, así como un legado de 25.000 pesetas. Pero el dinero no permaneció mucho tiempo en sus manos. "Soy administrador de Dios para servir a los pobres",[33] decía él. Y los pobres fueron, en efecto, los que aprovecharon toda esta cantidad. "Centenares y millares de personas", decía Tomás Olivers, uno de sus predicadores, "se ocupan de vaciar los bolsillos del señor Wesley hasta obtener el último chelín, como sus amigos pueden muy bien testificarlo."[34]

Aunque él tenía un corazón susceptible a todos los sufrimientos, daba naturalmente atención especial al estado religioso de las sociedades que lo reputaban como su padre. Le afligían sus lentos progresos; les hacía ver sus defectos y sus faltas con una sinceridad que algunas veces les parecía ruda y trabajaba sin descanso para hacerlos dignos de su gloriosa misión. Visitaba a los miembros de casa en casa e insistía con sus predicadores para que hicieran lo mismo. Borraba sin misericordia de las listas de las sociedades a los que no querían aceptar la disciplina y formar parte de una clase. Congregaba a las sociedades en todas partes donde iba y les daba saludables consejos, amonestándolos o dirigiéndoles represiones, según sus particulares circunstancias. Llegaba hasta los pequeños detalles y no se abstenía de llamar las cosas por sus nombres. En Irlanda denunciaba la falta de aseo y el desorden como incompatibles con la verdadera piedad; en Cornovalle y en el principado de Gales abrió minuciosas investigaciones para descubrir si todavía subsistían entre los metodistas algunos restos de la piratería

[33] *Works,* tomo XII, p. 288.
[34] *Oliver's Rod for a Reviler.*

y del contrabando; en Londres y otros lugares, como algunos miembros hubiesen llegado poco a poco, mediante el trabajo y la economía, a acumular alguna fortuna, combatió con toda fuerza los peligros que podía acarrearles la prosperidad: la mundanalidad, el orgullo, la decadencia de la piedad doméstica, etc. Para combatir el mal no procedía como si éste no existiera o tratando de atenuarlo; el cuadro que sigue, trazado por él en 1766, y que se refiere al estado de las sociedades, probará que no trataba de adularlas y que no ignoraba los defectos de que adolecían:

"No puedo menos que saber más del estado que guardan los predicadores metodistas y los congregantes en general que ninguna otra persona. El mundo dice: 'los metodistas no son mejores que la demás gente'. Esto no es verdad. Sin embargo, se acerca tanto a la verdad que no quisiéramos ni pensarlo. La religión personal es notablemente superficial entre nosotros. ¡Cuán poca fe existe y cuán poca comunión con Dios! ¡Cuán poco se vive en el cielo, qué poco se anda con Dios y qué escasa es la verdadera abnegación! ¡Cuánto amor al mundo! ¡Cuánto deseo de placeres, de comodidades, de elogios y de riquezas! ¡Qué escasez de amor fraternal! ¡Con cuánta frecuencia juzgamos a otros! ¡Cuánta chismografía, cuánta maledicencia y cuántas murmuraciones! ¡Cuánta carencia de honradez moral! ¿Cuántos sirvientes, jornaleros, operarios, carpinteros o albañiles hacen a otros lo que quieren para ellos? ¿Cuántos hacen todo el trabajo que pueden hacer? Téngase por pícaro al que no lo haga. ¿Quién trata a otros como quisiera ser tratado, al comprar y vender, y especialmente en la venta de caballos? Es un pícaro el que no lo haga, y los pícaros metodistas son los peores de todos. Es hasta bochornoso lo mucho que se carece de religión en el hogar, y esto en casi todas sus aplicaciones. Y los metodistas no serán mejores que los demás hasta que acepten otro género de vida; porque, ¿de qué sirve solamente la predicación, aunque llegásemos a predicar como ángeles?"

El hombre que sabía señalar así los lunares en la gran obra que había fundado poseía las cualidades esenciales de un reformador religioso: la clarividencia y la sinceridad. Si veía el mal y lo denunciaba, conocía también el remedio y en sus conferencias anuales no cesaba, como ya lo hemos visto, de indicárselos a sus predicadores.

La prueba de que los metodistas, a pesar de las deficiencias de muchos de sus miembros, conservaban su vigorosidad, se halla en el hecho de que comenzaron a extender sus trabajos fuera de la

Gran Bretaña. El fin del período que comprende este capítulo se hizo notable por el comienzo de la misión americana, que estaba llamada, en los designios de la Providencia, a tener un porvenir brillante. Algunos emigrados irlandeses que los metodistas habían convertido al evangelio desembarcaron en Nueva York en 1760; un segundo grupo llegó allí más tarde. Privados de los auxilios religiosos, no tardaron en llegar a la indiferencia. Felizmente, entre estas familias se hallaba una mujer, Bárbara Heck, cuya vida religiosa, siendo vigorosísima, podía resistir los embates de la mundanalidad. Un día que varios de los emigrantes estaban entregados al juego de cartas, entró bruscamente al lugar en que celebraban su reunión y llena de justa indignación, arrebató el paquete de cartas y lo arrojó al fuego, dirigiéndoles una exhortación muy apropiada. En seguida se fue a la casa de otro emigrado, Felipe Embury, que en su país nativo había sido predicador local, y le exhortó vivamente a sobreponerse a su timidez, lo que hizo que éste se resolviera desde luego a celebrar reuniones en su misma casa. La primera de éstas se compuso de cinco personas que formaron una clase. Poco a poco este pequeño grupo de cristianos aumentó; las necesidades religiosas se manifestaban en todas partes hasta que fue necesario abrir un lugar de cultos. Un predicador local inglés, el capitán Webb, que fue a América por asuntos de gobierno, pronto se unió a la sociedad metodista de Nueva York. Este predicador, vestido de riguroso uniforme y con su acento marcial, llegó a producir sensación y a causar un verdadero avivamiento. Los lugares de reunión pronto fueron insuficientes, resolviéndose construir una capilla, que fue dedicada al culto en 1768. En breve, y de una manera progresiva, los metodistas se extendieron por varios lugares de Pensilvania, Massachusetts, Marylandia y Virginia, apareciendo por todas partes en circunstancias providenciales, creciendo rápidamente sin ayuda exterior de ninguna clase.

Llegó el momento en que estas agrupaciones sintieran la necesidad de relacionarse con las sociedades maternas. Se dirigió a Wesley un urgente llamamiento, y en la conferencia de 1769 hizo él esta pregunta a sus ayudantes: "¿Quién está dispuesto para ir a América?" Dos predicadores, Boardman y Pilmoor, se ofrecieron para emprender el viaje. Para sufragar los gastos de la travesía se levantó una colecta entre los predicadores, y estos hombres, que comúnmente carecían aun de lo indispensable, se suscribieron con la cantidad de 70 libras esterlinas (1.750 pesetas) para el establecimiento de esta primera misión metodista. A su llegada a Nueva York, los dos misioneros se encontraron con una sociedad organizada, compuesta de un centenar de miembros, y con una capilla capaz de contener 700 personas y que ya era insuficiente, teniendo que celebrar reuniones al aire libre para ofrecer lugar a los numerosos concurrentes que asistían. "Se observa en América", escribía uno de los predicadores recién llegados, "tan buena voluntad para oír la Palabra de Dios como jamás he visto en otra parte."

Tal fue el principio de esta obra, que debería adquirir proporciones colosales. Comenzó a su debido tiempo. Whitefield, cuya actividad había sido repartida entre el Antiguo y el Nuevo Mundos y que tanto había hecho para reanimar las iglesias independientes de América, murió en medio de ellas, el año mismo en que principió el trabajo misionero de los dos predicadores de Wesley. Incomparables como eran sus dotes oratorias y sus aptitudes misioneras, estaba completamente privado de talento organizador, y no podía reunir en un solo cuerpo los diversos elementos que se conquistaba con su palabra. La excelente organización que Wesley había dado a sus sociedades debería remediar este mal haciendo convergir en una iglesia organizada las multitudes que habían sido libradas de la indiferencia y la mundanalidad.

Las noticias de la muerte de Whitefield inundaron de dolor el alma de Wesley. Fue conmovido profundamente cuando supo que en su última voluntad le había dado el encargo de pronunciar su oración fúnebre; encargo que desempeñó fielmente haciendo el elogio de las virtudes de su amigo en la capilla del tabernáculo, levantada por el mismo Whitefield.[35] Por mucho tiempo habían estado unidos por cordiales afectos que los enlazaron desde los primeros años de su vida y que se robustecieron por las bendiciones y las duras pruebas de que ambos habían participado.

[35] *Works*, tomo VI, p. 167.

CAPÍTULO VI

ORGANIZACIÓN Y DISCIPLINA
(1770-1791)

El asunto de la disciplina en las primeras conferencias—Relaciones de las sociedades con la Iglesia Anglicana—Mejoramiento en las ideas de Wesley sobre el asunto —Tentativas de unión—Las sociedades demandan los sacramentos—Decisión de la conferencia de 1755—Fracaso de una nueva tentativa de unión— Comportamiento de Wesley durante estas transacciones—Reglas para la admisión de predicadores—Se procura su desenvolvimiento intelectual— Consejos de Wesley sobre sus estudios y su actividad pastoral—Sus trabajos de ambulantes—Su espíritu de abnegación—Sus condiciones materiales— Decisiones sobre este asunto—Utilidad de estos agentes—Proyectos de organización para el porvenir—Estado de las sociedades—Desenvolvimiento sucesivo de su organización—El poder de Wesley—Fin del período.

HABÍAN transcurrido más de treinta años desde la aparición en Inglaterra del avivamiento metodista y un cuarto de siglo desde que se le había afirmado en su unidad, dándole bases sólidas de organización, en la primera conferencia. Esta organización se había ido desarrollando, lentamente y sin serios obstáculos, de conformidad con las indicaciones providenciales que Wesley atendía con esmero. Sobre el desenvolvimiento sucesivo que se produjo durante esta segunda época de la existencia del metodismo procederemos a tratar de un modo general.

El avivamiento que de una manera tan directa habían promovido Wesley y sus amigos consistía, según ellos opinaban, en haber vuelto a la práctica de las primitivas doctrinas evangélicas más que en la creación de una reforma eclesiástica. Los asuntos de organización habían ocupado lugar secundario, y sólo se les daba importancia en cuanto contribuyeran para salvar almas y mejorar la vida cristiana. Tal fue el carácter que le dieron las primeras conferencias. Estaban éstas formadas por los predicadores de Wesley, así como por todos los ministros que habían favorecido el movimiento, por algunos amigos de Whitefield y por unos cuantos laicos; y todos se ocuparon activamente en precisar las doctrinas que habían de constituir el cuerpo de su enseñanza. La justificación, la santidad y el testimonio del Espíritu Santo fueron los asuntos discutidos; las conclusiones alcanzadas se consignaron en las actas que Wesley publicó después. Las doctrinas que él sostenía referentes a ciertos asuntos eran diferentes de las que algunos de sus contemporáneos profesaban, necesitándose, por tal causa, una exposición clara de sus ideas para hacerlas comprensibles. Mucho se habían esclarecido y fortificado durante esta segunda época de su obra; pero no habían sufrido modificaciones importantes. Sin embargo, sus opiniones sobre la organización de las sociedades y sobre las relaciones que habían de sostener con la Iglesia Anglicana se modificaron completamente durante el curso de los acontecimientos. Ya hemos visto que Wesley principió sus trabajos con la esperanza de llegar a un acuerdo amistoso con el clero anglicano. Todo contribuía para buscar esto con anhelo; sus tradiciones de familia, su naturaleza espiritual, sus simpatías naturales, los intereses mismos de la obra; y sólo las amargas lecciones de la experiencia le hicieron abandonar sus generosas ilusiones. Será interesante el indicar rápidamente la evolución que se efectuó progresivamente en sus ideas religiosas.

En la primera conferencia, compuesta en su mayor parte de ministros oficiales, defendió enérgicamente los derechos de libertad cristiana contra las pretensiones exageradas del episcopado. "¿No es ley la voluntad de nuestros jefes?" preguntaba él en la segunda conferencia, respondiendo categóricamente: "No, no es ley la voluntad de ningún gobernante, ya sea éste temporal o espiritual. Por tanto, si algún obispo deseare que yo no predique el evangelio, su voluntad no es para mí una ley . . . Debo obedecer a Dios antes que a los hombres."[1] Esta independencia, que con tanta claridad se anunciaba, había sido ensayada por Wesley desde hacía algunos años: fue para él una necesidad práctica antes de convertirse en sistema. No obstante, le quedaban ciertos prejuicios, frutos de su educación; creía todavía en la sucesión apostólica del episcopado y en su carácter sacerdotal. Todavía no eran firmes sus opiniones con referencia a estos asuntos. La lectura del libro de *lord* King sobre la iglesia primitiva parecía haber ejercido gran influencia en el mejoramiento de

[1] G. Smith: *History of Wesley and Methodism*, 1859, tomo I, p. 224.

su credo. "A pesar de los grandes prejuicios nacidos de mi educación", decía él en 1746, "estaba yo dispuesto a creer que esto era
una corriente equitativa e imparcial; pero, siendo así, tendría que
seguirse que los obispos y los presbíteros son esencialmente del
mismo orden y que al principio toda congregación cristiana era
una iglesia independiente de las demás."[2]

Tales ideas, aceptadas aquí dubitativamente, fueron aprobadas de la manera más franca en la conferencia de 1747. Wesley
había declarado entonces que una iglesia nacional era "una institución meramente política", diciendo además: "¿en qué época fue el
derecho divino del episcopado introducido por primera vez en Inglaterra?" a lo que contestaba que como "a mediados del reinado de
Isabel";[3] reivindicaba entonces enérgicamente el derecho que la
iglesia tenía de modificar su organización de acuerdo con los
tiempos y las circunstancias, sin estar obligada a sujetarse al patrón
inflexible de la iglesia apostólica primitiva. Sus deseos de mantener
la armonía eran tan grandes que le llevaron hasta hacer concesiones
que pudieron haber llegado a comprometer el desenvolvimiento de
la obra de Dios que se le había confiado. Por tanto, en este mismo
año procuró fijar los límites del ministerio laico a fin de que no
fuera un obstáculo para el clero anglicano, recomendando a sus
ayudantes que procuraran, cuando menos por un año, dedicarse a
predicar sin emprender la organización de nuevas sociedades. Muy
pronto tuvo que renunciar a tales concesiones, que amenazaban
seriamente su obra sin lograr el desarme de sus adversarios. El
clero anglicano, por su oposición ciega, parecía dispuesto a remover
hasta los últimos escrúpulos de Wesley y a destruir todo el prestigio y la gran autoridad que él tanto veneraba.

En el seno mismo de las sociedades, que comenzaban a estar
conscientes de su fuerza, se agitaba una difícil cuestión que debería
crear serios obstáculos hasta que llegara el día, muy distante aún,
de resolverla definitivamente. Aun cuando habían dependido de los
servicios de sus predicadores para satisfacer sus necesidades religiosas, se veían obligadas a acudir a los ministros anglicanos
para recibir los sacramentos. Estos no solamente se oponían en lo
general a los metodistas, sino que muchas veces eran hombres sin
religión y de moralidad dudosa, y así se concibe fácilmente el que
algunas personas verdaderamente piadosas tuvieran ciertos es-

[2]*Journal*, 20 de enero de 1746.
[3]Smith: *History*, tomo I, p. 236.

crúpulos al recibir los símbolos sagrados de manos que se levantaban
para provocar disturbios contra el avivamiento. Algunos ministros
rechazaban a los metodistas de la Santa Cena, mientras admitían
a individuos de conducta escandalosa. Wesley mismo, como ya
hemos visto, había sido tratado de este modo.

En vista de tales problemas, las sociedades llegaron a reclamar
de sus predicadores la administración de los sacramentos, obtenien-
do, por mucho tiempo, una fría negativa; pero finalmente, en 1754,
algunos de los predicadores, tales como Tomás Walsh y Eduardo
y Carlos Perronet, cedieron a sus instancias y aceptaron el encargo
de administrar a sus congregaciones la Santa Cena. Tal hecho causó
gran conmoción y vivas discusiones en el seno de las sociedades.
La conferencia de 1755, que se componía de no menos de 63 predicadores, resolvió dictar medidas concluyentes sobre este grave
asunto. La cuestión fue presentada con todos sus alcances, pues
implicaba su separación completa de la iglesia establecida; todos
creían firmemente que tales eran las consecuencias del incidente
ocurrido. Después de una discusión profunda y reposada que duró
tres días completos, la conferencia resolvió que "fuese correcto o
incorrecto, no se juzgaba de utilidad".[4] Walsh y sus amigos consintieron, con el propósito de conservar la paz, en dejar de administrar los sacramentos. Wesley alabó muchísimo su espíritu concilia-
dor, pero confesó que "no podía contestar satisfactoriamente sus
argumentos". En una carta a su hermano Carlos, que se mostraba
muy hostil a tales innovaciones, Wesley escribió: "Si, como dice mi
señora, todo establecimiento exterior es una babel, así es este establecimiento. En cuanto a mí, dejadlo que subsista; yo ni lo sostengo
ni lo derribo. Pero ocupémonos tanto tú como yo en edificar la
ciudad de Dios".[5]

En 1758 Wesley publicó sus *Doce razones contra la ruptura
con la Iglesia Anglicana,* folleto notable por su moderación y su
sentido práctico, en el que justifica su apego a la iglesia establecida,
apego desinteresado y que, por otra parte, no era correspondido.
Así lo descubrió él en 1764, cuando, empeñado en una nueva tentativa, dirigió una circular a los pastores evangélicos de Inglaterra
solicitando de ellos el que "no hicieran ningunas concesiones en
asuntos doctrinales", sino que cooperaran de una manera más activa
en la obra del avivamiento y de la piedad práctica. El silencio

[4]*Journal,* 6 de mayo de 1755.
[5]*Works,* tomo XII, p. 118.

más indigno fue la respuesta que dieron al manifiesto; tres pastores únicamente se tomaron el trabajo de contestar. Sin embargo, algunos celebraron una conferencia con él, pero proponían un plan que implicaba la completa absorción del metodismo por la Iglesia Anglicana, y con el pretexto de estrecharlo en su seno, pretendían arrancarle la vida. Con profundo dolor vio Wesley que durante estos debates su hermano hacía causa común con los que deseaban sacrificar la organización que tanto éxito había dado a su obra. Entonces comprendió claramente que no debería acariciar ya esperanza alguna de obtener la cooperación del clero oficial y se resolvió a luchar sin él a favor de aquella empresa tan querida de su alma.

El asunto de la administración de los sacramentos estaba aún pendiente; pero era necesario responder de algún modo a las solicitudes de las sociedades. Además de la ayuda directa de algunos predicadores anglicanos, que no eran muchos, Wesley había obtenido la ordenación episcopal para un número reducido de sus colaboradores. El obispo de Londonderry, que favorecía los trabajos de Wesley en Irlanda, había impuesto las manos sobre Maxfield, diciendo: "Señor, yo os ordeno para que ayudéis a aquel santo varón a fin de que él no se mate con el exceso de trabajo". La defección de Maxfield, de que ya hemos hablado, privó a Wesley de su auxilio. Un prelado griego, el obispo Erasmo, visitó a Inglaterra en 1761 y se interesó tanto en el movimiento metodista que consintió en ordenar algunos de sus predicadores. Este hecho produjo gran conmoción y le acarreó a Wesley severas críticas.

Se le juzgó con mucha severidad por su aparente indecisión en lo que se refería a la iglesia establecida; se le acusaba de haber colocado en una posición falsa a las sociedades que él mismo había fundado, a causa del celo excesivo que tenía por el anglicanismo. Cierto es que hasta una época muy avanzada de su vida Wesley no pudo aceptar la idea de un rompimiento con la iglesia a la cual estaba ligado por lazos diversos; podía ésta maltratarlo y repudiarlo, pero siempre conservaba para ella el afecto más profundo y le profesó hasta en los últimos días de su vida un cariño y una ternura que nos sorprenden. En esto se ven pruebas evidentes de una delicadeza de sentimientos que arrojan brillante luz sobre el carácter de este siervo de Dios. Era uno de esos hombres que tienen gran respeto por las cosas antiguas; frente a una iglesia decrépita, se presentaba con la modestia sublime de un niño que respeta la majestad paternal, aunque se trate de un padre indigno. Tal vez pudo haber servido mejor sus propios intereses y los de la organiza-

ción que había formado, si desde un principio hubiera enarbolado
la bandera de independencia; así hubiera asumido una posición
definida y evitado muchas luchas; pero es difícil asegurar que con
ello hubiera logrado ser más útil. Nos hallaríamos frente a una
personalidad que se destacaría majestuosa, pero tal vez no hubiéramos podido contemplar un carácter tan puro.

Sin abrigar más esperanzas de una fusión con la Iglesia
Anglicana, Wesley se dedicó a robustecer los lazos que unían las
sociedades con sus predicadores y a éstos con aquellas. Aunque la
cuestión de los sacramentos no estaba aún resuelta, se podía prever
la solución por la existencia misma de este ministerio popular,
cuyos derechos bien podían serles negados por el momento, debido
al respeto excesivo por el orden de cosas existentes; pero, tarde o
temprano, tendrían que concedérseles por la misma fuerza de los
hechos. Durante el período a que nos venimos refiriendo, el cuerpo
de predicadores se había hecho tan homogéneo que bien podía
mirar tranquilo al porvenir.

Hemos visto cómo Wesley declaró en su primera conferencia
que solamente empleaba predicadores laicos "en caso de necesidad",
y por mucho tiempo continuó considerando su vocación como
esencialmente transitoria. Los hechos le obligaron a juzgar las cosas
de otro modo, y ahora trabajaba con todas sus fuerzas para dar a
esta institución un carácter permanente y definitivo. En la tercera
conferencia se presentó esta delicada cuestión: "¿Cómo probaremos
a aquellos que se creen movidos por el Espíritu y llamados por
Dios para predicar el evangelio?" La conferencia juzgó que había
tres modos de investigar la vocación de los predicadores: "Inves-
tíguese: 1o. ¿Saben ellos en quién han creído? ¿Tienen el amor de
Dios en su corazón? ¿Tienen el deseo de Dios y no buscan otra cosa?
¿Son puros y santos en sus conversaciones? 2o. ¿Tienen dones
(tanto como gracia) para la obra? ¿Tienen (en grado satisfactorio)
una inteligencia clara y buena? ¿Juzgan con rectitud las cosas pertenecientes a Dios? ¿Tienen un concepto justo de la salvación por la
fe? ¿Les ha dado Dios hasta cierto punto el don de la palabra?
¿Hablan con facilidad, claridad y justicia? 3o. ¿Tienen éxito en sus
trabajos? . . . ¿Han logrado, mediante su predicación, que algunos
sean salvos?"[6]

Estas preguntas eran las primeras de una serie que Wesley
arregló para investigar las aptitudes de los que pretendían darse de

---

[6]Smith: *History of Wesley and methodism*, tomo 1, p. 229.

alta en el ministerio ambulante. Eran admitidos en la conferencia después de un examen minucioso, acompañado de oraciones solemnes y de ayuno. El primer año después de su recepción era de noviciado, y en la siguiente conferencia se resolvía definitivamente sobre su competencia. La admisión final se verificaba sin ceremonia alguna; el candidato era consagrado a su obra simplemente por medio de las oraciones de sus hermanos. En cuanto a esto, Wesley se reservó ciertos derechos, declarando que posponía, por el momento, el arreglo de un formulario de consagración más solemne. "No queremos precipitarnos", decía él; "deseamos sencillamente seguir a la Providencia conforme nos ilumine".

Aunque juzgaba la vida religiosa de sus ayudantes como condición esencial, no descuidaba jamás su cultura intelectual. Desde las primeras conferencias arregló un plan de estudios y de lecturas sistemáticas y nunca dejó de estimularlos en el trabajo; les recomendaba que se levantaran a las cuatro de la mañana, como él mismo lo hacía, para que tuvieran tiempo de continuar sus estudios sin descuidar sus trabajos misioneros.

En la conferencia de 1766, Wesley tuvo una conversación muy seria con sus predicadores sobre el asunto, cuya parte esencial fue consignada en las actas de la misma:

"¿Por qué no poseemos más amplios conocimientos? Porque estamos ociosos. Nos olvidamos de la primera regla: 'Sed diligentes, nunca permanezcáis ociosos un momento. Nunca os ocupéis de cosas superfluas. Nunca desperdiciéis el tiempo ni os estéis más de lo absolutamente indispensable en un lugar'. Mucho me temo que haya deficiencias sobre este asunto y de que muy pocos estemos libres de haber violado la regla. ¿Cuántos de vosotros empleáis tantas horas al día en *la obra de Dios* como las que antes empleabais en *la obra de los hombres*? Hablamos y hablamos, o leemos historia o lo que primero nos viene a la mano. Es nuestro deber, deber imprescindible, corregir este mal o retirarnos completamente de la obra.

"¿Pero cómo conseguirlo? Emplead toda la mañana, o cuando menos cinco de cada veinticuatro horas, en la lectura de *los libros más útiles,* la que debe ser hecha con toda constancia y regularidad. 'Pero yo leo solamente la Biblia'. En tal caso deberíais enseñar a otros solamente a leer la Biblia, por la misma razón, y *a no oír más que la Biblia.* Pero, si tal fuera el caso, no necesitaríais predicar. Eso decía Jorge Bell; y ¿cuáles fueron los frutos? Pues que ahora ni lee la Biblia ni hace ninguna otra cosa. Esto es fanatismo consumado.

Si no necesitáis otro libro más que la Biblia, habéis superado a San Pablo. El necesitaba de otros libros. 'Pero no me gusta la lectura'. Adquirid el gusto por medio de la práctica o regresad a vuestra primera ocupación. 'Pero cada persona tiene su gusto especial'. Por tanto, unos leen más que otros; pero nadie deberá leer menos que éstos. 'Pero yo no tengo libros'. Yo daré a cada uno de ustedes a medida que los vayan leyendo, los libros necesarios hasta por el valor de cinco libras (125 pesetas), y quiero además que los ayudantes procuren que todas las sociedades numerosas se provean de una biblioteca cristiana para uso de sus predicadores."[7]

Wesley exhortaba allí mismo a sus predicadores a emplear las tardes en hacer visitas pastorales, dedicando atención especial a los niños. Les decía que la predicación, si era clara y bien hecha, no podía engendrar ideas confusas y errores graves en el espíritu de los oyentes y que las conversaciones privadas eran indispensables para completar la obra de la enseñanza dada en público. Les hacía indicaciones prácticas, detalladas, para el mejor desempeño de sus trabajos pastorales, que consideraba como la parte más esencial de sus deberes. Quería que, hasta donde fuera posible, los predicadores se informaran durante sus visitas del estado particular que guardara cada miembro de la familia y que dieran a los niños enseñanza especial, adptada a su edad.

Si alguno objetaba diciendo que le era imposible estudiar y atender a la obra pastoral al mismo tiempo, le respondía:

"El adquirir buenos conocimientos es muy bueno; pero el salvar almas es mejor. Para esto precisamente debéis adquirir los más amplios conocimientos referentes a Dios y a la eternidad. Tendréis bastante tiempo para adquirir también otros conocimientos, si empleáis todas las mañanas en el estudio. Solamente debéis procurar no dormir más de lo necesario, ni hablar más de lo preciso, ni estar nunca ocioso u ocupado en trivialidades. Si no podéis hacer más que una sola cosa, abandonad vuestros estudios. Yo preferiría retirarme de todas las bibliotecas del mundo antes que cargar con la responsabilidad de un alma perdida."[8]

Es imposible, en vista de los consejos que Wesley daba a sus predicadores, el no sentir íntimamente la sinceridad con que los dictaba. También nos dan una alta idea del estusiasmo con el que se proponía crear un ministerio laico tan apto como pudiera serlo.

[7]Tyerman: *Life of Wesley*, tomo II, p. 582.
[8]Tyerman: *Life of Wesley*, tomo II, p. 581.

A fin de conservar a sus predicadores en actividad constante y de evitar el que se agotaran predicando en un mismo lugar, les exigía que cambiaran frecuentemente de circuitos. La conferencia de 1767 regularizó estos cambios y los hizo obligatorios. Allí se resolvió que "no debería enviarse al mismo predicador más que un año ordinariamente, y nunca más de dos consecutivos, al mismo lugar". Más tarde este término se amplió a tres años.

Los predicadores eran modelos de abnegación. Si no tenían que tomar el voto de pobreza al ingresar al ministerio ambulante, practicaban voluntariamente la verdadera abnegación de un modo que en nada eran inferiores a los discípulos de San Francisco. Una de sus reglas era esta: "No aceptéis dinero de nadie; si alguien os da alimentos cuando tuviereis hambre, o ropa cuando la necesitéis, aceptadlos; pero no recibáis oro ni plata. No déis a nadie ocasión de decir que os habéis enriquecido con el evangelio." Recibiendo de las sociedades su alimentación, los primeros predicadores aceptaban dinero solamente para sufragar sus gastos de viaje, y éstos eran sumamente económicos, pues la mayor parte de ellos viajaba a pie. Juan Jane, que pertenecía al gremio, viajó de este modo por una gran parte de Inglaterra sin llevar en el bolsillo más que tres chelines (3.75 pesetas); y al terminar su viaje halló que esta pequeña suma no se había agotado, debido a la hospitalidad que le habían brindado por todas partes. A su muerte fueron vendidos los objetos de propiedad particular que poseía a fin de pagar sus funerales, no bastando el producto para cubrir la cuenta, aunque ésta apenas pasó de cuarenta pesetas. Wesley, que menciona este episodio, añade: "No dejó al morir más que un chelín y cuatro peniques (1.60 pesetas), y un predicador célibe no deberá dejar mayor cantidad a los albaceas de su testamento."[9]

No todos los predicadores estaban dispuestos, como el que acabamos de mencionar, a permanecer célibes todos los días de su vida, y los que se casaban tenían que sufrir grandes privaciones. Muchos se vieron obligados a retirarse de la obra activa para atender a las necesidades de sus familias. La conferencia de 1752 vio la necesidad de corregir este mal y acordó que las sociedades pagaran, en lo sucesivo, la cantidad de doce libras (300 pesetas) anuales a cada predicador. Tal resolución fue letra muerta, en muchos casos, y trece años más tarde, en 1765, la sociedad de York tuvo el valor de enviar una comisión a la conferencia para que

[9]Southey: *Life of Wesley*, tomo I, p. 311.

presentara la súplica de que se le eximiera de pagar a su predicador una suma tan "exorbitante".

Con sociedades tan pobres y en algunos casos tan poco liberales, los predicadores estaban expuestos a morir de hambre, si no se hubiesen ocupado a menudo en algún otro trabajo que desempeñaban a la vez que predicaban; muchos de ellos se veían obligados a trabajar durante el día con sus propias manos y dedicar a la predicación todas las noches. Tal empleo de su vida laboriosa no era de ningún modo degradante para estos siervos de Cristo, pues el ejemplo de San Pablo lo había antes sancionado; pero indudablemente era detrimental para su ministerio desde el momento en que sólo podrían consagrar a él una parte limitada de su tiempo y de sus energías. La conferencia de 1768 se ocupó de este asunto, resolviendo que en lo sucesivo los predicadores ambulantes deberían entregarse por completo a su sagrada obra, dependiendo para su subsistencia solamente de Dios y de su iglesia. El año siguiente se resolvió que las esposas de los predicadores deberían ser adoptadas por las sociedades, levantándose una colecta anualmente para asignarles una modesta pensión; poco tiempo después, treinta y una de ellas estaban a cargo de las sociedades. Un acuerdo análogo colocó bajo la misma protección a los hijos de los predicadores, que hallaron, en la escuela de Kingswood, un establecimiento en el que recibían una educación cristiana, y en el cual las sociedades sufragando cuando menos una parte de los gastos. De este modo se esforzó Wesley por ministrar algún auxilio a sus colaboradores que de otro modo no podrían entrar en acción.

La utilidad de estos humildes obreros se ensachó notablemente durante la época a que venimos refiriéndonos, debiéndose al metodismo la amplia acogida que han alcanzado. No es nuestro propósito referirnos ni siquiera ligeramente a sus importantísimos trabajos. Bástenos simplemente hacer constar que entre ellos figuraban Nelson, Walsh, Hopper, Haime, Staniforth, Taylor y Wright, y que prestaron incalculables servicios a la obra del avivamiento.[10] Habían recibido una consagración que reemplazaba con creces la que los obispos les habían negado, y la aprobación de Dios que se podía ver claramente en todos sus trabajos era el mejor signo de aprobación divina y la mejor respuesta a las objeciones del mundo.

Wesley había visto en el establecimiento de este ministerio

---

[10]Se puede consultar con referencia a estos hombres devotos *The early methodist preachers*, publicado por Tomás Jackson en 1865 (6 tomos).

popular la intervención de la Providencia, robusteciéndose sus convicciones con el éxito que esos ministros obtenían en sus trabajos. Procuró con todo esmero darle bases enteramente sólidas. A la vez que procuraba elevar su nivel intelectual y que se penetraran del espíritu de su misión, se esforzaba por imprimirles una influencia perpetua sobre el porvenir. Habiendo llegado a la vejez, podía, de un año para otro, ser elevado fuera del alcance de las sociedades. Hasta que llegara su muerte, continuaría siendo el centro de su vasta organización; pero era prudente tomar algunas medidas para cuando tuviera que cortar con ella sus relaciones. La conferencia de 1769 consagró detenido estudio a esta importante cuestión. Wesley proponía que a su muerte los predicadores nombrasen una especie de consejo supremo compuesto de tres, cinco o siete predicadores, los que, por turno, serían *moderadores* de las sociedades y con tal título desempeñaran las delicadas funciones que él había tenido. Este plan, bastante defectuoso, fue posteriormente modificado muchísimo; después nos referiremos al que fue aprobado definitivamente.

Si el cuerpo docente del metodismo se había aumentado considerablemente, las sociedades también habían crecido. En 1770 contaban con 29.466 miembros repartidos por toda la Gran Bretaña, teniendo un gran número de capillas.

Su organización fue perfeccionándose poco a poco, conservando siempre los caracteres distintivos que había tenido desde el principio. Las clases continuaban siendo el pivote central de la sociedad. A partir de 1765 se generalizó la costumbre de entregar a cada miembro una cédula trimestral. Desde 1746, o tal vez desde antes, la obra metodista fue dividida en circunscripciones o circuitos, siendo cada uno de ellos el campo de trabajo de uno o más predicadores; y año tras año, a medida que el avivamiento iba extendiéndose y aumentándose el número de obreros, se multiplicaban los circuitos y se reducía su extensión. La conferencia de 1749 acordó que en cada circuito se celebraran *reuniones trimestrales* que tuvieran por objeto promover los intereses de la obra local. Las diversas reuniones que componían el culto de las sociedades fueron estableciéndose gradualmente. En 1749 las *grandes veladas* y los *ágapes* verificaban sus servicios cada mes; en 1755 Wesley introdujo los cultos especiales conocidos con el nombre de *renovación de alianza* con el fin de estrechar los lazos fraternales entre los miembros mediante una consagración solemne. Los días consagrados al ayuno y la oración se multiplicaron igualmente en el seno de las sociedades, y sin cesar se añadían nuevos medios, a cual más notable, para afianzar la fraternidad y la edificación.

Gracias a su gran talento organizador, Wesley había constituido sus sociedades en cuerpos perfectamente homogéneos. Esto era una garantía para la estabilidad y duración de su obra. Sin embargo, muchísimos problemas quedaron sin solución y ocuparon los últimos años de la vida del gran misionero. No obstante la gran energía de su alma, se sentía muchas veces abrumado por el peso de su gran responsabilidad. "Predicar dos o tres veces al día", decía él, "no es para mí una carga; pero el cuidado de los predicadores y de todo el pueblo sí constituye un fardo pesado." Esta carta no podía aligerarla compartiéndola con otros, como le fue sugerido muchas veces. Algunos lo acusaban de ser el autócrata de los metodistas.

El contestó extensamente a tales cargos en la conferencia celebrada en Leeds en 1766. Allí procuró demostrar, con hechos, que la Providencia lo había colocado en tales circunstancias. Añadió además: "Yo no busqué ni una sola parte de esta obra, me vino de un modo inesperado; y cuando se me presentó, no me atreví a enterrar mi talento, sino que lo empleé con el mayor esmero; sin embargo, nunca ha sido de particular agrado para mí: siempre la consideré y la considero todavía como una carga que Dios ha puesto sobre mis hombros y que todavía no me atrevo a poner a un lado. Pero, si pudiereis indicarme una persona o un grupo de cinco a quien yo pudiera traspasar esta carga, y que *pudieran y quisieran* hacer exactamente lo que yo hago ahora, daría gustoso las más expresivas gracias tanto a ellos como a vosotros."[11]

Terminamos, con la conferencia de 1770, el período medio del ministerio de Wesley. Esta conferencia ocupa un lugar importante en su obra. Con ella empieza el período de las misiones extranjeras del metodismo, puesto que ese año, por primera vez, figuró América en la lista de sus circuitos. En esta asamblea se dio la señal de la última gran controversia calvinista. En este mismo año cayó sobre el campo de batalla Whitefield, el gran coadjutor de Wesley, y el único hombre del siglo que le igualaba. Wesley permanecía solo sobre la brecha, tan valiente como siempre, sin envejecerse, y debemos seguirlo en su gran obra.

---

[11] Tyerman: *Life of Wesley*, tomo II, p. 578.

CUARTA PARTE
LA TARDE DE SU VIDA
(1770-1791)

Capítulo Primero

LA CONTROVERSIA CALVINISTA
(1770-1777)

Senectud de Wesley—Reaparición de la controversia calvinista—Los escritos de Toplady—Los dos tratados de Wesley—¿Qué es un arminiano?—Wesley publica un resumen del *Zanchius* de Toplady—Réplica injuriosa de éste—Declaración doctrinal de la conferencia de 1770—Su carácter equívoco—Disgusto de *lady* Huntingdon—Benson y Fletcher se separan de ella—La circular de Walterio Shirley—Declaración explicativa de la conferencia de Brístol—Defensa de las actas hechas por Fletcher—Apreciación de este escrito—Publicación de *Checks* por Fletcher—Los hermanos Hill intervienen en los debates—Excesos de la polémica—La parte que Wesley tomó en la controversia—Su tratado sobre la "necesidad"—Ataque de Toplady—Contestación de Fletcher—Su refutación espiritual del determinismo de Toplady—Fletcher como controversista—Resultados de estas polémicas.

El último período de la vida de Wesley comprende veinte años, durante los cuales trabajó tanto como siempre. Se había aproximado completamente a la senectud y llevaba con valor sus setenta años para la época que hemos alcanzado: pero sólo la muerte podía señalarle el momento de reposo. Si la blancura de sus cabellos parecía indicar que el invierno de la vida había comenzado para él, la vigorosidad de su cuerpo y el fuego de su alma le aseguraban que vivía en un estío perpetuo.

Hubiéramos deseado que la senectud de este gran siervo de Dios hubiera estado exenta de luchas, así como estaba libre de enfermedades; nos complacería contemplar una especie de tregua de Dios en el ocaso de esa hermosa vida. Pero no fue así, cuando menos durante los primeros años de este último período. El avivamiento del siglo XVIII, lo mismo que la reforma del siglo XVI, fue agitado por luchas intestinas, que formaron una nube sobre los hombres que más se destacaron en él, pero que no llegaron a comprometer una obra que provenía de Dios.

La polémica entre los partidarios y los opositores de la predestinación calvinista, que treinta años antes había causado una división en el seno de los metodistas, había tenido épocas de verdadera pasividad. Whitefield, que había consagrado todo el fuego de su alma a la obra misionera, contuvo con su influencia a sus belicosos discípulos; pero su muerte fue la señal para el rompimiento de las hostilidades.

Cuando sobrevino su muerte ya se había iniciado la lucha, por la publicación de dos tratados que escribió un joven ministro anglicano, Augusto Toplady; en uno de ellos vindicaba a la Iglesia Anglicana de la imputación de arminianismo,[1] y en el otro pretendía establecer la doctrina de la predestinación absoluta,[2] basado en una obra latina de Zanchi, célebre teólogo ultracalvinista del siglo XVI. Walterio Sellon, antiguo profesor de la escuela de Kingswood y que, convertido después en ministro anglicano, permaneció siendo siempre amigo y partidario de Wesley, respondió a estos escritos, como ya lo había hecho otra vez contestando a las cartas póstumas de Hervey.

Wesley mismo descendió a la arena y publicó, a principios de 1770, dos tratados; en uno de ocho páginas trataba esta cuestión: ¿Qué es un arminiano?[3] Allí explicaba históricamente este apodo, que "equivalía", según su decir, "para muchas gentes, a este es un perro rabioso".

"Los errores de que son acusados (los comúnmente llamados arminianos)", decía él, "por sus adversarios, son cinco, 1o., que niegan el pecado original; 2o., que niegan la justificación por la fe; 3o., que niegan la predestinación absoluta; 4o., que niegan el que la gracia de Dios sea irresistible, y 5o., que afirman que el creyente

---

[1] *Church of England vindicated from the charge of arminianism.*

[2] *The doctrine of absolute predestination stated and asserted.*

[3] *The question: What is an arminian? answered, by a lover of free grace.*

puede caer de la gracia. En cuanto a los dos primeros puntos, ellos declaran que no son culpables. Las imputaciones son enteramente falsas. No ha vivido jamás un hombre, ni el mismo Juan Calvino, que afirmara semejante cosa referente al pecado original o a la justificación por la fe en términos más fuertes, claros y terminantes que como lo hizo Arminio. Estos dos artículos deberán, por tanto, suprimirse del debate, porque en ellos están de acuerdo ambas partes. No existe en cuanto a esto la diferencia de un cabello entre el señor Wesley y el señor Whitefield." El autor, después de haber expresado con gran claridad el credo de los arminianos referente a los tres puntos en que son diferentes de los calvinistas, termina su folleto rindiendo homenaje a la piedad de Calvino y de Arminio, encareciendo a sus discípulos el que no continúen usando los nombres de tan eminentes cristianos en sentido injurioso.

El segundo tratado de Wesley[4] apareció en la misma época y contenía un simple resumen del escrito de Zanchi traducido por Toplady. Pero este resumen equivalía a una reducción al absurdo, y no tenía Wesley la culpa de que reducidas a sus términos más simples, las doctrinas del libro de Toplady apareciesen monstruosas. El tratado terminaba así:

"La suma de todo es esto: una de cada veinte personas de la humanidad (por ejemplo) es elegida; las otras diecinueve son reprobadas. Los elegidos serán salvos, hagan lo que hicieren; los reprobados se condenarán, aunque hicieran lo que pudiesen. Amado lector, cree esto o condénate. En testimonio de lo cual, firmo, A.T."

Wesley había escrito al principio de su opúsculo una breve introducción concebida en los siguientes términos:

"Se hace constar que el siguiente tratado es una traducción, en su mayor parte. Sin embargo, considerando la sin igual modestia y timidez del joven traductor y la ternura con que trata a sus opositores, bien podía pasar por original."

Este prefacio satírico no podía dejar dudas en cuanto al origen y fin del tratado, y Wesley se resolvió a emplearlo para combatir y rechazar la modestia del joven escritor, que no podía considerarse como de buena ley. Pero produjo en él una exasperación violenta que le inspiró algunas de las diatribas más injuriosas que jamás se hayan visto.[5] Este joven, que algunos años antes había escrito a

[4] *The doctrine of absolute predestination stated and asserted by the Rev. Mr. A. T.*

[5] *A letter to the Rev. Mr. John Wesley relative to his pretended abridgement of Zanchius on predestination.*

Wesley en términos filiales y respetuosos se atrevió ahora hasta a decir que "por más de treinta años (Wesley) se había esforzado en presentar a sus crédulos oyentes sus perniciosas doctrinas con todo el sofisma de un jesuita y la autoridad dictatorial de un papa". Wesley fue también considerado por él como "representando un papel innoble de vil y alevoso asesino". Ocupó 30 páginas con insultos de esta clase.

Los campeones del calvinismo comenzaron de un modo pésimo una controversia que había de durar seis años. Wesley no era el hombre que había de seguir a su adversario en terreno tan inconveniente: "Conozco bien al señor Augusto Toplady: yo no combato con deshollinadores. Es un combatiente demasiado sucio para que yo me le acerque; no conseguiré con ello más que mancharme los dedos. Leí sus breves páginas y no me tomaré más molestias. Voy a dejárselo al señor Selion. No puede caer en mejores manos."[6]

Una declaración doctrinal adoptada por la conferencia de 1770, a moción del señor Wesley, vino a dar principio a este gran debate, pues los anteriores folletos que hemos mencionado no habían sido sino preludios. Este documento, que sirvió de pretexto para las acusaciones más vehementes, amerita ser reproducido:

"Dijimos en 1744 que nos habíamos inclinado demasiado hacia el calvinismo. ¿En qué? En lo referente a la fidelidad del hombre. Nuestro Señor mismo nos enseñó a usar esta expresión, y por tanto no debemos avergonzarnos de ella. Debemos afirmar enérgicamente, fundándonos en su autoridad, que, si el hombre no fuere fiel con el injusto Mammón, Dios no le confiará las *verdaderas riquezas.*

"En cuanto a la lucha por obtener la vida, el Señor expresamente nos manda emprenderla: 'Trabajad por el pan que permanece para vida eterna'. Y en efecto, todo creyente, hasta que llegue a la gloria, trabaja para obtener la vida a impulsos de la vida misma.

"Hemos aceptado como una máxima el que el hombre no necesita hacer nada para obtener la justificación. Nada puede ser más falso. Todo el que deseare obtener favor deberá apartarse del mal y aprender a obrar bien. Así lo enseña Dios mismo por medio del profeta Isaías. Todo el que se arrepienta deberá hacer obras propias del arrepentimiento. Y si esto no fuere para granjearse tal favor, ¿para qué las hace?

"Revisemos el asunto una vez más. ¿Quién de nosotros es

[6]Tyerman: *Life of Wesley,* tomo III, p. 83.

ahora aceptado por Dios? El que cree en Cristo con todo el corazón y está dispuesto a la obediencia. Pero ¿quién puede hacerlo entre aquellos que jamás han escuchado el evangelio? El que, en consonancia con la luz que posea, tema a Dios y obre en justicia. ¿Equivale esto a decir 'el que sea sincero'? Casi es así, si no fuere exactamente. ¿No es esto la salvación por medio de obras? No en virtud de las obras, sino teniendo las obras como una de las condiciones. ¿Qué hemos estado disputando entonces por casi treinta años? Mucho me temo que las disputas hayan sido sobre simples palabras; cuando menos en algunos de los casos anteriores.

"En cuanto al mérito mismo, del cual tanto miedo hemos tenido, diremos: somos recompensados de acuerdo con nuestras obras; sí, a causa de nuestras obras. ¿En qué es esto diferente de 'por lo meritorio de nuestras obras'? Y ¿en qué es esto diferente de *secundum merita operum,* que equivale a decir: 'como lo merecen nuestras obras'? El que pueda, desate estos cabos.

"La gran objeción a una de las proposiciones precedentes se deriva de los hechos: Dios justifica de hecho a los que, por profesión propia, ni temen a Dios ni obran justicia. ¿Es esta una excepción o la regla general? Es muy difícil afirmar que Dios haga excepciones. Pero, ¿cómo podemos estar seguros de que la persona en cuestión nunca tuvo el temor de Dios ni obró en justicia? El que ella así lo piense no es prueba suficiente. Porque sabemos que todos los que son concebidos en pecado se menosprecian en todo.

"¿No confunde el hablar descuidadamente de un estado de justificación o de santidad, inclinándose a confiar en lo que se hizo en determinado momento? Por tanto, a cada instante estamos complaciendo y desagradando a Dios, según nuestras obras; de acuerdo con nuestros móviles internos y nuestra conducta externa."

El fin que buscaba Wesley cuando publicó estas proposiciones era oponerse a las tendencias antinomianas que amenazaban arruinar el avivamiento, induciendo a muchos a una deplorable relajación moral. Durante treinta años había observado los males que en sus sociedades hacían ciertos hombres exagerando la doctrina de la gracia, habiendo llegado hasta decir: "¡Pequemos para que la gracia abunde!" Con el gran deseo de evitar el constituirse en responsable solidario de tan perniciosas doctrinas, formuló su credo en términos que sus mejores discípulos declararon ser paradójicos y poco explícitos. Lo que acabamos de citar parecía ser un programa de disputa más bien que la exposición serena y completa de las ideas de Wesley referentes a la salvación por la fe. Tales ideas deberán buscarse en sus sermones.

En todos casos, la declaración doctrinal de la conferencia de 1770 produjo disgusto entre los partidarios de Whitefield. *Lady* Huntingdon, con la impetuosidad que la caracterizaba, le avisó a Wesley que no le permitiría por más tiempo usar los púlpitos de sus capillas, a menos que él se retractara de estas proposiciones, que ella juzgaba "horribles y abominables". Según su entender, Wesley abandonaba la gran doctrina de la justificación por la fe, *articulum stantis vel cadentis Ecclesioe,* y era acusado de pelagianismo. Extraña acusación, a la que Wesley contestó, cuatro meses más tarde, con la mejor de las refutaciones, en el discurso fúnebre que pronunció con motivo de la muerte de Whitefield; allí demostró él, de una manera incontestable, que el metodismo jamás se había apartado de la doctrina de la justificación por la fe y que siempre había existido la más perfecta armonía entre él y sus amigos con referencia a estos puntos capitales. Pero ya era demasiado tarde; la espada había sido desenvainada y no podría volver pronto a su lugar. Los discípulos de Whitefield no contaban ya con su maestro para que los contuviera y entraron con demasiados bríos en la nueva lucha.

La condesa, convencida de que su teología ultra-calvinista era la verdadera, exigió de todos los que tenían algo que ver con su colegio de Trevecca una declaración formal en la que repudiaran las proposiciones de Wesley. José Benson, uno de los profesores, se rehusó y fue destituido de su puesto. La situación de Fletcher, que era el director del colegio, era bastante delicada por estar colocado entre *lady* Huntingdon, que deseaba conservar a un hombre tan piadoso y de tan relevantes dotes intelectuales, y Wesley, con quien simpatizaba en sus ideas. Tuvo una entrevista con *lady* Huntingdon, a quien llamaba "nuestra Débora", y le declaró que, si "todos los arminianos deberían retirarse del colegio, ya se consideraba él destituido. Porque, según mi credo actual", añadió, "debo sostener esta creencia (la posibilidad de la salvación para todos, de que la misericordia comprende a todos, aunque la acepten o la rechacen), si he de creer que la Biblia es verdadera y que Dios es amor". Reconocía que las doctrinas de su amigo no habían sido expresadas con suficiente circunspección en las declaraciones que se discutían; pero apelaba a los verdaderos sentimientos de Wesley sobre la materia, que eran demasiado conocidos para que en ellos hubiera equivocación posible.[7] Recomendaba a la condesa y a sus amigos que "incendiaran los campos de los filisteos y no los de sus hermanos israelitas por la sola razón de que no podían pronunciar shibboleth exactamente como ellos".[8] Pero estos consejos no fueron escuchados, y los israelitas, usando la figura de Fletcher, pelearon entre sí con un ardor que mejor hubiera sido volver contra los filisteos.

La conferencia de 1771 debía reunirse durante el mes de agosto, en Brístol. Fácilmente podía preverse que volvería a considerar las proposiciones aprobadas el año precedente, a fin de explicarlas mejor. En lugar de esperar tales explicaciones, que pudieron haberse hecho en espíritu fraternal, los jefes del metodismo calvinista tomaron un curso de acción bastante extraño y que representaba una convocatoria ofensiva. Se envió una circular a un gran número de sus amigos, concebida en los siguientes términos:

"SEÑOR: Debiendo reunirse en Brístol, el martes 6 de agosto próximo, la conferencia del señor Wesley, ha creído *lady* Huntingdon y muchos de sus amigos (protestantes verdaderos) que es conveniente celebrar en Brístol una reunión, en la misma época, con las principales personas, tanto clericales como laicos, que desaprueban las actas adjuntas. Y como se ha juzgado que éstas son nocivas para los principios fundamentales del cristianismo, se proponen, además, que estén presentes en dicha conferencia y exijan una retractación de las actas mencionadas y en caso de negativa, que firmen y publiquen una protesta contra ellas. Se requiere con toda especialidad su presencia, señor, en tal ocasión. Pero, si por alguna circunstancia no le conviniere asistir, deseamos que comunique usted sus ideas sobre el asunto a alguna persona que juzgue apropiada para que las presente. Se somete a la consideración de usted la conveniencia de que, a fin de oponerse a tan terrible herejía, recomiende el asunto a cuantos amigos cristianos tenga, ya pertenezcan a los disidentes o a la iglesia establecida, y sobre quienes ejerzan alguna influencia, para que procuren asistir por tratarse de un asunto de tanta importancia pública."

Walterio Shirley, sobrino y capellán de la condesa, firmó esta circular; en una época posterior trató de justificarse diciendo que fue dictada por el interés que tenían de "un avivamiento espiritual y por las doctrinas de la Reforma" y que Wesley estaba "a la

[7]Carta a Benson en *Tyerman,* tomo III, p. 89.
[8]Tyerman: *Life of Fletcher,* 1882, p. 178.

cabeza de cerca de treinta mil personas como veterano en la causa del evangelio y uno de los jefes de la última reforma".[9] Esta consideración, sin embargo, debió haberles inspirado el uso de términos diferentes. Wesley no parece haberse inmutado ni ofendido por la medida que ellos tomaron, sino que esperó con calma el desarrollo de los acontecimientos. La circular de Shirley, que fue distribuida por los tres reinos, llevó a Brístol, después de todo, como siete u ocho personas, entre las que figuraban dos laicos y dos estudiantes. Wesley no juzgó conveniente rechazar la irregularidad de esta delegación espontánea y escuchó atentamente todo lo que tenían que decir. Se resolvió arreglar una declaración explicativa, que firmaron Wesley y cincuenta y tres de sus predicadores. Estaba redactada en estos términos:

"En vista de que los puntos de doctrina contenidos en las actas de una conferencia celebrada en Londres el 7 de agosto de 1770 han sido interpretados como favorecedores de la justificación por las obras, el reverendo Juan Wesley declara, juntamente con otras personas reunidas en conferencia, que no tuvieron intención de darles tal significado y que desechan la doctrina de la salvación por las obras como peligrosa y abominable; y apareciendo que dichas actas no son suficientemente claras en su forma actual, declara solemnemente, en la presencia de Dios, que no tiene seguridad o confianza sino en los méritos de nuestro Señor y Salvador Jesucristo para la justificación y santificación, ya sea en la vida, en la muerte o en el día del juicio; y aunque nadie es cristiano verdadero (y por consecuencia no puede ser salvo) a menos que haga buenas obras, cuando tenga tiempo y oportunidad, sin embargo, nuestras obras no ameritan ni compran nuestra salvación, ni en todo ni en parte."

Shirley consintió en declarar, por su parte, "que él había mal interpretado los puntos doctrinales contenidos en las actas de la conferencia celebrada en Londres el 7 de agosto de 1770" y que daba fe de "estar plenamente satisfecho con dicha declaración y de que asentía cordialmente y estaba de acuerdo con la misma". Sin embargo, la controversia estaba muy lejos de haber terminado, pues de hecho sólo estaba en sus principios y duraría muchos años todavía.

Fletcher, indignado por las acusaciones y calumnias lanzadas contra su amigo, había preparado una defensa de las actas de

[9]Shirley: *Narrative*, p. 5.

Wesley,[10] en forma de cartas dirigidas a Shirley, y había enviado a Wesley el manuscrito. Este lo envió inmediatamente a la prensa, juzgando, y con razón, que, habiendo sido acusado de una manera tan violenta, no tenía derecho de suprimir el testimonio que le daba públicamente un hombre cuyo valor moral era reconocido y aceptado por todas partes. Wesley ha sido culpado por haber dado a luz este escrito después de que se habían entendido satisfactoriamente ambos partidos en la conferencia de Brístol; pero las tendencias antinomianas, contra las cuales la primera declaración se levantaba como una barrera, subsistían y amenazaban seriamente a las sociedades, y a pesar de su profundo amor a la paz, no podía sacrificar a ésta sus propios principios.[11]

El escrito de Fletcher circuló, produciendo inmediatamente una gran sensación. El autor, conocido ya ampliamente como hombre y como orador sagrado, se dio a conocer en este opúsculo como escritor distinguido. Aunque extranjero, por nacimiento, para la lengua inglesa, la manejaba con asombrosa facilidad, y su estilo claro y magistral rayaba en la elocuencia. Su controversia revestía un carácter elevado, imparcial, generoso, que en nada disminuía la fuerza de su argumentación, pero que se apartaba de la forma ordinaria de las polémicas. Este folleto de noventa y ocho páginas se dividía en tres partes: 1a., vista general de las doctrinas de Wesley; 2a., explicación del fin que se propuso al publicar sus actas; 3a., defensa de las proposiciones que allí constan, fundada en argumentos extractados de la Escritura, en la razón y en la experiencia, así como también en los escritos de eminentes teólogos calvinistas.

"Estas reflexiones me hicieron, . . ." dice Fletcher en la segunda carta, "considerar lo que podíamos suponer sinceramente como el propósito del señor Wesley al escribir estas proposiciones y al recomendarlas a los predicadores que con él estaban relacionados. Y no pude yo dejar de ver que sólo se proponía proteger tanto a ellos

[10]*A vindication of the Rev. Mr. Wesley's Minutes, . . . occasioned by a circular letter inviting principal persons, both clergy and laity, as well as of the dissenters as of the established church, who disapprove of those minutes, to oppose them in a body as a dreadful heresy. In five letters to the Hon. and Rev. author of the circular letter, by a lover of quietness and liberty of conscience.*

[11]Fletcher, que no asistió a la conferencia en donde se llevó a cabo la reconciliación, escribió a su amigo Ireland para que suspendiera la publicación de sus *Cartas.* Ireland era un metodista calvinista que había firmado la famosa circular con Shirley, pero que tenía amigos en ambos campos. Hizo todo lo que pudo para suspender la publicación del escrito de Fletcher; pero Wesley estaba de viaje, y Tomás Olivers, uno de sus predicadores, encargado de editar sus obras, se rehusó a retardarlo, y pronto salió a luz. Fletcher, lejos de afligirse por ello, reconoció que esta publicación era un "mal necesario".

como a sus oyentes contra los principios y prácticas antinomianas que se difundían como voraz incendio por algunas de sus sociedades, en las cuales personas que hablaban de Cristo de una manera hermosísima y expresaban también gran interés por su completa salvación vivían entregadas a la más crasa inmoralidad, acariciando la conducta más anticristiana."

En su quinta carta, escrita como las otras antes de la reconciliación de Brístol, Fletcher criticaba severamente a Shirley y a sus amigos por la manera con que trataron a Wesley en la circular, que rebosaba en injusticia.

"Si tales proposiciones le hubieran parecido del todo malas", dice él, "y además, si nunca las hubiera aceptado, ¿no debía usted como cristiano y perteneciente a la misma familia, haberle escrito en lo privado, dándole a conocer sus objeciones y expresándole el deseo de que las contestara o le diera unas explicaciones, diciéndole que en caso contrario se vería obligado a someterlas al juicio público?

"¿Sería tal condescendencia más de lo que es obligación de usted, señor mío, lo mismo que de nuestros demás amigos, con un ministro de Cristo de cabello cano, con un antiguo general de los ejércitos de Emanuel, con un padre que tiene hijos capaces de instruir a los mismos maestros de Israel y al que Dios ha colocado como factor principal en el último avivamiento profundamente religioso de nuestra iglesia?

"En lugar de este proceder amistoso, como si usted fuera un Barac, 'por orden expresa del Señor Dios de Israel, ha convocado a los hijos de Neftalí y de Zabulón'. Se han llamado de Inglaterra y de Gales a ministros y a laicos, a miembros de la iglesia establecida y a disidentes para que se congreguen en Brístol, en donde, según parece, serán hospedados por cuenta de otros. Y ¿para qué gran expedición se les convoca? Pues para que en un día señalado todos marchen 'en cuerpo', no a atacar a Sísara y a sus carrozas de hierro, sino al viejo Caleb, que sin mezclarse con usted prosigue silenciosamente la conquista de Canaán . . . ¡Oh, que no llegue tal noticia hasta Roma, porque causaría gran regocijo entre los hijos de la inquisición!

"Oh señor, ¿no hemos peleado bastante, sin gastar todo nuestro tiempo y nuestras fuerzas? ¿Deberemos también declarar y sostener guerras intestinas? ¿Deberemos valernos de cualquier pretexto para acuchillarnos mutuamente porque la librea de la verdad que portamos no presenta siempre el mismo aspecto? ¿Qué podría ser más cruel que esto? ¿Qué podría ser más ofensivo para un antiguo ministro de Cristo que ser calificado como 'hereje terrible', con caracteres impresos que circularon entre los mejores hombres de la tierra, sí, por toda Inglaterra y Escocia, y autorizados con la firma de una persona del rango y piedad de usted; que hacerlo responsable, inmediato o lejano, de cosas que él ni sabe ni jamás intentó decir? Mientras él emprendía un viaje a un reino vecino[12] para predicar a Jesucristo, ¡predisponerle sus amigos, sublevarse sus adversarios y estar a punto de destruir los frutos de su amplio ministerio! Colóquese usted mismo en su lugar, señor, y verá que su herida es profunda y le llega al corazón.

"Nuestro Elías[13] ha sido trasladado al cielo. El Eliseo de cabello cano continúa por un poco más de tiempo sobre la tierra. Y ¿debemos apresurarnos para acumular con más éxito contra él acusaciones falsas y escandalosas? . . . ¿Difamarán públicamente al venerable profeta y menoscabarán sus trabajos los hijos de los profetas y aun sus propios hijos en la gracia y en el conocimiento? Cuando lo ven apresurarse para desempeñar los encargos del Señor, ¿exclamarán, no diciendo: 'sube, calvo, sube,' sino 'sube, hereje, sube'? ¡Oh Jesús de Nazaret! ¡Tú rechazado de los hombres! Tú que fuiste llamado 'el pervertidor del pueblo', ¡no lo permitas! no sea que los osos sanguinarios de las persecuciones salgan súbitamente de los bosques y ataquen a aquellos hijos de discordia y los despedacen."

Shirley contestó a Fletcher, refiriendo detalladamente lo que había pasado y tratando de demostrar que el documento firmado en Brístol por Wesley y cincuenta y tres predicadores era una retractación. El pastor de Madeley no podía aceptar tal cosa, y antes de que terminara el año publicó su segundo *Check to antinomianism,* que fue el nombre que le dio después a esta serie de escritos. En ella demostró, fundándose en la Escritura, la doctrina de que el hombre es justificado por su fe, pero que lo será por sus obras el día del juicio; e insistió en la necesidad de una predicación esencialmente moral, describiendo el estado de relajación de vida y de decadencia religiosa a que la enseñanza antinomiana había conducido a la mayor parte de las iglesias evangélicas de su tiempo.

Shirley se retiró del campo de batalla, pero ya otros habían

---

[12]Wesley se hallaba en Irlanda en un viaje misionero que duró desde el 24 de marzo al 29 de julio de 1771, en el momento mismo en que Shirley lanzaba su ofensiva circular.

[13]Whitefield, que había muerto en América el 30 de septiembre de 1770.

acudido a él. Los hermanos Hill, Ricardo y Rolando,[14] saltaron a la arena con más fogosidad que prudencia. Ricardo Hill publicó un raro folleto, en el que daba a conocer una conversación que había tenido en París, referente a las actas de Wesley, con un monje de un convento inglés de benedictinos. El monje había declarado que Wesley estaba muy cerca del pelagianismo, y Ricardo Hill concluía con aire de triunfo que las proposiciones de Wesley "estaban demasiado vacías aun para que los papistas las apoyaran".

"Es extraño", le contestaba Fletcher al fin de su segundo *Check,* "que nuestros adversarios hayan juzgado digno de su atención el levantar un recluta contra nosotros en la gran ciudad de París, en donde bien se podrían levantar cincuenta mil contra la misma Biblia. Siempre que Cristo, los profetas y los apóstoles estén de nuestro lado, así como el gran número de teólogos puritanos del último siglo, nosotros nos reiremos de un ejército de frailes papistas. Las borlas que cuelgan a sus lados nos alejarán tanto de nuestra Biblia como el *ipse dixit* de un monje benedictino nos haría juzgar heréticas las proposiciones que sin contradicción sean escriturarias."

En 1772 Ricardo Hill dirigió a Fletcher cinco cartas,[15] en las que defendió con entusiasmo la doctrina de la predestinación absoluta, que por algún tiempo había permanecido en la sombra. Esto dio lugar al tercer *Check,* en el que Fletcher, con lógica incontestable y fervor elocuente refutó el determinismo calvinista. Para terminar, se disculpó por su franqueza llana de montañés suizo, y aconsejó a sus amigos, tanto calvinistas como arminianos, la equidad y la moderación en los juicios que se vieran obligados a expresar sobre los demás.

Esta recomendación no era superflua. La polémica, a medida que se prolongaba, agriaba los ánimos, y los argumentos pronto llegaron a degenerar en invectivas. Por parte de los wesleyanos, tales excesos eran raros; con un campeón de la talla de Fletcher, los amigos de Wesley se veían menos tentados que sus adversarios a perder la serenidad; la fuerza de sus razonamientos les bastaba, y la noble moderación de su polémica era para ellos ejemplo digno de imitar. Es de lamentarse, sin embargo, el que este ejemplo no fuera

---

[14]La familia Hill pertenecía a una antigua estirpe noble. Ricardo, el mayor de los dos hermanos, que a la muerte de su padre vino a ser *sir* Ricardo Hill, nació en 1733. Fue traído a la fe por medio del metodismo y por muchos años se dedicó a la evangelización, sin dejar de ser laico. Su hermano Rolando nació en 1744 y llegó a ser uno de los predicadores más originales y populares del avivamiento. Vivió hasta el año de 1833.

[15]*Five letters to the Rev. Mr. F—r.*

siempre imitado en los escritos de Walterio Sellon y Tomás Olivers. Pero debemos reconocer que del lado calvinista la polémica con frecuencia descendió a la vulgaridad y a la injuria. Los dos hermanos Hill y Augusto Toplady se distinguieron en sus filas, y no era, por cierto, en consonancia con su piedad. Sus invectivas contra Wesley y contra sus amigos implicaban más ofensas personales y acusaciones calumniosas que las que sus más acerbos enemigos habían lanzado contra ellos mismos. Mientras que Rolando Hill reprochaba a Olivers por su humilde origen, su hermano le comparaba a un "pequeño cuadrúpedo a quien no descendería para azotar con un látigo ni ordenaría a su lacayo que azotara".

Toplady y los dos Hill, después de haber tratado con moderación a Fletcher, cuya perfecta pulcritud bastaba para desarmar al enemigo más irascible, llegaron a no hacer distinción alguna entre él y sus amigos, tratándolo exactamente lo mismo que a ellos. Pero Wesley tuvo el honor de soportar los más rudos ataques de estos calvinistas furibundos. "El papa Juan", "jesuita", "pelagiano", "mendaz", "blasfemo", "maniqueo", "pagano", "zorro viejo", etc. —tales eran los epítetos que por mucho tiempo prodigaron sobre un anciano septuagenario, cuya vida había sido completamente consagrada a Dios y al bien de la humanidad, dos hombres relativamente jóvenes y que sin duda alguna eran cristianos sinceros y propagandistas notables del avivamiento. Si alguna vez el *odium theologicum* apareció miserable y repulsivo, fue en algunos de los escritos inspirados por esta polémica.

¿Qué había hecho Wesley para hacerse acreedor a tanta cólera? La parte que tomó directamente en la controversia calvinista se redujo a la declaración poco explícita de la conferencia de Brístol y a unos cuantos opúsculos, todos ellos escritos con la mayor moderación y con aquella sal con que acostumbraba sazonar todos sus escritos de polémica. Además de los dos folletos que ya hemos mencionado, Wesley publicó en 1771 algunas páginas con el título de *La consecuencia probada*,[16] en las que demostraba que habían sido muy legítimas las conclusiones inferidas de los principios que Toplady había establecido en el sumario de Zanchi. Declaraba que él "no tenía tiempo para dedicarle más atención al asunto y dejaba al joven para que lo corrigiera uno que era muy capaz de competir con él, Tomás Olivers", y éste lo ejecutó, en efecto, de una manera magistral.[17]

[16] *The consequence proved.* (*Works,* tomo X, p. 370.)
[17] *A Letter to the Rev. Mr. Toplady.*

Pero, el año siguiente los frecuentes asaltos de los hermanos Hill hicieron que Wesley se decidiera a "sacar la espada y arrojar la vaina", según sus propias palabras, y sin perder nunca su dominio propio, defendió enérgicamente su reputación y sus convicciones contra los ataques de sus difamadores.[18] Confesó que los escritos de Fletcher le habían convencido de que había sido demasiado bondadoso con "los predicadores de la reprobación" y que, habiendo declarado Ricardo Hill que "todo pacto con los que objetaban la elección era pacto con la muerte", se consideraba desarmado y advertido. En este folleto y en otro que se publicó en 1773[19] se defendía, casi siempre con gran éxito, contra la imputación de haber variado de opiniones. Este cargo, sostenido por su autor mediante un gran número de citas sacadas de los escritos de Wesley, era verdadero con referencia a ciertos puntos de importancia secundaria, pero enteramente falso en cuanto a las doctrinas capitales de su sistema.

Mencionaremos otra producción que a fines de 1774 y sobre la *Necesidad,* considerada desde el punto de vista moral y filosófico,[20] publicó Wesley para combatir con energía el determinismo de Hume, de Hartley y de Edwards, y que bien puede condensarse en esta frase del prefacio: "No puedo creer que el ser más noble del mundo visible sea solamente una hermosa pieza de maquinaria".

Fletcher había continuado, con algunos intervalos, la publicación de sus *Checks* en contestación a los escritos de los dos Hill y de Berridge, el piadoso vicario de Everton, que se había presentado como voluntario para tomar parte en el lance a favor del calvinismo, distinguiéndose de sus amigos por la seriedad de su estilo. No fue sino hasta 1766 cuando Fletcher contestó a Toplady, el más formidable campeón del calvinismo a pesar de su falta de moderación en el lenguaje. Contestó primero su defensa de los decretos[21] con un ingenioso folleto[22] en el que demostró con argumentación incontrovertible que la doctrina de la predestinación absoluta e incondicional de unas cuantas personas para la vida eterna implicaba necesariamente la predestinación de todas las demás para la muerte eterna.

---

[18] *Some remarks on Mr. Hill's review of all the doctrines taught by Mr. John Wesley.* (*Works,* tomo X, p. 374.)

[19] *Some remarks on Mr. Hill's farrago double distilled.* (*Works,* tomo X, p. 415.)

[20] *Thoughts upon necessity.* (*Works,* tomo X, p. 457.)

[21] *More work for Mr. John Wesley, or a vindication of the decrees and providence of God.*

[22] *Answer to the Rev. Mr. Toplady's vindication of the decrees.*

Toplady había también criticado el ensayo de Wesley sobre la *Necesidad* y había terminado con el determinismo más absurdo.[23] Fletcher lo siguió en este nuevo terreno y fue capaz de probar que en la argumentación filosófica no era menos capaz que en la discusión teológica. Deseando dar una base filosófica a su teología, Toplady se había aventurado por un terreno demasiado resbaladizo. Exageró la dependencia que el alma tiene del cuerpo preguntando en tono humorístico qué pasaría del alma humana, si llegare a ser aprisionada en el cráneo de un gato, o del alma de un gato encerrada en un cráneo humano, llegando a la conclusión de que según el cráneo así es el hombre. "Podemos, sin embargo", añadía, "aun en tal caso, dirigirnos a cada uno de nuestros hermanos de la especie humana con las palabras de aquel gran filósofo *necesitariano,* San Pablo, y preguntar, *¿quién te hace diferenciarte* de los brutos más bajos de la creación? *El libre albedrío* de tu *Creador,* no el tuyo. Y *¿qué* preeminencia *tienes tú que no hayas recibido de él?* Ni una sola, ni la sombra siquiera". Fletcher, en su respuesta, explotó estas imprudentes concesiones a favor del materialismo y con aquella delicada ironía que era uno de los grandes recursos de su talento polémico, contestó:

"¡Admirable teología! El señor Toplady deja a los ortodoxos en duda: (1) De si, cuando su alma y el alma de los gatos abandonen sus respectivas prisiones o cerebros, el alma de los gatos no sería igual al alma de los hombres. (2) De si, suponiendo que el alma de un gato hubiera sido puesta en el cerebro de San Pablo o en la de un periodista, el alma del gato no se hubiera convertido en un apóstol tan notable como el alma de Saulo de Tarso, o en un crítico tan hábil como el alma del más sensato periodista. Y (3) de si, en caso de que el 'espíritu humano' (de Isaías) fuera encerrado en el cráneo de un gato, éste, sin embargo, no anduviera o saltara en cuatro patas, no murmurara al ser acariciado o gritara al ser pinchado, y si los pájaros y los ratones no serían sus objetos predilectos. ¿No es este un gran salto, aunque sea el primero hacia la doctrina de la identidad del alma humana con el alma de los gatos y de las ranas? Calvinismo miserable, doctrina harto distante de la gracia, ¿a dónde conduces a tus deslumbrados partidarios y a tus defensores más importantes? ¿No es bastante el que hayas enturbiado la fuente de aguas vivas convirtiéndola en la corriente cenagosa de los errores

---

[23] *The scheme of christian and philosophical necessity asserted. In opposition to Mr. John Wesley's tract on that subject.* Londres, 1775.

de Zenón? ¿Pretendes también envenenarla con los absurdos de la filosofía pitagórica? ¡Qué golpe solapado se da aquí, de un modo inadvertido, a estas importantes doctrinas: 'Sopló Dios en el hombre el espíritu de vida, y se transformó en alma viviente!, alma hecha 'a la imagen de Dios' y no a la imagen de un gato! 'El espíritu de las bestias desciende hasta la tierra; pero el espíritu del hombre asciende, vuelve a Dios que lo creó', con el fin de ser sometido a juicio y recompensado según sus obras morales.

"Pero debo hacer justicia al señor Toplady; no recomienda él todavía esta doctrina como absolutamente cierta. Sin embargo, de su doctrina capital de que el alma humana no tiene libertad propia, no tiene principio íntimo de determinación propia, y de su opinión jurada que el alma de un hombre 'razonaría y obraría, estando en circunstancias iguales, exactamente como la del hombre en cuya *envoltura de lodo* se albergara', se sigue con toda propiedad: (1) Que si el alma humana de Cristo hubiera sido colocada en el cuerpo de Nerón, habría sido exactamente tan malvada y atroz como el alma de aquel sangriento monstruo. Y (2) si el alma de Nerón hubiera sido colocada en el cuerpo de Cristo y en sus difíciles circunstancias, habría sido exactamente tan virtuosa e inmaculada como la del Redentor. La consecuencia es innegable. El mérito del hombre Cristo no fue el resultado de su alma justa, sino de la *envoltura de lodo* y de la feliz suerte que tuvo su alma de ser albergada en un 'cerebro peculiarmente modificado'. Ni el demérito de Nerón procede de su libre albedrío y perversión propia, sino solamente de su *envoltura de lodo* y de la desgracia que su alma tuvo necesariamente de ser alojada en un 'vehículo mal construido' y colocado en un trono en el que Tito pronto después mereció el título de *delicia de la humanidad.* ¡Ved, oh monopolizadores de la ortodoxia, a qué absurdas consecuencias os conduce vuestra aversión a la libre voluntad y al mérito evangélico! Y sin embargo, si hemos de creer al señor Toplady, vuestro sistema, que se engrandece con estas inevitables consecuencias, es filosofía cristiana, y nuestra doctrina de libre albedrío es 'filosofía rabiosa'."

Hemos citado este pasaje completo porque da una idea justa de la originalidad de Fletcher en esta controversia calvinista que le granjeó un lugar muy distinguido. Roberto Southey, que critica su estilo un tanto difuso, añade que "lo florido de su lenguaje y su sagrada unción descubren su origen francés"; pero que "su razonamiento es agudo y claro, y hermoso el espíritu de sus escritos, y que era realmente maestro en el asunto y en todo lo que éste comprendía". Southey añade aún: "Si alguien ha manifestado la caridad en los escritos polémicos, éste ha sido Fletcher de Madeley. Ni aun la controversia teológica trastornó en lo más mínimo su carácter imperturbable."[24]

Esta controversia inglesa sobre el calvinismo no fue un vano torneo teológico. En la apariencia no tendría más resultado que fortificar a cada quien en sus doctrinas particulares y hacer más grande el abismo que los separaba. Pero esto era una apreciación enteramente superficial. Cuando se disipó el polvo del combate, se descubrió que la predestinación había resultado mortalmente herida y que en su lugar se levantaba vigoroso el arminianismo evangélico que había sido excomulgado por el Sínodo de Dordrecht. Pero, mientras que en Holanda este sistema teológico se había desviado poco a poco hacia el latitudinarismo, en Inglaterra se encaminaba hacia la preservación de la integridad de la doctrina de la gracia, como había sido transmitida a los reformadores por San Pablo, rechazando la doctrina de la predestinación absoluta que le había impreso San Agustín. "Esta controversia", dice Watson, "ha producido importantes resultados. Hizo ver a los calvinistas piadosos y moderados con cuánta facilidad se podían unir con el arminianismo las más ricas verdades evangélicas, y produjo, por su atrevido y valiente ejemplo de las consecuencias lógicas derivadas de la doctrina de los decretos, mucha mayor moderación en los que todavía las admiten, dando origen a algunas de las modificaciones más moderadas del calvinismo en la siguiente época, efectos que perduran hasta el día de hoy."[25]

[24]Southey: *Life of Wesley*, cap. XXV.
[25]Ricardo Watson: *Life of Wesley*, cap. xi.

Capítulo II

ACTIVIDAD DE LA SENECTUD DE WESLEY
(1770-1780)

Notable vigorosidad física de Wesley—Dos enfermedades—Su actividad y su serenidad—Generalidad de los afectos que le profesaban—Conversiones interesantes —Progresos sociales y religiosos en todas partes de Inglaterra—Wesley en Escocia—Wesley en Irlanda: escena de ambulantes; estado de la obra—La oposición vencida—Reveses en Halifax—Wesley impone respeto a los malintencionados—Los gentilhombres llamados al orden—El metodismo en la Isla de Man: oposición del obispo; carta de Wesley—Cortesías de los obispos de Londonderry y de Londres—Predica en las iglesias—Salvación de almas— Cuidados pastorales—Las reuniones de clase—La disciplina—La cuestión de los sacramentos—La capilla de City Road—Dificultades sobre la ocupación del púlpito en la nueva capilla—El conflicto de Bath—Expulsión y readmisión de MacNab—Estadística del metodismo—Nuevos predicadores—Confianza de Wesley—La miseria en Londres—Esfuerzos de Wesley para aliviarla —Silas Told—Wesley asiste al Dr. Dodd, condenado a muerte—Wesley y la cuestión de la esclavitud—Sus escritos sobre el asunto—Escritos relativos a la crisis americana—Reconocimiento del gobierno—Acusaciones calumniosas —Escritos sobre el asunto de la cuestión católica—Ataques de la prensa— Serenidad de Wesley—Publicaciones.

AUNQUE la controversia de que hemos venido ocupándonos fue bastante importante, no fue, sin embargo, más que un incidente en la vida de Wesley y no interrumpió ni su vida activa ni su serenidad de ánimo. Bien podía él decir, al cerrar el período de diez años que hemos visto de un modo general: "No recuerdo haberme visto abatido ni por un cuarto de hora desde que nací".[1] "Sé sentir y sufrir; pero, por la gracia de Dios, de nada me asusto".[2] Los ataques

---

[1] *Methodist magazine,* 1781, p. 185.

[2] I *feel* and *grieve,* but, by the grace of God, I *fret* at nothing. (*Journal,* 28 de junio de 1776).

y los ultrajes habían menudeado sobre él, como ya hemos visto y como hemos de ver todavía; las dificultades estaban lejos de haber desaparecido, y los problemas futuros de su obra le preocupaban: pero fundaba en Dios su fe y de este modo se elevaba sobre sus decepciones.

Conservaba en su vejez más energías que las que ordinariamente acompañan a la senectud de los hombres. En 1772 consultó, para complacer a sus amigos, a tres médicos de Edimburgo sobre una indisposición que había contraído a consecuencia de una caída del caballo. Hallaron que se trataba de un caso de hidrocela y le prescribieron que se abstuviera de hacer sus viajes a caballo. Desde entonces, hizo, por lo tanto, la mayor parte de sus viajes en coche, pero sin disminuir absolutamente en nada su trabajo. Tres años después cayó gravemente enfermo en Irlanda a consecuencia de un resfriado que contrajo una noche que durmió en una cabaña, por haberse mojado su cama con la lluvia que el techo no logró detener, pues estaba en malas condiciones. Le vino una fiebre violenta que lo tuvo por muchos días entre la vida y la muerte. Pero los cuidados y las oraciones de sus amigos, así como su robusta naturaleza, lo levantaron.

Desde entonces, a cada aniversario de su nacimiento, anotaba en su diario con evidente satisfacción una especie de boletín de su salud. En el septuagesimoprimer aniversario de su nacimiento escribió: "Me encuentro con las mismas fuerzas que tenía hace treinta años." Dos años después escribió: "Tengo setenta y tres años de edad y yo soy más capaz para predicar que lo que era cuando tenía veintitrés." Su voz era más fuerte que nunca; su vista estaba mejor, su capacidad para el trabajo se había aumentado considerablemente. "No sufro ningunas de las enfermedades peculiares a la vejez", decía él; "y he desechado algunas de las que sufría en mi juventud". En 1780 decía: "Apenas puedo creer que hoy entro en el septuagesimoctavo año de mi edad. Por la bendición de Dios, soy exactamente el mismo que cuando entré al vigesimoctavo. Esto ha hecho Dios, especialmente merced a mi constante ejercicio, a mi levantarme temprano y a mi hábito de predicar a mañana y tarde."[3]

Efectivamente, continuaba viajando, por término medio, de 4.000 a 4.500 millas cada año;[4] es decir que en seis años andaba una distancia equivalente a la circunferencia de la tierra. Este

[3] *Journal,* 28 de junio de 1780.
[4] De 5.300 a 6.500 kilómetros, más o menos.

septuagenario era capaz todavía, en casos urgentes, de hacer jornadas de cien leguas en cuarenta y ocho horas sin fatigarse demasiado.[5] A una persona que lo compadecía por estar siempre de viaje le dijo: "No entendéis absolutamente mi manera de vivir. Aunque siempre estoy de prisa, jamás me precipito, porque nunca pretendo hacer más de lo que puedo llevar a cabo con perfecta serenidad de espíritu. Es verdad, viajo como cuatro o cinco mil millas por año. Pero generalmente viajo solo en mi coche, y por tanto me siento tan tranquilo por diez horas del día como si estuviera en un bosque. En otras ocasiones empleo más de tres horas del día solo (con frecuencia diez o doce); por tanto, hay muy pocas personas en todo el reino que pasen más horas que yo alejadas de toda compañía. Sin embargo, siempre tengo tiempo de visitar a los enfermos y a los pobres y debo hacerlo así, si creo en la Biblia y si creo que estas son las señales por las cuales el Pastor de Israel reconocerá sus ovejas en aquel gran día."[6]

De vez en cuando encontramos al infatigable misionero dando ojeadas a lo que podía llamarse los placeres de una vida sedentaria, y que él pudo haber gozado como otro cualquiera. "Pasé una noche útil y agradable", escribe en su diario, "en compañía de amigos que figuran entre los mejores del mundo. Me sentí inclinado a decir: 'bien será para mí quedarme aquí'. Pero ¡no!, la voz de Dios me dice: 've y predica el evangelio'." A los setenta y seis años de edad escribía: "Aquí me detuve a descansar (Newcastle). ¡Delicioso lugar y amable compañía! Pero creo que hay otro mundo; por tanto debo levantarme y encaminarme hacia él." Tal episodio de su vejez es verdaderamente conmovedor por tratarse de un hombre que no se desanimaba después de las luchas de una larga vida y que podía proseguir su obra con un entusiasmo casi idéntico al de la juventud.

Durante estos últimos viajes, Wesley recibió la misma cordial bienvenida que antes; el éxito de su palabra no había sido efímero, había durado más de treinta años y continuaba en aumento. El predicador de cabeza cana sabía conservar las simpatías que se había conquistado durante su juventud y su mayor vigorosidad. A su derredor se levantaba una nueva generación, y los hijos habían aprendido a venerar al hombre de cuyo celo y sufrimientos habían oído hablar a sus padres. Las noticias de su llegada eran suficientes

[5]*Journal*, 30 de marzo de 1774.
[6]Carta del 10 de diciembre de 1777. *(Methodist magazine*, 1799, p. 564).

para traer a su derredor multitud de personas que de todas partes se apresuraban para ir a escucharlo. El anfiteatro natural de Gwennap se llenaba siempre de incontables oyentes. En Birstal, Leeds y Londres, predicaba a multitudes tan numerosas como las de los primeros días. "Prediqué en Moorfields", decía en 1775, "a una congregación tan numerosa como siempre. Es extraño que no esté todavía satisfecha su curiosidad después de haber escuchado la misma cosa por cerca de cuarenta años."[7] Aunque sus viajes obedecían, en lo general, a un itinerario arreglado de antemano, con frecuencia tenía que modificarlo según las circunstancias. A menudo era detenido durante su viaje en algún lugar para que predicara; algunas veces hallaba auditorios formados espontáneamente sin aviso suyo y que lo estaban esperando. Cuando habían concluido su sermón, no era fácil separarse de sus oyentes, pues éstos lo rodeaban, suplicándole que les hablara algo más. "Digan los hombres lo que quieran", escribe él; "mientras la gente muestre tanto interés en oír, es muy evidente que no ha pasado la época de las predicaciones al aire libre".

Con auditorios tan bien dispuestos, Wesley se sentía sumamente complacido. "Me sentía un poco fatigado", dice en su diario, "antes de llegar a Portsmouth; pero la congregación pronto me hizo olvidarme del cansancio. En efecto, esta gente es más noble que la mayor parte de la del sur de Inglaterra. Reciben la palabra de Dios con toda solicitud."[8]

Su predicación conservaba siempre los elementos característicos que la habían hecho tan efectiva; sabía aún arrancar lágrimas a los oyentes y despertar en ellos profundos sentimientos referentes a su deplorable estado moral. Aunque las crisis exteriores que con tanta frecuencia se manifestaban al principio del avivamiento no se veían ya, la obra de la conversión era tan efectiva como antes, y el diario de Wesley nos refiere muchos episodios de esta clase.

En Gwennap, un hombre que había apostatado, alejándose de sus hermanos, fue herido por la palabra del predicador y regresó a la iglesia que tanto había entristecido con su caída.[9] En Saint Agnes, después de un sermón que predicó en la iglesia parroquial, una señorita se acercó a él bañada en lágrimas, diciendo:

"Necesito hallar a Cristo, tendré que hallar a Cristo. ¡Dadme a Cristo, o me muero!" El anciano ministro la condujo a su Salvador,

[7] *Journal*, 8 de octubre de 1775.
[8] *Idem*, 11 de octubre de 1770.
[9] *Journal*, 4 de septiembre de 1774.

y mientras oraba con ella, su alma atormentada obtuvo la paz. "¡Oh! ¡Dejadme morir! ¡Dejadme que me vaya ahora mismo con El! ¿Cómo puedo permitir el quedarme aquí más tiempo?"[10] El poder de la fe de Wesley se manifestaba tanto en sus plegarias como en sus predicaciones. Un día, cuando estaba orando ante una concurrencia de Sunderland, se acordó de un apóstata cuya conducta había producido gran escándalo. Lleno de santa unción, elevó más la voz, diciendo: "¡Señor! ¿está Saúl aún entre los profetas? ¿Se halla aquí Santiago Watson? Si él estuviera aquí, muéstrale tu gran poder". El pobre hombre se hallaba presente, efectivamente, y sintiendo la profunda convicción de su miserable condición moral, cayó desplomado como una piedra, pidiendo misericordia a grandes voces.[11]

Wesley encontraba en todos los lugares por donde iba grandes transformaciones que el metodismo había efectuado. El nivel social de la población obrera se elevaba rápidamente; los mineros se transformaban. Cuando viajaba por el norte y vio las casas de Weardale, graciosamente circundadas por hermosos jardines, en donde se respiraban la comodidad y la paz, Wesley no pudo menos que decir: "Tres de cuatro, o tal vez nueve de cada diez, han sido construidas desde que el metodismo hizo su aparición en estos lugares."[12] Ved en qué términos describía las sociedades modelos que se habían formado entre estos mineros: "En dos cosas diversas estas sociedades han sido verdaderamente notables: la primera es que son siempre de las más liberales para proveer a las necesidades de los predicadores; y la otra, el que han sido especialmente cuidadosas en lo referente al matrimonio. En lo general, los matrimonios se han verificado, no por interés al dinero, sino en atención a la virtud. Por tanto, ... los esposos se ayudan mutuamente en la educación de sus hijos, y Dios los ha bendecido ricamente en sus hogares. Porque, en la mayor parte de sus familias, casi todos los niños mayores de diez años han sido convertidos a Dios."[13]

En Cornovalle, Wesley experimentó una satisfacción inmensa. "Muy pocos de nuestros antiguos asociados permanecen hasta hoy", dice él, "porque la mayor parte de ellos están ya en el seno de Abraham. Pero la nueva generación viene animada del mismo espíritu; seria, sincera, consagrada a Dios y extraordinariamente

---

[10]*Idem*, 3 de septiembre de 1775.
[11]*Journal*, 5 de junio de 1772.
[12]*Idem*, 2 de junio de 1772.
[13]*Journal*, 4 de junio de 1772.

notable por la sencillez y sinceridad cristianas."

Refiriéndose a Shoreham, en donde aún vivía su antiguo amigo Perronet y en donde encontró Wesley una sociedad muy próspera, decía: "¡Cómo han llegado los últimos a ser los primeros! Ninguna sociedad del país crece tan rápidamente como ésta, ya sea en número o en gracia. El instrumento principal de esta obra gloriosa es la señorita Perronet", que era antorcha que ardía y alumbraba.[14] En la parroquia de otro de sus amigos, el excelente Grimshaw, se sentía profundamente reconocido en vista de los notables cambios que allí se habían verificado. "¡Lo que Dios ha hecho desde que el señor Grimshaw y yo fuimos atrapados en este lugar por una multitud furiosa y retenidos por varias horas como presos! Los hijos de los que entonces capitaneaban el motín escuchan hoy gozosos nuestra palabra."[15] La sociedad de Nottingham le inspiró la siguiente reflexión: "Hay algo en la gente de este pueblo que yo no puedo menos que aprobar con toda el alma: aunque nuestra sociedad se compone, en su mayor parte, de las clases más humildes, de los operarios de las fábricas de medias, sin embargo, se observa, en lo general, tal nobleza y dulzura en su carácter y tal elegancia en su porte que, añadidas a la solidez y vitalidad de su misticismo, les convierten en ornamentos verdaderos de su profesión."[16]

Wesley visitó a Escocia varias veces durante este período, y su predicación fue allí bien recibida por ricos y pobres, aunque no obtuvo los resultados decisivos que había tenido en otras partes de la Gran Bretaña. En todas partes le eran ofrecidos los púlpitos de la Iglesia Anglicana, siendo honrado por los habitantes de Perth y de Arbroath con el derecho de burguesía; él no pudo menos que aplaudir tanta amabilidad de los escoceses: pero se quejaba del poco entusiasmo con que habían recibido la predicación del evangelio. El era evidentemente un verdadero enigma para ellos lo mismo que ellos lo eran para él.

Irlanda correspondía mejor; tal vez por sus condiciones religiosas como por el carácter de sus habitantes, o debido a las especiales dotes de Wesley, el éxito que allá obtuvo fue tan notable como siempre. No se contentó con visitar los centros principales de su obra en aquel país, sino que, fiel a las antiguas tradiciones de

[14]*Idem*, 14 de febrero de 1776.
[15]*Journal*, 29 de abril de 1776.
[16]*Idem*, 18 de junio de 1777.

su vida, penetró a las regiones montañosas y hasta los villorrios más apartados para anunciar el evangelio a los habitantes que vivían en la ignorancia y en el abandono. Las escenas que allí vio le recordaban los primeros años de su ministerio. Aquí lo hallamos predicando en un bosque a la sombra de una añosa encina, iluminado por los débiles rayos del sol poniente; allá se presenta en un jardín público mientras que la multitud se sienta por todas partes sobre el césped; acullá se levanta una carpa en el patio de un castillo, y bajo su sombra se dirige a una concurrencia de soldados que escuchan con atención y entusiasmo su palabra enérgica y de acento marcial.

El pueblo irlandés se hallaba tan bien dispuesto a su favor que a cualquiera hora abandonaba sus ocupaciones para escucharlo. Su llegada a Clara, un día de mercado, fue la señal para que se suspendiera todo el comercio, no reanudándose hasta después que hubo terminado la predicación.[17] Mientras que predicaba en Blackpool, principió a llover; pero tanto el predicador como los oyentes permanecieron en sus puestos y nadie se movió hasta que hubo terminado el sermón.[18] Una o dos veces, al principio de este período, se vio Wesley expuesto a las injurias y a las pedradas del populacho azuzado por los sacerdotes. Pero estas agresiones pronto terminaron restableciéndose completamente el orden.

La obra en Irlanda estaba en plena prosperidad; el número de miembros se multiplicaba; en muchos lugares se levantaban capillas espaciosas y cómodas, en todos sentidos, gracias a la liberalidad de las sociedades. Aunque mucho se regocijaba de esta prosperidad general, Wesley comprendía que no estaba todavía fuera de peligros. "No hay ahora oposición alguna de parte de los ricos o o de los pobres", escribía él refiriéndose a Athlone. "Como consecuencia de esto, no hay mucho celo, pues la gente vive satisfecha con su comodidad. ¡Oh! ¿en qué circunstancias se halla el hombre libre de peligros sobre la tierra? Cuando se levanta la persecución, ¡cuántos resultan ofendidos! Cuando todo está en paz, ¡cuántos se resfrían y pierden 'su primer amor'! Algunos perecen por la tempestad, pero muchos más por la calma. ¡Señor, sálvanos, o perecemos!"[19]

Por todas partes de la Gran Bretaña habían sido completa-

[17] *Journal*, 10 de abril de 1775.
[18] *Idem*, 6 de mayo de 1775.
[19] *Idem*, 13 de abril de 1771.

mente dominados los motines, y los adversarios no se atrevían ya a levantar la cabeza. Si algunos trastornadores del orden se aventuraban a proyectar algún motín, la voz pública arrojaba sobre ellos los rigores de la justicia. Los defensores oficiosos ofrecían muchas veces a Wesley más seguridades de las que él deseaba. Cierto bufón se atrevió una vez a interrumpir al predicador con sus payasadas de mal gusto y encontró tan calurosa recepción que se retiró confundido. Un ebrio cuya conducta desordenada introdujo otra vez el desorden en la concurrencia cayó en manos de su valiente esposa, que le asió fuertemente por el cuello y después de administrarle saludables correctivos, se lo llevó a los dominios conyugales en medio de los aplausos del público.[20] Los concurrentes no se veían generalmente dispuestos a hacerse justicia por sí mismos, sino que se contentaban con entregar a los promotores de desórdenes a las autoridades más próximas. Estas se condujeron como personas imparciales y de buen juicio al juzgar a los escandalosos; una sola excepción se registró durante este período de diez años, un alcalde envió dos agentes de policía para que notificaran a Wesley que no se le permitía predicar en lugar público; pero los policías, avergonzados de su misión, se sintieron sin valor para cumplirla, prefiriendo obedecer a su conciencia antes que a su jefe.

Aunque él sabía mostrarse como un león cuando las circunstancias lo exigían, en otros casos sabía también asumir la dulzura y la paciencia del cordero. Sabía sufrir y perdonar, dos cualidades que eran indispensables para vencer la obstinación de las masas. En Halifax un hombre exaltado por la ira se lanzó por entre la multitud y llegó hasta donde estaba el predicador, hiriéndolo violentamente en una mejilla. Fue tan fuerte el golpe que los ojos de Wesley se llenaron de lágrimas; pero, sin vacilar un momento, presentó la otra mejilla, siguiendo el precepto de Cristo. Su asaltante, confundido por este acto, retrocedió avergonzado, ocultándose entre la multitud; desde este momento se convirtió en amigo entusiasta de los metodistas, exponiendo más tarde su vida cuando se trataba de combatir el incendio de una de sus capillas.[21] Era imposible el que un hombre que de este modo podía desarmar las pasiones más brutales dejara de tener cumplido éxito en su obra de amor.

El ascendiente que tenía Wesley sobre el público se debía en lo general a sus cualidades personales. Esto se prueba por el hecho

---

[20]*Journal,* 12 de junio de 1780.
[21]Walker: *Methodism in Halifax,* pp. 122 y 126, citado por Tyerman en su tomo III, p. 126.

de que en aquella misma época otros predicadores tuvieron que sufrir muchísimo la predisposición del populacho. Guillermo Darney fue maltratado, arrastrado por el fango y pisoteado por una turba enfurecida que había sido azuzada por las prédicas de un ministro intolerante. Mateo Mayer había sufrido igualmente los excesos de una multitud excitada por sus jefes. Juan Olivers fue arrojado a la cárcel por haber predicado el evangelio. Nelson, Mather, Taylor y Rodda, que figuraban entre los más eminentes colaboradores de Wesley, sufrieron semejantes tratamientos. Pero Wesley sabía dominar los malos instintos de las multitudes mediante el poder de su palabra y el prestigio de sus largos servicios; las pasiones más violentas se veían desarmadas frente a la serenidad de este personaje coronado de cabello blanco. Tenía este prestigio no solamente sobre las multitudes que por mucho tiempo había conocido, sino también en los lugares que visitaba por primera vez. Cuando fue a Redmire, situado hacia el norte, recibió una recepción glacial, sintiéndose herido por la mala voluntad que de todas partes surgía. "Nos consideraban como unos monstruos", escribió él. Apenas principió a dirigirles la palabra cuando cambiaron de actitud y acudieron a oírle de todas partes de la población, habiendo podido decir después: "Jamás había visto una transformación tan radical verificada en dos horas."[22]

Esta superioridad de Wesley para tratar las multitudes era reconocida por sus predicadores, que con frecuencia le llamaban en su auxilio. En Thame, por ejemplo, la gente se había manifestado tan reacia que los predicadores rehusaban regresar al lugar. No obstante, fueron suficientes la presencia y la palabra de Wesley para que cambiaran los ánimos.[23]

La resistencia de las masas no hubiera sido tan tenaz a no haber sido reanimadas por individuos superiores a ellas. Ya hemos visto que un gran número de magistrados y de individuos de iglesia habían capitaneado la oposición. Durante la época de que ahora nos ocupamos, parecía haberse verificado una pacificación general; pero, ¡cosa sorprendente! tan benéfico cambio no había descendido de las clases superiores a las más humildes de la sociedad, sino que había pasado lo contrario. La gente que debería de haber dado ejemplo de tolerancia y moderación hizo todo lo contrario. Hemos visto que por mucho tiempo, algunas de estas personas que

[22]*Journal*, 14 de junio de 1774.
[23]*Journal*, 16 de octubre de 1778.

por su posición y por sus luces debieron imponer el orden entre las masas, inspirándolas en el respeto propio, se condujeron pésimamente ante multitudes que se dejaban dominar por pasiones violentas. Wesley se quejaba en diversas ocasiones de estos "hombres a quienes la etiqueta inglesa llama *caballeros,* pero que se manejan peor que los marinos y los trabajadores de las minas". Más de una vez estos perturbadores del orden recibieron bien merecidas lecciones de gente que, aunque inferiores desde el punto de vista intelectual, les superaban en sentido común y en honradez.

—¿Crees tú que tengo necesidad de recibir lecciones de un cochero?—decía uno que había estado usando lenguaje obsceno en presencia de un pobre cochero que lo reprendió por la conducta impropia que observaba durante una reunión.

—Efectivamente, señor, creo que lo necesitáis—contestó el joven; y el *caballero* se quedó confundido.

Wesley sabía aprovechar las oportunidades que se le presentaban para llamar al orden a estos groseros personajes. Uno de ellos se sonreía burlonamente mientras él predicaba en la iglesia de Bingley. El predicador se detuvo, y mirándole fijamente en la cara, le dijo: "Me cuido tanto de vuestra risa como del aleteo de una mariposa. Pero yo sé lo que es buena educación tanto como cualquier caballero de la tierra."[24]

Los obispos no mostraban hacia Wesley la misma hostilidad de antes. El de la isla de Man era la única excepción. Los metodistas habían principiado, en 1775, a extender sus doctrinas en esta isla mediante los trabajos de un valiente soldado llamado Juan Crook, quien, después de convertido, se hizo predicador local y había abandonado la carrera de las armas para ir a la isla de Man y predicar el evangelio, sin ser enviado por ninguna otra persona. El obispo creyó que era su deber fulminar contra los "conventículos" metodistas, declarando que los que asistieran a ellos se verían privados de los sacramentos en su diócesis. En su carta pastoral hablaba despreciativamente de "estas efusiones extemporáneas, groseras, pragmáticas e inconsistentes, por no decir profanas y blasfemas, de estos pretendidos propagandistas de la verdadera religión".[25] Movidos por su más alto dignatario de iglesia y por uno de los ministros más influyentes, el doctor Moor, los habitantes de la isla

---

[24] Tyerman: *Life of Wesley,* tomo III, p. 325.
[25] Esta curiosa pastoral, de fecha 16 de julio de 1776, está reproducida en *Life of Wesley,* por Tyerman, tomo III, p. 229.

de Man creyeron que todas las medidas tomadas contra los metodistas eran legítimas y se dedicaron a perseguirlos encarnizadamente. El predicador le escribió a Wesley, pidiéndole consejo, y éste le contestó:

"De todos modos permaneced en la isla hasta que haya pasado la tempestad; adueñaos de vos mismo mediante vuestra paciencia. ¡Cuidado con despreciar a vuestros adversarios! ¡Cuidado con la cólera y el resentimiento! No volváis mal por mal ni injuria por injuria. Os aconsejo que en compañía de algunas personas formales observéis un día de ayuno y oración. Dios tiene en sus manos los corazones de todos los hombres. Ni el doctor Moor ni el Obispo mismo están fuera de su alcance. Orad fervorosamente para que Dios se levante y sostenga su propia causa. Estad seguro de que El no permitirá que seáis tentado más allá de lo que podáis resistir. No deberán usarse medios violentos para obtener justicia hasta que no se hayan agotado todos los demás medios. Conozco muy bien el modo de pensar de *lord* Mansfield y de otro que es más grande que él; pero, si comparezco ante ellos, resultará demasiado costoso e inconveniente para el doctor Moor y para otros. No intentaré esto voluntariamente; amo a mi prójimo como a mí mismo. Es probable que lleguen a pensar de otro modo y consientan en la libertad de conciencia que pertenece a todo ser humano, y muy especialmente a cada uno de los súbditos de Su Majestad, en sus dominios británicos."[26]

Tres años más tarde, a pesar de estos difíciles comienzos, la isla de Man era un circuito floreciente que contaba con 1.050 miembros.

Los obispos anglicanos eran generalmente menos intolerantes que el de Man y trataron a Wesley con la mayor deferencia. El de Londonderry, en Irlanda, se complacía en invitarlo a su mesa. Una vez comió con el obispo de Londres, el célebre doctor Lowth, en casa de Ebenezer Blackwell, que era amigo de ambos. Al momento de sentarse a la mesa el Obispo se rehusó a ocupar el lugar de honor. "Señor Wesley", le dijo, "quisiera hallarme a los pies de usted en el otro mundo." Las iglesias oficiales cerradas anteriormente para él le fueron abiertas ahora una tras otra, y ninguna era suficientemente amplia para contener las grandes multitudes que acudían para escuchar aquella voz que, durante cuarenta años, no había tenido eco sino en los caminos públicos y en los bosques.

[26] *Methodist magazine*, 1868, p. 103.

A medida que Wesley avanzaba en la senectud sentía más y más la necesidad de no perder nunca de vista el gran fin del ministerio cristiano: la salvación de almas. "¡Oh! ¡qué gran responsabilidad", escribía en 1772 a su hermano, "la de tener *curam animarum!*"[27] Tú y yo hemos sido llamados para esto, para salvar almas de la muerte, para vigilarlas como los que han de dar cuenta de ellas. Si nuestro oficio sólo implicara el predicar unas cuantas veces por semana, yo podría jugar con él, y lo mismo podrías hacer tú. Pero ¡qué parte tan pequeña de nuestros deberes es ésta! Dios te dice, lo mismo que me dice a mí: 'Haced todo lo que podáis, ya sea poco o mucho, para salvar las almas por las que ha muerto mi Hijo'. ¡Suene siempre en nuestros oídos esta voz! Si así fuere, rendiremos cuentas gozosos. *Eia age, rumpe moras!*[28] Me avergüenzo de mi indolencia y de mi poca actividad . . . Todo tu negocio, lo mismo que el mío, es salvar almas. Cuando tomamos las órdenes sacerdotales, nos comprometimos a hacer esto, nuestro *único negocio*. Considero perdido el día que no ha sido empleado (cuando menos en su mayor parte) en este asunto. *Sum totus in illo"*.[29]

En el mismo orden de ideas decía a sus predicadores en la conferencia en 1780:

"Tened presente que no es vuestro principal negocio predicar tantas y tantas veces, o tener cuidado de esta o de aquella sociedad, sino el salvar tantas almas como podáis; traer tantos pecadores como os sea posible al arrepentimiento y hacerlos crecer, con todas vuestras fuerzas, en aquella santidad sin la cual nadie verá al Señor."[30]

Con tales exhortaciones se esforzaba por combatir el espíritu de rutina y de simples apariencias que podría llegar a hacer estéril el metodismo. Pero, cuanto más se preocupaba por la salvación de almas, tanto más viva era para Wesley la necesidad de dar mayor importancia a la disciplina y a los deberes pastorales. Las reuniones de culto para la evangelización serían relativamente inútiles si no fueran acompañadas del cuidado personal de cada miembro. A medida que avanzaba en edad, daba más importancia a estas entrevistas particulares de carácter religioso y a las reuniones llamadas de clases. En la correspondencia que sostenía con sus ayudantes les recordaba frecuentemente la necesidad de continuar

---

[27]El cuidado de almas.
[28]"Ven, muévete, deja a un lado la tardanza."
[29]"Estoy completamente ocupado con ello." (Véase Tyerman, tomo III, p. 121.)
[30]*Idem*, tomo III, p. 121.

este medio de edificación que revestía carácter obligatorio. "No debemos prometer ni amenazar", le escribía a Benson, "sino llegar a los mismos hechos. En noviembre último dije a la sociedad de Londres: 'Nuestra regla es que debemos congregarnos en reunión de clase una vez por semana y no una vez cada dos o tres semanas. Ahora os quiero advertir que no daré cédulas ningunas en febrero a los que no hayan hecho esto'. He cumplido mi palabra. Ve y haz tú lo mismo en todas partes en donde visites las clases. Principia, si fuere necesario, en Newcastle, y continúa hasta Sunderland. Las promesas de asistir en lo futuro no deben tomarse en cuenta. Los que no se hayan reunido siete veces en el trimestre, exclúyelos. Que sus nombres sean leídos ante la sociedad; y haz saber a todos que en el próximo trimestre excluirás a los que no asistan doce veces: es decir, a menos que se los impida la distancia, alguna enfermedad o algún asunto inevitable. Y te ruego encarecidamente que sin temor o favor de ninguna clase separes a los jefes, ya sea de clases o de grupos, que no velen por las almas que se les han confiado como 'aquellos que tendrán que dar cuenta de ellas.' "[31]

El extremado apego que mostraba Wesley, tanto aquí como en todas partes, a la disciplina en el metodismo, se explica fácilmente por la firme convicción que tenía de que los progresos espirituales de las sociedades y su segura expansión dependían especialmente de ella.

Las sociedades continuaban preocupadas por graves cuestiones de organización interior que deberían resolverse antes de que pasara mucho tiempo. También la administración de los sacramentos era un asunto pendiente. La personalidad de su hermano Carlos, que a medida que avanzaba en edad se hacía más conservador y más apegado al anglicanismo, llegó a influenciar a Wesley hasta el grado de recomendar a los metodistas que permanecieran unidos a la iglesia establecida y que acudieran a ella para recibir los sacramentos. Pero esto no podía ser más que una solución provisional que tendría que ceder ante la fuerza de las cosas, dando lugar a un plan permanente que fuera de acuerdo con las necesidades espirituales de las sociedades. Diversos incidentes ocurridos durante estos años indican la urgencia de una solución verdaderamente liberal.

Uno de estos incidentes se refería a la nueva capilla de City Road, en Londres. Los metodistas de la capital tenían allí varios

[31] *Works*, tomo XIII, p. 423. Carta del 22 de febrero de 1776.

lugares de culto, y entre otros figuraban las antiguas iglesias hugo-
notas y dos capillas episcopales; pero su principal lugar de reunión
era todavía, en 1776, la capilla de la Fundición, que Wesley había
abierto en 1739, con las dependencias que usaba como alojamiento.
Amenazado con el despojo de este edificio que tenía en arrendamiento, resolvió comprar un templo propio y permanente. Se dirigió
a todas las sociedades de los tres reinos, solicitando contribuciones,
y algunas correspondieron liberalmente, por lo que se resolvió
colocar la primera piedra del nuevo edificio en abril de 1777, en la
calle de City Road, que ha llegado a ser una de las grandes arterias
de Londres. El primero de noviembre de 1778 fue terminado el
edificio, tomando Wesley solemne posesión de él.[32] Esta capilla fue
considerada por mucho tiempo como la más hermosa obra arquitec-
tónica de la capital, exceptuando siempre las iglesias anglicanas.

Los cultos dominicales eran conducidos en esta nueva capilla,
al principio, exclusivamente por ministros ordenados, tales como
Carlos Wesley, Tomás Coke, Juan Richardson y Santiago Creighton. Se empleaba en los servicios la liturgia anglicana. Los predicadores del circuito de Londres, Juan Pawson, Tomás Rankin y sus
colegas, no consintieron fácilmente en ser excluidos del púlpito de
aquella iglesia cuando habían estado predicando por riguroso turno
en la capilla de la Fundición, así como en las demás capillas de
Londres. Tampoco los fieles veían bien esta medida que no obedecía a otra cosa que a no haber recibido consagración episcopal
estos hombres que, sin ella, eran grandes predicadores del evangelio.
Carlos Wesley, que se mostraba muy celoso de sus derechos de
ministro ordenado y poco partidario de la popularidad que adquirían
los predicadores irregulares, escribió a su hermano, que en esos
días se hallaba de viaje, quejándose de los predicadores y sos-
teniendo sus derechos sobre el púlpito de City Road. Wesley procuró
mantener entre ellos la mejor armonía recomendándoles tolerancia
mutua y caridad; pero no dejaba de comprender que se trataba de
una fuente constante de dificultades y que tarde o temprano tendría
que ser removida.

Otro incidente ocurrió, poco después, que amerita lugar en
estas páginas por ser un síntoma de la situación de aquella época.
La conferencia de 1778 había colocado en Bath a Alejandro MacNab,

---

[32]Predicó en la mañana sobre la oración de Salomón en la declaración del templo y en la
tarde sobre Apocalipsis 14:1. Esta capilla ha sido últimamente reparada y embellecida mediante
la suma de 250.000 pesetas, subscritas por los metodistas ingleses con motivo del centenario de
la muerte de Wesley.

predicador ambulante piadoso y capaz. Un ministro de la iglesia de Irlanda, el pastor Eduardo Smith, había venido a establecerse en Bath a causa de la salud de su esposa, y Wesley, que lo conocía y apreciaba, le suplicó que ocupara el púlpito en la iglesia de esa villa los domingos en la noche. MacNab se opuso, declarando que la conferencia lo había colocado a él en Bath y que no estaba dispuesto a ceder su púlpito a otro. Wesley, excitado por su hermano, que le aseguraba se relajaría su autoridad si cedía, se fue acompañado de él a Bath y después de averiguar el asunto, declaró terminantemente a MacNab que no lo podía considerar ya como uno de sus predicadores desde el momento en que se había rehusado a someterse a una de las reglas fundamentales del metodismo. Justificó este acto de autoridad afirmando que tenía derecho de dirigir las sociedades aun sin el consentimiento de la conferencia. Esta era una teoría discutible, especialmente cuando ya había ciento sesenta predicadores ambulantes, entre los que figuraban hombres de grandes méritos. Uno de ellos, Pawson, que fue presidente de la conferencia después de la muerte de Wesley, declaró que "los predicadores, en lo general, creían que MacNab había sido tratado injustamente, y así lo creen hasta el día de hoy".[33]

Este incidente causó una viva agitación, especialmente en las sociedades de Bath y de Brístol, cuyos miembros fueron completamente divididos. La agitación pudo haber sido más grande aún si Wesley, reconociendo su error, con una humildad que le honra, no hubiera repuesto a MacNab, con grande disgusto de Carlos e inmensa satisfacción de los predicadores.

A pesar de estas dificultades interiores, el metodismo continuaba extendiéndose y durante los diez años a que ahora nos referimos adquirió 14.651 miembros y 52 predicadores ambulantes. La cifra total de miembros que contaba en Inglaterra y América era, en 1780, de 52.334; la de predicadores ambulantes era de 213 sin contar algunos centenares de predicadores locales que no recibían salarios. La obra en América había adquirido gran incremento y sus notables progresos impulsaron a Wesley a inaugurar una nueva faz en su evolución eclesiástica.

Entre los nuevos predicadores debemos mencionar a Francisco Asbury, que llegó a ser el padre del metodismo americano y uno de sus primeros obispos; el exégeta José Benson, expulsado, por ser metodista, de la Universidad de Oxford, que se convirtió

---

[33]Tyerman, tomo III, p. 311, del manuscrito de la *Vida del Dr. Whitehead,* por Pawson.

en una de las lumbreras de la sociedad; Samuel Bradburn, de quien ha dicho una autoridad competente, el doctor Clarke, que nunca había oído a otro igual; Santiago Rogers, el evangelista entusiasta; Juan Valton, joven francés, que, después de haber servido como corista de misa en las iglesias de su país, fue uno de los mejores colegas de Wesley;[34] Enrique Moore, el primer biógrafo de Wesley, que durante un ministerio de más de sesenta años fue distinguido jefe de la sociedad; y por fin, el doctor Coke, que renunció a un magnífico puesto en la Iglesia Anglicana para identificarse con el metodismo, llegando a ser uno de sus ornamentos más brillantes y el fundador de sus grandes empresas misioneras.

Con tales elementos, estaba asegurado el porvenir de la obra. El metodismo podía ahora contar con el concurso de hombres capaces, tanto por su piedad como por su ilustración, para continuar la obra después de la muerte de Wesley. Así lo sentía él mismo y con plena satisfacción escribió a un amigo:

"La teoría de Lutero de que 'un avivamiento religioso raras veces continúa más de treinta años', se ha verificado muchas veces en diversos siglos. Pero no siempre es exacta. El presente avivamiento religioso en Inglaterra ha persistido ya por cincuenta años. Y bendito sea Dios, es muy probable que continúe por veinte o treinta años más como ha estado. Realmente, es más que probable, porque no sólo se extiende, sino que es más profundo que nunca; muchas y muy numerosas son las personas que pueden testificar que la sangre de Cristo purifica de todo pecado. Tenemos razón, por tanto, para esperar que este avivamiento continúe y se aumente constantemente hasta que todo Israel sea salvo y se obtenga la plenitud de los gentiles."[35]

Wesley no era solamente el jefe del metodismo, sino que fue y siguió siendo siempre filántropo y patriota cristiano. El gobierno inglés estaba en guerra con sus colonias americanas, que contaban con la alianza de Francia. Esta lucha, que se prolongó por algún tiempo, produjo grandes miserias en Inglaterra. Wesley auxilió a los menesterosos hasta donde se lo permitieron sus escasos medios. Gracias a su frugalidad y a la sencillez de sus costumbres, pudo disponer siempre de algunos recursos para destinar a obras de beneficencia. Durante un viaje por Irlanda, su coche se hundió en un lodazal, y mientras algunos hombres se ocupaban en sacarlo, un

---

[34]Se cuenta que al oeste de Inglaterra uno solo de sus sermones convirtió más de cien personas.
[35]Carta a la Srita. Ritchie, fechada el 12 de febrero de 1779. (*Works,* tomo XIII, p. 61.)

pobre transeúnte se acercó a Wesley, quien al observar su profundo abatimiento le preguntó qué le afligía. El hombre le respondió que estaba a punto de ser echado fuera de su casa por estar debiendo como veinte chelines de renta y que ya había sido amenazado por el propietario. El misionero colocó la suma requerida en las manos del hombre, y éste, cayendo de rodillas a los pies de su benefactor, le dijo: "Ahora, señor, tendré casa en donde abrigarme", y principió a orar fervorosamente por él. "Yo creo", decía Wesley, "que Dios contestó sus oraciones, porque muy pronto pudimos salir de aquel lodazal."

Pudo ver personalmente aquellas miserias en 1777, mientras visitaba a los miembros de la sociedad que vivían en los arrabales de Bethnal Green, y así narraba él lo que veía:

"Principié mis visitas entre nuestros miembros residentes en Bethnal Green. Muchos de ellos vivían envueltos en la pobreza que apenas observándola se puede creer. ¡Oh! ¿por qué los ricos generosos que creen en Dios no visitarán frecuentemente a los que están en la pobreza? ¿Podrían emplear mejor sus horas de ocio? Indudablemente que no . . . Vi una escena semejante el día siguiente al visitar otra parte de la sociedad. Nunca he hallado tanta miseria ni en la misma cárcel de Newgate. Un pobre hombre se levantaba de su lecho para ir arrastrándose y atender a su esposa y tres pequeños hijos que estaban todos cubiertos de andrajos, medio desnudos, y eran la personificación misma del hambre; y cuando alguien les trajo una torta de pan, ¡se arrojaron simultáneamente sobre ella, arrebatando pedazos y devorándolos instantáneamente! ¿Quién no se regocija al pensar en otro mundo mejor?"[36]

La cuestión del pauperismo y de la carestía de víveres le inspiró un notable folleto que fue reproducido en varios periódicos. Dedicó especial atención al establecimiento de sociedades de beneficencia. Ya en 1772 se había fundado en Londres, bajo su patronato, una sociedad para visitar a los pobres que era conocida con el nombre de *Comunidad cristiana* (Christian community) y que ha sobrevivido hasta la presente época.

Recomendaba a sus predicadores que visitaran a los presos. Silas Told, el maestro de escuela de la Fundición, se dedicó a esta obra con admirable caridad y por más de treinta años visitó sistemáticamente las cárceles. La obra que allí llevó a cabo la describe en su edificante autobiografía, y ella le señala un lugar

[36]*Journal,* 15 de enero de 1777.

envidiable entre los filántropos cristianos que han trabajado por llevar consuelo a los que viven reducidos a una cárcel.

Wesley mismo visitaba frecuentemente las prisiones y más de una vez tuvo la gran satisfacción de reconciliar con Dios a los criminales condenados a muerte. En 1767 tuvo que sostener una acalorada polémica con el doctor Dodd, predicador anglicano de renombre y escritor distinguido que, como otros muchos, había deseado trabar combate con el fundador del metodismo. Transcurrieron diez años, y Wesley no había vuelto a saber más de su antiguo adversario, cuando un día recibió un recado en que éste le suplicaba que fuera inmediatamente a verlo. El brillante predicador de otra época estaba preso por haber falsificado la firma de su antiguo discípulo, el conde de Chesterfield, con la intención de hacerse de dinero, y según la rigurosa legislación de la época, tal crimen se castigaba con la pena de muerte. Deseoso de reconciliarse con Dios, el desgraciado buscó el auxilio de su antiguo adversario, tributando así homenaje a la piedad del hombre a quien en otra época había combatido con violencia. En la entrevista que Wesley tuvo con él pudo observar todos los signos de un arrepentimiento sincero, y se empeñó en mostrar con toda eficacia a este contrito pecador el Cordero de Dios que quita el pecado del mundo. Dos días antes de la ejecución volvió a visitarlo y estuvo presente cuando la esposa del reo vino a darle la última despedida, que fue una escena desgarradora. "¡Oh! señor" dijo éste, contestando las frases con que Wesley lo reanimaba, "no es para un pecador como yo el esperar gozo en este mundo. Lo más que puedo desear es la paz, y por la misericordia de Dios, ya la poseo." "El viernes en la mañana", continúa diciendo Wesley, "todos los presos estaban reunidos cuando él descendió al patio. Aparentaba completa tranquilidad. Pero, cuando vio que todos levantaban las manos rogando por él, bendiciéndolo y orando en alta voz, decayó su espíritu, se deshizo también en lágrimas y pidió a Dios que los bendijera. Cuando salió de la puerta, vio una gran multitud que estaba esperándolo, y en ella había muchos dispuestos a insultarlo. Pero tan pronto como lo vieron, cambiaron de opinión y comenzaron a bendecirlo y a orar también . . . Uno de sus compañeros de prisión parecía ser víctima de gran inquietud. El doctor Dodd, olvidándose de sí, se esforzó por consolarlo, recordándole oportunamente las promesas. El reo, después de haber empleado algún tiempo en la oración, se colocó la venda sobre los ojos y entregándose a su verdugo, murió en un momento. No abrigo duda alguna de que en ese mismo instante los ángeles estaban listos para conducirlo al seno de Abraham."[37] Wesley fue de los primeros en preocuparse seriamente por la dolorosa cuestión de la esclavitud y por el trato que se daba a los negros, empleando todas sus energías para combatir tal iniquidad. "A mi regreso", escribe el 12 de febrero de 1772, "leí un libro muy diferente publicado por un honrado cuáquero, sobre ese execrable conjunto de todas las villanías llamado comúnmente la trata de esclavos. Nunca he leído que cosa semejante haya pasado en el mundo pagano, ya sea antiguo o moderno: y excede infinitamente en todos los detalles de salvajismo a lo que los cristianos esclavos sufren en los países turcos."[38] Dos años más tarde Wesley publicó sus *Pensamientos sobre la esclavitud*[39] y en este escrito discutió la cuestión en sus diversos aspectos, denunciando enérgicamente la iniquidad que comete un hombre al reducir a la esclavitud a otro hombre. Este opúsculo elocuente, en el que este noble anciano había puesto toda la fuerza de su inteligencia y de su corazón, terminaba con la siguiente plegaria:

"¡Oh Dios de amor! Tú que eres amable con todos los hombres y que derramas tu misericordia sobre todas tus obras; Tú que eres el Padre de todos los espíritus y de toda carne y que abundas en misericordia para todos; Tú que has hecho de una misma sangre todas las naciones de la tierra, ¡ten compasión de estos desechados de los hombres, que son pisoteados como estiércol! ¡Levántate y ayuda a estos que carecen de amparo y cuya sangre se derrama como agua sobre la tierra! ¿No son ellos también la obra de tus manos y no han sido comprados con la sangre de tu mismo Hijo? Muévelos para que clamen a ti en la tierra misma de su cautividad, y lleguen sus quejas a tu presencia; que sus gemidos sean escuchados; haz que los mismos que los reducen a cautividad tengan compasión de ellos y los vuelvan de su cautividad como los ríos del sur. ¡Oh! ¡rompe en pedazos todas sus cadenas, y con especialidad las cadenas de sus pecados! ¡Tú, Salvador de los hombres, libértalos, y ellos serán verdaderamente libres!"

Cuando Wesley denunciaba ante su país el crimen de la es-

---

[37] *Works,* tomo XI, p. 454.

[38] El libro a que Wesley alude es probablemente el de Antonio Benezet, un cuáquero francés criado en Inglaterra pero establecido en Filadelfia. Publicó en 1762 un libro que llamó la atención pública en Inglaterra sobre este infame tráfico. Editó en América el folleto de Wesley sobre la esclavitud y escribió al autor una hermosa carta, tuteándolo, como acostumbran los cuáqueros hacerlo con todos. (Véase esta carta en el *Arminian magazine,* tomo X, p. 44).

[39] *Thoughts upon Slavery* (*Works,* tomo XI, p. 59).

clavitud, la conciencia pública no había sido despertada aún por tal asunto, y los cristianos mismos no habían reflexionado sobre su gravedad. Whitefield había muerto cuatro años antes dejando numerosos esclavos en sus fincas de Georgia, habiéndoselos donado en su testamento a *lady* Huntingdon sin que nadie hubiera tenido esto a mal. Wesley fue realmente uno de los primeros en levantar su voz de protesta cristiana, y tal cosa sucedía sesenta años antes de que la causa de la emancipación triunfara.[40]

Era menos clarividente, debemos confesarlo, en asuntos de carácter político, cuando creía que era su deber expresar públicamente sus opiniones. Su patriotismo le obligó a tomar partido contra las colonias americanas en su reivindicación sobre el decreto de triunfos que la madre patria trataba de imponerles. Publicó varios folletos sobre el asunto, el primero de los cuales llevaba por título *Discurso razonado a nuestras colonias americanas,*[41] que alcanzó un gran éxito en Inglaterra, en donde fueron vendidos cuarenta mil ejemplares en tres semanas. El gobierno inglés, satisfecho de contar con un aliado tan distinguido en una causa en que una gran parte de la opinión pública estaba en su contra, mandó distribuir este folleto a la entrada de las iglesias de Londres. Un alto empleado de la Corte vino en persona a preguntar a Wesley si no tenía alguna cosa que solicitar del gobierno. El le respondió que "no buscaba favores, sino deseaba tan sólo continuar disfrutando de sus privilegios civiles y religiosos". Sin embargo, obsequiando las repetidas instancias de su visitante, aceptó cincuenta libras esterlinas para los pobres. El doctor Clarke, al relatar este episodio de Wesley, dice que "lamenta personalmente el que no hubiera solicitado autorización real como misionero, disfrutando del privilegio de predicar en todas las iglesias".[42]

Pero, si esta campaña política le granjeó a Wesley la buena voluntad de la Corte, le atrajo también más odios e invectivas que la controversia calvinista. Se lanzaron sobre él acusaciones odiosas y calumnias envenenadas. Pero a los que pretendían que andaba en busca del favor de la Corte les contestó, en 1779, principiando su

---

[40]En el mismo año en que Wesley leyó el libro de Benezet, Granville Sharpe comenzó su obra que dio origen, quince años más tarde, a la fundación de una sociedad cuyo programa era la supresión de la trata de esclavos, y que contó entre sus miembros, además de Sharpe, a Clarkson y a Wilberforce.

[41]*A calm address to our american colonies,* 1775.

[42]Everett: *Life of Adam Clarke.*

Discurso razonado a los habitantes de Inglaterra[43] con estas palabras:

"No llevo miras personales al hacer esto. No asisto a la mesa de ningún gran señor. Nada tengo que pedir ni del Rey ni de ninguno de sus ministros. Fácilmente podréis creer esto, porque, si no busqué riquezas o distinciones hace medio siglo, apenas podría ocuparme en eso ahora que ya tengo un pie en el sepulcro. Pero tengo el propósito de contribuir en todo lo que me sea posible para el bien y la tranquilidad públicos."

El gobierno inglés creyó conveniente, en esa época, mejorar la situación de los católicos derogando los edictos de Guillermo III, y Wesley criticó tales medidas en una carta que apareció en los periódicos públicos. Se suscitó entonces una controversia entre él y O'Leary, un inteligente sacerdote irlandés. No deseaba la restricción de la libertad civil y religiosa de los católicos romanos; pero, en consonancia con todos los hombres piadosos de Inglaterra en aquella época, no quería que se les ampliara.

Si la política de Wesley, tanto en los asuntos de América como en lo referente a los católicos ingleses, carecía de elevación y liberalismo, se debía a su exceso de *lealtad*. Deseaba que las sociedades y sus predicadores permanecieran adictos al Rey y con frecuencia les exhortaba en este sentido. Este sentimiento llegaba hasta el grado de cegarlo en cuanto a los defectos del gobierno y acometer la defensa de causas que la historia imparcial ha condenado. Pero siempre fueron sus convicciones absolutamente desinteresadas, tanto en sus preferencias como en sus antipatías, y los que han supuesto que obraba de otro modo nada de provecho han obtenido.

Durante esta década fue tratado Wesley cruelmente por algunos escritores. La controversia calvinista había hecho surgir algunos folletos que tenían por fin especial atacarlo con persistencia, aprovechando cuanta oportunidad se les presentaba para difamar su carácter y su vida en los términos más violentos. Es difícil hasta creer los excesos que alcanzaron los polemistas en estos folletos, en donde la mayor parte no se atrevía a firmar sus producciones. Cuando los motines hubieron sido dominados mediante la paciencia y el gran amor de este noble anciano; cuando dejó de sufrir las lluvias de lodo, aparecieron estos escritos ca-

---

[43] *A calm address to the inhabitants of England.* Los demás escritos de Wesley sobre esta cuestión son éstos: *Some observations on liberty,* 1776; *A reasonable address to the inhabitants of Great Britain,* 1776; *A compassionate address to the inhabitants of Ireland,* 1778.

lumniosos e insultantes que revestían aspecto más cruel que ninguna otra de las cosas que había tenido que sufrir. El año de 1778 fue cuando estos anónimos fueron más numerosos y cuando alcanzaron los mayores excesos en su estilo.

Fue mayor su grandeza cuando trató con gran indiferencia estos rudos ataques. "Hermano", le decía a Carlos cuando éste le aconsejaba que contestara enérgicamente las especies calumniosas que se arrojaban sobre su carácter, "hermano, cuando consagré a Dios todas mis comodidades, todo mi tiempo y mi vida, ¿hice excepción alguna de mi reputación?"[44]

Las publicaciones de Wesley que hemos mencionado en este capítulo y en el precedente se hallan en una edición de sus obras que consta de treinta y tres volúmenes, impresos en Brístol entre 1771 y 1774, así como en el *Arminian magazine.*

Este último era una gaceta mensual que comenzó a editarse en 1778 y que fue dirigida por Wesley hasta su muerte. En ella se publicaron como sesenta sermones inéditos y numerosos artículos sobre diversos asuntos. En su primera época el *Arminian magazine* fue dedicado principalmente, como su nombre lo indica, a la defensa del arminianismo evangélico contra los partidarios siempre entusiastas del riguroso calvinismo. Pero pronto se amplió el programa de esta publicación concediendo reducido espacio a la polémica con gran provecho de la edificación de los lectores. La colección de esta gaceta, que más tarde llevó el título de *Wesleyan methodist magazine,* constituye la revista religiosa más antigua del mundo y forma un precioso repertorio, especialmente de biografía religiosa.

[44] Jackson: *Life of Charles Wesley,* tomo II, p. 283.

CAPÍTULO III

ÚLTIMOS AÑOS DE ACTIVIDAD
(1780-1790)

Wesley conserva por largo tiempo su vigorosidad—Dos enfermedades—Lucidez de su inteligencia—Serenidad de su alma—Retrato de Wesley en su vejez—Capacidad extraordinaria para el trabajo—Respeto y afecto que por todas partes le tributan—Exito considerable de sus predicadores—Cornovalle—Recibimiento en Irlanda—Inmensa popularidad—Escenas conmovedoras—Acción de Wesley entre las sociedades—Su actitud hacia la iglesia establecida—Su autoridad casi absoluta—Las conferencias anuales—Los sermones publicados por Wesley en sus últimos años—El espíritu del gobierno—Wesley entre los niños—Exito que con ellos tenía—Parte que tomó en la fundación de las escuelas dominicales—Su sobrina Sara Wesley—Su correspondencia—Sus últimos viajes misioneros—Dos viajes a Holanda—Wesley visita las islas de la Mancha—Origen y estado de la obra en estas islas—Juana Bisson—Las islas de la Mancha y el metodismo francés—Un incidente de la travesía—Declinación de la vigorosidad física de Wesley—Muerte de sus principales colaboradores: Fletcher y Carlos Wesley—Ultimos momentos de Carlos Wesley—Nuevos aumentos—Proximidad de la partida.

WESLEY con frecuencia dirigía a Dios esta plegaria: "Señor, no me dejes vivir hasta llegar a ser inútil." También añadía: "La ociosidad y yo nos hemos divorciado completamente. Si mi salud me lo permite, me propongo estar ocupado mientras tenga vida." Dios le concedió lo que pedía, y gracias a su excelente constitución y a su vigorosidad poco común, pudo continuar sus trabajos evangélicos hasta los últimos días de su vida.

A la edad de ochenta y un años, se felicitaba de conservar la fuerza de los veintiuno y de estar con mejor salud, no habiendo vuelto a sufrir nunca dolores de cabeza, dolores de muelas y otras dolencias semejantes que lo habían molestado en su juventud. Un año más tarde escribía en su diario esta nota sorprendente: "Por la bondadosa providencia de Dios he terminado el año octogesimosegundo de mi vida. ¿Hay algo imposible para Dios? Por espacio de once años no he experimentado fatiga: algunas veces hablo hasta que se me acaba la voz y no puedo continuar más; con frecuencia ando hasta que se me agotan las fuerzas y no puedo andar más; sin embargo, ni en tales casos experimento sensación alguna de lasitud, sino que me siento perfectamente bien, de pies a cabeza. No me atrevo a atribuir esto a causas naturales: es la voluntad de Dios."[1]

Los métodos de vida de Wesley eran esencialmente propios para favorecer esta maravillosa vigorosidad. Se levantaba a las cuatro de la mañana, predicaba invariablemente a las cinco y se recogía temprano para dormir tranquilamente; aseguraba que durante cincuenta años no había sufrido insomnio una sola noche, y lo atribuía a su excelente salud y a la regularidad de sus hábitos. Se atribuye también, y con razón, a la serenidad de alma, fruto de su infinita fe en Dios.

No obstante, en 1783 sufrió dos enfermedades que produjeron verdadera inquietud entre sus amigos. En el mes de marzo fue detenido en uno de sus viajes por una fiebre violenta que puso en peligro su vida. Apenas se repuso de ella cuando emprendió un viaje a Irlanda; pero algunos meses después tuvo que pasar por una crisis más grave aún, en Brístol, llegando a creer él mismo que había llegado su fin. Durante dieciocho días estuvo oscilando entre la vida y la muerte. Comunicaba a su fiel amigo y compañero de camino, José Bradford, las reflexiones que hacía durante esa enfermedad en los términos siguientes: "He andado errante de aquí para allá y de allá para acá por cincuenta o sesenta años, esforzándome, según Dios me ha dado a entender, en hacer el mayor bien a mis semejantes; y ahora es probable que no diste sino unos cuantos pasos de la muerte, y ¿en qué puedo confiar para salvarme? No puedo ver nada hecho por mí o que yo haya sufrido que sea digno de consideración. No tengo más defensa que ésta:

"El primero en el pecado,
mas Jesús murió por mí."[2]

[1] *Journal*, 28 de julio de 1785.
[2] "I the chief of sinners am,
But Jesus died for me."
Moore: *Life of Wesley*, tomo II, p. 389.

Pero estas no eran sino voces de alerta, aunque ya Wesley era octogenario; tenía que conservarse por ocho años más, entregado a su gran obra. Pronto volvió a emprender su trabajo momentáneamente interrumpido, procurando más que nunca redimir el tiempo.

"Sus asociados", dice uno de sus biógrafos, "no podían percibir en él ningún signo de decadencia intelectual, ni tampoco podía descubrirse esto en sus escritos. Sin que haya vuelto la debilidad mental de la niñez, parece que volvía su frescura y vivacidad, con toda su sencillez y pureza. Un brillo muy aumentado parece iluminar su vida diaria; anota con más frecuencia las hermosas impresiones de la naturaleza y de los libros; compara y critica a Ariosto y Tasso; de vez en cuando se dedica a la lectura y crítica de obras dramáticas; discute con entusiasmo las cuestiones de la poesía de Ossian, que es tema favorito en todos los círculos literarios; anota con brevedad y con estilo pintoresco las escenas de su predicación al aire libre y visita con más frecuencia y describe con más detalles que nunca los jardines de la nobleza. 'Edificios elegantes' (frase que con frecuencia aplica a las nuevas capillas metodistas), buena música y ruinas grandiosas excitan siempre su admiración . . . No es puritano iconoclasta. Se rejuvenece cuando brota vigorosamente la primavera y cuando vuelve a escucharse el canto de las aves. '¡Con cuánto placer descansaría yo aquí un rato!' escribe al contemplar un lugar de agradables jardines y extensos prados, con andadores cubiertos por rica vegetación; 'pero no hay descanso para mí en este mundo.' "[3]

"Jamás he visto yo un anciano más refinado", dice Alejandro Knox. "La felicidad de su alma brilla en su semblante; revela en cada movimiento cuánto se goza con 'los alegres recuerdos de una vida bien empleada'. Por dondequiera que iba difundía una parte de su propia felicidad. Mientras que las personas graves y serias se deleitaban con su erudición, sus salidas ingeniosas y de inocente gallardía causaban placer aun a los más jóvenes y de menores alcances: y ambos veían en su alegría jamás interrumpida la excelencia de la verdadera religión. Aun la senectud aparecía deliciosa en él, como una tarde sin nubes, y era imposible observarlo sin decir con toda el alma: '¡Oh, fuera como éste el fin de mi vida!' "[4]

---

[3]Stevens: *History of methodism,* tomo II, p. 197.
[4]"Remarks on the life and character of John Wesley", al final de la *Vida de Wesley* por Roberto Southey.

Era imposible contemplar el rostro de este anciano siervo de Dios sin experimentar una gran sensación de respeto. Era de baja estatura y su fisonomía expresaba una gran seriedad un tanto austera. Sus ojos vivos y ardientes iluminaban su rostro de una manera muy perceptible; su frente despejada revelaba al hombre inteligente; la firmeza de sus labios indicaba energía y decisión. El conjunto de su rostro, adornado con largos cabellos blancos que, formando rizos, le caían sobre los hombros, era para todos los que le veían irresistiblemente atractivo. La paz que atesoraba en su alma iluminaba su rostro con una sonrisa de inapreciable optimismo. Cuando pasaba por las calles de la capital este anciano venerable, alerta como un joven y siempre preocupado por no perder un momento, los transeúntes se descubrían respetuosamente tributándole el homenaje de una profunda veneración y se inclinaban con respeto ante la grandeza moral personificada por una vida bien empleada.

Pero en el púlpito era donde este pequeño anciano producía la más viva impresión; allí era donde mejor se exhibía la majestad de su carácter. Un artista de gran talento que figuró en uno de sus auditorios nos ha transmitido un retrato suyo lleno de vida, el que tomó de una de las galerías laterales de la capilla de la Fundición:[5] Aparece el predicador en plena vida; está en el púlpito en actitud de hablar. Inclina hacia adelante la cabeza y exhibe un semblante iluminado por el fervor místico: la expresión que domina es de indefinible ternura que debió traducirse en fervientes apóstrofes expresados con una voz que, si iba autorizada por los años, todavía vibraba con profundidad y simpatía. Tiene su rostro surcado con las huellas del tiempo, aunque no han desaparecido ni el fuego de la juventud, ni la fuerza de la virilidad, ni la expresión compleja propia de la complicada naturaleza de su espíritu. Podría juzgársele como una combinación de Moisés y de San Juan. En su predicación unía Wesley con gran efecto estos dos característicos en apariencia contradictorios: la austeridad israelita y la serenidad del discípulo amado. Su oratoria, que por más de medio siglo había cautivado a grandes auditorios desde el púlpito, era la más grande y legítima elocuencia cristiana, que no emana de las turbias fuentes de la frívola retórica, sino del vivo manantial de la fe.

Para tener una idea de la influencia que Wesley ejerció sobre el pueblo inglés, será preciso seguirlo en los grandes viajes misione-

---

[5]Este retrato aparece al principio de la notable obra de Isaac Taylor, *Wesley and methodism.*

ros que hizo. Todos los condados de la Gran Bretaña escucharon de los labios de este octogenario las palabras de vida. Todavía en la época que estudiamos continuó haciendo un prolongado viaje que duró cuatro a siete meses, y a su regreso a Londres, hacía frecuentes visitas que duraban por varios días, a los condados del sur. Debe recordarse que este anciano de constitución más bien delicada que robusta, se exponía con esto a los rigores de la intemperie y a toda clase de privaciones, comiendo generalmente en la mesa de los pobres, durmiendo en toda suerte de camas y sin quejarse jamás de cansancio; así continuó predicando, por término medio, dos veces al día y atendiendo a los más insignificantes detalles de aquella gran organización de la que era el alma, captándose el más profundo respeto por su gran resistencia para el trabajo que difícilmente podrá ser igualada.

Numerosos son los pasajes de su diario pertenecientes a esta época que confirman esta incomparable actividad.

El 29 de julio de 1771 escribió: "Prediqué en Crowl y en Epworth. He predicado tres veces diarias por siete días consecutivos; pero es como si solamente lo hubiera hecho una sola vez."

En junio de 1786, cuando tenía la edad de 83 años, predicó dos veces un domingo, en Hull, en "una de las más grandes iglesias parroquiales de Inglaterra", a donde concurrió una gran multitud. El lunes siguiente viajó en coche más de 25 leguas para poder predicar en Malton, en Pocklington y en Swinfleet, después de lo cual escribió: "Basta para este día su labor; pero, sin embargo, no me sentía más cansado que cuando me levanté en la mañana."[6]

Durante este mismo año, habiendo acometido la empresa de escribir una biografía de su amigo Fletcher, a quien acababa de perder, suspendió por algunas semanas todas las demás obras que tenía pendientes y consagró a ésta su tiempo, trabajando quince horas diarias. "Ya no puedo escribir por más tiempo durante el mismo día", decía él, "sin comenzar a sentir la vista fatigada."[7]

La gente lo acogía con gran respeto y profundo afecto por todas partes a donde iba. Parecía que con estas postreras manifestaciones de simpatía trataban de borrar de su mente los recuerdos de las pruebas que le habían hecho sufrir en otro tiempo. Ahora le escuchaban desarmados no solamente en las capillas, sino en las casas particulares y al aire libre, y con mucha frecuencia en las iglesias parroquiales.

[6] *Journal*, 19 de junio de 1786.
[7] *Journal*, 26 de septiembre de 1786.

En Grimsby predicó en el cementerio, en donde se congregó toda la población de la villa para escucharlo.[8] En Witny, aprovechó la profunda emoción causada por una terrible tempestad y predicó a una gran multitud sobre la muerte y el juicio final; treinta y cuatro personas se le acercaron después, solicitando ser admitidas a la sociedad.[9] En Epworth, tuvo auditorios más numerosos que nunca; volvió a visitar, profundamente emocionado, el cementerio en donde había predicado otras veces apoyado sobre la lápida que señalaba el sepulcro de su padre, y al recordar las personas que habían desaparecido ya del escenario de esta vida, en la ciudad de su nacimiento, y que habían figurado entre sus antiguas amistades, escribió: "Es muy cierto que una generación pasa y otra generación viene; la tierra pierde sus habitantes como el árbol sus hojas." Cuando iba a Kingswood, se complacía en hallarse entre los buenos mineros que habían sido civilizados mediante su predicación y les predicaba a la sombra de una hilera doble de árboles que él había plantado con sus propias manos hacía cuarenta años; y su palabra parecía cobrar mayor fuerza a influjo de las reminiscencias del pasado. En Burslem, anunció que predicaría a las cinco de la mañana. Pero la impaciencia de su auditorio fue tal que se reunió mucho antes de la hora citada, y a poco después de las cuatro un grupo de músicos vino a buscarlo a su domicilio, quienes al llegar tocaron y cantaron un himno.[10] En Vingley, uno de sus ayudantes tuvo que predicar a una parte de la concurrencia mientras que él predicaba a la otra, pues su voz no podía alcanzar a todos.[11] En Newark, las autoridades del pueblo le suplicaron que les honrara predicando ante ellas.[12] En Plymouth, tuvo que ser llevado casi sobre las cabezas de la multitud para llegar al púlpito, habiendo dicho él más tarde, refiriéndose a este lugar: "Después de una solemne despedida, montamos en el coche a las seis, dejando encendida una llama que no se había visto antes allí. ¡Conceda Dios que jamás se extinga!"[13] De Castle Carey decía: "¡Cómo han cambiado los tiempos! El primero de nuestros predicadores que vino aquí fue arrojado a un pantano por el fanático populacho; hoy todos sin excepción, grandes y pequeños, escuchan atentamente la palabra que puede conducirlos a la salvación de sus al-

[8] *Idem*, 2 de julio de 1781.
[9] *Idem*, 15 de julio de 1783.
[10] *Journal*, 30 de marzo de 1787.
[11] *Idem*, 27 de abril de 1788.
[12] *Idem*, 11 de febrero de 1787.
[13] *Journal*, 4 de marzo de 1787.

mas."[14] También de Gloucester decía Wesley: "El escándalo de la cruz ha cesado. Grandes y pequeños, ricos y pobres, se congregan en el mismo lugar y parece que devoran la Palabra. Les prediqué sobre el tema, 'edificad sobre roca', y hablé con toda claridad. Creo que muchos fueron heridos hasta el corazón, porque resultó ser ese día uno en el que el Señor mostró su gran poder."[15]

La predicación de su vejez producía los mismos efectos que la de su mejor edad y continuaba despertando las conciencias. Frecuentemente sucedía, como en Coleford, que "se encendía el fuego. Muchos clamaban a grandes voces; otros caían derribados en tierra, mientras que los de más allá temblaban como un azogado; pero todos parecían tener gran sed de Dios y se compenetraban de la presencia de su poder".[16] Los sollozos de los penitentes y las exclamaciones de gozo de los que alcanzaban salvación era lo único que ahora interrumpía las predicaciones de Wesley; y las reuniones que celebraba al aire libre no eran interrumpidas por ningún desorden, a menos que así pudieran llamarse las demostraciones del gran entusiasmo a que el público se entregaba algunas veces. Esto fue lo que pasó en Oxford, la ciudad universitaria tan íntimamente relacionada con su vida: la inquietud que todos mostraban por escucharlo produjo tal ruido en la reunión que no podía oírse fácilmente su voz.[17]

A su paso por Cornovalle recibió una gran ovación. Los habitantes de todas las poblaciones comarcanas suspendieron sus trabajos ordinarios para ir a escucharlo en Truro. A pesar de una fuerte tempestad que se desató a la hora de la reunión, una gran multitud se congregó allí, dispuesta a escucharlo, y su palabra causó en ella tan profunda impresión que todos parecían animados del gran deseo de salvar sus almas.[18] En Redruth, predicó a millares de personas que de todas partes se habían reunido, las que no solamente llenaban las calles, sino que cubrían las ventanas y hasta las azoteas de las casas para verlo y escucharlo mejor.[19] En Falmouth, en donde cuarenta años antes a duras penas había escapado de morir en manos del populacho, hizo su entrada a la población en medio de una gran multitud. "Grandes y pequeños llenaban la

[14]*Idem*, 27 de septiembre de 1787.
[15]*Idem*, 18 de marzo de 1788.
[16]*Idem*, 8 de septiembre de 1784.
[17]*Journal*, 29 de octubre de 1789.
[18]*Idem*, 28 de agosto de 1781.
[19]*Idem*, 9 de septiembre de 1787.

calle desde un extremo hasta el otro y movidos por el cariño y la benevolencia, me veían asombrados como si pasara el rey."[20] En Port Isaac, en donde otra vez el que lo había invitado no lo recibió en su hogar por temor de que el populacho le destruyera su casa, recibió la más calurosa recepción.[21] Por todo este condado, lo mismo que en las demás partes de Inglaterra, las capillas eran insuficientes para contener la concurrencia, y había que acudir a los lugares públicos que habían sido antes el teatro de sus conflictos con las turbas.

Escenas semejantes se vieron en Irlanda, en donde Wesley era por todas partes objeto de grandes ovaciones. Cuando estaba para llegar a Cork, salió a encontrarlo una comitiva de treinta hombres montados a caballo con el objeto de servirle de escolta a su entrada al pueblo.[22] En otra visita que hizo a la misma población el alcalde lo invitó a alojarse en su casa y allí le hizo los honores en nombre de la ciudad. Un sacerdote católico, el padre O'Leary, que anteriormente había sostenido con él una polémica, lo acompañó en la comida y le manifestó el más profundo respeto.[23] En Aughalan, arengó a la multitud al pie de una colina, siendo ahogada su voz frecuentemente por los sollozos que se escuchaban en todas direcciones.[24] Su palabra produjo los mismos resultados que en Enniskillen, "que anteriormente había sido una cueva de leones", pero en donde "los leones se habían convertido en corderos". Sus trabajos en ese lugar tuvieron como recompensa numerosas conversiones.[25] Hasta entre las montañas veía con no poca sorpresa grandes multitudes dispuestas para escucharlo. "Había verdadera curiosidad por saber de dónde venía tanta gente", dice él: "parecían brotar de la misma tierra."[26] En ninguna parte de este territorio irlandés, en donde había tantas disensiones religiosas y políticas encontró ni la más ligera oposición; todas las clases sociales lo acogían con entusiasmo. La obra estaba en plena prosperidad; hacía ya algunos años que estaba desarrollándose de un modo muy rápido. La sociedad de Dublín continuaba siendo una de las más florecientes del Reino Unido, y en 1787 decía Wesley que sola-

[20] *Journal*, 18 de agosto de 1789.
[21] *Idem*, 27 de agosto de 1789.
[22] *Idem*, 5 de mayo de 1785.
[23] *Journal*, 12 de mayo de 1787.
[24] *Idem*, 29 de mayo de 1787.
[25] *Idem*, 30 de mayo de 1787.
[26] *Idem*, 30 de mayo de 1787.

mente la sociedad de Londres la superaba.

Así era como empleaba las últimas energías de su hermosa ancianidad en aquella obra de evangelización a que había dedicado las aptitudes de su vida. La bien merecida popularidad que por todas partes le rodeaba la utilizó tan sólo como un medio de acción para ensanchar la gloria de su Maestro. ¡Qué gran enseñanza era para las multitudes que le salían a su paso ver a este noble anciano que consagraba al servicio de Dios los años que otros hubieran dedicado a un legítimo descanso, y desplegaba una actividad más grande que la que se observaba en muchos hombres que están en la plenitud de su vida!

"Hubiera sido muy feliz el artista", dice un historiador, "que lo hubiera seguido y hubiera logrado conservar para sus numerosos correligionarios reproducciones de las grandes y conmovedoras escenas de éstos sus últimos años: su predicación en el anfiteatro de Gwennap a auditorios que probablemente nunca vio Whitefield; en la calle de Redruth a multitudes errantes que se agolpaban en las ventanas y en las azoteas después de llenar las calles vecinas; su discurso de Newgate dirigido a cuarenta y siete individuos sentenciados a muerte 'y cuyas cadenas tenían un sonido muy lúgubre', pero la mayor parte de ellos sollozaban con el corazón traspasado de dolor mientras él sostenía con entusiasmo la doctrina de que 'hay gozo en el cielo por un pecador que se arrepiente'; o la escena nocturna cercana a Newcastle-under-Lyne cuando aquel apóstol, de pie, en medio de un frío mordaz, sus guedejas de plata brillando a la luz de la luna, incansable predicaba bajo los árboles de la población a una multitud cuatro veces más grande de la que hubiera podido contener la capilla."[27]

Durante los últimos años de su vida el gran evangelista permaneció fiel a sus tradiciones consagrando el primer lugar entre sus deberes a la evangelización de las masas. Pero el interés mismo que él tenía en esta obra le impulsaba a buscar la duración y perfeccionamiento de los medios que habían de servirle para llevarla a cabo. Las sociedades y sus predicadores debían de quedar pronto entregados a sus propios elementos sin contar ya con la firme dirección de aquel espíritu superior que por tanto tiempo los había favorecido. Esta crisis la había él previsto; reservaremos para nuestro próximo capítulo la enumeración de las medidas que Wesley tomó previniendo el futuro, así como para asegurar el

[27]Stevens: *History of methodism,* tomo II, p. 244.

porvenir de las misiones americanas, que estaban creciendo de una manera admirable.

Le era imposible el emprender arreglos de esta clase sin encontrar dificultades de diversos géneros. Para unos era demasiado radical, en tanto que para otros Wesley era un conservador consumado. Mientras unos lo inculpaban por retardar el progreso normal de las sociedades, debido a un respeto supersticioso hacia la Iglesia Anglicana, otros le acusaban de romper completamente con ella mediante actos que constituían un cisma fatal. En tanto que su hermano Carlos, que le profesaba un cariño inalterable, le censuraba por su temeridad, la mayor parte de los predicadores estaban descontentos por su extrema timidez. Pero él dejaba en libertad a unos y a otros para que pensaran a su agrado, continuando en su tarea de dirigir el metodismo como mejor le parecía.

Esta superioridad casi absoluta, aunque iba templada por la moderación y la bondad, quedaba justificada por sus grandes servicios y por la superioridad que todos reconocían en el hombre que la Providencia había indudablemente designado para esta gran obra. Además, esta concentración de autoridad había sido por mucho tiempo la causa misma de la unión y del gran éxito del metodismo. Pero había llegado el momento de sustituir el gobierno personal de Wesley por un régimen constitucional. A su derredor había agrupado a "sus hijos", como él se complacía en llamar a sus ayudantes, entre los cuales había hombres de grandes méritos, y era conveniente el que les asociara de un modo más perfecto en la dirección de la obra. No creía Wesley, sin embargo, que debía renunciar su autoridad hasta que la muerte viniera a ponerle fin. De esto resultaron ciertos males y algunos incidentes delicados, aunque tuvieron una importancia secundaria y no alteraron en lo más mínimo la afectuosa veneración que las sociedades profesaron hasta el fin a su eminente fundador.

La gran actividad de Wesley se ve claramente en lo minucioso que era al ocuparse de las sociedades, y esto hasta sus últimos días. Mediante una extensa correspondencia y por sus frecuentes visitas, pudo seguir el movimiento de cada una de ellas, estando siempre al tanto de sus más pequeños asuntos.

Las conferencias anuales le proporcionaban nuevos medios de información al mismo tiempo que le aseguraba la unidad de esfuerzos entre los predicadores. El número de éstos era ya demasiado crecido para que todos asistieran a ellas, y Wesley se reservaba el derecho de designar cada año a los que habían de asistir y tomar parte en sus deliberaciones.[28] Los asuntos que allí se discutían referíanse a los intereses inmediatos de las sociedades y a la eficacia del ministerio ambulante. Se ocupaban también de sus relaciones con la Iglesia Anglicana y de la administración de los sacramentos; con gran frecuencia los asuntos discutidos provocaban acaloradas polémicas. Las cuestiones doctrinales y de disciplina ocupaban también lugar importante. En cuanto a esto último, las conferencias llegaron hasta la reglamentación más minuciosa. Por ejemplo: entre las recomendaciones que se hicieron a los predicadores en 1789, encontramos las siguientes: "Las reglas deberán ser leídas cada trimestre a los miembros de las sociedades; nadie deberá ser admitido a las fiestas fraternales sin la correspondiente cédula; las cantidades que se colecten en las fiestas fraternales deberán ser consagradas a los pobres; los predicadores no han de quedarse a cenar con sus amigos y no han de regresar a sus casas después de las nueve de la noche; sus hijos han de vestir con la mayor sencillez; no deberá ser publicado ningún libro sin el consentimiento expreso de Wesley."

Durante las sesiones de cada conferencia, además de los deberes de presidente, se imponía Wesley la tarea de predicar todos los días, aprovechando la oportunidad para dirigir exhortaciones especiales a los predicadores y a los miembros de la iglesia.[29] No era raro que los servicios de comunión se vieran frecuentados en tales ocasiones por 1.500 o más personas.

No era solamente durante las conferencias cuando el fundador del metodismo se complacía en dirigirse a las sociedades para exhortarlas a la fidelidad. Durante los últimos años de su vida publicó en las páginas del *Arminian magazine* como sesenta sermones, que se referían, en lo general, a las necesidades del metodismo y a los peligros a que estaba expuesto. En ellos recordaba frecuentemente los peligros de la prosperidad material, del lujo y del apego al mundo; insistía sobre las prácticas de la diligencia, la templanza y la generosidad. En sus *Pensamientos sobre el metodismo,* que aparecieron durante el año de 1787 en la misma

---

[28]Tyerman: *Life of Wesley,* tomo III, p. 496.

[29]He aquí algunos de los textos sobre los que predicó Wesley durante la conferencia de 1789; por ellos se tendrá idea de la naturaleza de sus predicaciones: "Instruye al niño en su carrera: aun cuando fuere viejo no se apartará de ella" (Proverbios 22:6). "Porque nosotros por el Espíritu esperamos la esperanza de la justicia por la fe" (Gálatas 5:5). "¡Ay del mundo por los escándalos!" (Mateo 18:7). "Me he hecho a los flacos flaco, por ganar a los flacos: a todos me he hecho todo para que todo punto salve algunos" (1 Corintios 9:22). "Si alguno habla, hable conforme a las palabras de Dios" (1 Pedro 4:11).

publicación citada, decía: "No tengo ningún temor de que los llamados metodistas lleguen jamás a dejar de existir en Europa o América. Pero sí temo mucho que lleguen a degenerar en secta muerta, teniendo solamente la forma de religión sin el poder de ésta. Y esto llegará a suceder indudablemente a menos que se apoderen fuertemente tanto de las doctrinas como del espíritu y de la disciplina con que principiaron."[30]

En su manejo de las sociedades, Wesley sabía unir la firmeza con la moderación; poseía un espíritu extraordinario de gobierno. Rara vez persistían las disputas apasionadas y violentas cuando él intervenía personalmente; y tenía un carácter tan afable que pronto se ganaba a los más recalcitrantes. Era tal la serenidad de su alma que nadie podía sustraerse de su influencia.

Wesley poseía una gran dosis de bondad, que caracteriza a las grandes almas, y por esto es que su senectud, lejos de ser melancólica y tediosa como sucede generalmente, era radiante y apacible. A dondequiera que iba como huésped, llevaba la alegría y la paz. Su conversación, sin dejar nunca de ser seria, era interesante y agradable; instruía sin asumir nunca ese tono de suficiencia que es tan repulsivo. Los niños se sentían irresistiblemente atraídos hacia el buen anciano de quien habían escuchado a sus padres referir episodios sorprendentes; desde el momento en que lo distinguían, se apresuraban a rodearlo. Tales afectos eran ampliamente correspondidos por él. Siempre mostró gran predilección hacia los niños, aunque ésta fue mucho más viva en los últimos años de su existencia.

Desde el principio de su ministerio había dedicado atención especial a las necesidades espirituales de los niños que estaban completamente olvidados por los demás. Recomendaba a sus predicadores el que se ocuparan de ellos con el mayor cuidado y durante sus viajes investigaba siempre si habían sido atendidas sus indicaciones sobre el particular. Estos trabajos produjeron los más deseables resultados. Muchos niños convertidos a Dios se unían a las sociedades. El instituto de Kingswood llegó a ser una verdadera escuela de profetas. En medio de los jóvenes alumnos, Wesley se sentía rejuvenecido y experimentaba gran placer en observar sus estudios y animarlos en sus trabajos.

Las escuelas dominicales recibieron desde su principio la aprobación más espontánea de Wesley; fue uno de los primeros

[30] *Works*, tomo XII, p. 225.

en comprender los beneficios que el avivamiento recibiría de esta excelente institución. Cuando apareció el manifiesto de Roberto Raikes en 1783, Wesley lo mandó reproducir en el *Arminian magazine*. En su diario correspondiente al año de 1784 habla de las escuelas dominicales en términos casi proféticos: "He hallado estas escuelas brotando por dondequiera que voy; tal vez Dios las destine a un fin más elevado que el que los hombres puedan prever. ¿Quién podrá dudar que algunas de estas escuelas lleguen a convertirse en semillero de cristianos?" En 1787 escribía a uno de sus predicadores felicitándolo por haber creado una escuela y diciéndole: "Parece que estas escuelas serán un gran medio del que Dios se valdrá para propagar un avivamiento religioso en el país." El año anterior a su muerte escribía a otro en el mismo sentido: "Esta es una de las mejores instituciones que por algunos siglos se han visto en Europa." Wesley sabía hacerse comprender de los niños, y éstos, por su parte, se complacían en escucharlo. En cierto lugar se vio un día rodeado de pequeñuelos después de haber terminado su sermón, y el anciano misionero se arrodilló en medio de ellos y se puso a orar a su favor con unción conmovedora. En otro lugar encontró, a su llegada, la calle henchida de niños que le acompañaron gustosos hasta el lugar en que debía celebrar su reunión y no quisieron retirarse, después del servicio, hasta que le hubo dado la mano a cada uno de ellos. Una ocasión en que debía predicar en la iglesia de Raithby halló a un niño sentado en las gradas del púlpito; lo levantó en sus brazos, lo besó tiernamente y después de colocarlo de nuevo en donde estaba, se pasó cuidadosamente para el lugar en que debería de situarse. Habla en alguna parte de sus escritos de una pequeña niña que, deseando verlo, estuvo en vela toda la noche y después anduvo a pie como dos millas; él la llevó de regreso a su casa en su coche, gozándose con su sencilla conversación.

No tenía hijos; pero se complacía en acariciar a los ajenos. Podemos decir que Sara Wesley, hija de su hermano, fue su hija adoptiva. Con frecuencia suplicaba que se le permitiera llevarla consigo en los viajes que hacía por Inglaterra y le prodigaba caricias y atenciones que llevaban el sello de los cuidados y de la ternura de un padre.

La actividad pastoral que Wesley ejercía durante sus viajes de evangelización por todas partes de la Gran Bretaña implicaba una vasta correspondencia epistolar. De todas partes le llegaban cartas en que se le pedían consejos y direcciones, y él juzgaba un

deber imprescindible el contestarlas. Un gran número de estas cartas
han sido conservadas, y ellas demuestran que tomaba esta obra en
serio por la atención que daba a sus más pequeños detalles. Si
añadimos a ésta la correspondencia pastoral que constantemente
sostenía con la mayor parte de sus predicadores, se podrá sentir
una gran admiración y respeto en vista de la inmensa responsabilidad que pesaba sobre este anciano octogenario. Los últimos
viajes misioneros de Wesley fueron especialmente satisfactorios.
"Entre sus antiguas sociedades de Inglaterra", dice el historiador
ya citado, "sus visitas iban acompañadas de afectuoso interés y
de un éxito sin precedente. La ancianidad del hombre venerable
entristece a la gente más que a él mismo". A fines de esta década
hay despedidas solemnes a medida que avanza en su camino. En
cada visita que hace, deja la impresión de que no volverán a ver más
su rostro; y en cada lugar, después de presentar a las sociedades lo
que desea que acepten como su último consejo (que se amen como
hermanos, que teman a Dios y honren al rey), uniformemente
anuncia la siguiente estrofa, que canta en compañía de los presentes:

¡Oh! que sin tanta lentitud yo pueda
De bienvenida la palabra oír;
Y con la carga que mi cuerpo lleva
Termine para siempre mi sufrir.[31]

Los metodistas se daban cita de lugar en lugar para escucharlo, porque sabían que pronto terminarían esas oportunidades.
Grandes grupos salían a su encuentro, acompañándolo hasta las
poblaciones. Sus predicadores que ahora eran numerosísimos en
todas partes del país, acudían a sus asambleas, refrescando su
alma con el ministerio del anciano y con sus mutuos saludos: él
era para ellos lo que era Elías para "los hijos de los profetas: un
hombre que había pronunciado discursos sorprendentes, y que había
hecho milagros en Israel, y cuya ascensión en su carroza de fuego
estaba muy próxima".[32]

La actividad misionera de Wesley durante estos últimos
años de su vida no se concentraba a los límites de la Gran Bretaña.
Obsequiando urgentes invitaciones, hizo dos viajes a Holanda, en

[31] *Oh that without a lingering groan*
I may the welcome word receive;
My body with my charge lay down
And cease at once to work and live!
[32] Stevens: *History of methodism*, tomo II, p. 243.

donde su reputación se había extendido ampliamente y en donde muchos cristianos tenían grandes deseos de verlo. Predicó en inglés en La Haya, Utrech, Amsterdam y Rotterdam y conversó allí en latín con muchos pastores y profesores cuyo espíritu le parecía excelente; fue recibido con veneración por algunas de las familias más distinguidas de aquel país, en donde halló una sólida piedad que le produjo placer indecible. Regresó encantado de Holanda y de los holandeses. "Siempre hemos considerado a los holandeses", escribía él, "como gente fría, flemática y poco afectuosa; pero realmente la mayor parte que me tocó en suerte tratar con familiaridad (no, debo decir todos) eran tan tiernos y tan afectuosos como los mismos irlandeses."[33]

A fines de este último período de su vida Wesley visitó también las islas de la Mancha, esas posesiones inglesas que sólo distan de Francia unas pocas leguas. El metodismo había sido llevado allí no directamente de Inglaterra, sino de la isla de Terranova, en donde los comerciantes de Jersey habían sido convertidos por un predicador metodista. Cuando regresaron a su país, en 1774, habían trabajado para evangelizar a sus compatriotas y habiendo obtenido gran éxito en sus propósitos, se habían dirigido a Wesley pidiéndole su ayuda. El les envió en 1784 a Roberto Carr Brackenbury, un hombre rico y predicador de talento que podía hablar fácilmente el francés, que era el idioma usado en las islas, y quien se radicó en Jersey. Dos años más tarde Adam Clarke, célebre más tarde por sus conocimientos bíblicos, llegó también y se estableció en Guernsey.

Los rápidos progresos de esta obra animaron a Wesley a visitarla en 1787. Fue recibido en Guernsey por la familia de Jersey, cuya casa, denominada Mont Plaisir, era la residencia de los predicadores.[34] En Jersey le dieron una recepción cordialísima; fue agasajado por las principales familias y pudo predicar a auditorios bien dispuestos. En las parroquias rurales, en donde no entendían inglés, Wesley hacía que Brackenbury interpretara sus sermones al francés.

El estado de la obra en este país le regocijó vivamente; se admiraba de su rápido desenvolvimiento a pesar de las circunstancias desfavorables. Encontró allí cristianos consagrados iguales a los mejores de Inglaterra. Habla con especialidad en su diario de una

[33] *Works*, tomo XIII, p. 63.
[34] Esta familia había de dar más tarde a Francia un excelente misionero, M. Henry de Jersey, que murió en 1870.

joven de 19 años, Juana Bisson, de Jersey, cuya profunda piedad le impresionó vivamente. "Parece estar completamente consagrada a Dios", dice él, "y tener constante comunicación con El. Posee una inteligencia clara y poderosa, y no puedo percibir ni la más insignificante señal de exaltación. Mucho temo que no pueda vivir largo tiempo. Estoy sorprendido de la gracia de Dios que ella posee. Creo que sobrepasa en mucho a *madame* Guyon[35] en su profunda comunión con Dios; y dudo de que tenga igual en Inglaterra. Aun cuando el tiempo de que dispongo es inapreciable, hubiera valido el viaje que hice a Jersey, si no hubiera sido más que para ver a este prodigio de gracia."[36] Quedó tan impresionado Wesley con la piedad de esta joven que quiso sostener correspondencia con ella, y las trece cartas que le dirigió, la última de las cuales fue fechada pocos meses antes de su muerte, muestran el cuidado paternal que prodigaba a las almas que recibían su dirección pastoral.

Esta visita de Wesley fue una verdadera bendición para las sociedades metodistas de las islas de la Mancha, a las que imprimió un nuevo impulso. Clarke le escribió: "Vuestra visita a esta isla (Guernsey) ha sido en la providencia de Dios un medio para esparcir grandes bienes. Las congregaciones han aumentado considerablemente desde entonces; y varias personas de la alta sociedad que asistieron a vuestras predicaciones han continuado concurriendo desde entonces."[37]

Las pequeñas sociedades de las islas se habían formado espontáneamente y sin auxilios del extranjero; estaban organizándose muy bien y contaban con un buen número de predicadores oriundos capaces de predicar en francés. Por la época en que Wesley visitó las islas, un joven oriundo de Jersey, Juan de Quetteville, había estado ya un año entre el cuerpo ministerial, con el que continuó identificado por más de medio siglo.[38] En vista de estos

---

[35]Wesley profesaba gran estimación a *madame* Guyon, tanto por su carácter como por sus escritos, y hasta publicó una breve reseña de su vida. "Yo creo", escribe él (tomo XIV, p. 290), "que ella no era solamente una mujer buena, sino buena en grado eminente, profundamente consagrada a Dios y favorecida con frecuencia por extraordinarias comunicaciones del Espíritu divino." No obstante, tenía un criterio demasiado recto para no descubrir y rechazar sus errores. "La gran fuente de todos sus errores", dice, "era ésta: el no guiarse por la palabra escrita. No tomaba las Escrituras como regla de sus actos; cuando más, eran para ella una regla secundaria. Impresiones internas que ella llamaba inspiraciones venían a ser su regla primaria" (*Idem*, p. 291).

[36]*Journal,* 25 de agosto de 1787.

[37]Carta inédita de Adam Clarke a Wesley.

[38]Véase nuestra *Histoire du methodisme dans les iles de la Manche* publicada en 1885 con motivo del centenario del establecimiento del metodismo en estas islas.

rápidos progresos, Wesley comprendió que estas sociedades tenían una gran vitalidad y les esperaba un brillante porvenir. Previó claramente el importante papel que desempeñarían más tarde en la evangelización de Francia. Se dice que viéndose en la imposibilidad de emprender personalmente, a la edad que había alcanzado, la conquista de Francia para el evangelio, el anciano misionero volvió sus ojos al gran país cuyas costas se divisaban en el lejano horizonte y expresó la convicción de que las islas de la Mancha estaban destinadas, en los designios de Dios, a tomar parte en esa obra de evangelización. Tres años más tarde esta predicción había de principiar a realizarse,[39] y desde entonces dichas islas han luchado activamente por realizar las esperanzas de Wesley, habiendo proporcionado ya un gran número de obreros para el avivamiento francés.

El regreso de Wesley a Inglaterra fue señalado por un incidente notable que se relata en la autobiografía de Adam Clarke, uno de sus compañeros de camino, de la manera siguiente:

"El viento, que había sido bueno hasta entonces, cesó completamente y después comenzó a soplar en dirección opuesta. La embarcación tuvo que ser barloventeada mucho tiempo para alejarse de la isla. El señor Wesley estaba sentado en su camarote leyendo y al escuchar el ruido y alboroto causado por la embarcación en su barlovento, sacó la cabeza y preguntó qué pasaba. Como se le informara que el viento se había puesto contrario y que la embarcación era obligada a virar de ese modo, dijo: 'En tal caso vamos a orar a Dios'. Sus acompañantes que estaban sobre cubierta bajaron, y obsequiando su indicación, el doctor Coke y los señores Bradford y Clarke dirigieron sucesivamente la oración. Después que éste último hubo terminado, principió el señor Wesley una plegaria ferviente que parecía brotar más bien de una gran fe que de un simple deseo; plegaria notable por su forma, su espíritu, sus sentimientos y el modo en que éstos se expresaban. Algunas de sus cláusulas eran semejantes a éstas: 'Dios todopoderoso y eterno: Tú obras en todas partes según tus mismos designios, y todas las cosas obedecen tu voluntad: Tú tienes en tu mano los vientos y te sientas sobre los abismos y gobiernas eternamente como rey. Manda a estos vientos y a estas olas que te obedezcan

---

[39]En 1791 algunos metodistas de Guernsey visitaron a Caen y sus alrededores. Poco después Guillermo Mahy se estableció allí como predicador y por algunos años se dedicó a la evangelización de Normandía con algún éxito. (Véase *Histoire du methodisme dans les iles de la Manche*, pp. 402 y siguientes.)

y llévanos rápidamente y a salvo al puerto a que nos dirigimos'. Todos sintieron el poder de su plegaria. Se levantó de donde estaba arrodillado y sin hacer observaciones de ninguna clase, volvió a tomar su libro y continuó leyendo. El señor Clarke subió a cubierta, y ¡cuál no sería su sorpresa al hallar la embarcación sostenida en la mejor dirección con viento favorable que no amainó, sino que los llevó a razón de nueve o diez nudos por hora hasta que anclaron a salvo cerca del monte de San Miguel en la bahía de Penzance! El señor Wesley no hizo observación alguna referente al cambio súbito y favorable del viento; tenía tanta seguridad de ser oído que dio como un hecho que así fuera."[40]

Era tal la actividad de Wesley que Inglaterra parecía demasiado estrecha para proporcionarle campo de acción y buscaba horizontes más amplios. El había dicho: "mi parroquia es el mundo", y antes de morir vio sus grandes aspiraciones cristianas en el principio de su realización; a donde no podía ir personalmente enviaba a sus colaboradores. Durante este último período de su vida fue de hecho cuando el metodismo principió a echar profundas raíces en el Nuevo Mundo y a demostrar que se adaptaba perfectamente a las necesidades de las empresas misioneras, así llamadas con toda propiedad. Volveremos a tratar este asunto en nuestro próximo capítulo.

Aunque en los primeros años de la década a que hemos venido refiriéndonos, Wesley pudo felicitarse por estar completamente libre de las enfermedades de la vejez, comenzó a sufrir un cambio a fines del periodo. No fue sino al principiar el octogesimoquinto año de su vida cuando principió a sentir algunos síntomas de decadencia; no podía andar con la velocidad con que lo hacía antes, su vista se debilitaba y flaqueaba su memoria; "pero no siento cansancio ni cuando estoy de viaje ni cuando predico", decía él; "no tengo consciencia de decaimiento alguno cuando escribo sermones, lo que puedo hacer con tanta facilidad y según mi entender, con la misma corrección de antes".[41] El año siguiente (1789) comenzaron a acentuarse los síntomas antes mencionados, y entonces escribía él: "Ahora sí hallo que me he hecho viejo . . . Lo que debiera temer, si me preocupara del mañana, es que mi cuerpo se sobreponga a mi alma y que produzca terquedad por decaimiento intelectual, o impertinencia por el desarrollo de las enfermedades corporales:

[40] *Autobiography of Adam Clarke,* p. 259.
[41] *Journal,* 28 de junio de 1788.

pero ¡Tú, oh Señor mío, responderás por mí!"[42]

Dios libró a su siervo del menoscabo de sus facultades, que tanto temía. Conservó una maravillosa lucidez intelectual que le permitía dedicar completa atención hasta en sus últimos días al gran movimiento religioso del que era jefe.

Sus principales colaboradores en los primeros años del movimiento habían desaparecido ya, y durante estos últimos de su vida, fue llamado para presenciar la partida de los pocos supervivientes. Se despidió de ellos con perfecta serenidad de ánimo como quien se separa de sus amigos para encontrarse en breve nuevamente con ellos. Ahora le tenemos a la cabecera del lecho mortuorio de Tomás Maxfield, su primer predicador laico, de quien se había separado debido a las circunstancias, pero a quien seguía profesando profundo afecto. Después lo vemos al lado de Perronet, el venerable vicario de Shoreham, a quien se acerca humildemente para recibir los últimos consejos y la bendición suprema de este patriarca del avivamiento, cuya edad pasaba ya de los noventa. Un poco más tarde está junto a Delamotte, su antiguo compañero de trabajos en Georgia, a quien contempla doblegado por el peso de los años y preparándose para su partida de este mundo de trabajos y sufrimientos y para entrar a su reposo celestial. Por esta misma época, Thompson, el rector de St. Gennis y colaborador de Wesley en Cornovalle, asaltado por algunas dudas y temores en la aproximación de la muerte, lo mandó llamar, y a su llamamiento, Wesley acudió presuroso, participando con él de la Santa Cena; merced a esta entrevista, el moribundo pudo recobrar la fe y la calma que parecían haberle abandonado.

Wesley sufrió otras dos pérdidas que le fueron aún más sensibles. En 1785, murió triunfante en la fe el piadoso Juan Fletcher, cuya vida había sido la de un apóstol y la de un santo. Wesley perdió en él al mejor de sus amigos y al más hábil de sus consejeros. No había en Inglaterra ningún hombre, ni su mismo hermano, que penetrara más profundamente en su corazón y que más simpatizara con él. Era el San Juan del avivamiento, así como Wesley era su San Pablo. Todo en aquel hombre, su corazón a la par que su inteligencia, se había asociado al movimiento metodista, y no era poco honor para el avivamiento el haber conquistado la influencia de un hombre tan inteligente y tan profundamente piadoso. Wesley, que por mucho tiempo acarició la idea de confiarle algún día la

[42] *Idem*, 28 de junio de 1789.

dirección suprema de su obra, fue afectado por su muerte. "Por
espacio de ochenta años", dice él, "he conocido a muchos hombres
excelentes de corazón y de vida perfecta; pero nunca he visto a otro
como él; otro que le iguale en devoción profunda hacia Dios.
Hombre tan inmaculado como él no he hallado jamás ni en Europa
ni en América, ni espero hallarlo antes de llegar a la eternidad."

Tres años más tarde, en 1788, Wesley perdió a su hermano
Carlos, que había sido para él un leal compañero en el trabajo
ministerial. Con toda la intrepidez que lo caracterizaba, había
participado de las primeras luchas al lado de su hermano; pero
poco después se retiró de la vida ambulante, estableciéndose con
su familia primero en Brístol y después en Londres, en donde continuó ejerciendo su ministerio, predicando en las iglesias y minis-
trando a los enfermos y a los presos. Poeta religioso de primer
orden, orador distinguido, de alma ardiente y entusiasta, se había
entregado sin reserva alguna a la obra emprendida por su hermano,
llegando a ser su complemento, en cierto sentido. Como careciera
de aptitudes legislativas y del talento del organizador, había llegado
a contrariar abiertamente los planes de aquel, movido por sus
exagerados escrúpulos religiosos. Sin embargo, fue uno de los mejores obreros del gran avivamiento del siglo XVIII.

He aquí en qué términos refería Sara Wesley a su tío la muerte
de su propio padre, acaecida mientras el incansable reformador
hacía un viaje por el norte:

"Muy querido y honorable tío: Estábamos todos presentes
cuando mi querido y respetable padre partió de este mundo. Fue
su fin, como con toda especialidad lo había deseado él, completamente apacible. Durante algunos meses había estado del todo
separado del mundo. Hablaba muy poco y no deseaba oír nada sino
la lectura de la Biblia. Se despidió solemnemente de todos sus
amigos . . . Sus plegarias se reducían a esto: 'Dame paciencia y
una muerte tranquila'. A todos los que le visitaban pedía que roga-
ran a Dios que le concediera su petición; con frecuencia se le oía
decir: '¡Una muerte feliz!' Una semana antes de morir le dijo a mi
madre que Dios no permitiría que se le acercara el tentador, y
a todos los demás nos dijo: 'Tengo muy fundada esperanza'. Cuando
le preguntábamos si deseaba alguna cosa, a menudo contestaba:
'Nada quiero sino a Cristo'. Alguien le dijo que era muy duro
el paso del valle sombrío de la muerte; pero él replicó: 'No es así
cuando Cristo va de compañía'. La última mañana de su vida, que
fue la del 29 de marzo, habiendo perdido el habla, le suplicó mi

madre que si la conocía le apretara la mano, lo que hizo él muy suavemente. Las últimas palabras que yo pude oír fueron: 'Señor ... mi corazón ... mi Dios'. En seguida comenzó a respirar fatigosamente, y su última inspiración fue tan suave que no pudimos darnos cuenta del momento preciso en que se separó de él su espíritu feliz."[43]

Mientras que la mano de la muerte privaba a Wesley de sus primeros colaboradores, Dios le concedía otros nuevos; cada año se aumentaba extraordinariamente el número de candidatos que ingresaban a las filas del ministerio ambulante. Por todo este período de diez años se compuso el cuerpo de reclutas de hombres de diversas aptitudes; los predicadores metodistas no podían menos que considerarse honrados y enaltecidos con el ingreso de hombres de la talla de Joyce, Bramwell, Reece, Dickinson, Entwisle, Creighton y Adam Clarke.

Todas las defunciones que Wesley había presenciado le anunciaban claramente, a la par que sus achaques físicos, la aproximación de su partida final. Esta perspectiva, lejos de alarmarle, le era sumamente grata. Su obra había terminado y estaba bien acabada; su porvenir estaba asegurado hasta donde puede alcanzar la certidumbre apoyada en la fe, contando con la ayuda de Dios y la hábil aplicación de los consejos de la prudencia.

Antes de ocuparnos en los últimos episodios de la vida de Wesley, debemos dar a conocer las medidas adoptadas en 1784 para asegurar la continuación y la perpetuidad de su obra.

---

[43] Tomás Jackson: *Life of Charles Wesley,* tomo II, p. 442.

Capítulo IV

ORGANIZACIÓN DEL METODISMO EN INGLATERRA Y EN AMÉRICA

(1784)

Año crítico—Incertidumbre en cuanto a la propiedad de las capillas—Acta constituyente—Acogida que tuvo—Sus deficiencias y sus ventajas—Progresos del metodismo en América—Posición de los predicadores en cuanto a la Iglesia Anglicana—El metodismo y la revolución—La iglesia establecida y la revolución—Quejas de las sociedades americanas—Wesley busca una solución —Perfeccionamiento de sus convicciones eclesiásticas—Se resuelve a organizar la iglesia americana con forma episcopal—Ordenación del doctor Coke —Observaciones sobre la conducta de Wesley en este asunto—Fundación de la Iglesia Metodista Episcopal—Gran éxito de ésta—Consagración de 23 predicadores—Actitud de Wesley hacia la Iglesia Anglicana—Mejoramiento de la situación eclesiástica del metodismo inglés—Ojeada al desenvolvimiento ulterior de esta iglesia después de la muerte de Wesley.

EL año de 1784 fue llamado por el doctor Whitehead[1] año crítico del metodismo, porque fue cuando Wesley dio a las sociedades inglesas su constitución legal y a las sociedades americanas su organización episcopal. Estas medidas merecen que les consagremos atención especial. Hasta esta época las capillas metodistas del Reino Unido, que ya pasaban de 350,[2] se sujetaban a las cláusulas

[1]Whitehead: *Life of Wesley*, tomo II, p. 404. Southey: *Life of Wesley*, tomo II, p. 244.
[2]Myles: *Chronological history*.

de un contrato cuyo modelo había redactado el mismo Wesley y por el cual los fideicomisarios, que las tenían a su cargo, permitían a aquel en persona o a los individuos por él designados, que predicaran en ellas la Palabra de Dios. En caso de muerte, su hermano debía de sucederle en el ejercicio de estos derechos; y después de él, la conferencia, compuesta de los predicadores, debería designar las personas que ocuparan los púlpitos. Los jurisconsultos a quienes se consultó sobre la validez de tales contratos resolvieron que eran nulos y de ningún valor mientras la conferencia no fuera reconocida oficialmente por el Estado y autorizada en debida forma para adquirir y poseer bienes raíces.

Tal situación amenazaba seriamente el porvenir de la obra. Wesley lo comprendió así y para remediar el mal, redactó, el 28 de febrero de 1784, su Acta Constituyente *(Deed of declaration),* que algunos días después fue protocolizada en la Corte de la Cancillería. Del texto mismo del acta se desprende que tenía por objeto "explicar los términos *Conferencia anual de los llamados metodistas,* y declarar quiénes constituyen estas conferencias, enumerando las condiciones en que se había de perpetuar y conservar su identidad".

Según este documento la conferencia oficial se componía de cien predicadores enumerados nominalmente por Wesley para esta primera conferencia. Fue protocolizado el reglamento a que debía sujetarse la conferencia, el cual contenía las prescripciones siguientes; 1. Se había de reunir ésta una vez cada año. 2. Toda resolución aprobada por mayoría de miembros debería ser considerada como acuerdo de todo el cuerpo. 3. El primer acto de la conferencia sería el cubrir las vacantes que ocurrieran en la corporación legal, por muerte u otras causas. 4. Ninguna acta de la conferencia sería válida a menos que fuera aprobada por un número de votos no menor de cuarenta. 5. Las sesiones de la conferencia anual no deberían durar menos de 15 días ni más de tres semanas. 6. Después de cubrir las vacantes ocurridas, la conferencia elegiría un presidente y un secretario, quienes deberían durar en sus cargos hasta la siguiente sesión. 7. El miembro de la conferencia que no asistiere a sus sesiones durante dos años consecutivos, sin el permiso debido, habría de considerársele como separado por renuncia. 8. La conferencia tendría derecho de expulsar de su seno a los miembros indignos. 9. La conferencia podría admitir como predicadores del evangelio, después de hacerles pasar las necesarias pruebas y exámenes, a los hombres que juzgare dignos de tal oficio. 10. Nadie podría ser miembro de la conferencia sin haber sido admitido y empleado como predicador cuando menos por un año. 11. La conferencia no podría nombrar como predicador en una de las iglesias a ninguna persona que no fuera miembro de ella, o que no hubiera sido admitido en su seno o admitido a prueba; ni podría tampoco designar a una misma persona por más de tres años consecutivos a menos que se tratare de ministros ordenados de la Iglesia Anglicana. 12. La conferencia podría celebrar sus sesiones en otros lugares además de Londres, Brístol y Leeds cuando así lo estimare conveniente. 13. La conferencia, cuando fuere necesario, enviaría a Irlanda o a cualquier lugar de la Gran Bretaña delegados con amplios poderes para que la representaran. 14. Todas las resoluciones y acuerdos de la conferencia deberían ser consignados en un libro de actas, y éstas deberían ir autorizadas con la firma del presidente y secretario. 15. Si los miembros de la conferencia llegaren a reducirse a menos de 40, y así continuare por tres años seguidos, o si sus miembros dejaren de reunirse por tres años consecutivos, en cualquiera de estos casos la conferencia de los metodistas se tendría por "extinguida, y todos los poderes antes mencionados, así como los privilegios y garantías, perderían su fuerza y validez". En tal caso, las iglesias quedarían a cargo de los fideicomisarios, en la inteligencia de que éstos deberían designar para que en ellas predicaran la Palabra de Dios a las personas que en su juicio fueran dignas de tal encargo.

Este documento, que había de ser la carta constituyente del metodismo, no fue recibido con aprobación unánime por los colaboradores de Wesley. Los que no habían sido designados por él como miembros de la conferencia oficial se consideraron lastimados, y algunos de ellos protestaron renunciando a sus cargos. Wesley declaró entonces que el haber reducido a cien el número de miembros no implicaba, por su parte, falta de confianza en los demás, sino que tal medida obedecía a la dificultad que había para celebrar sesiones con un grupo de predicadores que excediera de ese número. Arregló una carta que debería leerse en la primera conferencia que se reuniera después de su muerte, en la cual exhortaba a todos los miembros de aquel cuerpo a que "jamás se aprovecharan del acta constituyente para asumir superioridad alguna sobre sus hermanos".[3] Esta recomendación no fue vana, y debido a un acuerdo muy sabio, la conferencia resolvió poco tiempo después que todos los predicadores que estuvieran en plena conexión

---

[3]Tyerman: *Life of Wesley*, tomo III, p. 424.

tendrían el derecho de votar. La conferencia legal, que continuó compuesta de cien miembros, no fue sino una corporación nominal y honorífica cuyas funciones se reducen a dar sanción legal a los acuerdos de la conferencia general, sin tomar por sí misma acuerdos de ninguna especie.

Se ha reprochado justamente la redacción de esta acta por haber reducido demasiado la libertad de la conferencia, sujetándola a los estrechos límites que por mucho tiempo le impidieron adoptar las innovaciones necesarias, como por ejemplo: la representación directa de las sociedades en esta corporación suprema del metodismo. No ha sido sino hasta en la época actual* y después de algunas luchas, cuando la conferencia, interpretando con más liberalidad su pacto fundamental, ha dado un lugar equitativo en su seno al elemento laico.

Wesley, preocupado especialmente por asegurar la cohesión y la vida de su obra, no vio sino las ventajas de una medida que cimentara la unidad de las sociedades garantizando la supervivencia de ciertos característicos de su organización, tales como el carácter ambulante de sus predicadores, al que daba, y con justicia, grandísima importancia. Cualesquiera que sean las deficiencias que contenga esta constitución, responde dignamente a las necesidades de la obra, como lo justifica el hecho de su persistencia por más de un siglo, habiendo podido el metodismo desarrollarse sin dificultad alguna después de la muerte de su fundador, conservando los rasgos especiales que éste le había inculcado desde el principio.

Hacia el fin de este mismo año, Wesley dio al metodismo americano su constitución definitiva. Ya hemos dado a conocer los comienzos de esta obra. Habían bastado unos cuantos años para que adquiriera considerables proporciones; apenas contaba tres lustros y ya tenía 15.000 miembros y más de 80 predicadores ambulantes; su campo de acción se extendía desde las Antillas, al sur, hasta Nueva Brunswick, Nueva Escocia y Terranova hacia el norte. Esta rápida difusión, que no sufrió menoscabo por las prolongadas luchas de la revolución americana no dejó de apresurar el estudio del problema de su organización, que se presentaba delicado y con carácter urgente.

Cuando llegaron al Nuevo Mundo, los predicadores de Wesley se esforzaron por conservar hacia los ministros de la Iglesia Anglicana la misma actitud que sus colegas asumían en Inglaterra; se consideraban como auxiliares benévolos del clero regular y no

*1911

pretendían asumir funciones puramente eclesiásticas, sino que aun se rehusaban a administrar los sacramentos. Esta línea de conducta se hacía diariamente más difícil de observar en Inglaterra, y era casi imposible que se continuara con ella en América. Con una población diseminada por tan vasto territorio, población que iba siempre en aumento, y con un clero anglicano reducido en número y cuyos miembros eran muy celosos de sus deberes, y reducían sus trabajos a los grandes centros de población, el conservar el puesto de subordinado era maniatarse voluntariamente y renunciar a la magnífica oportunidad que se ofrecía al metodismo.

La guerra de independencia vino a precipitar el asunto, inclinándolo al lado de una solución liberal. Esta gran revolución parecía comprometer por un momento la naciente obra; la mayor parte de los predicadores ingleses que tenían las sociedades a su cargo estimaron como deber poner toda su influencia contra la insurrección y permanecer leales al gobierno de su país. Por tanto, durante el curso de la guerra se les vio en críticas situaciones: algunos fueron reducidos a prisión, otros tuvieron que ocultarse y no pocos resolvieron regresar a Inglaterra. Pero, cuando la revolución triunfó y fue proclamada la independencia de los Estados Unidos, los predicadores comprendieron que el único camino que deberían seguir era el de someterse lealmente al nuevo orden de cosas. Su soberano les vino a dar ejemplo con aquellas notables palabras que dirigió al embajador de la joven república cuando lo recibió en la corte por primera vez: "Yo fui el primero en mi reino en reconocer vuestra independencia y seré el último en violarla." Al prestar su adhesión al nuevo gobierno, los jefes del metodismo americano obedecían a la fuerza del sentimiento de la inmensa mayoría de sus sociedades. Ellos se habían formado la resolución, siguiendo la suerte de su país, de entrar en una nueva forma de vida.

El nuevo gobierno se había rehusado a echarse la responsabilidad de crear una iglesia nacional; la Iglesia Anglicana dejaba de tener privilegios especiales y descendía al rango del derecho común; sus recursos pecuniarios, como los de las iglesias independientes propiamente tales, deberían limitarse a las contribuciones voluntarias de los fieles. Tal suceso era poco envidiable para el clero de esta iglesia, y en vista de la incertidumbre del porvenir, un gran número de ministros juzgó prudente retirarse, lo que equivalía, en lo general a un *sauve qui peut*.[4] La Iglesia Angli-

----

[4] Sálvese el que pueda.

cana, que se imponía por su magnitud y por su arrogancia, caía de una manera muy significativa. En Virginia contaba con 91 pastores antes de la revolución; después de la guerra ese número quedó reducido a 28, pues los demás habían regresado a Inglaterra. En otras partes del país la Iglesia Anglicana no había sido nunca vigorosa, y el curso de los sucesos había causado su completa disolución. Quedaban abiertas las puertas para que otra le sucediese, y debería de ser la más digna del puesto. El momento era crítico y requería resoluciones heroicas.

Wesley así lo comprendió. Hasta entonces había hecho del metodismo anglicano una planta parásita que crecía al lado de un árbol vigoroso al que estaba fuertemente entrelazado; pero Dios había abatido la encina y parecía ordenar que la nueva planta tuviera desde entonces vida propia. Las sociedades americanas habían estado reclamando por mucho tiempo el que sus predicadores tuviesen el derecho de administrarles los sacramentos; en muchos lugares se dejaba que los niños crecieran sin ser bautizados y los fieles se reunían sin poder participar juntos de la cena del Señor. Estas solicitudes asumieron tal carácter que amenazaban un cisma, si no se satisfacían debidamente. Los predicadores del sur, viendo que la cuestión se retardaba en ser resuelta, se reunieron en Virginia en 1779 y resolvieron que los tres más ancianos de ellos impusieran las manos sobre los demás. Tal acuerdo se llevó a la práctica, y por más de un año las sociedades del sur recibieron los sacramentos de manos de sus predicadores. Este paso tan atrevido hubiera ocasionado un cisma lamentable sin la intervención de Asbury, que con una política conciliadora logró celebrar un compromiso por el cual deberían suspenderse los efectos de aquella medida revolucionaria hasta que se consultara a Wesley sobre el asunto.

La gravedad de estos indicios no podía mal entenderse. Wesley se veía obligado a escoger en una alternativa: o el sacrificio de una obra cuyo porvenir se presentaba halagador, obstinándose en sostener sus prejuicios eclesiásticos, o el apartarse de estos prejuicios y asegurar el desenvolvimiento y el porvenir de las nacientes iglesias. Tan pronto como este dilema se presentó en esta forma, la conciencia y la razón concurrieron para darle la importancia que reclamaba el asunto por su valor intrínseco. En cuanto a los medios que deberían emplearse, no quiso obrar de un modo irreflexivo y ante todo se resolvió a aproximarse cuanto más pudiera al episcopado anglicano. Dirigió cartas al obispo de Londres suplicándole con todo encarecimiento que ordenara uno de sus predicadores para que visitara las sociedades y les administrara los sacramentos, satisfaciéndose así las más imperiosas necesidades del momento. "Me afligen muy profundamente", escribía él al prelado, "las circunstancias de los pobres americanos, pensando en las ovejas esparcidas aquí y allá, muchas de las cuales carecen completamente de pastores, especialmente en las colonias del norte; y las circunstancias de las demás no son menos críticas, pues sus propios pastores no tienen compasión de ellas."[5] Habiéndose rehusado el obispo a satisfacer su solicitud, juzgó Wesley que no le quedaban otras esperanzas y se resolvió a cortar el nudo gordiano.

Inclinado irresistiblemente hacia la iglesia establecida, de la que siempre se consideró como uno de sus ministros, daba preferencia en la organización a la forma episcopal, aunque se rehusara a reconocer como admisibles los abusos del sistema anglicano. El episcopado había perdido para él una buena parte de su prestigio después de que hubo hecho un estudio detenido del cristianismo primitivo, pues pudo descubrir que en su origen las palabras "obispo" y "anciano" designaban un mismo cargo. No era esto una convicción de momento inspirada por las circunstancias, sino el resultado de su evolución religiosa. Lo hemos visto cuarenta años antes, en 1746, al declarar que, después de minuciosas investigaciones, había llegado a la conclusión de que en la iglesia primitiva "los obispos y los ancianos eran individuos que pertenecían esencialmente al mismo rango";[6] esta idea aparece nuevamente en sus *Notas sobre el Nuevo Testamento,* en donde expresa su opinión de que "las palabras *obispo* y *anciano* se empleaban indiferentemente en los primeros años del cristianismo para designar un mismo oficio".[7] Allá por el año de 1761, en una carta dirigida a un amigo, confesaba que no podía admitir la forma episcopal como la única que tuviera validez.[8] Lejos de juzgar el episcopado como un derecho divino, afirmaba en 1756, que "este sistema no se halla prescrito en las Escrituras", y añade esta frase que confirma su credo, "ni Cristo ni sus apóstoles prescribieron jamás una forma determinada de gobierno eclesiástico".[9]

Estas citas, que bien podríamos multiplicar, muestran clara-

[5] *Works,* tomo XIII, p. 143.
[6] Véase p. 379.
[7] Notas sobre Filipenses, 1:1.
[8] *Works,* tomo XIII, p. 236.
[9] *Idem,* tomo XIII, p. 211.

mente que Wesley había llegado desde hacía mucho tiempo a
formarse ideas independientes en cuestiones eclesiásticas, cosa muy
rara en aquella época; y que la organización de la Iglesia Metodista de América no obedecía, como se ha pretendido, a un capricho
del anciano o a un error ocasionado por la vejez, sino que era el
resultado natural del desenvolvimiento mismo de los hechos. En
vista de este desenvolvimiento pudo él decir: "Creo firmemente
que yo soy un obispo, en el sentido escriturario, tanto como puede
serlo cualquier hombre en Inglaterra o en Europa: porque la sucesión no interrumpida tengo para mí que es una fábula que ningún
hombre ha probado nunca ni probará jamás."[10]

Libre de prejuicios sobre estas cuestiones y provisto de muy
arraigadas ideas propias, solamente retardaba la emancipación de
sus sociedades acatando el principio que siempre obedecía en su
ministerio, de esperar las indicaciones de la Providencia antes de
seguir una senda nueva. Pero estas indicaciones providenciales
habían llegado ya y le ordenaban que prosiguiera en su camino.

Cuando se sintió llamado a organizar como iglesias independientes sus sociedades de América, no vaciló Wesley en darles
la forma episcopal, que le parecía la más apropiada para mantener
la unidad y la cohesión de las partes diversas de la obra, principio
que juzgó de la mayor importancia. Firme en sus convicciones y
sin temor a la oposición que pudiera encontrar, comunicó sus
propósitos a algunos amigos. Su hermano Carlos, dominado por
prejuicios eclesiásticos, se opuso terminantemente a sus ideas; pero
Wesley se sintió feliz al saber que Fletcher las aprobaba sin reserva
alguna. En febrero de 1784 comunicó, por fin, sus convicciones al
hombre a quien debía confiar la tarea de fundar y organizar la
Iglesia Metodista de los Estados Unidos. El doctor Coke era la persona que mejor podía llevar a cabo esta difícil empresa, pues combinaba en sí las mejores aptitudes de un misionero y de un gran
organizador. Wesley le recordó las circunstancias excepcionales de
las sociedades de América y los peligros a que se les exponía si se les
dejaba abandonadas a sus propios recursos; le expuso sus planes
para organizarlas en iglesia y le pidió que le dijera si estaba dispuesto a ponerlos en práctica. En caso afirmativo, se creía obligado,
por su carácter de superintendente general de la obra, a imponerle
las manos y delegar en él sus poderes para que organizara la nueva
iglesia. Se sujetaba en esto al ejemplo de la antigua iglesia de

10 *Works,* tomo XIII, p. 253.

Alejandría, en la que los ancianos se reunían después de la muerte de un obispo e imponían las manos sobre alguno de entre ellos que hubiera sido llamado para ocupar el lugar que había quedado vacante, haciendo así del obispo *primus inter pares,* el primero entre sus iguales.[11]

El doctor Coke pidió tiempo para considerar debidamente el asunto. Después de dos meses, durante los cuales le dedicó estudio especial, comunicó su resolución a Wesley. Admitía la legitimidad de sus conclusiones, pero juzgaba prudente diferir su realización para más tarde. No opinó del mismo modo la conferencia que se reunió en Leeds en julio del mismo año, pues ésta aprobó en todas sus partes el proyecto de Wesley. Fletcher tomó una parte muy activa en aquellas deliberaciones, y sus ideas ejercieron una influencia decisiva en la solución de tan difícil problema. En vista de la opinión unánime de sus hermanos, Coke no pudo vacilar más y el 2 de septiembre de 1784 fue solemnemente ordenado por Wesley con asistencia del reverendo Santiago Creighton, en Brístol, imponiéndole las manos y "consagrándolo para la obra de superintendente"; pues tales eran los términos empleados en el documento que Wesley le extendió. Se evitó cuidadosamente el uso de la palabra "obispo", para indicar que el cargo que se le confería no tenía nada de común con el episcopado anglicano y que el verdadero tipo de esta imposición de manos no debería buscarse en la iglesia anglicana, sino en la iglesia apostólica. Más tarde la iglesia americana estimó propio el dar a sus jefes este histórico y bíblico título (obispo) para distinguir su oficio con todos sus deberes y responsabilidades, y sin duda alguna que estaba en su derecho. Después de haber ordenado a Coke, Wesley impuso las manos sobre otros dos de sus predicadores, Vasey y Whatcoat, que deberían de acompañar a aquel en su misión a América en calidad de ancianos. Indudablemente que, desde el punto de vista anglicano, tales ordenaciones eran enteramente nulas. La de Coke, en particular, fue censurada severamente; decían que Wesley no poseía el cargo episcopal y por lo mismo no estaba autorizado para ordenar. Sujetándose al estricto derecho canónico, esto era incontestable, y por eso fueron tan vivas las censuras. Nosotros que no estamos dominados por los prejuicios eclesiásticos del anglicanismo, no nos sentimos inclinados a sostener tales pretensiones. El único re-

[11] Drew: *Life of Coke,* p. 62. Etheridge: *Life of Coke,* p. 100. Stevens: *History of methodism,* tomo II, p. 214. Stevens: *History of the Methodist Episcopal Church,* tomo II, p. 165.

proche que podríamos hacer a Wesley sobre este particular es que no debió haberse retardado tanto para tomar una resolución que era reclamada imperiosamente por el porvenir de la obra. La forma episcopal respondía mejor que ninguna otra a las convicciones y a las circunstancias de la naciente iglesia americana, y no podemos ver porqué no se hubiera resuelto antes por aquella iniciativa que sus adversarios tanto reprochaban. ¿No había hecho este gran siervo de Dios, por más de medio siglo, una obra admirable en la Gran Bretaña, que no tiene igual mas que en los tiempos apostólicos, apareciendo revestido por Dios de poderes episcopales mil veces más valiosos y efectivos que los de algunos obispos, entre los que se encuentran Lavington y Warburton, que le declararon una guerra tan encarnizada? Por más que el formalismo eclesiástico condene a Wesley, la sana conciencia y el buen sentido están dispuestos para absolverlo.

El 3 de noviembre de 1784 Coke, acompañado de los dos colegas, llegó a los Estados Unidos y poco tiempo después confirió la ordenación a Francisco Asbury, que por algunos años había sido, merced a su talento y a sus virtudes, el jefe verdadero del metodismo americano. Hacia fines de ese mismo año, se reunió en Baltimore una conferencia compuesta de unos 60 predicadores, que pusieron los cimientos de la Iglesia Metodista Episcopal. Ni estos predicadores ni Wesley mismo pudieron haber previsto que la iglesia que ellos fundaban en medio de tantas contrariedades y oposiciones, estaba llamada a tener un brillante porvenir y que había de llegar a ser la iglesia más grande y activa del Nuevo Mundo. El éxito extraordinario que ha alcanzado es una prueba elocuente contra las objeciones presentadas al proceder de Wesley; si el metodismo episcopal no tuvo su origen en la pretendida sucesión apostólica, su historia ofrece pruebas innumerables de la aprobación divina, y mientras que la Iglesia Anglicana, hasta el día de hoy, tiene que luchar contra el doble mal del racionalismo y el ritualismo, la Iglesia Metodista Episcopal se desarrolla y crece, probando, con sus rápidos progresos, que las medidas adoptadas por Wesley respondieron debidamente a las exigencias de una obra esencialmente misionera.

Parece difícil que Wesley se abstuviera de hacer por sus sociedades de Inglaterra lo que había hecho por las de América. Juzgaba como su deber el no precipitarse, en vista de que las circunstancias eran enteramente diversas; y obró, por decirlo así, movido por el curso natural de los acontecimientos. Las necesidades imperiosas de la obra y la perspectiva de la proximidad de su muerte le decidieron a tomar una determinación decisiva sobre el asunto.

En 1785 escribía en su diario: *"Agosto 10.*—Habiendo considerado debidamente el asunto en unión de algunos de mis amigos más selectos, he cedido a la opinión de ellos y he separado tres de nuestros predicadores mejor probados para que ejerzan el ministerio en Escocia, siendo éstos Juan Pawson, Tomás Hamby y José Taylor."

El año siguiente ordenó a José Keighley y a Carlos Atmore para Escocia; a Guillermo Warrener para La Antigua y a Guillermo Hammet para Terranova. En 1787 ordenó cinco ministros más; en 1788, nueve; y en 1789, dos; que forman un total de veintitrés.

Estos actos de ordenación se verificaron a puerta cerrada. La mayor parte de ellos obedecían a las necesidades de Escocia o de América. Wesley se rehusó por mucho tiempo a conferir las órdenes a sus predicadores residentes en Inglaterra, citándose a Mather, Moore y a Rankin como verdaderas excepciones de esta regla general que se había impuesto. Se sujetaba en todo al principio de no abandonar el curso ordinario de las cosas a menos que fuera enteramente necesario. El creía de buena fe continuar como miembro leal de la Iglesia Anglicana, aunque ejerciera funciones que dicha iglesia reserva exclusivamente a sus obispos. Su hermano se opuso de un modo terminante a estas ordenaciones, las que había hecho todo lo posible por impedir, y hasta acusó a Wesley de ser disidente y de estar en abierta pugna con su proceder anterior.

"Yo no me aparto más hoy de la iglesia que lo que me apartaba en 1758", le contestó Wesley. "Todavía me someto a los mitrados infieles (aunque algunas veces lo hago con cierta perplejidad de conciencia); disiento mucho realmente de ellos en algunos puntos de doctrina y en ciertos puntos disciplinarios (predicando al aire libre, por ejemplo, orando extemporáneamente y fundando sociedades); pero en esto no me aparto un ápice de lo que creo propio, justo y de mi deber. Ando todavía de acuerdo con la misma regla que he observado por 40 ó 50 años. Nada hago irreflexivamente. No es fácil que tal cosa llegue a suceder. Ya pasó la época de la efervescencia de mi sangre. Si tú quieres caminar de la mano conmigo, enhorabuena. Pero, si no puedes ayudarme, no me estorbes. Tal vez, si hubieras permanecido a mi lado, yo hubiera hecho las cosas mejor. Sin embargo, con ayuda o sin ella, yo prosigo; y como lo he sido hasta hoy, así espero serlo siempre, tu afectísimo hermano y amigo."

Aunque se había rehusado con muy raras excepciones a autorizar a sus predicadores para administrar los sacramentos, reconocía Wesley que esta situación no podía prolongarse mucho y que sus sucesores no podían aceptar indefinidamente la poco grata condición de ayudantes benévolos y despreciados del clero anglicano. Las vías de la emancipación se ofrecían ahora con toda amplitud, y las sociedades se resolvieron a aceptarlas decididamente hasta alcanzar una independencia absoluta, que estimaban como derecho propio.

La última conferencia a que asistió Wesley señaló un adelanto perceptible en esta dirección. En 1786 se resolvió que los servicios religiosos tuvieran lugar en las capillas a la misma hora en que se celebraba el culto oficial, especialmente en los lugares en donde los ministros eran impíos o herejes empedernidos, en donde las iglesias no pudieran contener más de la mitad de la población o en donde no hubiera iglesias a distancia menor de tres millas. En 1788 se amplió aún más esta regla a solicitud de las sociedades, resolviéndose que sería permitido el que se reunieran en las capillas a la misma hora en que se verificaban los cultos oficiales, exceptuándose tan sólo los días de comunión, y se dejó en libertad a las sociedades para introducir o suprimir en sus cultos el ritualismo litúrgico.

Conviene decir, al terminar este capítulo, que la conferencia que se reunió inmediatamente después de la muerte de Wesley, tuvo que acometer la tarea de resolver el problema que éste había dejado sin solución. En 1793 todas las sociedades, que de un modo unánime habían expresado su deseo de que se les administraran los sacramentos, recibieron la respuesta de que ya se tomaban los acuerdos necesarios para tal fin. Por último, después de que las sociedades habían sufrido grandes conmociones, la conferencia de 1795 aprobó un "Plan de Pacificación", por el cual se autorizaba a las sociedades para que establecieran servicios sacramentales siempre que la mayoría de los fideicomisarios, mayordomos y jefes así lo manifestaran a la conferencia. Este plan restableció la paz en la mayor parte de las sociedades y preparó el camino para una verdadera emancipación.

Capítulo V

ÚLTIMOS TRABAJOS DE WESLEY—SU MUERTE
(1790-1791)

Declinación física de Wesley—Su persistente actividad—Sus trabajos en Londres y sus alderredores—Su último viaje por el norte—Entusiasta recepción que por todas partes se le da—Estado de las sociedades—Escena conmovedora en Halifax—Wesley en Escocia—En Newcastle—Sorprendente obra divina —Sus reflexiones en el octogesimoséptimo aniversario de su vida—Su última conferencia—Sus predicaciones en los contornos de Londres—Sus últimas notas en su diario—Ultimas partidas de su libro de cuentas—Testimonio de Rogers—Sus últimas cartas—Preocupaciones por el estado y el porvenir de las sociedades—Su última predicación—Su rápido decaimiento —Carta a Wilberforce escrita por Wesley seis días antes de su muerte—Conversaciones y palabras en el último domingo de su vida—Debilitamiento y somnolencia durante el lunes—Palabras de fe y de esperanza pronunciadas el martes—Ultima escena—Muerte de Juan Wesley—Sus funerales.

EL 1 de enero de 1790, Wesley escribió en su diario: "Soy ahora un anciano decaído de pies a cabeza. Los ojos se me nublan; la mano derecha me tiembla mucho; siento la boca caliente y seca todas las mañanas; siento una calentura lenta casi todos los días; mis movimientos son débiles y lentos. Sin embargo, bendito sea Dios, no disminuyo mis trabajos. Todavía puedo predicar y escribir."

Continuó, efectivamente, predicando y escribiendo durante

estos últimos años de su vida, a pesar de las crecientes enfermedades de su vejez. "Todavía se levanta a sus horas", dice su biógrafo y amigo Moore, queriendo decir: a las cuatro de la mañana, "y prosigue con sus deberes ordinarios, aunque no con el mismo vigor aparente, pero sin exhalar una queja y con una resolución que sorprende."[1]

Aunque cuenta ahora ochenta y siete años de edad, considera la predicación frecuente no como un trabajo fatigoso, sino como un excelente ejercicio. Mientras aconseja a Adam Clarke, que se siente algo enfermo, que consulte a su médico, el doctor Whitehead, y que se sujete a sus prescripciones, añade: "Exceptuando el que no dejéis de predicar. Yo creo que si yo hubiera seguido tal consejo ya hace algunos años que hubiera dejado de existir."[2]

El primer mes de este año fue consagrado a Londres y a sus alrededores. El 3 de enero escribía: "Más de 2.000 personas se reunieron en la capilla Nueva para renovar su pacto con Dios, un medio escriturario de gracia que está por todos olvidado, menos por los metodistas."

El 14 de febrero anotaba: "Prediqué un sermón a los niños en la capilla de West Street. De todas partes acudieron, y realmente Dios estaba en medio de ellos cuando les hablaba de aquellas palabras: 'Venid, hijos, oidme; el temor de Jehová os enseñaré.'" El domingo siguiente volvió a predicar a los niños en la capilla de City Road.

El día 27 decía: "En la noche acudió tal concurrencia a escucharme en Snowsfields como no se había visto en aquel lugar por muchos años. Después del sermón conferencié con los arrepentidos por última vez. Casi llenaban todo el salón, y Dios se manifestó en medio de ellos."

Y todavía el 28: "No habíamos tenido semejante concurrencia en la capilla Nueva desde la renovación del pacto, ni tampoco se habían visto iguales bendiciones; los concurrentes, cuyos corazones parecían deshacerse como cera, derramaban lágrimas en abundancia. Estoy seguro que nunca olvidarán las exhortaciones que allí mismo se les dirigió. En la tarde, prediqué en la capilla de West Street sobre Efesios 5:1 y 2. La capilla no pudo contener la concurrencia. Todos los que pudieron introducirse en ella parecían profundamente conmovidos, y con gran dificultad pude

[1]Moore, *Life of Wesley*, tomo II, p. 380.
[2]Dunn: *Life of A. Clarke*, p. 72.

salir, terminado el servicio, para dirigirme a Brentford, a donde llegué antes de las seis. La concurrencia que asistió a este lugar fue también tan numerosa como jamás había visto allí en mi vida; así que parece que nuestras labores en este lugar no serán infructuosas."

Wesley, según puede verse en esta última cita, aún podía predicar tres veces el domingo con el gran éxito acostumbrado. Su predicación estaba caracterizada por una gran fuerza que subyugaba los corazones y por una unción que los conmovía.

A principios de marzo partió para su último gran viaje por Inglaterra y Escocia, que debería durar cinco meses. Una circular anunció anticipadamente su visita a las sociedades. En ella se indicaba el itinerario que había de seguir y los lugares en que predicaría desde Stroud, al sur de Inglaterra, hasta Aberden, al norte de Escocia;[3] la circular terminaba con estas líneas; "suplicamos encarecidamente que se haga mención del señor Wesley en vuestras oraciones, con especialidad en el próximo ayuno trimestral, para que sus fuerzas no se agoten, sino que se multipliquen, si esto fuere la voluntad de Dios".

Esta última visita que hizo Wesley a sus sociedades reclama más que una sucinta narración.

La primera quincena de marzo fue dedicada a Bath, Brístol y Kingswood, en donde el metodismo había aparecido con gran brillantez hacía medio siglo. Wesley predicó en esos lugares diariamente; hizo visitas a los enfermos y congregó y exhortó a todos los miembros. Los habitantes de Brístol le parecían "bien dispuestos para aceptar al Señor. Los predicadores han sido celosos, y el fruto de su trabajo se ve claramente en las congregaciones".

Al estar entre los mineros de Kingswood, que lo reverenciaban como a un padre, fue recibido por todas partes con gran entusiasmo. Un día de la semana que pasó allí dice él: "prediqué a una congregación tan numerosa como jamás había visto en este lugar, en un día de trabajo, durante los últimos cuarenta años, a menos que se tratara de alguna noche de velada". Los trabajos de las minas y de los campos se suspendieron desde el momento en que se supo que llegaba.

En todas las poblaciones que visitó después de haberse internado en los condados del centro, las multitudes que deseaban

---

[3]Resulta interesante extractar de esta circular el itinerario que Wesley había de seguir en la segunda quincena de marzo: lunes, 15, Stroud; 16, Gloucester; 17, Worcester; 18, Stouaerd; 19, Birmingham; 22, Wednesbury; 23, Dudley y Wolverhampton; 24, Madeley y Salop; 26, Madeley; 27, Newcastle-under-Lyne; 28, Lane End y Burslem; 29, Congleton, y 30, Macclesfield.

escucharlo eran tan grandes que no había lugar de culto capaz de contenerlas. Al llegar a Birmingham, lo vemos penetrar una región en donde los metodistas habían tenido que sostener grandes luchas y en donde habían alcanzado señaladas victorias. La sociedad de esta población le causó gran regocijo por su rebosante vida espiritual. El mismo día de su llegada un gran auditorio compuesto de personas de todas las clases sociales le escuchó con avidez. "La conducta de los ricos y de los pobres enaltece mucho su credo: decentes, serios, devotos en todo y por todo."[4] El domingo siguiente predicó en la nueva capilla, que describe diciendo que estaba "admirablemente construida". Centenares de personas se vieron obligadas a permanecer fuera, no pudiendo conseguir entrada. "Yo creo", dice él, "que todos los que entraron se dieron cuenta de que allí estaba Dios."[5]

Wednesbury, en donde Wesley había sufrido antes grandes persecuciones, se había convertido en centro importante del metodismo. "La obra de Dios se reanima notablemente. Los negocios han decaído mucho, y la mayor parte de nuestros antiguos amigos han abandonado el pueblo. Con tanta mayor razón los pobres se han enriquecido en gracia y atesoran caudales en el cielo. Pero tuvimos una gran pérdida en la noche. No pude predicar al aire libre después de la puesta del sol, y la casa no pudo contener la numerosa concurrencia; sin embargo, tantos cuantos pudieron acomodarse en el interior así lo hicieron, y sus esfuerzos fueron compensados ampliamente."

En Dudley predicó en "la capilla Nueva, una de las más hermosas de Inglaterra; la oportunidad fue propicia, pues dos personas, según me informaron, hallaron paz en Dios". No volvió a hallar en Madeley a su colega Fletcher, pues éste había partido hacia un mundo mejor; pero halló allí la supervivencia de una buena obra que continuaba su desenvolvimiento. La lluvia no impidió el que la iglesia se llenara completamente de fieles que se apresuraban a escuchar al antiguo amigo de su finado pastor. Durante los últimos días que pasó en Madeley, Wesley pudo terminar su último sermón sobre el vestido de bodas, que deseaba publicar. "Tal vez este será el último que yo escriba", anotaba en su diario. "Siento que mis ojos se debilitan y que mis fuerzas se agotan. Sin embargo, mientras me sea posible, me esforzaré por hacer algo para Dios

[4]*Journal*, 19 de marzo de 1790.
[5]*Journal*, 21 de marzo de 1790.

antes de que caiga sobre el polvo."[6]
Wesley continuó su viaje por el norte, después de haber pasado tres días en la parroquia de su antiguo amigo. En Newcastle-under-Lyne y Burslem, en vista de las reducidas dimensiones del local y de la avidez del numeroso público que deseaba escucharlo, tuvo que predicar al aire libre, no haciendo caso de las fatigas que con ello se imponía. En la nueva capilla de Tunstall, "la más elegante que he visto después de la de Bath", escogió como texto: "Vamos adelante a la perfección", y el auditorio parecía devorar las palabras que escuchaba. En Congleton, el ministro, el alcalde y todas las autoridades fueron a escucharlo. Llegó a Manchester el viernes santo y pasó allí varios días en medio de sus excelentes amigos. El domingo de pascua predicó dos veces "sin fatigarse" y administró la Santa Cena a 1.600 comulgantes. Nos dice que el día siguiente, "habiendo llegado a visitar a Altrincham, se me suplicó con insistencia que dijera unas cuantas palabras a la gente que estaba reunida en el nuevo templo; pero para cuando llegué al lugar ya casi estaba completamente lleno y minutos después estaba rebosando. Les prediqué sobre 1 Pedro 1:3, y muchos alabaron a Dios henchidos de regocijo. Como a las doce, prediqué en la capilla de Northwich a una concurrencia numerosa y entusiasta, y en la noche me reuní una vez más con mis antiguos y muy queridos hermanos de Chester. Nunca he visto esta capilla con mayor concurrencia que hoy; pero no contenía sino una pequeña parte de todos los que deseaban escucharme". Así es que lo vemos predicar tres veces el lunes de Pascua después de haber pasado un domingo sobrecargado de labores.

En Liverpool, la conmoción que produjo la llegada de Wesley fue tan grande como la de Manchester. Wigan no es ya "el malvado Wigan", como era conocido anteriormente por todas partes. La actitud pública es otra, y el anciano misionero se ve colmado de testimonios de la más profunda adhesión. El auditorio de Bolton es uno de los más amables de Inglaterra, y "merced a la persistencia en bien obrar, han cambiado el desprecio y el odio en estimación general y en benevolencia".[7]

Al entrar en Yorkshire, Wesley pisó el suelo en que el árbol del metodismo había podido echar profundas raíces. Lamentamos que una interrupción de su diario nos haya privado de sus im-

[6]*Journal*, 26 de marzo de 1790.
[7]*Journal*, 10 de abril de 1790.

presiones personales por esta comarca; pero nos consideramos felices al poderlas suplir, aunque sea en parte, echando mano de otras fuentes. Por todas partes a donde iba, era recibido con entusiasmo por la población de la que era educador espiritual. Durante su viaje pasaba de pueblo en pueblo, dominando con la grandeza de su alma cristiana la debilidad de un cuerpo gastado en el servicio de Dios y de la iglesia; y todos rendían homenaje a esta hermosa ancianidad que coronaba dignamente una vida sin tacha.

En Halifax se vio una escena excepcionalmente conmovedora. La noticia de la llegada de este venerable predicador se extendió por toda la población, fijándose las diez de la mañana para celebrar un servicio público. La gran debilidad física de Wesley le obligó, a pesar de sus inalterables hábitos, a hacer esperar a su auditorio. Se pasaron tres horas antes de que pudiera llegar; pero nadie manifestó impaciencia ni hubo persona que se retirara. Cuando entró a la capilla apoyado en los brazos de sus colaboradores y amigos Bradford y Thompson, la asamblea entera se sintió presa de una viva emoción a la vista del noble anciano y comprendiendo que sería la última vez que podría verlo en la tierra, prorrumpió en sollozos, y después de algunos momentos la capilla era teatro de una escena conmovedora. La emoción se desbordó cuando lo vieron incorporarse en el púlpito, apoyado siempre sobre sus dos amigos que estaban a uno y otro lado, y dirigir la palabra con voz sumamente débil, acudiendo de vez en cuando, con interrupción del discurso, a la memoria de sus colaboradores para suplir las deficiencias de la suya.[8]

Después de haber atravesado los condados del norte, llegó a Escocia, visitando las principales localidades evangelizadas por sus predicadores. Fue generalmente muy bien recibido y se sintió feliz al descargar su conciencia empleando las pocas fuerzas que le quedaban en anunciar fielmente la salvación a esta gente, que era por naturaleza religiosa, pero cuya piedad no era muy profunda. Se condolía de los habitantes de Glasgow, que mostraban muy poco entusiasmo por venir a escucharle; verdad es que esto pasaba entre la semana. Esta frialdad, que formaba contraste con el entusiasmo que por todas partes había hallado, le inspiró la siguiente reflexión: "Esto comprueba lo que con frecuencia he oído, que los escoceses aman tiernamente la palabra del Señor . . . ¡pero en domingo! Si sobreviviere para volver aquí otra vez, tomaré la precaución de

8 *Methodism in Halifax*, p. 181.

pasar solamente el domingo en Glasgow."[9] Por lo demás, Wesley fue recibido con toda diligencia. En más de una ocasión llegó a excederse en sus trabajos a lo que sus fuerzas le permitían; en Brechil, por ejemplo, tuvo que interrumpir su discurso por su gran debilidad, pues había llegado ésta hasta el extremo. Continuaba todavía sensible a la belleza de las escenas naturales de Escocia; la contemplación de las montañas de esta comarca le causaba un placer intensísimo.

A su regreso se detuvo algunos días en Newcastle en el orfanatorio que él había fundado y que era su retiro favorito. "Si yo pudiera hacer mi voluntad", dice él, "aquí y en Kingswood pasaría los pocos días de vida que me restan. Pero no puede ser; no debo reposar aquí".[10] En este lugar, que había sido teatro de su actividad y de sus luchas, fue recibido con profunda veneración. Predicó varias veces, no solamente a los adultos, sino también a los niños. Sus predicaciones y sus visitas causaron impresión profunda; de ellas tenemos prueba en los relatos que nos han transmitido sus predicadores que tuvieran la dicha de verlo y de escucharlo. De la biografía del pastor Carlos Atmore, compañero de Wesley, sacamos la siguiente información sobre ese viaje:

"Parece estar muy débil, y con razón, pues ya tiene cerca de 88 años de edad. Se ha debilitado tanto su vista que ya no puede anunciar los himnos; sin embargo, su voz es bastante fuerte y su ánimo extraordinariamente vivo. Sin duda que este gran hombre es el prodigio del presente siglo.

"*Sábado, 8 de mayo.*—El señor Wesley, acompañado de algunos de nosotros, fue a Northshields, en donde predicó al mediodía un excelente sermón sobre Filipenses 3:7. Sentimos un verdadero refrigerio por la presencia del Señor.

"*Domingo.*—El señor W. Thompson ocupó el púlpito esta mañana a las nueve y predicó sobre el texto: 'echando toda vuestra solicitud en él; porque él tiene cuidado de vosotros'. A las dos de la tarde el señor Wesley fue a Byker y dirigió la palabra a algunos millares de personas que se reunieron al aire libre, tomando como texto Mateo 7:24, y a las cinco predicó en el orfanatorio sobre Efesios 2:8. El local estaba henchido de gente, y algunos centenares tuvieron que regresarse sin escucharlo por no haber podido obtener entrada.

"La obra del señor Wesley tuvo gran éxito en Newcastle,

[9] *Journal*, 28 de mayo de 1790.
[10] *Journal*, 4 de junio de 1790.

con especialidad por lo que se refiere a una persona que había estado durante muchos años intranquila y desesperada. Tan pronto como el señor Wesley llegó al orfanatorio, se informó por dicha persona, determinando hacerle una visita, en la cual lo acompañé. Cuando hubo entrado a donde ésta se encontraba, el señor Wesley se dirigió hacia ella como un mensajero especial de Dios y le dijo: 'Hermano Reed, traigo un mensaje de Dios para ti: Jesucristo te sana'. En seguida comenzó a orar puesto de rodillas. Confieso que rara vez he experimentado una impresión tan extraordinaria como la de aquel momento. En ese instante brotó la esperanza, desaparecieron la inquietud y la duda, y aunque este enfermo no había salido de su habitación y ni siquiera se había levantado de su miserable lecho por largo tiempo, salió aquella noche para ir a escuchar la predicación del señor Wesley, mientras Dios misericordiosamente confirmaba el testimonio de su siervo restableciendo al desdichado a la luz de su rostro."[11]

De regreso al sur, Wesley pasó por Weardale, en donde se había verificado un hermoso avivamiento y en donde halló "en la iglesia el mismo espíritu que había predominado por varios años".[12] Tuvo que predicar al aire libre en Stanhope y en Durham. En Monkwearmouth, como acostumbraba hacerlo, expresa su aprobación por la escuela dominical y la recomienda a sus amigos, pues para entonces "ya había limpiado las calles de todos los niños que acostumbraban jugar en ellas durante el domingo".[13] Estuvo en Whitby y allí escribió en su diario la siguiente nota: "Fue un hecho verdaderamente providencial el que un derrumbamiento de la montaña vecina demoliera nuestra casa de predicación juntamente con las residencias contiguas, pues esto dio lugar a que tengamos hoy una de las más hermosas capillas del Reino Unido, perfectamente situada hacia el lado más escarpado de la montaña."

Esta capilla fue insuficiente, sin embargo, para contener el numeroso público que deseaba escuchar al célebre predicador, teniendo que optar éste por el aire libre para celebrar su servicio. "No he visto en toda Inglaterra", escribía después, "gente más afectuosa que la de Whitby."[14]

[11] *Memoirs of the Rev. Charles Atmore*, por el Rev. J. S. Stamp. (*Wesleyan magazine*, 1845, p. 120).
[12] *Journal*, 10 de junio de 1790.
[13] *Idem*, 13 de junio de 1790.
[14] *Journal*, 18 de junio de 1790.

El 28 de junio se hallaba en Hull y allí escribió lo siguiente en su diario: "Hoy entro en el octogesimoctavo año de mi vida. Antes de los 86 años no sufrí ninguna de las enfermedades peculiares a la vejez; mi vista no se debilitó ni se menoscababan mis fuerzas; pero durante el mes de agosto último experimenté un cambio casi súbito. Sentí la vista tan débil que no había anteojos capaces de mejorarla. De un modo semejante me abandonaron las fuerzas casi por completo, y probablemente no las recuperaré en este mundo. Pero no siento dolor alguno; solamente parece que la naturaleza se ha agotado, y hablando humanamente, parece que se pierde más y más hasta que 'se aquieten de la vida los débiles resortes'."[15]

Algunos días después llegó a Epworth, el lugar de su nacimiento, y "después de predicar en la noche, tuvo una entrevista con la sociedad; les recordó lo que habían sido al principio y lo que eran entonces, pues apenas retenían la sombra *de su primer amor* y actividad, en todos los caminos de Dios". El domingo, a la hora del servicio oficial, predicó en el mercado "a un auditorio como jamás se ha visto en Epworth". Los que lo formaban le hicieron una calurosa recepción; pero tal benevolencia la aceptó como un nuevo motivo para declararles terminantemente la "verdad, y con tal fin escogió como texto esta solemne pregunta: "¿Cómo escaparemos nosotros, si tuviéramos en poco una salud tan grande?"[16]

Llegó a Brístol a tiempo para presidir la cuadragesimaséptima conferencia anual. Llevaba las hermosas impresiones de un viaje que mucho se asemejaba a una marcha triunfal. La obra estaba en plena prosperidad, y los informes presentados a la conferencia inspiraban gozo y esperanzas. Pero los colaboradores de Wesley comprendieron, al verlo doblegado por los años, que no volverían a ver más su rostro.

Después de la conferencia, el anciano evangelista dedicó tres semanas al principado de Gales, regresando después a Brístol y sus contornos, en donde pasó el mes de septiembre predicando y haciendo visitas a las sociedades. Presidió una velada en Brístol el 27 de agosto, y en el discurso que pronunció se propuso combatir la influencia que estaba ejerciendo sobre ciertos miembros de la iglesia la lectura de un libro que sostenía la doctrina de que los sufrimientos de esta vida tienen virtud expiatoria. Algunos días

---

[15]The weary spring of life stands still at last.
[16]*Journal,* 4 de julio de 1790.

después, estando para abrirse una gran feria, y propuesto a aprovechar todas las oportunidades que se presentaran, predicó sobre este pasaje: "compra la verdad, y no la vendas".[17] En otra ocasión presidió un servicio que duró tres horas completas y todavía pudo predicar al aire libre en la tarde del mismo día.[18]

El 2 de octubre llegó Wesley a Londres, después de un viaje de siete meses. Muchos de sus amigos salieron a recibirlo hasta una distancia de 20 millas. "Llegaba", dice Rogers, "con buena salud y mucho ánimo. Como a las seis de la tarde entramos todos a Londres alabando al Señor, con el corazón lleno de gozo."[19] El día siguiente predicó dos veces en la capilla de City Road y presidió un ágape. Dos días después predicó en Rye y en la mañana en Winchelsea a la sombra de un árbol; el texto que escogió fue este: "El reino de Dios está cerca: arrepentíos y creed al evangelio." Esto pasaba el 7 de octubre de 1790. Por la última vez en su vida predicó al aire libre, despidiéndose del campo de batalla en el que había alcanzado tantas victorias durante más de medio siglo.

Aunque había regresado a Londres el domingo, partió el lunes para ir a predicar a Colchester, en donde "tuvo un admirable auditorio compuesto de ricos y pobres, de clérigos y laicos". De allí se dirigió a Norwich; allí afirmó: "Las cosas han cambiado notablemente en este lugar. Me he transformado en un hombre honorable en Norwich."

En Yarmouth tuvo una numerosa concurrencia y pasó una hora entregado a la oración con los miembros de la iglesia, sintiéndose de una manera especial la presencia del Señor. Llegó a Lynn "completamente helado de pies a cabeza a causa del viento y la cellisca" que trajo de frente durante todo el camino. "Pero pronto me olvidé de este pequeño contratiempo, pues fui ampliamente compensado por la avidez con que me escucharon. En la noche (del día 19) todos los ministros de la ciudad, exceptuando solamente uno que estaba cojo, asistieron a la predicación."

El domingo, 24 de octubre, predicó Wesley dos veces en las iglesias anglicanas de Londres, expresándose de estos servicios en los siguientes términos: *"Domingo 24*—Expliqué a una numerosa concurrencia en la iglesia de Spitalfields 'todo el mensaje de Dios'. La iglesia de San Pablo, en Shadwell, estuvo aún más concurrida en la tarde, en donde dí el mayor énfasis a este im-

[17] *Journal*, 1 de septiembre de 1790.
[18] *Idem*, 29 de agosto de 1790.
[19] *Life of James Rogers*, p. 44.

portante asunto: 'Una cosa es necesaria'; y espero que muchos se hayan resuelto, en ese mismo instante, a escoger la mejor parte." Con esta sencilla nota termina el diario de Wesley; al llegar aquí su mano temblorosa dejó caer la pluma y no es extraño, como hace observar un historiador americano, que "su diario, que contiene las narraciones más extraordinarias que hoy posee la humanidad referentes a la vida de un hombre, terminara el día de reposo, 24 de octubre de 1790, con una noticia de los sermones predicados durante ese día en los púlpitos de la iglesia establecida, de la cual llegó a ser el más grande honor y la mayor víctima en el siglo pasado".[20]

Como a mediados de 1790, el agotamiento de su vista le obligó a suspender las entradas y salidas en sus libros de cuentas. La última nota que aquí aparece es notable y muy interesante: "Por más de ochenta y seis años he llevado mis cuentas con toda exactitud: no me empeñaré en continuarlas llevando, pues quedan satisfechas mis convicciones de que *economizo* todo lo que puedo y *doy* cuanto me es posible, es decir, *todo* lo que tengo." La cifra evidentemente errónea con que comienza esta nota prueba que la memoria de Wesley estaba en plena decadencia; y su escritura, a duras penas legible, indica también que su mano vacilaba y que se le oscurecía la vista por momentos.

Durante los últimos meses de 1790, todavía predicó continuamente en Londres y sus alderredores, a pesar de su creciente agotamiento. Después de los servicios públicos congregaba a las sociedades y les dirigía sus últimos consejos, exhortándolas "a que se amaran como hermanos, que temieran a Dios y honraran al rey", cantando después con ellas su himno predilecto.[21] He aquí el precioso testimonio de Santiago Rogers, uno de sus predicadores, que son su santa esposa Ester Ana Rogers vivió cerca de Wesley en la casa pastoral de City Road durante estos últimos meses de su vida:

"Su predicación de este invierno iba acompañada de verdadera unción; hablaba, tanto en sus discursos como en sus exhortaciones, cual si aquella fuera su última oportunidad; y con frecuencia encarecía a sus oyentes que aceptaran aquello como su postrer encargo. También su conversación en el seno de la familia parecía indicar el presentimiento de la muerte. A menudo hablaba de los espíritus que se separan de la materia y de sus ocupaciones espe-

[20]Stevens: *History of methodism,* tomo II, p. 368.
[21]Véase la p.289.

ciales; y durante los últimos tres meses de su vida apenas pasarían tres noches consecutivas sin que escogiera y cantara en la oración de familia el himno que principia con esta estrofa:[22]

"Temblando de la muerte a su contacto."[23]

Las cartas escritas por Wesley a sus predicadores y a sus amigos durante los últimos meses de su vida demuestran que conservó hasta sus postreros momentos toda la actividad de su espíritu y que no abandonó nunca las riendas del gobierno eclesiástico. Las dirigidas a sus colaboradores son especialmente interesantes; los trata familiarmente y les habla con la confianza y la ternura de un padre. Se interesa de una manera especial por su salud, por sus familias y por su obra. Les dirige constantes exhortaciones, encareciéndoles la consagración y el celo. "Si no tomamos el debido cuidado", le dice a uno de ellos, "nos transformaremos en cobardes. Soldados de Cristo, ¡adelante!"[24] A otro le dice: "Dadme cien predicadores que no teman sino al pecado y que no ambicionen más que a Dios, y no me importa un bledo que sean ordenados o laicos, bastarán para conmover hasta las puertas del infierno y establecer en la tierra el reino de los cielos."[25] Los exhorta a que se ocupen de los niños y las escuelas dominicales, de combatir la decadencia espiritual y la falta de entusiasmo en las sociedades; a que mejoren siempre sus condiciones intelectuales y a que prediquen la santidad, "esta doctrina que es el gran depósito hecho por Dios a los metodistas".[26] Se regocija con sus triunfos y simpatiza con ellos en sus luchas. Continúa siguiendo la obra en todos sus detalles y abarca con un golpe de vista el gran campo de actividad en que se hallan esparcidos sus valientes obreros. Le escribe a un misionero de Nueva Escocia, pidiéndole informes sobre los adelantos que el metodismo haya alcanzado en esa lejana región, y un mes antes de su muerte dirige una hermosa carta a un predicador de los Estados Unidos en la que expresa la esperanza de que los metodistas americanos jamás abriguen la idea de que están separados de sus hermanos de Europa. "No perdáis la oportunidad", le sigue diciendo, "de anunciar a todos los hombres que los metodistas constituyen una sola familia en todo el mundo y que están propuestos a continuar así, pues[27]

[22] Life of Wesley, p. 44.
[23] "Shrinking from the cold hand of death."
[24] Tyerman: Life of Wesley, tomo III, p. 601.
[25] Sigston: Memoir of Mr. W. Bramwell, p. 494.
[26] Works, tomo XIII, p. 9.
[27] Works, tomo XIII, p. 127.

Por separarnos, en vano
pueden alzarse los montes
o enfurecerse el océano."[28]

La correspondencia que Wesley sostuvo con las señoras se distingue especialmente por su delicadeza de sentimientos y por la corrección de formas acostumbradas por él en su trato con el bello sexo. A la esposa de uno de sus predicadores le hace recomendaciones minuciosas acerca de la salud de su esposo. A una joven cristiana cuya gran actividad parece desconcertar al predicador de su iglesia le dirige consejos prudentes, al mismo tiempo que la anima en sus empresas. En otras cartas se refiere a diversas experiencias cristianas.

En esta correspondencia, así como en los sermones que publicó durante los años de 1790 y 1791 en el *Arminian magazine,* se ve claramente la constante preocupación que tenía por el porvenir de las sociedades. Habla con severidad de su decadencia y no puede resolverse a verlas abandonar el ayuno y la predicación diaria a las cinco de la mañana. Protesta contra la intrusión del lujo y de la mundanalidad y reprocha a ciertos metodistas por no acordarse más que las dos primeras reglas que les dio algunos años antes, habiéndose olvidado de la tercera. Estas reglas eran: "1, *Ganad cuanto podáis;* 2, *economizad cuanto podáis;* 3, dad *cuanto podáis.*"[29] Pero esta franqueza un tanto ruda del patriarca del avivamiento no llegó hasta el grado de hacerlo olvidar la grandeza de la obra con la que estaba asociado. Habla de ella sin presunción y con una profunda gratitud hacia Dios. "Nunca ha habido una sed tan ardiente por la más pura palabra de Dios como la que hay en los tiempos que corren", le escribía a un predicador de la Nueva Escocia. "Acabo de terminar mi viaje misionero por Escocia, durante el cual tuve concurrencias como nunca había tenido. Así que, plugo a Dios darme algo más que hacer antes de que me retire de estos lugares."[30]

El enérgico anciano debería morir de pie: trabajó en la obra a que había dedicado su vida hasta los últimos días de su existencia. El jueves, 17 de febrero, predicó en Lambeth, que era un pueblo en las inmediaciones de Londres. A su regreso comenzó a quejarse de

[28]"Though mountains rise and oceans roll,
   To sever us in vain."
[29]Dos de los últimos sermones escritos por Wesley versaban sobre este asunto. El primero, "El rico insensato", fue escrito en Balham el 10 de febrero de 1790; y el segundo, sobre "Los peligros de la acumulación de riquezas", en Brístol, el 21 de septiembre de 1790.
[30]*Memoirs of Black,* p. 265.

un resfriado; pero éste no le impidió pasar el día siguiente en su estudio leyendo y escribiendo, ni predicar en la noche en Chelsea sobre el significativo texto: "el mandamiento del rey era apremiante" (1 Samuel 21:8). Fue tal la fatiga que experimentó que tuvo que suspender su discurso varias veces para descansar por algunos momentos.

El sábado continuó entregado a sus ocupaciones ordinarias.

Se disponía para emprender un nuevo viaje misionero, a pesar de su extremada debilidad física, y ese mismo día escribió a la señora Susana Knapp, de Worcester, la siguiente carta:

"Mi estimada Susy: Como el estado de mi salud es sumamente incierto y parece empeorar, no puedo arreglar mis planes para mis viajes futuros. Me propongo salir para Brístol el día 28 de los corrientes si Dios me lo permite; pero no puedo decir hasta dónde me sea posible llegar. Si me siento bien, espero estar en Worcester como el 22 de marzo. El hallar a usted y a los suyos con buena salud de cuerpo y alma me proporcionará inmenso placer."[31]

Ese mismo día fue a comer con uno de sus amigos a Islington; durante esta visita suplicó que le leyeran algunos capítulos del libro de Job (capítulos 4 al 7) admirablemente apropiados a las condiciones de un moribundo.

El domingo se levantó a las cuatro de la mañana, según el hábito favorito de su vida; pero sus fuerzas no estaban a la altura de su voluntad, y tuvo que resolverse a no predicar.

Durante los días siguientes pareció reanimarse y pudo hacer algunas visitas. El martes en la noche predicó aún en City Road y el día siguiente pudo emprender el viaje a Leatherhead, distante 18 millas de Londres, en donde habló sobre este texto, que parece resumir la predicación de toda su vida: "Buscad a Jehová mientras puede ser hallado, llamadle en tanto que está cercano." Esto pasaba el miércoles, 23 de febrero de 1791, una semana antes de su muerte, y esa fue la última predicación de Wesley. "Ese día", dice el historiador que con tanta frecuencia hemos citado, "cayó de su mano moribunda la trompeta de la verdad que había anunciado el eterno evangelio con tal insistencia y eficacia como ningún otro lo había hecho en los últimos 1.600 años."[32]

El día siguiente Wesley pasó algunas horas en la casa de su antiguo amigo, el señor Wolff, de Balham, y estuvo contento y muy

[31]Tyerman: *Life of Wesley,* tomo III, p. 649.
[32]Stevens: *History of methodism,* tomo II, p. 369.

animado. Escribió su última carta, que iba dirigida a Wilberforce, en la que lo instaba *para que persistiera* en la cruzada que había emprendido *contra el comercio de esclavos.* Convenía que las últimas líneas escritas por el reformador del *siglo XVIII fueran una protesta contra la iniquidad más grande de los tiempos modernos* y una palabra de *ánimo para el campeón del movimiento antiesclavista.* He aquí esta elocuente epístola escrita al borde de la tumba y que llevó, sin duda, gran estímulo a Wilberforce:

"Londres, 26 de febrero de 1791.

"Estimado señor: a menos que el poder divino le haya levantado a usted para ser un *Athanasius contra mundum,*[33] yo no veo cómo pueda usted llevar adelante su gloriosa empresa de oposición contra esa villanía execrable que es un escándalo en el mundo religioso, en Inglaterra y en la naturaleza humana. A menos que Dios le haya levantado a usted precisamente para esta obra, será usted aniquilado por la oposición de los hombres y de los demonios. Pero, si Dios estuviere a su lado, ¿quién podrá contra usted? ¿Son todos ellos juntos más fuertes que Dios? ¡Oh! ¡no os canséis de bien hacer! Proseguid en el nombre de Dios y con el poder de su fortaleza hasta que aun la esclavitud en América, la más vil de las que hayan existido debajo del sol, se desvanezca delante de él.

"Al leer esta mañana un folleto escrito por un pobre africano, fui impresionado especialmente por la circunstancia de que un hombre de piel oscura que haya sufrido un mal o un ultraje de un blanco no pueda ser protegido; pues es una ley vigente en nuestras colonias que el juramento de un negro que afecte los intereses de un blanco será nulo. ¡Qué villanía!

"El que ha guiado a usted desde su juventud continúe fortaleciéndole, tanto en esto como en todo, es la oración sincera, estimado señor, de su afectísimo amigo,

Juan Wesley."[34]

Las escenas finales de la vida de Wesley aparecen descritas por la señorita Ritchie, citada por José Benson de la siguiente manera:

"El domingo en la mañana (27 de febrero), parecía muy

---

[33] "Atanasio contra el mundo."

[34] *Wilberforcer's life,* tomo I, p. 297. Moore: *Life of Wesley,* tomo II, p. 437. Este último autor fecha la carta el 26 de febrero; pero sin duda que ese día estaba Wesley demasiado débil para escribir, y parece más probable que haya sido escrita el día 24.

mejorado; se levantó y tomó una taza de té. Se sentó en su sillón y con alegre aspecto repitió la última parte de la estrofa del himno de su hermano Carlos que aparece en los *Himnos escriturarios* bajo el título de 'No me olvides cuando mis fuerzas se agoten' y que dice:

> Hasta que este cuerpo deje,
> a tu siervo atiende, ¡oh Señor!
> dándome al fin de la vida
> el laurel del triunfador.[35]

"Poco tiempo después dijo enfáticamente: 'Lázaro nuestro amigo duerme'. Haciendo un esfuerzo pudo conversar con algunos de sus amigos; pero pronto se sintió fatigado y tuvo que acostarse. Después de haber permanecido quieto por algún tiempo, volvió la vista hacia arriba y dijo: 'Habladme; yo no puedo hablar'.

"Uno de los que le acompañaban le dijo: '¿Desea usted que oremos?'

"A lo cual repuso prestamente: 'Sí'. Y mientras ellos oraban, toda su alma parecía reconcentrada en Dios buscando la respuesta, y su entusiasta *Amén* dio a conocer claramente a todos que se daba cuenta de cuanto se decía. Como media hora después dijo: 'Ya no se necesita más: cuando estaba en Brístol decía:[36]

> El primero en el pecado,
> mas Jesús murió por mí'.[37]

"Alguien le dijo: '¿Es éste el sentir actual de vuestro corazón? ¿Y sentís ahora lo que sentíais entonces?' El contestó: sí. Cuando la misma persona repitió estas líneas:

> 'Audaz comparezco ante el trono divino,
> pidiendo corona en el nombre de Cristo'.[38]

y añadió: 'esto basta; nuestro precioso Emmanuel ha dado el precio y lo ha prometido todo', él contestó con entusiasmo: 'El es todo, El es todo'. Después de esto la fiebre ascendió mucho y llegó hasta alterar su memoria; pero aun entonces, aunque la cabeza sufría trastornos temporales, el corazón estaba siempre entregado a la obra de su Maestro. En la tarde se levantó otra vez y estando

[35]"FORSAKE ME NOT WHEN MY STRENGTH FAILETH.
> "Till glad I lay this body down
> Thy servant, Lord, attend;
> And, oh! my life of mercy crown
> With a triumphant end."

[36]Durante la Conferencia de Brístol en 1788, el señor Wesley estuvo gravemente enfermo: ni él ni sus amigos creían que pudiera recobrar la salud.

[37]"I the chief of sinners am,
> But Jesus died for me."

[38]"Bold I approach th'eternal throne
> And claim the crown through Christ my own."

sentado en su sillón, dijo: '¡Cuán importante es que todos estén descansando en el fundamento verdadero:

> El primero en el pecado,
> mas Jesús murió por mí'.

"El lunes, 28, aumentó su debilidad. Durmió casi todo el día y habló muy poco. Sin embargo, lo poco que dijo indicaba cuán preocupado estaba por las sociedades, por la gloria de Dios y por la promoción de todo cuanto pertenece al reino hacia el que se dirigía rápidamente. Una vez dijo en voz muy baja, pero perceptible: 'No hay otro medio de llegar al Santísimo sino por la sangre de Jesús'. Después preguntó cuáles fueron las palabras en que basó su sermón que había predicado recientemente en Hampstead. Habiéndosele contestado que fueron: 'porque ya sabéis la gracia de nuestro Señor Jesucristo, que por amor de vosotros se hizo pobre, siendo rico; para que vosotros con su pobreza fueseis enriquecidos', replicó: 'éste es el único fundamenteo; no hay ningún otro'. En ese día el doctor Whitehead le preguntó si quería que llamaran otro médico para que lo atendiera, a lo que él rehusó terminantemente. Es notable el que sufriera muy poco; pues solamente una vez se quejó, durante su enfermedad, de un dolor que sentía en el pulmón izquierdo. Pasó esta noche muy inquieto.

"Martes en la mañana. Cantó dos estrofas de un himno; después, acostándose quietamente como si tratara de recuperar las fuerzas, pidió pluma y tinta; pero cuando se las trajeron no pudo escribir. Uno de los circunstantes le dijo: 'Permítame escribir yo, señor; dígame lo que quiera decir'. El contestó: 'Nada sino que Dios está con nosotros'.

"Ya para declinar el día pareció hacer un esfuerzo supremo para decir algunas palabras; pero apenas pudo murmurar: 'la naturaleza está . . . la naturaleza está . . .' Alguien que estaba cerca agregó: 'casi agotada, pero pronto adquiriréis una nueva y formaréis parte de la sociedad de los espíritus bienaventurados'. El contestó: 'indudablemente', y se restregó las manos, diciendo: 'Jesús'. No pudo percibirse lo demás, pero sus labios continuaron moviéndose como si enunciaran una oración ferviente.[39]

"En la mañana había dicho: 'deseo levantarme'. Mientras le preparaban su ropa, comenzó a cantar con admiración de los circunstantes, a pesar de su extrema debilidad:

---

[39]Moore: *Life of Wesley.* Las descripciones de estas últimas escenas, que aparecen en varias biografías, son tomadas de un documento arreglado por la señorita Ritchie.

"Al Supremo Hacedor, mientras yo aliente
el efímero soplo de la vida,
rendiré adoración pura y ferviente;
y aun después de mi próxima partida,
cuando me diga mi Señor: 'entrad',
será mi canto por la eternidad.[40]

"Después de sentarse en su silla, observaron en su rostro un cambio fatal. Pero él, sin preocuparse por su cuerpo moribundo, dijo con voz muy débil: 'Señor, Tú das fuerzas a los que no pueden hablar. Habla, Señor, a nuestros corazones y hazles saber que Tú desatas las lenguas'. Entonces comenzó a cantar:

"Al Padre, Hijo y Santo Espíritu,
Que dulcemente concuerdan.[41]

"Aquí le faltó la voz. Después de haber inspirado profundamente, dijo: 'Todo ha quedado terminado'. En seguida lo llevaron al lecho de donde no volvió a levantarse. Después de descansar un poco, suplicó a todos los que le acompañaban que se entregaran 'a la oración y a la alabanza'. Todos se arrodillaron, y la recámara parecía llena con la presencia divina. Poco después dijo: 'Quiero mi mortaja de sencilla lana y que lleven mi cadáver a la capilla'. Después, como si hubiera acabado con todo lo de abajo, pidió que oraran y alabaran a Dios. Habiendo sido llamados varios amigos que estaban en otras dependencias de la casa, acudieron y se arrodillaron todos para orar, observándose el gran fervor espiritual del moribundo. Pero parecía que toda su alma se concentraba con especialidad en ciertas partes de la oración, manifestando evidentemente cuán vivos eran sus deseos de que se realizaran sus unánimes plegarias. Y cuando uno de sus predicadores de un modo muy expresivo pedía a Dios que, si estaba para llevarse a aquel venerable patriarca a su descanso eterno, se sirviera continuar bendiciendo abundantemente las ideas y la disciplina que por tanto tiempo había propagado por el mundo mediante aquel hábil siervo que estaba para suspender sus labores, fue sancionada esta fervorosa plegaria por el moribundo con un elocuente *amén* que demostraba

---

[40]"I'll praise my Maker I breathe,
And when my voice is lost in death
    Praise shall employ my nobler powers:
My days of praise shall ne'er be past
While life and thought and being last
    Or inmortality endures."
[41]"To Father, Son and Holy Ghost,
    Who sweetly all agree."

de un modo inequívoco que toda su alma estaba empeñada en que fuera concedida aquella petición. Cuando se hubieron levantado de donde yacían de rodillas, le dio la mano a cada uno de ellos con la mayor satisfacción, despidiéndose y diciéndoles: 'Adiós, adiós'.

"Algunos minutos después entró alguien, y él trató de hablar, pero no pudo. Viendo que no podían entenderle, hizo una pequeña pausa y después, apurando todas las fuerzas que le quedaban, exclamó: 'Lo mejor de todo es que Dios está con nosotros'. Poco después, levantando su brazo moribundo como en señal de victoria, alzó su débil voz con una expresión sagrada de triunfo indescriptible, repitiendo estas vivificantes palabras: 'Lo mejor de todo es que Dios está con nosotros'. Como alguien le dijera que la viuda de su hermano había llegado, contestó: 'El da reposo a sus siervos'. Le dio las gracias mientras ella le apretaba la mano, esforzándose afectuosamente por besarla. Después que le hubieron humedecido los labios, dijo: 'Te damos gracias, Señor, por estas y todas tus misericordias. ¡Bendice la iglesia, bendice al rey y concédenos la verdad y la *paz* por Jesucristo, nuestro Señor, para siempre *jamás!'* Otra vez dijo: 'El hace que sus siervos se acuesten tranquilos'. En seguida, haciendo una breve pausa, exclamó: 'Las nubes destilan grosura', y más tarde añadió: 'Jehová de los ejércitos está con nosotros; nuestro refugio es el Dios de Jacob'. Volvió a llamar a los que estaban presentes para que oraran, y aunque estaba casi agotado, apareció nuevamente fervoroso en espíritu. Todo esto era demasiado para su débil organismo. La mayor parte de la noche siguiente trató de repetir el salmo antes referido, pero solamente pudo decir: 'Te alabaré, te alabaré'.

"El miércoles en la mañana se aproximó la escena final. El señor Bradford, su fiel amigo, oró con él, y la última palabra que se le oyó articular fue 'Adiós'. Pocos minutos antes de las diez, mientras que varios de sus amigos se hallaban arrodillados alrededor de su cama, y sin exhalar una queja, este hombre de Dios, este amado pastor de millares, entró en el gozo de su Señor."

Tal acontecimiento se verificó el 2 de marzo de 1791, poco antes de las diez de la mañana. Wesley estaba en el octogesimoctavo año de su vida.

La señora Rogers, que estuvo presente en estos últimos momentos, los describe así: "Creo que la solemnidad de la hora postrera de este grande y buen hombre permanecerá grabada para siempre en mi corazón. Un reflejo de la presencia divina se observaba en todos, y aunque no podía decirse que él fuera ya un morador de la tierra, pues estaba privado de la palabra y con la vista fija, el triunfo y la gloria estaban escritos en su semblante, y también se veían en sus labios moribundos.

"¡El lenguaje humano es impotente para describir la apariencia de su rostro! Cuanto más lo contemplábamos, tanto más descubríamos en él la incomprensible gloria celestial."

Tan pronto como Wesley hubo exhalado el último suspiro, sus amigos, rodeados de sus despojos, cantaron un himno de alabanza. Después, postrados de rodillas, pidieron que el manto de Elías cayera sobre las espaldas de los que se quedaban en la tierra.

La víspera de sus funerales, el cadáver estuvo expuesto a la entrada de la capilla de City Road, y se calcula que más de 10.000 personas desfilaron ante él, deseosas de contemplar por última vez aquel rostro en que la muerte había impreso el sello de su majestad sin poder borrarle la expresión de paz indescriptible. Los amigos de Wesley, con el propósito de evitar grandes apreturas en la concurrencia, resolvieron que los funerales se verificaran muy temprano, entre cinco y seis de la mañana. A pesar de esta hora tan inconveniente, muchos centenares de personas concurrieron para cumplir con su último deber.

El ministro encargado de dirigir los funerales fue el reverendo Juan Richardson, que por más de treinta años había estado asociado con Wesley. Cuando llegó a aquella frase del servicio litúrgico que dice: "por cuanto plugo a Dios todopoderoso en su sabia providencia separar de este mundo el alma de nuestro finado hermano", sustituyó la palabra *hermano* por *padre*. La concurrencia se asoció a la buena intención que había inspirado este cambio de palabras, y de la quietud con que en silencio derramaba lágrimas pasó a los sollozos, y después de algunos instantes, la voz del ministro se perdió entre los gemidos de los que lloraban la muerte del que había sido para todos un verdadero padre.

Los restos mortales de Wesley fueron depositados en un sepulcro que él mismo había mandado preparar en el cementerio que está contiguo a la capilla de City Road. Allí reposan esperando la resurrección de los justos, rodeado de muchas tumbas de predicadores metodistas.

Por su testamento legó Wesley a las sociedades metodistas todos los productos que resultaran de la venta de sus libros, exceptuando una pensión vitalicia de 2.000 pesetas que dejó a la viuda de su hermano. Sus manuscritos deberían ser confiados a los albaceas que mencionaba en el testamento y que eran el doctor Coke, el doctor Whitehead y Enrique Moore.

CAPÍTULO VI

EL CARÁCTER DE WESLEY

El hombre y el cristiano: cita de C. de Rémusat—La piedad formaba la unidad del carácter de Wesley—Su espíritu de *oración—Homo unius libri—*Su abnegación—Su valor—Su capacidad para el trabajo—Su serenidad de alma—Su empleo diligente del tiempo—Su desinterés y generosidad—Su gran penetración intelectual—Su piedad sin asceticismo—Su buen humor—Sus defectos verdaderos o supuestos: impaciencia, credulidad, aspiración. *El predicador:* Su tema: el evangelio—Su forma: la improvisación—Wesley en el púlpito: extensión de sus sermones; autoridad; claridad; lógica—Apelaba a la conciencia—Efectos de su predicación—Wesley y Whitefield—La raza anglosajona. *El organizador:* opiniones de Buckle, Macaulay, Lecky. *El escritor:* Sencillez intencional—Su estilo—Aspecto filosófico de su espíritu—Escritos populares—Folletos—Publicaciones poéticas—Sermones—Notas sobre la Biblia—Libros de escuela—Escritos sobre cuestiones políticas y sociales—Escritos polémicos—Obras compendiadas—El diario de Wesley—Su carácter en conjunto.

EL carácter de Wesley no puede ser comprendido sin su piedad. Fue un gran reformador porque era un gran cristiano. El cristianismo que él tanto propagó fue el cristianismo experimental, la religión que hace al hombre fuerte y feliz porque domina el alma y la vida. Vivía de acuerdo con las verdades que predicaba. Fue un cristiano verdadero, un santo, en la acepción evangélica de la palabra, y este característico esencial de su personalidad explica la naturaleza de su obra, que consistía principalmente en promover la fraternización entre los hombres y elevar el alma hasta Dios, no fundando iglesias que rivalizaran por su antigüedad, sino sociedades que buscaran la edificación mutua y verdaderas escuelas de piedad *(collegia pietatis).*

Este distintivo de la obra de Wesley ha sido descubierto

por Carlos de Rémusat en el estudio que dedicó a Wesley y el metodismo con motivo de la primera edición de este libro. "Juan Wesley", dice él, "era realmente uno de los modelos más perfectos de la santidad en la vida activa, es decir, de la santidad verdadera, del ideal religioso de la humanidad; pero preferimos considerar a Wesley en su naturaleza de hombre más bien que al hombre transformado por la gracia; y descubrimos en él un conjunto de grandes cualidades de las que sólo podemos hallar paralelo remontándonos hasta los tiempos apostólicos. Lutero poseía más genio, más imaginación, más audacia y más cualidades que lo elevan sobre los demás hombres; pero era menos puro, menos sencillo, menos abnegado y sobre todo, menos irreprochable. El modelo inmortal de Lutero y de Wesley era Pablo de Tarso, superior a todos y que se destaca muy alto aún sobre los grandes hombres; pero ¿quién puede dudar que su energía y su vehemencia no se hubieran multiplicado con la dulzura de carácter y con la paciencia de éstos sus humildes imitadores?"[1]

El eminente escritor que hemos venido citando reconoce, en términos que aun los más fervientes admiradores de Wesley apenas juzgarían apropiados, que su grandeza pertenece al "orden de santidad y de amor", que Pascal coloca sobre todos los demás órdenes de grandeza. Wesley poseía, como ha dicho Mateo Arnold, "el genio de la piedad".[2] Bien se puede decir que su piedad era el foco y el centro de su vida y su carácter. La crisis religiosa que sufrió durante los años de su austera juventud no solamente cambió el curso de sus convicciones, sino que transformó profundamente su alma y su vida. Después de esta crisis, se vio que Wesley poseía no solamente el dogma de la salvación por la fe, sino que había aprendido una manera nueva de trabajar y de vivir.

Este impulso recibido al principio de su carrera continuó reanudándose por la piedad más sencilla y más viva. La vida práctica con sus múltiples deberes y sus inmensos trabajos no absorbieron ni disminuyeron jamás esa fuente inagotable de vida interna. El transcurso de los años jamás alteró la fragancia de su piedad. La oración ocupaba un lugar distinguido en la vida de Wesley. "El secreto de su gran dominio propio", dice el doctor Punshon, "así como del maravilloso poder de su ministerio, estribaba en las horas

---

[1] Artículo sobre Juan Wesley y el metodismo publicado en la *Revue des deux mondes* el 15 de enero de 1870.
[2] Citado en el *Wesley memorial volume*, p. 672. Nueva York, 1880.

matutinas que por muchos años acostumbró dedicar a la oración en su gabinete. Si en las oraciones de Lutero estaba el misterio de la Reforma, en las de Wesley puede hallarse una explicación del gran avivamiento."[3] Este profundo misticismo dio a la vida y carácter de Wesley una verdadera unidad.

"Muchas veces he pensado", dice él, "que soy criatura efímera que pasa por la vida como flecha por el aire. Soy un espíritu procedente de Dios y me dirijo nuevamente hacia El, deteniéndome vacilante sobre el gran golfo hasta que me pierda de vista cayendo en una imperturbable eternidad. Una sola cosa deseo saber: el camino del cielo; cómo arribar seguro a aquel puerto feliz. Dios mismo ha condescendido hasta mostrarnos ese camino; para esto precisamente descendió su Hijo. Lo había antes anunciado en un libro. ¡Oh, dadme ese libro! ¡A cualquier precio, dadme el libro de Dios! Ya lo poseo, contiene conocimientos que me bastan. Quiero ser *homo unius libri*."[4]

Wesley fue efectivamente hombre de un solo libro y de una sola idea. Este libro era la Biblia, y esta idea era la salvación del pecador. Consagró al servicio de esta idea todas las facultades de su alma y toda la fuerza de su vida. Con tal fin sacrificó los gustos de su espíritu culto y las inclinaciones de su amante corazón, así como su buen nombre y la tranquilidad del hogar.

Sólo un intenso amor hacia Dios y hacia los hombres puede explicar su espíritu de abnegación y sacrificio, del que aparece Wesley como el modelo más perfecto. Pocos hombres han sido más despreciados, han sufrido mayores humillaciones o han sido el blanco de la calumnia como él lo fue. Por muchos años tuvo que resistir las furias del populacho y la mala voluntad de las autoridades, el celo odioso del clero, los desprecios de las personas pertenecientes a la alta sociedad y lo que es más doloroso aún, la oposición de muchos cristianos sinceros. Y él no era ni insensible ni pasivo; sabía sufrir porque sabía amar; pero permanecía tranquilo en medio de las tempestades y de las acusaciones, porque sentía profunda paz en su conciencia y toda la aprobación de Dios.

Su valor puede compararse al del soldado que entra sereno a la batalla o que se apresta gustoso para un asalto. Esto lo hemos observado muchísimas veces al bosquejar su vida, pero conviene

---

[3] *Wesley et son temps*, p. 40.
[4] "Hombre de un solo libro" (*Works*, tomo V, p. 3.).

anotar aquí que esta intrepidez fue siempre la del cristiano dispuesto a perdonar injurias, a bendecir a los que le maldicen y orar por los que le persiguen. No sólo podía hacer frente a los amotinados y dominar con la autoridad de su palabra y la firmeza de su actitud a los más exaltados, sino que podía desarmar con su paciencia y su mansedumbre a los que no hubieran cedido ante la intrepidez de su carácter.

La capacidad para el trabajo era en Wesley una de las cualidades que más lo distinguieron. Es muy difícil hallar en la historia otra persona que le iguale en laboriosidad. Se ha estimado que durante los cincuenta años de su ministerio viajó más de 100.000 leguas y predicó como 40.000 sermones. Si añadimos a esta inmensa labor la que requería su extensa correspondencia epistolar, sus innumerables visitas pastorales, la publicación de 200 obras compuestas o compendiadas por él, la gestión de toda clase de asuntos pertenecientes a una sociedad que se componía a su muerte de más de 70.000 miembros, y eso tan sólo en la Gran Bretaña, quedaríamos perplejos preguntándonos cómo podía tener tiempo para hacer todo esto.

Para completar el cuadro de su interesante vida, debemos enumerar algunas otras cosas. Este hombre ocupaba tiempo determinado para leer con frecuencia sus autores clásicos favoritos; para visitar algún hermoso paisaje natural o algún monumento notable, y de vez en cuando para escuchar un oratorio de Handel o de Haydn. Se ocupaba de los asuntos públicos y mantenía cordial amistad con el filántropo Howard, con el literato Samuel Johnson y con otros hombres eminentes de su tiempo. Lo que se proponía hacer, habitualmente hacía bien. A la facultad de arreglar vastos planes añadía la de la buena ejecución llevada hasta los menores detalles. Nada se escapaba a su inspección, porque sabía apreciar la importancia de las cosas pequeñas.

Llevaba alegremente el peso de tareas tan considerables que su sola enumeración abruma. Y nos asegura que 10.000 cuidados no pesarían más sobre su espíritu que otros tantos cabellos en la cabeza. Todos los contemporáneos que lo observaron de cerca lo dan a conocer como dotado de gran serenidad de alma, que sabía difundir entre los que le rodeaban. El testimonio de un hombre distinguidísimo, Alejandro Knox, que sin haber sido partidario suyo fue su amigo por más de 20 años, puede arrojar luz sobre este asunto: "Su rostro, a la par que su conversación, expresaba la alegría habitual de su alma y a su vez no era sino el reflejo de una gran virtud interior y de una inamaculada inocencia. Era realmente el tipo más perfecto de felicidad moral que jamás se ha visto, y mi amistad con él me ha enseñado más sobre lo que significa *el cielo aquí en la tierra,* en toda la plenitud de la piedad cristiana, que todo lo que he podido ver en otra parte, que todo lo que he oído o leído, exceptuando lo que hallamos en el volumen sagrado."[5]

Empleando diligentemente el tiempo fue como logró Wesley hacer tanto trabajo. Un día que su coche le hizo esperar algunos minutos, se le oyó decir con impaciencia: "¡He perdido diez minutos para siempre!" Un amigo le dijo una vez: "No tiene usted necesidad de estar tan de prisa". "¿De prisa?" contestó él, y añadió: "¡No tengo tiempo para estar de prisa!"

Se levantaba siempre antes de despuntar el día y ya había trabajado mucho cuando la mayor parte de los hombres comienzan apenas sus trabajos; economizaba los minutos con más cuidado que el que otros tienen al economizar las horas y cuidaba el tiempo como el avaro cuida su tesoro. Mediante una distribución metódica del tiempo daba lugar especial a todo y podía emplear provechosamente los momentos que resultaran sobrantes. Cierto día que fue obligado a detenerse en el principado de Gales por la marea que inundaba las playas por donde había de pasar, no permaneció ocioso; "me senté en una humilde cabaña por tres o cuatro horas y traduje la *Lógica* de Aldrich", dice él mismo.

Así como economizaba el tiempo, ahorraba también su dinero; pero lo hacía para bien de los pobres y no para provecho propio. Cuando consintió en aceptar salario de parte de la sociedad de Londres, él mismo lo limitó a la modesta suma de 30 libras esterlinas (750 pesetas). Es verdad que además de esto recibía el producto de la venta de sus libros, que algunas veces llegaba a ser de consideración.[6] Pero, cuando había tomado de sus ingresos lo necesario para cubrir sus modestas necesidades, daba todo lo demás. Su amigo el doctor Whitehead, que tuvo oportunidad de

[5] *Remarks on the life and character of John Wesley,* impresas como secuela a la obra *Life of Wesley,* por Southey, tomo II, p. 299.

[6] En 1780 escribía: "Hace cuarenta y dos años que, deseando dar a los pobres libros más baratos, menos extensos y más claros que los que yo conocía, escribí algunos pequeños tratados, generalmente de a penique, y después escribí varios más grandes. Algunos de éstos alcanzaron una venta tal que sobrepasó a lo que yo esperaba, y con ella me hice rico sin quererlo. Pero nunca quise serlo ni me empeñé en ello. Pero, ya que me ha venido de improviso, no acumulo riquezas sobre la tierra: nada absolutamente atesoro. Mis deseos y propósitos son de 'soplar el fondo al fin del año'. No podré evitar el dejar mis libros, aunque Dios me lleve de aquí; pero, en cuanto a lo demás, mis albaceas serán mis propias manos" (*Works,* tomo VIII, p. 9.). Debemos añadir que cumplió fielmente su promesa.

ver todas sus cuentas, calcula que dio de 20.000 a 30.000 libras esterlinas (de 500.000 a 750.000 pesetas) en el transcurso de 50 años. Otro de sus amigos, Enrique Moore, estima este cálculo inferior a lo que realmente era. Dice Bradburn que hubo años en que sus dádivas ascendieron a la cantidad de 35.000 pesetas. Su manera de vivir era tan sencilla que una vez que le preguntaron cuál era el valor de su vajilla, juzgando que un hombre tan notable como él habría de poseer alguna de mucho precio, contestó: "Tengo dos cucharas de plata aquí en Londres y dos en Brístol. Estos dos son todos los utensilios de mayor valor que poseo actualmente, y no compraré más mientras me rodeen personas que carezcan de pan." Murió pobre, como lo había prometido a sus amigos, no dejando en su pobreza sino "un grande estante lleno de buenos libros, un traje ministerial bastante usado, un nombre escarnecido y . . . la Iglesia Metodista".

La piedad de Wesley no era ni estrecha ni intolerante. Si alguna vez era llevado por el ardor de la lucha, equilibraba los arrebatos del momento con la grandeza de sus ideas y los sentimientos de toda su vida. Su amistad con Whitefield subsistió, como ya hemos visto, imperturbable, a pesar de las controversias dogmáticas que entre ambos se suscitaron. Las ideas que expresa en su hermoso sermón sobre el espíritu católico le hacen digno de figurar entre los precursores de la alianza evangélica. Era tan amplio su corazón que no podía reducir sus grandes sentimientos a los límites de una iglesia o de un partido.

En dondequiera que descubría el espíritu cristiano se inclinaba reverente, aunque estuviera éste mezclado con errores y deficiencias. Su liberalismo era tan grande que editó, para uso de sus sociedades, algunas producciones debidas a la pluma de escritores católicos. Así fue como dio a la estampa en las columnas de su *Magazine* y en otras publicaciones, noticias biográficas de católicos romanos eminentes por su piedad, tales como *madame* Guyon, el Marqués de Renty, el español Gregorio López y otros. Publicó igualmente una *Vida de Tomás Firmin,* unitariano, y no vacilaba en admirar su piedad a pesar de los errores de éste. No abrigaba duda de que Marco Aurelio fuera de los que "vendrían del oriente y del occidente y se asentarían en el reino de los cielos". Esta amplitud de miras fue mal interpretada por los cristianos de su tiempo; pero fue una de las reglas de conducta que tenía en más alta estima. El único límite que imponía a la libertad individual entre los miembros de sus sociedades era el respeto a las opiniones de los demás. He aquí los términos en que expresa sus ideas sobre el asunto: "No tengo más razón para rechazar a un hombre que profese ideas diferentes a las mías que la que tendría para separarme de una persona que usara peluca por el hecho de que yo no la use. Pero, si aconteciere que él se quitara su peluca y me sacudiese el polvo en los ojos, estimaría como deber personal el alejarme prestamente de su lado."

En cuanto a su piedad, si bien era Wesley ferviente y se inclinaba hacia la santidad, estaba libre de fanatismo, y no se asemejaba en nada a un asceta. Metódico y disciplinado, no tenía nada de formalismo mecánico ni de prácticas del asceticismo moroso. Se manifestaba exteriormente con perfecta serenidad y siempre rebosante de gozo. Esto hacía que individuos que estaban muy distantes de él, tanto en posición social como en ideas, procuraran siempre su compañía. Su conversación, alimentada por una cultura intelectual variadísima, era del agrado de espíritus superiores; Samuel Johnson, después de haberse gozado en su compañía durante dos horas, se expresaba así, dirigiéndose a Carlos: "Podría conversar todo el día y aun toda la noche con vuestro hermano."[7] Pero Wesley no se adaptaba menos a las circunstancias de los humildes campesinos en cuyos hogares era frecuentemente hospedado y por su admirable sencillez les hacía olvidar la gran distancia que de él los separaba.

Wesley no solamente era alegre, sino humorista, y algunas veces amante de los chascarrillos; sus divertidos chistes de graciosa inocencia deleitaban a los jóvenes. Uno de sus predicadores que era un tanto hipocondriaco le dijo un día: "De las poquísimas personas que me han incitado verdaderamente a reír, usted señor, es una de ellas, con el uso de sus ingeniosos proverbios." Se citan gran número de episodios, y el diario de Wesley nos ofrece algunos curiosísimos, en los que siempre aparece de buen humor. Pero, bien dice Punshon que "estos rasgos que iluminan el límpido horizonte de la vida de Wesley se asemejan a esos relámpagos de estío que no hieren a ninguna persona y que sólo se ven cuando han terminado los trabajos del día".[8]

[7] Habiendo leído Wesley el folleto que Johnson escribió sobre la cuestión anglicana, le expresó por escrito su complacencia, recibiendo la siguiente contestación: "El haber conquistado una opinión como la suya me confirma fuertemente en mis propias ideas. No sé cuál haya sido el efecto que mi escrito produjo en el público; pero no tengo motivo para desanimarme. Tenía razón el conferencista que, aun cuando veía que el público lo abandonaba, se rehusó a suspender su conferencia mientras Platón estuviera escuchándolo."

[8] *Wesley et son temps*, p. 46.

El carácter de Wesley no estaba libre de defectos; pero puede decirse que eran los defectos de sus cualidades. Siendo tan vivo y tan activo, no es extraño que algunas veces apareciera irascible e impaciente; pero acudía a la reparación de sus defectos con una humildad extraordinaria. Se cuenta del siguiente modo su manera de proceder para con su compañero de viaje, José Bradford, que se rehusó a desempeñar un trabajo que le había encomendado:

—Entonces—le dijo Wesley—nos separaremos.

—Muy bien, señor—replicó Bradford.

Cuando se levantaron a la mañana siguiente, Wesley interrogó a su amigo.

—Y bien, ¿nos separamos?

—Como usted guste—contestó Bradford.

—¿Estaría usted dispuesto a darme una satisfacción?

—No, señor.

—¿Conque no lo haría usted?

—No, señor.

—En tal caso, yo se la daré a usted—replicó el noble anciano.

Bradford se conmovió por tal ejemplo y se deshizo en lágrimas, olvidándose pronto aquel incidente.

Se ha reprochado a Wesley de credulidad y de cierto gusto por lo maravilloso. No pretenderemos disculparlo. Sin duda que aceptaba con mucha facilidad algunas narraciones extraordinarias e inverosímiles y las consignaba en sus escritos sin someterlas a riguroso examen. Esta debilidad de espíritu o de imaginación obedecía a lo sincero de su creencia en la realidad del mundo espiritual e invisible. Era una reacción exagerada contra el escepticismo de algunos de sus contemporáneos, y esta reacción era admitida por muchísimos de los hombres mejores de su tiempo.[9]

Southey, y otros lo mismo que él, han dado a la ambición un lugar importante entre los móviles que predominaban en la vida de Wesley.[10] Si por ambición ha de entenderse el deseo vulgar de

---

[9]El enciclopedista Samuel Johnson creía en apariciones y en los espíritus. Las leyes inglesas castigaban aún el delito de la hechicería, y hubo individuos condenados a la hoguera por hechiceros durante el siglo XVIII.

[10]Aunque el doctor Southey, en su *Life of Wesley*, le atribuye miras ambiciosas, debemos manifestar que modificó su opinión después de un examen más detenido del asunto. En una carta cuyo facsímile colocó el doctor George Smith anexo a su obra *History of methodism*, Southey reconoce su error de una manera muy honrosa. "El señor Alejandro Knox", dice, "me ha convencido de que yo estaba equivocado al suponer que la ambición figuraba entre los móviles dominantes del señor Wesley." El doctor manifestó también que en este sentido se proponía hacer la corrección correspondiente en su libro. Desgraciadamente, se lo impidió la súbita llegada de la muerte.

elevarse sobre los demás hombres, el de deslumbrar con su nombre o ser jefe de algún partido, toda la vida de Wesley protesta contra tal cargo. ¡Extraña y rara ambición, efectivamente, la que lo llevaba a renunciar a sus comodidades y gustos personales para convertirse en misionero entre gente soez e indisciplinada! El buscar celebridad por tales medios sería como escribir su nombre sobre la arena movediza pretendiendo transmitirlo así a la posteridad. Si la ambición consiste en buscar el poder por lo que en sí vale, por la popularidad que con él se alcanza y por otras ventajas que así se adquieren, Wesley no fue ambicioso. Pero, si significa el deseo del poder por las oportunidades que ofrece para practicar el bien y propagar la verdad, entonces podemos afirmar que Wesley era ambicioso.

Juan Nichols dice: "Yo no afirmo que careciera de ambición: él poseía aquella que no ruboriza al cristianismo y que, al contrario, se enorgullece en propagar. No me refiero a aquella que se satisface con la esplendidez o con las grandes posiciones, sino la que tiene su dominio en el corazón y en los afectos, la que conquista el homenaje y la gratitud de millares . . .[11] Su pasión dominante era la ambición, pero la santa ambición de hacer el bien a sus semejantes por amor de Dios."[12]

Las grandes cualidades de Wesley no aparecen en todo su esplendor en ninguna otra parte más que en su predicación; su poder residía especialmente en su palabra. Después de haber estudiado al hombre, estudiemos ahora al predicador. Tarea difícil es ésta, porque sin duda sus sermones escritos no nos dan la medida de su talento oratorio. Estos, en lo general, en estudios sobre asuntos de doctrina o de moral, destinados, con raras excepciones, a ser leídos más bien que predicados.

El fondo de la predicación de Wesley era el evangelio, la buena nueva de la gracia ofrecida por Dios a todos los pecadores

---

[11] Juan Nichols, *Gentleman's magazine*, marzo de 1791.

[12] Historiadores de diversos credos religiosos están de acuerdo sobre este punto. El doctor Stoughton, eminente historiador no conformista, dice en la obra que tantas veces hemos citado: "La teoría de que Wesley era dominado por miras ambiciosas es hoy reconocida como falsa". Overton, distinguido historiador de la Iglesia Anglicana del siglo XVIII, dice también: "La posteridad lo ha absuelto completamente del cargo de ser movido por la sola ambición vulgar (la de ser jefe de un partido), de un deseo impropio de poder. Llega, por fin, a la conclusión de que, si alguien ha sido impelido alguna vez por móviles puros y desinteresados, ese fue Juan Wesley" *(English church in the eighteenth century)*. Lecky, el sabio historiador de la Inglaterra del siglo XVIII, libre de toda preocupación religiosa, dice sobre el particular: "Nada más injusto que atribuir a Wesley la ambición del cismático o los instintos subversivos del revolucionario" *(England in the eighteenth century, tomo II, p. 632).*

que se arrepientan y tengan fe. Estas eran las enseñanzas de San Pablo y de los reformadores; cuando en los públicos anglicanos se apartaron completamente de la tradición, y Wesley se propuso volver la antigua doctrina a su respectivo lugar, fue considerado como innovador. Como sólo pretendía conservar lo antiguo, no debe así inculpársele, pues sólo trata de predicar el evangelio de los apóstoles y de los reformadores. Cuando se le privó de las iglesias oficiales, no cambió el tema de su predicación; en la esquina de la plaza pública, o en las humildes cabañas de los campesinos, o en las modestas capillas metodistas continuó predicando la misma verdad cuyo poder conocía experimentalmente. Sería un error lamentable juzgar sus sermones como arengas apasionadas consistentes en arrebatos del sentimiento. Revestían, por el contrario, el carácter de enseñanzas dogmáticas y morales, y el éxito que alcanzaron entre el pueblo inglés es en realidad un gran honor para éste, pues no sólo escuchó con gusto, sino que fue capaz de asimilar doctrinas tan substanciosas.

La forma de la predicación de Wesley era necesariamente improvisada; ¿cómo podía ser de otro modo al tratarse de un hombre que, por más de medio siglo, predicó como 15 sermones semanarios, por término medio? Sus textos, sobre todo en los últimos años de su vida, los tomaba generalmente de las lecturas diarias de la litúrgica anglicana. Se preparaba ya en las primeras horas del día, que consagraba a la meditación y al estudio, ya en los largos viajes a caballo que emprendía para llegar a los lugares donde había de predicar. Debe recordarse que podía echar mano de un gran repertorio de ideas y de hechos que su espíritu atesoraba en la memoria, ya fueran derivados de los profundos estudios de su juventud, de sus extensas lecturas o de su observación de los hombres y de las cosas. En una época en que la lectura de sermones era usada universalmente en Inglaterra, esta nueva forma de predicar extemporáneamente causó una verdadera revolución, y nos inclinamos a creer que todo esto haya formado parte de las causas que arrojaron sobre los jóvenes reformadores tan tremenda oposición.[13]

Este asunto era de la mayor importancia para el avivamiento, pues, si se hubieran limitado al uso de sermones manuscritos, sus

---

[13] En una carta dirigida a Carlos Wesley (pero que también se refiere a Juan) su hermano mayor Samuel, perteneciente a la Alta Iglesia Anglicana, protestaba en términos violentos contra sus sermones improvisados: "Hay una monstruosa apariencia de falta de honradez en ustedes. Sus sermones son generalmente de tres cuartos de hora en el púlpito, pero cuando aparecen impresos son porciones pequeñas, más bien notas que sermones" (Carta del 1 de diciembre de 1738).

esfuerzos habrían quedado cautivos e impotentes en fríos y estrechos límites.

La actitud de Wesley en el púlpito ha sido descrita por uno de sus oyentes como "graciosa y fácil; su acción reposada y natural, aunque agradable y expresiva; su voz no muy fuerte, pero clara y viril; su estilo limpio, simple, terso y admirablemente adaptado a la capacidad de sus oyentes".[14] Tenía horror a la declamación y al charlatanismo, y nada de esto podía descubrirse en sus pláticas. Las palabras y giros que empleaba, si no eran los más sonoros y armoniosos, eran los que mejor expresaban sus ideas y los que más fácilmente entendían sus oyentes. Walterio Scott, que varias veces durante su infancia lo escuchó en el cementerio de Kelso, Escocia, ha conservado vivos recuerdos de esos sermones, que su inteligencia infantil pudo comprender, y de los que dice que estaban adornados con "numerosas y excelentes historietas"; pero añade que muchas personas calificaban su estilo de familiar.[15]

Algunas veces los sermones de Wesley eran extensos. Asienta en su diario algunos casos en que su predicación duró dos horas y el servicio se prolongó hasta tres.[16] Todo cuanto sobre esto nos dice es: "mi corazón se había dilatado tanto que no hallaba yo cómo suspender, y por esto continuamos tres horas". Pero estos casos eran excepcionales; predicaba con tanta frecuencia que tenía que ser breve, por regla general. Sin embargo, cortos o extensos sus sermones, eran escuchados siempre con interés. No hubiera sido posible para un orador ordinario el haber cautivado la atención de un auditorio popular compuesto de millares de personas reunidas al aire libre ni por una, ni por dos, ni mucho menos por tres horas consecutivas.

La originalidad de sus predicaciones se fundaba especialmente en su gran franqueza; bien pudiera decirse de Wesley que "hablaba con autoridad". Nunca halagaba a su auditorio; no conocía el arte de disfrazar su pensamiento para hacerlo más aceptable. Su palabra concisa se dirigía directamente a un fin y expresaba lo que él quería decir. Se citan numerosos ejemplos de los efectos que producía en su auditorio su palabra incisiva. Tenía eficacia especial cuando se dirigía a individuos aisladamente. Si

[14]Hampson: *Life of Wesley,* citado en el *Wesley memorial volume,* p. 578.

[15]Carta dirigida a Southey, fechada en Abbotsford, el 14 de abril de 1819, citada en *Memoirs of sir Walter Scott,* por J. C. Lockhart.

[16]*Journal,* 7 de octubre de 1739; *Idem,* 19 de octubre de 1739; 13 de junio de 1724; 24 de mayo de 1745, y 14 de mayo de 1749.

la mirada del predicador se fijaba en algunos de sus oyentes, era raro si no llegaba a dominar completamente el corazón. Algunas veces se introducía al local donde él hablaba algún individuo con el sombrero puesto, resuelto a interrumpirlo; pero pronto se le veía palidecer cuando el ojo penetrante del predicador alcanzaba hasta lo más profundo de su alma. No hemos de creer por esto que el ascendiente que Wesley tenía sobre las masas revestía un carácter altanero. Su autoridad era el resultado de su fe y de su carácter.

Debemos añadir que Wesley estaba admirablemente dotado para ser predicador popular. Su espíritu tenía cualidades que el público estimaba en mucho, tales como la claridad y la precisión. Nadie ha sabido como él presentar las más profundas verdades al alcance de las inteligencias más humildes. Nadie como él ha sabido acomodarse a las circunstancias de los oyentes, con la oportunidad de las formas, pues, cuando una extensa arenga estaba para fracasar, el proverbio agudo penetraba como una flecha acerada.

La claridad de la predicación de Wesley se debía a su espíritu esencialmente lógico; hablaba no tanto para emocionar como para persuadir y convencer. Los asuntos que proponía los atacaba de lleno, y su discusión era enteramente franca, exponiéndolos con admirable lucidez; su auditorio, por más inculto que fuera, no podía menos que interesarse por seguir un razonamiento que comprendía sin el menor esfuerzo. Tal género de predicación debe significar indudablemente el gran respeto que tenía para sus oyentes. Indica el alto concepto que Wesley tenía por el público, pues no se esforzaba por divertir con palabras, sino por ganárselo con razones.

Su argumentación era sostenida, y puede decirse que la apoyaba apelando frecuentemente a la conciencia y al corazón. Si se proponía argumentar, era con el fin de tocar después las fibras más delicadas de la vida. Citaba casos concretos para aplicarlos a las circunstancias, y las peroraciones de sus discursos tenían una fuerza extraordinaria. Algunos trozos de sus sermones impresos y de su primer *Llamamiento a los hombres de razón,* pueden darnos idea clara de su elocuencia siempre moderada, pero directa y notablemente agresiva.

Para darla a conocer mejor, bastará citar algunos incidentes del largo apostolado de Wesley. Recuérdese lo que aconteció en Bolton cuando se hallaba en medio de un populacho frenético: se subió a una silla y con unas cuantas palabras logró calmar los espíritus exaltados. "Los vientos fueron callados, y todo se vio quieto y en calma. Mi corazón estaba lleno de amor, mis ojos de lágrimas y mi boca de razones. Quedaron sorprendidos, quedaron avergonzados, fueron deshechos completamente y devoraban cuanta palabra brotaba de mis labios."[17] Podemos citar también una escena de los primeros tiempos de su ministerio: "Una elocuencia intrépida y austera que no perdonaba los vicios de las personas a quienes se dirigía, que no tenía otro fin que denunciar el pecado y despertar la conciencia; tal elocuencia producía emociones profundas entre las multitudes que hasta entonces habían sido insensibles a todo lo que no era vida puramente material. La voz del predicador se perdía frecuentemente entre las lágrimas, los sollozos y las convulsiones. Los pecadores, sobrecogidos por el temor o arrebatados por el entusiasmo, caían postrados en tierra, casi víctimas de violentas sacudidas."[18] Una predicación que sin ser impetuosa producía tales efectos era indudablemente elocuente.

Como orador, Wesley era indudablemente inferior a Whitefield. No poseía la vehemencia apasionada ni el "don de las lágrimas" que caracterizaba el talento de su elocuente amigo. Y sin embargo, si el poder de la palabra debe medirse por los resultados que produce, es indudable que la de Wesley dejaba huellas más profundas. El uno, por demás encantador, y el otro, extremadamente persuasivo; más de una vez lograba éste llevar el convencimiento a personas que aquel no había podido tocar. Tal fue el caso de Juan Nelson. Veamos cómo describe la impresión que en él produjo la primera predicación de Wesley que escuchó: "Tan pronto como hubo ascendido a la plataforma, se echó atrás su largo cabello y se dirigió hacia donde yo estaba; creí que había fijado en mí los ojos. Esta simple mirada me llenó de indescriptible angustia: antes de que él abriera los labios me palpitaba el corazón como si fuera péndulo de reloj, y cuando comenzó a hablar, creí que todo su discurso se dirigía exclusivamente a mí."[19]

En resumen, la predicación de Wesley fue lo que era necesario que fuera para despertar la fe y para formar un pueblo cristiano.

Su fondo era el evangelio eterno y su forma la que mejor conservaba el poder que regenera y santifica.

El éxito de la predicación de Wesley da una alta idea de la

[17] *Journal*, 18 de octubre de 1749.
[18] Rémusat: *Wesley et le methodisme*, p. 37.
[19] Nelson's *Journal*.

raza anglosajona, a cuya reforma moral dedicó aquel su vida. Para asimilar alimentos tan fuertes, este pueblo debió poseer grandes y nobles instintos morales. Si se le compara con el pueblo contemporáneo residente al otro lado del canal, se verá un gran contraste. El uno es cortés y amable, pero no está dispuesto a escuchar otro evangelio que el del vicario saboyano, y sin darse cuenta, se halla al borde de una sangrienta revolución; el otro, rudo y áspero escuchó la predicación de Wesley y de sus colaboradores y gradualmente se eleva en las regiones de la grandeza.

Wesley era más grande aún como organizador que como predicador, y tan grande así que ninguna otra persona de su siglo le iguala en ese sentido. Gracias a la organización que dio a su obra, tuvo ésta supervivencia indefinida. Los historiadores concuerdan unánimemente al concederle grandes aptitudes para tales empresas. Buckle, historiador de la civilización inglesa, le llama "el primer hombre de estado entre los teólogos".[20] El ilustre Macaulay dijo de él: "Su elocuencia y su penetración lógica podían haberle dado un lugar prominente en la literatura, y su talento para gobernar no era inferior al de Richelieu".[21]

Lecky, historiador de Inglaterra en el siglo XVIII, dice a su vez: "Hay pocas empresas más difíciles que la de organizar en cuerpo permanente a personas medio educadas. Wesley llevó a cabo tal empresa con admirable mezcla de tacto, energía y moderación; y la habilidad con que organizó el metodismo se ve claramente en la historia posterior de éste."[22]

Wesley ejerció influencia entre sus contemporáneos por medio de la pluma tanto como con la palabra; pero no aspiraba a ser escritor como tampoco pretendía distinguirse en la oratoria. Solamente se preocupaba por hacerse entender, y con tal fin cultivó la sencillez, teniéndola como principio y prefiriéndola como característica de buen gusto. "Por lo que a mí toca", escribe en 1764, "nunca me preocupo por el estilo, sino que empleo las palabras que primero acuden a mi mente. Sólo cuando escribo para el público juzgo como deber el buscar la claridad en cada frase y que en todo predomine la pureza y la propiedad en el decir. La brevedad (que es ahora como una segunda naturaleza en mí) añade al estilo el *quantum sufficit* de fuerza. Si llego a descubrir alguna expresión forzada, la rechazo de plano. La claridad especialmente es nece-

[20] Buckle: *History of civilization in England,* tomo I.
[21] *Edimburgh review,* 1850.
[22] Lecky: *History of England in the eighteenth century,* tomo II, p. 628.

saria, tanto para usted como para mí, porque tenemos que instruir gente de muy escasa inteligencia."[23] Cuando alcanzaba los últimos años de su vida, todavía se ceñía a los mismos principios. "Aún ahora podría yo escribir en estilo tan florido y elegante como el aplaudido doctor B.; pero no me atrevo a hacerlo, porque solamente busco la honra que procede de Dios . . . No me atrevo a emplear un estilo elevado como tampoco a usar una casaca costosa. Pero, aun si las cosas pasaran de otro modo, y si tuviera bastante tiempo a mi disposición, seguiría escribiendo exactamente como ahora lo hago."[24]

Los escritos de Wesley no son obras maestras ni por su fondo ni por su estilo, pero éste era siempre, claro, enérgico y correcto. "Sería deseable ver en sus escritos mayor profundidad y más brillantez", ha dicho una gran autoridad; "pero su estilo es bueno, y lo que dice persuade y convence; imprime a sus ideas más simples, con la mayor humildad, una rara mezcla de intelectualidad y sentimiento."[25] Wesley era demasiado práctico para ser un pensador de altos vuelos. Uno de sus amigos, el doctor Whitehead, lo reprocha por no ser "partidario de las investigaciones metafísicas",[26] y los escritos de Wesley confirman esta apreciación.[27] Era más bien lógico que metafísico. "Filosóficamente considerado", añade de Rémusat, "su espíritu parece mejor dispuesto para las ideas populares, para las doctrinas moderadas y para los asuntos de sentido común; pero al mismo tiempo parece sentir profundamente lo divino de las cosas, apegándose a ese aspecto hasta hacerlo el centro de su pensamiento y consagrarle todas las fuerzas de su sabiduría y de su virtud."[28]

Si bien es cierto que Wesley no produjo jamás "ni un solo libro del todo satisfactorio, en el sentido literario",[29] y si no cultivó nunca la teología especulativa, esto se debió no tanto a las deficiencias de su espíritu, cuanto a las exigencias de su ministerio especial. No tenía tiempo de ser escritor, en el sentido técnico de la palabra, aunque tampoco dejó de hacer una gran obra con la pluma. Comprendía, mejor que ninguno de sus contemporáneos, la importancia

---

[23] *Works,* tomo XIII, p. 416.

[24] *Idem,* tomo VI, p. 186.

[25] Rémusat: *John Wesley et le methodisme,* p. 61.

[26] *Life of Wesley,* citado en el *Wesley memorial volume,* p. 574.

[27] Véase sobre este asunto *Living Wesley* del doctor Rigg, pp. 116-118; el autor demuestra allí que, si bien Wesley no era un metafísico, poseía grandes facultades filosóficas.

[28] *John Wesley,* p. 61.

[29] Stephens Leslie: *History of english thought in the eighteenth century.*

de una literatura popular y fue uno de los promotores de esa idea que ha producido las grandes sociedades que tienen como fin la publicación de tratados religiosos, las cuales son tan notables en nuestros días. A pesar de sus grandes viajes misioneros, tuvo tiempo de publicar sobre 200 volúmenes, escritos traducidos o adaptados por él, referentes a teología, biografía, historia, filosofía, poesía, gramática, medicina, etc., y siempre de carácter popular. Estas producciones, de las que se hacían grandes tiros, eran vendidas a precios ínfimos y tenían gran circulación, gracias a la cooperación de sus predicadores, que contribuyeron muchísimo a generalizar el gusto por la lectura en el seno de las sociedades.

Preparó el camino para las sociedades de tratados religiosos, repartiendo por centenares de millares opúsculos breves y oportunos dirigidos a una clase particular de lectores[30] y publicados con motivo de algún acontecimiento público.[31]

Con el concurso de su hermano Carlos, el poeta del metodismo, Wesley arregló un gran número de publicaciones poéticas. Su primera colección de himnos fue publicada en Charleston durante su corta permanencia en Georgia; y otras publicaciones del mismo género aparecieron después, de tiempo en tiempo, durante medio siglo. El doctor Osborn afirma que fueron 54[32] y ha formado con ellas una edición en 13 volúmenes. Es difícil determinar la parte exacta que corresponde a cada uno de los hermanos en la composición de esta inmensa producción poética; la mayor parte de las colecciones publicadas llevaban el nombre de ambos. La parte de Carlos fue, sin duda alguna, la más grande, y no hay duda de que, como poeta tenía mejores dotes que su hermano. Al lado de Isaac Watts ocupa el lugar más distinguido en la poesía sagrada de Inglaterra.[33] Muchísimas de las composiciones de Juan son de verdadero valor literario. Su hermano, que dependía esencialmente de la inspiración del momento, acudía casi siempre a él para que le revisara sus producciones antes de publicarlas. Sus aptitudes diversas y sus esfuerzos reunidos proporcionaron al avivamiento una co-

---

[30] A word to a drunkard, to a sabbath breaker, to a swearer, to a street-walker, to a smuggler, to a condemned malefactor. (Una palabra a un ebrio, a un profanador del domingo, a un blasfemo, a un vago, a un contrabandista, a un delincuente condenado.)

[31] A word to a freeholder (Una palabra a un eleccionista), Thoughts on the earthquake of Lisbon (Pensamientos sobre los terremotos de Lisboa).

[32] Proceedings of the Ecumenical Methodist Conference, 1881, p. 394.

[33] Watts dijo una vez que daría todo lo que había escrito por ser el autor de "Wrestling Jacob", que es, efectivamente, una de las más hermosas producciones líricas de la literatura inglesa.

lección admirable de cantos sagrados que probablemente no tiene igual en ningún idioma del mundo.[34]

La obra homilética de Wesley consiste de 140 sermones, que forman un sistema completo de religión experimental. En ellos se han de buscar los elementos de sus ideas dogmáticas y éticas, y sería muy difícil el hallar en alguna otra parte una exposición más clara, más sencilla, más penetrante y más práctica de las doctrinas y de la moral evangélica. Por lo general, los sermones que se publican tienen popularidad muy reducida, pues pocas veces estima una generación los sermones que tuvieron gran valor para la precedente; pero los de Wesley son leídos hoy tanto como en su época, no solamente porque constituyen el cuerpo oficial de doctrina de una gran comunidad cristiana, sino por su mérito intrínseco.

Como comentador, Wesley escribió notas sobre toda la Biblia. No se propuso escribir éstas para los teólogos, sino para el pueblo; esto explica su carácter esencialmente práctico. Las *Notas sobre el Antiguo Testamento* no pasan de ser sinopsis de las de Poole y Henry. Fueron arregladas al vuelo y no han sido reimpresas. No se puede decir lo mismo de sus *Notas sobre el Nuevo Testamento,* que tienen gran valor exegético y de las que se han hecho un gran número de ediciones. El autor sigue ordinariamente a Bengel, y él fue el primero en popularizarlo entre los ingleses.

Wesley publicó también una serie de textos escolares, destinados principalmente para el colegio que fundó en Kingswood. Versan sobre gramática inglesa, francesa, latina, griega y hebrea. Hizo ediciones nuevas de autores clásicos; figuran también un tratado de lógica, una historia romana, otra de Inglaterra, una historia eclesiástica, al estilo de la de Mosheim, etc. Podemos citar también breves opúsculos sobre electricidad, ciencia que lo entusiasmó muchísimo cuando comenzó a ser aplicada, y otros varios sobre asuntos de moral o literatura, críticas de obras nuevas, etc.

Sus producciones sobre asuntos políticos y sociales no son ni muy extensas ni muy numerosas; pero en ellas se refería a los asuntos principales que se ventilaban en su tiempo. "Su corazón grande y ardiente", dice Punshon, "palpitaba con ternura ante la humanidad que sufría, protestando enérgicamente y con toda libertad contra los males que degradan el cuerpo, que dañan la mente

---

[34]"The Wesleyan lyric poetry", por Abel Stevens, en el *Wesleyan memorial volume,* p. 464.

y que son una maldición para el espíritu."[35] Sus ideas sobre economía política no siempre concuerdan con las predominantes en
nuestros tiempos; pero se inclinan siempre al lado de la generosidad
y de la caridad.

Las polémicas de Wesley pueden dividirse en tres clases: La
primera comprende las refutaciones a los ataques dirigidos contra
su persona o contra su obra. A esta primera clase corresponden
sus *Appeals,* en los que defiende el avivamiento metodista con
entusiasmo y dignidad, y pueden compararse, sin hipérbole alguna,
a las grandes apologías de los primeros siglos del cristianismo.
La segunda clase de polémicas sostenidas por Wesley dio origen
a su notable opúsculo sobre el pecado original, que era una contestación al doctor Juan Taylor, eminente teólogo unitario. La
tercera se refiere a la controversia calvinista, de la que ya hemos
hablado extensamente y en la que cedió el primer lugar a su amigo
Fletcher.

Los libros adaptados por Wesley no son menos de 117, comprendiendo los 50 volúmenes de la Biblioteca Cristiana. En ninguna otra parte se exhibe mejor el espíritu liberal del padre del
metodismo que en la elección de lecturas propias para sus sociedades.
Allí tienen lugar los padres de la iglesia Clemente, Ignacio,
Policarpo y Ambrosio. Los teólogos anglicanos Leithon, Tillotson,
South y Jeremías Taylor figuran en la colección al lado de los no
conformistas Charnock, Howe, Flavel, Baxter y Owen. Autores
extranjeros como Pascal, Bengel y Arndt contribuyeron también
para la colección. Esta antología, aunque extensa, no llevaba la
pretensión de ser completa; pero, tal como era, puede considerarse
como una gran empresa que todavía no ha sido superada.

Para terminar, mencionaremos su incomparable autobiografía, el diario de Wesley, que comprende un lapso de más de medio
siglo de incesante actividad. "El diario debe ser estudiado por todo
el que quiera conocer a este hombre", dice Punshon.

"La universalidad de aptitudes, su laboriosidad, su benevolencia, su paciencia para sufrir los insultos, su indiferencia hacia
los honores del mundo, su sinceridad, su continua confianza en la
Providencia (confianza que entraña ciertas contradicciones que
no tuvo cuidado de explicar y que demuestran perentoriamente
el carácter desinteresado de su vida); su cultura, su cortesía, la
admirable combinación que aparece en su persona de los refina-

[35] *Wesley memorial volume,* p. 324.

mientos de un caballero y de la ruda sinceridad de un hijo del trabajo; su gran dignidad, la ternura casi femenina de sus sentimientos, sus salidas ingeniosas, sus críticas delicadas, su poder en el decir, su fuerza en el silencio—todos estos factores contribuyen dando simetría a un carácter compacto. Si alguien quiere descubrir todas estas cosas, que acuda no a los escritos de sus biógrafos, que han dado a conocer su vida juzgándola desde diversos puntos de vista y no pocas veces sin perspicacia, sino a estas páginas, que darán a conocer siempre lo que el mundo le debe y que lo retratan, como un espejo, con aquella carencia de presunción y con aquella transparencia que sólo pueden experimentar los hombres de alma verdaderamente grande."[36]

Considerado en su conjunto, el carácter de Wesley, era admirablemente complejo. Reunía cualidades que ordinariamente se rechazan entre sí, pero que en él se armonizaban para formar un todo. Su vida, lo mismo que su espíritu, estaba siempre sobrecargada de ocupaciones. Se diría que varias personalidades diversas se daban la mano para constituir la suya. Esta resistente naturaleza llevó sin flaquear hasta los últimos años de la vejez un cúmulo de trabajos que hubiera acabado prematuramente con cualquiera otra persona. Llamado para desempeñar una obra extraordinaria, Wesley había recibido de Dios aptitudes también extraordinarias. ¿No es esta admirable adaptación del obrero a su obra un hecho providencial, uno de esos que nos muestran claramente la intervención de Dios en la historia?

---

[36]Guillermo Punshon: "Wesley and his literature", en el *Wesley memorial volume*, p. 327. Somos deudores a este hermoso trabajo por la clasificación de los escritos de Wesley.

CAPÍTULO VII

LA OBRA DE WESLEY

Resultados directos de la obra de Wesley: *Teológicos:* idénticos a los de la reforma—Predestinación—Arrepentimiento—Fe—Justificación—Perfección cristiana —El testimonio del Espíritu—Perseverancia final—Carácter de esta teología—*Organización:* Sociedad, clases, certificados—Reuniones diversas—Funcionarios de las sociedades—Predicadores—Circuitos—Sistema de ambulantes—Conferencia. *Fuerza numérica:* A la muerte de Wesley—En la época presente—Gran Bretaña—Misiones metodistas—Ramas secundarias—El metodismo americano—Ramas diversas—Iglesia de los negros—Estadística general—Conferencias ecuménicas de 1881 y de 1891. Resultados indirectos: Regeneración de Inglaterra—Clases populares y clases elevadas—Testimonio de Priestley, Macaulay, Lecky y Green en Inglaterra y de los señores Sherer, de Witt, Saint Marc Girardin y Rémusat en Francia—La Iglesia Anglicana y los disidentes—La Inglaterra moderna—Conclusión.

LA obra de Wesley ha tenido un doble desenvolvimiento: directo e indirecto. Por una parte dio origen a la gran organización que lleva el nombre de metodismo; y por la otra, inició un gran movimiento religioso que ha transformado al protestantismo evangélico, sobre todo en los países anglosajones. Nos resta trazar a grandes rasgos este doble desenvolvimiento. El metodismo fue la obra especial de la vida de Wesley. Conviene considerar su teología y su organización con un resumen condensado de sus progresos y de su rápido crecimiento.

El metodismo no fue un movimiento teológico estrictamente hablando, sino un avivamiento religioso fundado en la introducción enérgica de las enseñanzas apostólicas. La teología de Wesley, que es aún la misma que reclaman las iglesias fundadas por él, está de acuerdo, en sus principales característicos, con los de la reforma inglesa, tal como se exponen en sus *Homilías* y sus "Treinta y nueve artículos". Los artículos de fe que preparó él mismo para la iglesia metodista americana son un extracto de aquellos reducidos a 25, y en los que se omiten los referentes al descenso a los infiernos, a los libros apócrifos, al credo de los apóstoles, al de Nicea y al de Atanasio, a la regeneración bautismal, a la predestinación, a la autoridad de la iglesia y de los concilios, al ministerio, a la eficacia de los sacramentos independientemente del carácter moral del que los suministra, a la consagración de obispos y de ministros, al gobierno civil, etc. A las sociedades inglesas no dio Wesley ninguna confesión de fe, ni han adoptado alguna hasta el presente. Sus enseñanzas doctrinales tienen como tipo los sermones de Wesley.

Perfectamente de acuerdo con todas las iglesias evangélicas sobre los dogmas fundamentales de la Trinidad, de la participación del Hijo y del Espíritu Santo en la esencia divina, sobre la encarnación del Hijo de Dios y del carácter expiatorio de su obra, Wesley estaba igualmente de acuerdo en cuanto a la doctrina de la caída y la del pecado original, y están errados los que lo acusan de semipelagiano. Bastará leer la refutación a la obra del doctor Taylor para quedar convencido de esto. Enseña que la humanidad como raza cayó con Adán y que todos los hombres son pecadores, no por la imputación del pecado adámico, sino por la corrupción transmitida naturalmente de padres e hijos.

Wesley se aparta completamente del calvinismo sobre la doctrina del exclusivismo referente a la obra de la redención. Afirma con la Escritura que Jesucristo murió por todos los hombres para que "todos puedan recuperar por el segundo Adán lo que hubieran perdido en el primero y para que ningún humano perezca sino por su propia culpa".[1] Declarándose así contra el calvinismo sobre el asunto de la predestinación, sin debilitar en nada la doctrina de la gracia, Wesley hizo un gran servicio al avivamiento, dando vida a la nueva teología evangélica, que cada día se aproxima más a esta doctrina.

[1] *Stevens*, tomo II, p. 410.

La doctrina que se refiere a la salvación ocupa el primer lugar en la teología de Wesley. "Nuestras doctrinas principales", dice, "que incluyen todas las demás, son el arrepentimiento, la fe y la santidad. La primera la consideramos como el camino que conduce a la religión; la segunda, como la puerta, y la tercera, como la religión misma."[2] Los metodistas dan importancia especial a estas doctrinas vitales. No tienen la pretensión de haber introducido innovaciones sobre el asunto, sino de haberlas expuesto con formas más precisas y prácticas, que las han puesto al alcance de todas las inteligencias y han podido penetrar hasta los dominios de la conciencia.

El arrepentimiento tiene para Wesley gran importancia en la formación del verdadero carácter. No es una vana fórmula, sino una tristeza profunda por haber ofendido a Dios, la cual se manifiesta en "frutos dignos de arrepentimiento". Para Wesley el arrepentimiento evangélico precede necesariamente a la fe que justifica.

La fe es, para él como era para San Pablo, el único medio de alcanzar la salvación. "No es solamente el asentimiento completo al evangelio de Cristo", dice él; "es una confianza completa en su sangre, fe en los méritos de su vida, muerte y resurrección y el aceptarlo como nuestro sacrificio expiatorio, como el que se entregó a Sí mismo por nosotros y que vive en nosotros."[3]

Toda la salvación, así como la justificación, la regeneración y la santificación, se obtienen por la fe. La justificación no es otra cosa que el perdón de los pecados; cambia completamente las relaciones que existen entre Dios y el pecador, pero siempre va acompañada de la regeneración. "Refiérese la primera a la gran obra que Dios hace por nosotros al perdonarnos nuestros pecados; la otra, a lo que Dios lleva a cabo en nosotros al renovar nuestra naturaleza caída. Respecto del momento en que tiene lugar, no antecede la una a la otra; en el instante en que somos justificados por la gracia de Dios, por medio de la redención que es en Jesucristo, nacemos 'del Espíritu'; pero respecto del orden de las ideas, según le llaman, precede la justificación al nuevo nacimiento. Primero concebimos que se aplaque su ira y después la obra de su Espíritu en nuestros corazones."[4]

Wesley define la regeneración como "ese gran cambio que

---

[2] *Principles of a methodist further explained.* (*Works,* tomo VIII, p. 414.)
[3] Sermón sobre la salvación por la fe. (*Sermones,* tomo I, p. 27.)
[4] *Sermones,* tomo II, p. 407.

Dios obra en el alma cuando la trae a la vida, al levantarla de la muerte del pecado a la vida de la justicia".[5] Por la regeneración el Espíritu Santo transforma la naturaleza moral del creyente, capacitándola para entrar en la familia de Dios y recibir el espíritu de adopción.

Finalmente, por santificación entiende Wesley, lo mismo que todos los cristianos, la obra purificadora del alma que principia en el momento de la regeneración. "La santificación comienza", dice, "cuando comenzamos a creer; y a medida que aumente nuestra fe crece también nuestra santidad." Muy temprano en su vida fue convencido Wesley, mediante el estudio de las Escrituras, de que esta obra interna de purificación y de victoria sobre el pecado debe alcanzarse completamente en esta vida, y esta fue la doctrina que él predicó con los nombres escriturarios de completa santificación y de perfección cristiana. Describe esta gran bendición en los siguientes términos:

"Consiste en amar a Dios con todo nuestro corazón, mente, alma y fuerza, lo que implica que ninguna inclinación mala, que nada contrario al amor permanece en el alma y que todo pensamiento, toda palabra y todo acto va gobernado por el amor más puro. La perfección cristiana que se alcanza en esta vida es el perfeccionamiento en el amor; los cristianos que por medio de la fe alcanzan este estado no están libres de la ignorancia y del error. No tenemos más derecho de esperar que un hombre sea infalible que el de creer que sea omnisciente. Nadie estará libre de debilidades y de tentaciones hasta que su espíritu retorne a Dios."[6]

Otra doctrina que ocupa lugar importante en la teología de Wesley es la del testimonio del Espíritu. La define como "una impresión interna del alma por medio de la cual el Espíritu de Dios da testimonio directamente a mi espíritu de que soy hijo de Dios; que Jesucristo me amó y se dio a Sí mismo por mí; que todos mis pecados están ya borrados y que aun yo mismo, el último de los pecadores, estoy reconciliado con Dios".[7] Mientras que la mayor parte de las iglesias cristianas admiten que los creyentes en general pueden adquirir una seguridad más o menos satisfactoria de su salvación, apropiándose las promesas de la Escritura y produ-

[5] *Idem,* p. 414.
[6] Véase *Sermones,* así como su *Clara explicación de la perfección cristiana,* y *Last check* de J. Fletcher.
[7] *Sermones,* tomo I, p. 215.

ciendo "los frutos del Espíritu", Wesley enseñaba que todo cristiano puede aspirar a recibir el testimonio directo y una seguridad positiva de su salvación.

El testimonio del Espíritu no era para Wesley la certidumbre incondicional de la salvación postrera. Rechazaba la doctrina calvinista de la perseverancia final, como también rechazaba la predestinación absoluta, y esto mediante una consecuencia rigurosamente lógica; aceptando la libertad y la responsabilidad del hombre como punto de partida en la vida cristiana, no podía despojarlo después de estas prerrogativas tan peligrosas. La posibilidad de la apostasía, tan claramente enseñada en la Escritura, es una amonestación constante para todos.[8]

Tal es, a grandes rasgos, la teología que constituye la base de la obra de Wesley. Clara, sencilla y práctica, tiene en sí lo necesario para el éxito. Formulada en el estilo claro y comprensivo de Wesley, propagada en sus admirables sermones, vino a ser el tema de estudios de sus predicadores y el tema de sus sermones, suministrando con ello alimento nutritivo a las sociedades. La mejor prueba de su bondad la tenemos en el gran movimiento religioso que hemos bosquejado en este libro, del que podemos afirmar que fue el resultado de la predicación fiel de las doctrinas evangélicas que Wesley vino a resucitar.

Al dar al metodismo una teología que no hacía otra cosa que afirmar las grandes doctrinas del cristianismo práctico, Wesley vino a colocarlo sobre muy sólido fundamento. Debemos ahora dedicar algunas líneas a lo que podríamos llamar el armazón del edificio; debemos hablar de la organización del metodismo tal como ha venido desenvolviéndose por más de medio siglo.

La base de esta organización es *la sociedad* propiamente dicha, que comprende la reunión de los fieles de cada localidad que han aceptado los principios del metodismo. Para pertenecer a la sociedad bastaba sentir "el deseo de huir de la ira venidera", sin exigirse el que se aceptara fórmula dogmática especial; y para continuar como miembro de ella debería mostrarse la sinceridad de tales deseos por una conducta cristiana y por la comunión fraternal en la asistencia a las clases.

La clase, que viene a ser el pivote central de toda la organiza-

---

[8] Wesley, preocupado siempre por los peligros de las tendencias antinomianas, renunció muy pronto al empleo del término "justicia imputada", diciendo que "el haber visto tantos usos deplorables de esta expresión nos hace ser muy parcos en su empleo".

ción, es un excelente medio de ejercer el cuidado de las almas al mismo tiempo que es la realización, en el seno de la iglesia, de la vida fraternal y común también comprendida en la iglesia apostólica y tan descuidada en nuestros días. Se compone generalmente de doce personas bajo la dirección de un presidente o director laico, escogido en vista de la madurez de su experiencia cristiana y de su juicio. Su deber es vigilar por el estado espiritual de las personas que se le confían, no solamente valiéndose de reuniones semanarias de clase, sino de visitas domiciliarias. La clase es el núcleo de la iglesia y con frecuencia viene a suplir las ordenanzas cristianas en los lugares en que aquella no se ha organizado aún. En las iglesias organizadas, la clase facilita el trabajo pastoral al mismo tiempo que ejercita una buena disciplina.

La reunión semanaria de los miembros de la sociedad suministraba un medio fácil para recabar los fondos destinados al sostenimiento de la iglesia; y el jefe de clase, que debería informar al predicador sobre el estado de los miembros que la componían, daba cuenta, a la vez que informaba de sus contribuciones, al ecónomo local. De este modo se formó un sistema financiero sumamente sencillo y por lo general, de excelentes resultados prácticos.

Wesley tomó de las antiguas iglesias una práctica que introdujo en sus clases. Repartía periódicamente a cada uno de los miembros un certificado en que aparecía impreso un texto de la Escritura con algún grabado simbólico, llevando a la vez el nombre de la persona que lo recibía y la firma del predicador que lo daba. Este certificado trimestral servía de comprobante y debería presentarse al ser admitido a ciertas reuniones de la iglesia.

Además de las clases propiamente dichas, que se destinaban a todos los miembros, las sociedades tenían algunas otras reuniones, tales como las *reuniones de banda* (band meetings), en las cuales se reunían ciertos miembros con mayor intimidad que en las clases, y que cayeron en desuso por no haber tenido carácter obligatorio; *los ágapes,* en que se congregaban todas las clases de una sociedad con el fin de partir juntos el pan, siguiendo la costumbre de la iglesia primitiva, y en donde se relataban públicamente sus experiencias cristianas; *las grandes veladas,* reuniones fraternales para la edificación mutua, que se prolongaban hasta la media noche y que al principio se reunían una vez al mes, en la época del plenilunio, pero que más tarde llegaron a reservarse para el último día del año con el fin de consagrar a la oración la última hora del año que termina y la primera del que principia; *la renovación de alianza,* servicio especial que se celebraba el primer domingo del año con el fin de que la sociedad se consagrara nuevamente a Dios en acto solemne.

La administración de la Santa Cena a los miembros de la sociedad era todavía rara en los momentos de la muerte de Wesley, debido al limitado número de predicadores ordenados con que se contaba; pero no debía durar mucho esta anomalía, y las sociedades alcanzaron pronto la emancipación legítima para la cual habían sido preparadas por su fundador.

En todo lo anterior, descubrimos un conjunto notable de medios de gracia que eficazmente promovían el desenvolvimiento enérgico de la vida espiritual de los miembros sobre la base inalterable de la unidad de las sociedades. Se establecieron gradualmente reuniones trimestrales o mensuales con los diversos funcionarios, en las cuales se discutían los intereses espirituales y materiales de las sociedades.

Además de los directores de clases que ya hemos hablado, contaban las sociedades con otros funcionarios que nos resta mencionar. Los fideicomisarios tenían a su cargo la administración de los bienes inmuebles; los ecónomos recababan las diversas contribuciones y las distribuían según las necesidades de las agrupaciones; estos funcionarios corresponden a los que en otras iglesias se llaman diáconos. Los predicadores locales eran laicos piadosos, que poseían el don de la palabra y consentían en dedicar a la evangelización los domingos y algunas veces las noches de los días de la semana, sin recibir ninguna recompensa por sus servicios. Estos útiles obreros, cuyo número se ha multiplicado notablemente, han sido excelentes auxiliares, y debido a su colaboración, el metodismo ha podido, disponiendo de recursos pecuniarios muy escasos, extender en un extenso radio sus trabajos evangélicos con una facilidad que bien quisieran tener otras iglesias.

Hemos narrado en el presente volumen el origen humilde del ministerio ambulante, esa institución que más que ninguna otra ha dado tanto éxito al metodismo. Ocupa un lugar prominente en su organización y basta por sí mismo para demostrar el carácter original y providencial de este movimiento religioso. Esta intrépida milicia, que contaba sus miembros por centenares a la muerte de Wesley, está constantemente en movimiento: esta movilización es ley que la caracteriza. Por este sistema no sólo conseguía estimular el celo de sus ministros, sino multiplicar sus servicios y obtener grandes resultados con pocos obreros. Había dividido la

Gran Bretaña en territorios o circuitos; la permanencia de un predicador no debería de pasar, por ningún motivo, de tres años en un mismo circuito, y en cada conferencia podía ser requerido a cambiar de lugar de trabajos.[9] Durante su vida Wesley fue el lazo visible de unión en este vasto organismo. A su muerte, la conferencia anual, que hasta entonces había sido un cuerpo esencialmente consultivo, heredó sus derechos y vino a ser la corte suprema del metodismo. Algunas otras modificaciones, generalmente de detalle, se han introducido en esta organización con el transcurso del tiempo; pero éstas no han menoscabado en nada la obra de Wesley, la cual ha dado a conocer su gran vitalidad durante siglo y medio en el que ha seguido un movimiento siempre creciente. Aunque algunos de los detalles de este sistema no han escapado a la crítica, sobre todo los que se deben a la posición eclesiástica de Wesley, la opinión unánime de los que los han estudiado es que se adaptan admirablemente a los fines de la más extensa evangelización.

"La peculiaridad del metodismo", ha dicho un publicista, "y a la que debe su gran éxito, es el que jamás deja al cristiano abandonado a sus propios recursos careciendo de toda ayuda espiritual. A faltas del ministro encargado del culto, el miembro de la iglesia que viva más aislado encontrará consuelo y consejo en el jefe de clase o en el exhortador. La jerarquía sabiamente graduada del metodismo le permite alcanzar igualmente desde las más elevadas agrupaciones del mundo civilizado hasta las clases más humildes de la sociedad."[10]

En las páginas precedentes hemos mencionado el origen de las primeras misiones metodistas durante la vida de Wesley. El doctor Coke, a quien confió la organización del metodismo americano, era el hombre apropiado para ser el director de las empresas misioneras de la iglesia y consagró a esta obra toda su ciencia, todos sus recursos y su vida misma. Las misiones de las Indias Occidentales, que elevaron el nivel de millares de esclavos, apresuraron el día de su emancipación y fueron ampliamente favorecidas por su influencia. En 1814 se extendieron hasta la Guayana Inglesa en la América del Sur. Ese mismo año, que fue el de su

[9] Este sistema de predicadores ambulantes, con límite de tres años, ha sido conservado rigurosamente hasta la presente época; pero hay una tendencia creciente en las iglesias metodistas a mantener el carácter ambulante de los pastores de una manera más elástica, sujeto sólo a las circunstancias.

[10] *Revue de deux mondes,* 15 de agosto de 1859.

muerte, contaba ya esa obra con treinta y un misioneros y 17.000 comulgantes. Cuenta en la actualidad con 109 misioneros y 53.000 comulgantes. Pertenece también al doctor Coke el honor de haber fundado la obra misionera en Ceilán, aunque él murió a bordo del buque que lo conducía a aquella isla acompañado de siete misioneros. En 1817 comenzaron los trabajos misioneros en la India propiamente dicha. La primera misión metodista en Africa apareció en 1811, en Sierra Leona; diez años más tarde se estableció otra en Senegambia y otra en la Costa de Oro el año de 1835. Uno de los misioneros que acompañaban a Coke en su último viaje en 1814 fue dejado en el Cabo de Buena Esperanza y allí fundó la primera iglesia metodista del sur de Africa, principiando así una obra que cuenta actualmente con cerca de 200 ministros y 40.000 comulgantes, incluyendo nativos y colonos. La misión de Polinesia principió en 1815 en Nueva Gales del Sur. Cinco años más tarde se extendió a Tasmania y dos años después a las islas de Tonga, llegando a Nueva Zelandia en el transcurso de un año más. Después de doce años, se extendió a las islas Fidjí; tres años después principió la obra en el sur de Australia, extendiéndose hacia el oeste antes de doce meses. Las victorias morales que ha alcanzado desde entonces en aquellas lejanas regiones del hemisferio del sur se cuentan entre las más brillantes del movimiento misionero moderno. Los misioneros wesleyanos han conquistado para el cristianismo y la civilización, grupos enteros de islas habitadas anteriormente por tribus caníbales feroces.

A la muerte del doctor Coke se vio que había hecho de las misiones wesleyanas la gran divisa de su vida y que era necesario dar a esa obra una organización regular para afirmar así su prosperidad. En 1816 se formó la Sociedad Misionera Wesleyana, y muy pronto aparecieron ramas auxiliares esparcidas por toda Inglaterra. Esta sociedad, que tanto ha ensanchado la obra principiada por Wesley y Coke, está íntimamente relacionada con la conferencia británica, constituyendo uno de sus comités ejecutivos permanentes.

De la iglesia wesleyana fundada por Wesley han brotado en Inglaterra otras pequeñas que conservan los principios distintivos del metodismo, aunque difieren entre sí en ciertos detalles de organización. Estas ramas son las siguientes: La Nueva Conexión Metodista, establecida en 1797; los Cristianos de la Biblia, organizada en 1815; la Conexión Metodista Primitiva, y las Iglesias Metodistas Libres y Unidas, que forman un cuerpo de varias iglesias que se han separado del tronco común y que datan de 1857. El metodismo americano, organizado por Wesley como iglesia, ha tenido un crecimiento más rápido que la iglesia madre de Inglaterra. Bajo la dirección de sus grandes obispos misioneros Asbury y McKendree, acometió rápidamente y con verdadero celo apostólico la conquista de esos territorios nuevos y extensos que eran agregados anualmente a la superficie ocupada por los trece estados que fundaron la Unión.[11] Al principio del siglo XIX esta nueva iglesia pudo ver aumentarse sus adherentes, en el transcurso de 16 años, de 15.000 a 64.000. Siete años más tarde alcanzó la cifra de 144.000; en 1817 la de 224.000; en 1827 llegó a 381.000; diez años después esta cifra ascendió a 658.000. En los diez años siguientes y debido a la separación causada por la cuestión de los esclavos, el número se redujo a 636.000; pero en 1857 se elevó a 820.000; diez años más tarde había llegado a 1.146.000 y para 1898 a 2.675.035.[12] En el año de 1866 fue celebrado el centenario del metodismo americano formándose un fondo especial para fomentar las diversas empresas de la iglesia, alcanzando una suma mayor de 43.500.000 pesetas. A partir de 1872 su conferencia general, que se reúne cada cuatro años y que es el consejo supremo de la iglesia, se compone de un número igual de miembros laicos y clericales. Esta iglesia tiene una sociedad misionera que fue fundada en 1819, la que recaba crecidas sumas anualmente; la correspondiente a 1880 fue de 3.394.345 pesetas. Una parte considerable de estas cantidades, no menor que la mitad, se emplea en el sostenimiento de trabajos misioneros establecidos en Africa, China, India, Japón, Bulgaria, Escandinavia, Alemania, Italia, México y América del Sur. La cantidad restante se emplea en misiones interiores, establecidas entre las varias nacionalidades que constituyen la población de los Estados Unidos.

En los Estados Unidos, lo mismo que en Inglaterra, no han faltado cismas en el seno del metodismo. El principal fue el de 1844, originado por las cuestiones referentes a la esclavitud. Los metodistas del sur, después de haber trabajado en vano por que se aboliera en la iglesia la regla que prohibía la compra y venta de

---

[11] Sobre la extensión del metodismo hacia el Occidente de Estados Unidos, véanse nuestras obras *Les prédicateurs pionniers de l' quest americain* y *Un missionnaire en Californie*.

[12] Al principiar el año de 1911 contaba con 19.828 predicadores ambulantes y 3.845.983 miembros, incluyendo los que estaban a prueba. Sus escuelas dominicales cuentan 3.884.168, incluyendo maestros y *alumnos.— Nota del traductor.*

esclavos, se separaron de los del norte. Por esta ruptura la Iglesia Metodista del Norte perdió como medio millón de miembros y 1.345 predicadores ambulantes. La Iglesia Metodista Episcopal del Sur, que surgió de este cisma, cuenta ahora (1898) con 5.837 ministros y 1.442.635 miembros.[13] Es de esperarse, ya que han terminado las causas de diferencias entre estas dos ramas del metodismo americano, que no diste mucho el día cuando se verifique su unión, no quedando ni huellas de las antiguas disputas.*

Hay algunas otras ramas del metodismo americano que tienen alguna importancia numérica, tales como los Metodistas Protestantes, la Asociación Evangélica, los Hermanos Unidos, etc.

Los negros emancipados en los Estados Unidos forman iglesias separadas que están divididas en dos grandes ramas: la Iglesia Metodista Episcopal Africana y la Iglesia Metodista Episcopal Africana de Sión. Ambas unidas cuentan (1898) con 1.115.000 miembros, aproximadamente.

Se calcula que las diversas iglesias metodistas del mundo que profesan las doctrinas predicadas por Wesley y conservan los característicos de su disciplina eclesiástica cuentan con 43.428 ministros y más de 7.000.000 miembros. No es exagerado el afirmar que más de 25.000.000 de los habitantes del globo se hallan actualmente (1898) bajo la influencia religiosa de los discípulos de Wesley.

La unión del metodismo se manifestó primeramente con toda solemnidad en la Conferencia Ecuménica Metodista celebrada en la capilla de City Road, Londres, en septiembre de 1881, a la que asistieron 400 delegados, representando 28 ramas del metodismo, y en la que se discutieron asuntos de interés común. Una segunda conferencia ecuménica se reunió en Washington, Estados Unidos, en octubre de 1891.

Aunque los resultados directos del metodismo son notables, no son los únicos que hemos de considerar, pues nos resta referirnos a lo que la civilización en general y las condiciones morales de los anglosajones deben a su influencia.

Todos los historiadores concuerdan en que, aunque el siglo XVIII fue para Europa continental una época de disolución, para la Gran Bretaña, al contrario, fue el momento de una crisis bené-

---

[13]Al principiar el año de 1911 esta iglesia cuenta con 6.834 predicadores ambulantes y 1.872.674 miembros. Los maestros y alumnos de sus escuelas dominicales alcanzan la cifra de 1.450.758.—*Nota del traductor.*

*Esto se volvió realidad.

fica que vino a regenerar la vida de una nación y a abrir una era enteramente nueva. Efectivamente, aunque por todas partes se sentía la influencia venenosa del escepticismo, este gran pueblo, en su isla solitaria, estaba reconstruyendo grado por grado el sólido edificio de la fe y de la moral.

Tal regeneración de Inglaterra fue obra especial del metodismo, y así lo reconoce la historia imparcial. Aunque Priestley afirma que el metodismo "no solamente ha cristianizado sino civilizado la parte del país que había sido descuidada por un clero que se preocupaba demasiado de su dignidad",[14] Macaulay se burla de "ciertos escritores de obras llamadas historias de Inglaterra, durante el reinado de Jorge II, en las que no se menciona la aparición del metodismo".[15] Los más recientes historiadores ingleses no han seguido tal ejemplo. Lecky dedica más de 120 páginas de su gran obra, *Historia de Inglaterra en el siglo XVIII,* al estudio de aquel movimiento religioso, afirmando que, "a partir como de la mitad de ese siglo, apareció una vez más el espíritu de la reforma, pudiéndose descubrir un movimiento firme de ascenso moral. La influencia de Pitt en la política, y la de Wesley y sus colaboradores en la religión, fueron los factores primeros y más importantes en efectuarla".[16]

J. R. Green, en su *Historia del pueblo inglés,*[17] dice las mismas cosas atribuyendo al metodismo la trascendental reforma que se operó en la Iglesia Anglicana lo mismo que de un modo general en la nación.

Aun en Francia, todos los escritores que han estudiado la historia del siglo XVIII han hecho justicia a la influencia preponderante de Wsley y de su obra. Edmundo Scherer llama al metodismo "un movimiento que cambió la faz de Inglaterra".[18] "Si la Inglaterra de hoy", dice Cornelio de Witt, "no se parece a la Inglaterra de principios del siglo XVIII, se debe principalmente a Wesley."[19] "Wesley y sus discípulos", dice Saint Marc Girardin, "despertaron el espíritu cristiano aun en los mismos que lo combatían."[20] Finalmente, citaremos a Carlos de Rémusat: "La obra y el ejemplo de

---

14 Carta a Burke.
15 Stevens: *History of methodism,* tomo II, p. 514.
16 *History of England in the eighteenth century,* tomo II, p. 517.
17 *Short history of the english people,* p. 720.
18 *Revue de deux mondes,* mayo 15 de 1861.
19 *La société francaise et la société anglaise au XVIII ciecle,* p. 237.
20 *Journal des debats,* 9 de noviembre de 1861.

los promotores del metodismo ejercieron una influencia indirecta más considerable, a los ojos del historiador, que los efectos inmediatos de su predicación, suscitando, al correr de los años, así en el Reino Unido como en todos los países de origen británico, un movimiento religioso que dio un mentís a las predicciones de Voltaire y Montesquieu."[21]

El despertamiento moral de Inglaterra en que Wesley y sus colaboradores tuvieron una parte tan considerable comenzó en las clases más humildes de la sociedad, extendiéndose después hasta las más elevadas. El metodismo descendió hasta las profundidades de la sociedad inglesa, llevando la luz y la esperanza. Gracias a su influencia, la religión, que había perdido su poder en las masas, volvió a ser la levadura que las fecunda y transforma. Las costumbres fueron dulcificadas; el amor a la instrucción se extendió hasta entre los mismos mineros, que por largo tiempo habían estado sumergidos en los vicios. El obrero inglés, por naturaleza rudo e ingobernable, fue convertido, bajo la influencia de las ideas religiosas, en persona seria y laboriosa, amante de su familia y de su hogar y celoso de su dignidad personal. A la vez que su inteligencia recibía cultura por el estudio y la meditación, sus circunstancias mejoraban debido a la economía y a la sobriedad, levantándose de la abyección y la pobreza para vivir rodeado de comodidades y hasta poseedor de fortunas.

En el sentido moral, las clases inferiores tenían necesariamente que ejercer influencia en las más elevadas. El nivel moral de la nación se elevó de tal modo que necesariamente se impuso a la aristocracia misma, librándole de la corrupción. Debido a la influencia de estas clases humildes (en las que estaba comprendida la clase media), que tan rápidamente mejoraron su condición, su estado y su dignidad, era indispensable el que las clases privilegiadas adelantaran de un modo proporcional so pena de tener que abdicar su puesto.

La Iglesia Anglicana había sido siempre cómplice de las deficiencias de la nobleza dándole ejemplo de abandono religioso. Pero la reforma le dio ministros como Perronet, Fletcher, Grimshaw, Romaine, Venn, Berridge y Newton, precursores de ese partido evangélico que durante el siglo XIX ejerció una influencia tan considerable en la esfera religiosa y política de la Gran Bretaña.

El metodismo produjo también una transformación semejante

[21] *John Wesley et le methodisme*, p. 64.

en las iglesias disidentes, que, aunque no habían descendido tanto, habían perdido una buena parte de la influencia que ejercían en la sociedad. Entusiasmadas con el avivamiento, recobraron su celo primitivo y tomaron una parte muy importante en la propaganda evangélica.

Esta obra de reforma con la que el pueblo inglés alcanzó nueva vida se extendió a todas las esferas de su vida social, política, intelectual y moral. Una literatura sana y moralizadora ocupó el lugar de las producciones impuras del siglo precedente. Richardson, Goldsmith, De Foe y Johnson, al producir obras de carácter moral, contribuyeron indudablemente a dar impulso a esta gran revolución religiosa.

Esta fue una gran revolución, efectivamente, pues sirviendo de complemento a la política del siglo anterior ha formado la Inglaterra moderna, esa nación que ha dado al mundo brillantes modelos del gran valor y la supervivencia de instituciones liberales apoyadas en el evangelio.